"十四五"全国高校物流管理与工程类专业冷链特色规划教材

冷链商品学

刘广海　邹毅峰　主编

中国财富出版社有限公司

图书在版编目（CIP）数据

冷链商品学 / 刘广海，邹毅峰主编．—北京：中国财富出版社有限公司，2021.7（2025.8 重印）

（“十四五”全国高校物流管理与工程类专业冷链特色规划教材）

ISBN 978-7-5047-7484-2

Ⅰ．①冷… Ⅱ．①刘… ②邹… Ⅲ．①冷冻食品—商品学—高等学校—教材 Ⅳ．①F768.2

中国版本图书馆 CIP 数据核字（2021）第 143219 号

策划编辑 黄正丽　**责任编辑** 黄正丽　**版权编辑** 武　玥
责任印制 尚立业　**责任校对** 杨小静　**责任发行** 敬　东

出版发行	中国财富出版社有限公司		
社　　址	北京市丰台区南四环西路 188 号 5 区 20 楼	**邮政编码**	100070
电　　话	010-52227588 转 2098（发行部）		010-52227588 转 321（总编室）
	010-52227566（24 小时读者服务）		010-52227588 转 305（质检部）
网　　址	http://www.cfpress.com.cn	**排　　版**	义春秋
经　　销	新华书店	**印　　刷**	北京九州迅驰传媒文化有限公司
书　　号	ISBN 978-7-5047-7484-2/F·3318		
开　　本	787mm×1092mm　1/16	**版　　次**	2022 年 8 月第 1 版
印　　张	21.5	**印　　次**	2025 年 8 月第 2 次印刷
字　　数	484 千字	**定　　价**	59.80 元

"十四五"全国高校物流管理与工程类专业冷链特色规划教材编委会

总 序

自《农产品冷链物流发展规划》实施以来，中央和地方政府因势利导地出台了多项政策，支持冷链物流行业的发展，加上技术的不断成熟和市场需求的扩大，助推了冷链物流行业的加速发展。冷链物流已成为满足人民美好生活需要、支撑新经济增长和对接国家发展战略的热点问题。人们生活水平的提高以及消费观念的改变，使消费者对生鲜产品的质量要求越来越高，绿色、有机产品需求大幅提升，“以国内大循环为主体、国内国际双循环相互促进”“精准扶贫”等一系列战略的实施和经济全球化给冷链物流发展带来了新的机遇。

目前，我国冷链物流无论是规模还是质量均达到了较高的水平，但同欧美发达国家相比仍存在明显差距。单从行业发展空间来看，我国综合冷链流通率远低于欧美、日等发达国家和地区，人均冷链资源也远未达到发达国家的水平；地区发展不平衡、冷链物流成本高、腐烂损耗高、冷链流通率低、物流效率低等问题一直存在，冷链物流人才短缺已成为制约冷链物流发展的瓶颈。随着新零售、新餐饮等更多新业态的爆发，冷链物流服务也面临多元化发展，这对当前的冷链物流企业提出了更高的要求，培养和储备能够提供全面解决方案的复合型冷链专业人才势在必行。此外，冷链物流对专业性和技术性的要求不断提高，对从业人员的要求也越来越高。

基于上述背景，在教育部高校物流管理与工程类专业教学指导委员会的领导下，在冷链物流工作组组长谢如鹤教授的主持下，自 2018 年以来召开了一系列有关冷链特色教材的研讨会，组织近 20 所高校及企业、近 30 位作者，耗时近两年完成了本规划教材的主要模块的编写，后续还将继续完成该教材体系。目前形成的主要模块教材有：《冷链物流概论》《冷链商品学》《冷链物流技术与装备》《冷链物流实验与实训》，各高校可根据学校自身的专业定位及特点选取相应的教材。

该冷链特色规划系列教材立足物流管理与工程类专业的特点，将冷链技术与冷链运作管理相结合、冷链基础知识与高阶技术相结合、冷链物流理论与冷链运营实践相结合，具有较好的系统性、科学性和先进性，可以基本满足当前和今后一个时期内我国冷链物流发展对冷链人才培养的要求。希望本规划教材的出版和使用，能起到其应有的作用。

前　言

随着我国经济的飞速发展、电商消费的兴起、农业结构的调整和居民消费水平的提高，生鲜产品的产量和流通量逐年增加，这对生鲜产品的安全和品质提出了更高的要求。生鲜农产品容易腐烂，同时由于产地分散，从田间预冷经过运输最终到达消费者手中的环节较多，因此，如何建立完善的冷链物流体系、降低易腐食品的流通腐损率、保障易腐食品的品质及安全，已逐渐成为关系民生、影响农业及食品工业转型升级和可持续发展的热点问题。

本书是“十四五”全国高校物流管理与工程类专业冷链特色规划教材的其中一本，主要内容包括冷链商品分类与包装、性质、质量与评价、保鲜原理与方法以及水果、蔬菜、肉类、水产品、蛋类、乳类、医药等具体品类的冷链管理要求。本书可作为从事冷链物流教学与科研的研究人员、本科生、研究生以及相关从业人员的参考资料。

本书由谢如鹤教授负责策划、统稿及定稿，由广州大学组编。各章参编人员分别为：广州大学谢如鹤、邹毅峰（第一章），北京交通大学兰洪杰（第二章），广州大学邹毅峰、刘广海（第三章），中国农业大学梁志宏（第四章），北京金文天地信息咨询有限公司张立冬（第五章），中国农业大学傅达奇（第六章），华南农业大学陈炜颖（第七章），长沙学院杨芳、毛果平（第八章），东北林业大学马成林（第九章），希杰荣庆物流供应链有限公司郑全军（第十章），广州大学邹毅峰（第十一章），广东药科大学附属第一医院孙慧琳（第十二章）。本书在编写过程中参考、借鉴了国内外多位专家的资料、观点以及成果，在此一并表示感谢。

由于本书涉及领域广，编者水平有限，有欠妥和疏漏之处，恳请各位读者批评指正。

编　者

2021 年 7 月于广州大学

前言

目 录

第一章　绪论

学习目标

1. 理解冷链商品的基本概念、构成和分类，以及冷链商品学的研究对象、研究内容、研究方法和研究意义

2. 掌握影响冷链商品质量的关键因素和冷链物流的实现条件

3. 掌握冷链商品的主要流通环节和冷链的主要设施设备

4. 了解我国冷链技术的现状和发展趋势

引 例

车厘子、鲜奶、进口牛排……随着冷链技术的发展，这些过去难以跨越长途产销距离的生鲜食品、冻品等已经变成了居民日常的盘中餐。那么，目前我国冷链运行状况如何呢？“冷链强调的是从生产源头到最后消费环节的全程冷链管理。以北京市场为例，90%以上的肉类、海产品都是经冷链加工或是经冷链运输的。”中国制冷学会副理事长兼冷藏冻结专业委员会主任刘长永表示，我国整个食品冷链分为两大类：一是果蔬类，二是冻品类。

果蔬采摘下来后，应该被迅速分拣、预冷、冷藏，再进行冷链运输，继而运到消费地冷藏，最后通过冷链环境下的配送，到达消费者手中。目前我国果蔬类产品要实现全程冷链需面对的一个比较大的问题在果蔬的源头，也就是果蔬产地的预冷和贮藏能力不足。“我们也叫‘最先一公里’，即最开始的果蔬类产品预冷和贮藏，缺口比较大。”相比果蔬类冷链“最先一公里”的问题，冻品类冷链面临的最大问题是断链和无法保证全程冷链达标，而且问题还比较突出。刘长永举例说，我国规定冻肉制品应该贮藏在−18℃的环境下，温度波动为±1℃。但有些企业为了节约成本（如省电），其冷库温度波动范围远远大于规定的幅度，很多贮藏冻肉的冷库温度都升到−12℃了，还没有用制冷机降温。“因为开机就要增加电费成本，在这样的温度波动下，肉的品质受到影响，也带来了食品安全风险。”再比如，一些冻品的运输车辆就是普通货车，或者是没有机械制冷的保温车；而那些装了机械制冷的冷藏车为了省电或者省油，车内温度不达标的现象也很普遍。在刘长永看来，随着大数据、物联网、5G等技术的不断发展，要从技术上对整个冷链过程进行监控和有效管理并不是难题，最关键的是相关部门要加大监管力度，“我国现在还没有建立起包括冷链食品在内的食品追溯体系，这

也是食品质量缺乏保证的原因。”2019 年国家市场监督管理总局组织修订了《冷藏冷冻食品销售质量安全监督管理办法（征求意见稿）》。意见稿提出：冷藏冷冻食品销售者、贮存者、运输者应当依照法律、法规和食品安全标准从事相关经营活动，保证冷藏冷冻食品安全，诚信自律，对社会和公众负责，接受社会监督，承担社会责任。

第一节　冷链商品的基本概念

一、基本概念

冷链商品是指需要在冷链条件下生产和（或）流通的商品。冷链商品是一个复合概念，涉及对“冷链”和“商品”两个基本概念的理解。

（一）冷链

国家标准《物流术语》（GB/T 18354—2006）对冷链的定义：冷链是指根据物品特性，为保持其品质而采用生产到消费的过程中始终处于低温状态的物流网络。该标准还对物流网络做出了明确定义，即“物流网络是物流过程中相互联系的组织、设施和信息的集合”。除此之外，目前对冷链的定义还有很多。欧盟对冷链的定义：冷链是从原材料的供应开始，经过生产、加工或屠宰，直到最终消费为止的一系列有温度控制的过程。由于国家众多，欧盟更加注重冷链的操作，促进冷链运作在各国间的有效衔接，推动欧洲冷链标准的进程并加强对接口的管理。美国食品药品监督管理局对冷链的定义：冷链是在从农田到餐桌的连续过程中维持正确的温度，以阻止细菌的生长。根据国家标准《制冷术语》（GB/T 18517—2012）的定义，冷链是以制冷技术为手段，使易腐食品或货物在原料、生产、加工、运输、贮藏、销售等各个环节中始终保持适宜温度的系统。“澳大利亚冷链指引（2017）”认为：冷链由一系列从事生产、运输、储存、零售和服务于生鲜、冷藏和冷冻食品的企业组成，冷链在保证食品安全、货架期和质量方面的有效性，取决于每一步对产品温度的控制，构成冷链各环节的所有机构都必须明白遵循冷链规则的必要性。

综上所述，冷链是指某些食品原料、经过加工的食品或半成品、特殊的生物制品和药品在经过收购、加工、灭菌、灭活后，在产品加工、贮藏、运输、分销和零售、使用过程中，其各个环节始终处于产品所必需的特定低温环境下，减少损耗，防止污染和变质，以保证产品食品安全、生物安全、药品安全的特殊供应链系统。冷链的基本特征如下。

第一，时效性。由于冷链物流承载的商品一般易腐或不易贮藏，因此要求冷链物流必须迅速完成作业，保证时效性。

第二，复杂性。冷链商品的品质变化机理复杂，有的商品甚至涉及法律法规的约束，且每种商品均有其对应的温湿度和贮藏时间要求，一旦断链将会使前面的所有努力白费。

第三，高成本性。冷链物流的成本远比常温物流成本要高。首先是设备成本较高，冷链物流中心仓库和冷链车辆的成本一般是常温仓库和车辆的数倍，而且因涉及果蔬等食品，需要特殊的设施设备和大量的资金投入；其次是冷链物流运营成本较高，冷库需要不间断地制冷才能保证温度处于恒定状态，造成冷库的电力成本居高不下；最后是冷藏车也需要不间断地制冷才能保证冷链商品处于温度稳定的环境，这样则需要更多的油费。

（二）商品

商品是用来交换的劳动产品，具有使用价值和价值两个基本属性。因此，凡是冷链商品必须是劳动产品，如果不是劳动产品则不能成为冷链商品，而且如果劳动产品不用于交换，也不能成为冷链商品。例如，农民种植的果蔬和养殖的家禽、猪牛羊，如果仅用于自己消费，不进入市场流通，即使进行了冷加工，也不能成为冷链商品。随着社会经济的不断发展，人们认识到商品已从物质形态发展到能够满足人们某种社会消费需要的所有形态。商品具有以下基本特征。

（1）商品是具有使用价值的劳动产品。没有使用价值的劳动产品不是商品，如腐烂变质的食品、枯萎的鲜花等。

（2）商品是社会消费的劳动产品。

（3）商品是必须通过交换才能到达别人手中的劳动产品。

消费者购买冷链商品，其本质是购买一种需要。这种需要不仅体现在商品消费时，还体现在商品购买和消费的整个过程中。因此，冷链商品不仅是使用价值和价值的统一，还是有形产品和无形服务的统一，冷链商品给人们带来的实际利益和心理利益，构成了冷链商品的整体。

二、冷链商品的构成

从整体上看，冷链商品由核心部分、形式部分和延伸部分三部分组成。

（一）核心部分

冷链商品的核心部分是指冷链商品所具有的满足人们某种用途的功能，是消费者真正要购买的服务和利益。例如，消费者购买食品，是因为食品能提供营养物质，具有独特的风味；消费者购买药品，是因为药品能治疗疾病；消费者购买鲜花，是因为鲜花具有观赏价值。冷链商品核心部分表达的就是该种冷链商品的本质属性，是冷链商品构成中最基本、最主要的部分。

（二）形式部分

冷链商品的形式部分是指冷链商品的具体形态，主要包括冷链商品的成分、结构、外观、质量、商标、品牌、使用说明书、标识、包装等。这些是冷链商品的外在形式，是形成冷链商品使用价值的客观物质基础，也是冷链商品价值的重要体现。例如，同一种生鲜食品，如果新鲜度或口感不同，价格往往差异很大。

（三）延伸部分

冷链商品的延伸部分是指人们在购买冷链商品时所获得的附加服务，如冷链商品信息咨询、送货上门、提供信贷、售后保证、退换服务承诺等。善于开发和利用冷链商品的延伸部分，不仅有利于满足消费者的综合需要，使消费者购买到称心如意的商品，而且有利于企业在生产经营同类冷链商品的竞争中立于不败之地。

三、冷链商品的种类

商品的主要成分是决定其性能、质量、用途或贮运条件的重要因素。冷链商品需要在冷链条件下生产和流通，这是由其主要成分的化学和物理性质决定的，它们有一个共同的特点：温度敏感性。根据“在温度变化的条件下，商品的化学和物理性质将发生显著变化”这个特点，参照国家标准中的冷链物流服务对象，将冷链商品分为三类：一是初级农产品，包括蔬菜、水果、肉、禽、蛋、水产品、花卉等；二是加工农产品，如速冻食品、肉制品、水产，以及冰淇淋和奶制品等；三是特殊商品，如药品、疫苗，以及其他特殊物品。其他特殊物品主要为胶卷、定影液、化妆品、化学危险品、生化试剂、医疗器械等。

冷链商品的生产和流通虽然需要冷链技术保障，但并非只有经历全程冷链的商品才是冷链商品。冷链商品从生产（种植）到消费往往要经过非常多的环节和步骤。例如，澳大利亚的一项研究表明，西兰花沿着冷链经历了 39 个步骤才最终到达消费者手中，其中包括 23 个运营商和 21 个阶段。冷链商品不是每个环节和步骤都必须在冷链条件下进行，这样做既不必要，也不现实。一种商品是否需要在冷链条件下流通，因地理条件和社会经济环境的不同而不同。例如，我国北方地区冬天的果蔬运输，往往不需要冷藏运输，甚至需要加温运输；还有，西方发达国家和我国一些大城市要求肉类食品必须经过冷链加工、运输、贮藏等程序，但我国广大农村和中小城市还没有这些规定。

第二节 冷链商品学的研究内容

一、冷链商品学的研究对象

冷链商品学是研究冷链商品的使用价值及其变化规律的科学。冷链商品的使用价值是指冷链商品对其消费（使用）者的有用性或效用。冷链商品的使用价值是由冷链商品的属性决定的，离开冷链商品就不存在了。因此，冷链商品学必须从冷链商品的属性来研究冷链商品的使用价值；另外，冷链商品的使用价值是满足他人和社会的使用价值，所以还要研究冷链商品是如何满足人和社会需要的，即其运动规律。

具体来说，冷链商品的使用价值，是指冷链商品的效用性，也就是冷链商品满足人和社会需要的有效性。研究冷链商品的使用价值，不仅要研究冷链商品的成分、结构、外形、化学性质、物理学性质等自然属性，还要研究冷链商品的流行性、时代性、地区性、民族性和经济性等社会经济属性。例如，我国南方地区的某些居民偏爱热鲜肉，对冷冻肉则不喜欢。

冷链商品有多少种自然属性，就可能有多少种使用价值。例如，鲜牛乳既可以直接饮用，也可以作为制作奶酪、奶油、含乳饮品的主要原料；鱼的肉可以吃，而有些鱼的脂肪可以提炼成鱼油，成为保健品。冷链商品的自然属性不同，它们的使用价值也不同。例如，蔬菜、水果主要补充人类所需的各种维生素，而肉类食品则主要提供人体所需的脂肪和蛋白质；药品的使用价值是治病救人，而花卉的使用价值主要是观赏。在不同的社会经济条件下，同一冷链商品的使用价值可能差异巨大。例如，猪肉是我国一种主要的肉类食品来源，但在某些地区猪肉是不能吃的。此外，同一消费者消费同一冷链商品时，也可以有多种使用价值。例如，玫瑰花既可以用于观赏，又可以在特定的场景里用于表达爱情，同时还可以食用。

针对上述问题，冷链商品学运用食品科学、制冷技术、商品学等的理论和方法研究冷链商品的使用价值、影响质量的因素，以及质量控制措施等。我们常用商品质量来表示商品的有用程度，反映商品满足人和社会需要的程度。冷链商品质量是其使用价值的集中反映，而冷链商品使用价值的大小是用冷链商品质量来衡量的。因此，冷链商品质量是冷链商品学研究的中心内容。

冷链商品学研究的是与冷链商品质量密切相关的问题，包括冷链商品的成分、结构、性质、生产工艺、功能用途、分类品种、质量要求、检验评价、质量控制等。例如，食品从原料生产、贮藏、加工、运输到销售，每一个过程都涉及一系列的属性变化（见表 1 - 1）。对这些变化的研究与控制构成了冷链商品学研究的核心内容。

表 1 - 1　　冷链商品在物流过程中可能发生的属性变化

属性	变化
质地	失去溶解性，失去持水性，质地变坚韧，质地变柔软
风味	出现酸败味，出现焦味，出现异味，出现美味和芳香
颜色	褐变，褪色，出现异常颜色，出现诱人色彩
营养价值	蛋白质、脂类、维生素和矿物质的降解或损失及生物利用率的改变
安全性	产生有毒物质，产生有调节生理机能作用的物质

冷链商品学研究对象还包括冷链商品与人、冷链商品与时代、冷链商品与环境等诸多方面的问题，在环境保护日益被关注的今天，冷链商品学已从着重研究环境对商品的污染，发展到同时研究冷链商品对环境的污染，即在研究冷链商品对社会环境的污染，防止冷链商品对人们身心造成损害的同时，也研究冷链商品对自然环境的污染和对生态环境的破坏等问题；既研究清洁卫生的冷链商品生产技术，也研究冷链商品流通和消费时的环保等问题。冷链商品学在研究和评价商品时，已把冷链商品的环境

效应作为一个重要内容。

二、影响冷链商品质量的关键因素

冷链商品种类繁多、属性各异、流程复杂，因此影响冷链商品质量的因素也很多，概括起来，主要有以下几个方面。

1. 贮运温度

所有的冷冻商品根据贮藏温度的不同都有一个腐败的周期，大部分的冷冻食品在−18℃的温度以下，其保质期会相对较长。但是相比之下，冷冻水产品需要更低的温度才能达到同样的状况。根据生产的条件不同，冷藏以及保鲜食品在贮藏和运输过程中要求温度保持在−1.5℃～14℃。

很多冷链商品都有低温下限，低于这个温度商品质量就会受到影响。对那些在临界温度运输的冷链商品来说，低温会给商品带来冷冻伤害。对于水果类商品，即使并未达到临界温度，也会给商品带来冻伤等损害。如果在比较高的温度下装货，那么只能通过比较低的车辆预冷温度来达到冷链商品快速降温的目的，这种做法可能出现的最大问题就是部分商品会因此产生冻伤。

2. 运输设备

使用的运输设备应该是密闭的，有良好的温控设备、合适的空气流通设施和出色的制冷能力，且运行状态良好。对于冷冻集装箱，应该在装货前一个月对集装箱进行状态检查。对于冷藏船、冷冻集装箱和冷藏车等的操作方法是不同的，承运人应该对运输工具的操作有非常详细的了解。由于运输的冷链商品数量庞大，设备的安全可靠性也是非常重要的。此外，冷藏运输工具的卫生状况对冷链商品的质量也有显著影响。

3. 产品质量

冷链物流过程可以最大限度地保持产品的质量，但是却不能提高质量。如果产品本身质量不高，那么使用高质量的冷链会极大地提高产品的价格，使销售成为一个难题。产品质量取决于生产者对于质量标准和检验标准的要求，也取决于相关的销售要求。

4. 装运前处理

对于水果和蔬菜，装运前的预处理包括收获前恰当的处理方法的应用、装运前短期的储存，以及清洗、分级等工作。对于冷冻商品，首要的就是在整个冷链中温度的控制，不能出现温度失控的环节，这其中就包括了装运前的预处理环节。

5. 包装

包装必须能够对商品进行保护，因此纸箱必须保证有足够的强度，以防止在温度失控时出现商品融化、包装受潮等现象。同时，包装还要结合捆扎等措施来最大限度地减少潮湿带来的损失。包装材料不能包含产生污染或异味的成分，纸箱必须是合适的尺寸，其形状必须能够在移动中保护商品，同时防止外来压力对商品造成损害。

6. 预冷

预冷包括两个方面，一方面是针对商品的，另一方面是针对运输车辆的。一般来说，在农产品收获之后就要马上将温度降到合适的运输温度。如果冷链商品进行了预冷，而运输设备没有进行相应的预冷，这对于冷链商品而言也是极不安全的。所有的运输设备制冷率都相对比较低，并且货物处于不同的位置时，制冷效果也不尽相同。冷链商品在冷库里达到一定的温度只需要几个小时，但在运输途中可能需要几天时间。对于某些高代谢率的新鲜果蔬，如果事先并没有进行合适的预冷，呼吸作用产生的热量可能非常高，进而导致整个运输过程中车厢内都无法达到合适的温度。

7. 冷空气循环

冷空气的循环能够使透过车辆厢壁进入的热量得以消散，同时去除生鲜果蔬呼吸作用所产生的热量。冷链运输工具应该能够为包装良好的冷链商品提供适合的冷空气循环。但是不当的包装和随意的堆放可能会阻碍冷空气循环，并因此导致商品全部或者部分的质量损害。

冷空气循环在商品的展示销售上也很重要，开放式的多层货架就依赖于良好的空气流通来保持冷链商品的温度。

8. 温度控制

与冷冻货物相比，温度波动控制对于冷藏货物而言更为重要。冷冻食品要求最高温度不能高于－18℃，而冷藏货物通常要求在运输途中将温度控制在±2℃内。在展示销售中，冷藏食品通常要求温度控制在±5℃内。因此，对冷藏货物的运输车辆来说，温度控制能力要求是很高的。如果将冷冻运输车辆用于冷藏货物运输，那么可能会产生更大的温度控制范围，这意味着温度比计划更高或者更低，高温会导致保质期的缩短，低温可能意味着冻结或者冷害。

9. 来自其他货物的交叉污染

最明显的交叉污染是贮运过程中由一种货物传播给另一种货物的污染或者异味，另一种是由于某种激素（如乙烯）的存在而导致果蔬提前成熟或腐败。

10. 运输时间

同样条件下，运输时间越长，冷链商品的质量损失越大。运输方式、运输组织效率、自然和社会环境等都可能影响运输时间。海洋运输一般来说是非常可靠的，但是船舶故障和暴风雨有时也会导致延误，这是承运人所不能控制的，那么对于易腐货物来讲损失就是不可避免的。类似的一些自然灾害，罢工、政变等都会导致冷链商品运输时间的延长，并因此造成损失。

11. 零售

商品在冷链上经过批发商到达零售商，进而销售给消费者。在商店里，合适的冷藏设备也是非常必要的。在这个阶段如果商品发生了损失，那就意味着所有前面针对冷链所做的努力和耗费的能源全部损失了。

在冷链物流的全过程中，任何一个环节的缺失和失控都会导致商品品质的变化，进而引发公共卫生安全问题。随着人们对食品安全问题越来越关注，对于冷链物流中的关键性控制因素的认识也越来越深刻，除了上述因素之外，还有其他的因素会对冷链造成影响，从供应链的角度认识冷链，是冷链物流发展的当务之急。

三、冷链物流的实现条件

虽然不间断的低温是冷链物流的基础和基本特征，也是保证冷链商品质量的重要条件，但并不是唯一条件，因为影响冷链商品贮运质量的因素还很多，必须综合考虑、协调配合才能形成真正有效的冷链物流。冷链物流的目标是保鲜，因而归纳起来实现“保鲜链”的条件有以下几方面。

1. “三 P”条件

即冷链商品原料的品质（Produce）、处理工艺（Processing）、货物包装（Package）。原料品质好、处理工艺质量高、包装符合冷链商品的特性，这就是食品在进入冷链时的“早期质量”要求。

2. “三 C”条件

即在整个加工与流通过程中对冷链商品的爱护（Care）、清洁卫生（Clean）的条件，以及低温（Cool）的环境，这是保证冷链商品“流通质量”的基本要求。

3. “三 T”条件

即著名的“T. T. T”理论，包括时间（Time）、温度（Temperature）、耐藏性（Tolerance）。早在 1948—1958 年，美国西部农产物利用研究所等就通过大量的实验，总结出了对于冻结食品的品质保持所容许的时间和食品温度之间所存在的关系。其理论要点如下。

（1）对每一种冻结食品而言，在一定的温度下食品所发生的质量下降与所经历的时间存在着确定的关系。大多数冷冻食品的品质稳定性是随着食品温度的降低而呈指数关系增大。温度对于冻结食品品质稳定性的影响，用温度系数 Q_{10} 来表示。Q_{10} 是指食品温度相差 10℃时品质降低速度的比，亦即温度下降 10℃，冻结食品品质保持的时间比原来延长的倍数。如 Q_{10} 的值为 5，食品温度从－15℃降到－25℃，品质降低的速度减少到原来的 1/5，或者说冷藏期比原来延长 5 倍。Q_{10} 值因食品的种类而异。

（2）冻结食品在贮运过程中，因经历的时间和温度而引起的品质降低量是累积的，也是不可逆的，但是与所经历的顺序无关。

（3）大多数冻结食品都是符合“T. T. T”理论的。温度越低，食品的品质变化越小，贮藏期也越长。它们的温度系数 Q_{10} 值几乎都在 2～5。但是也有温度系数小于 1 的食品（如腌制肉），此时“T. T. T”理论就不适用了。冻结食品从刚生产出来直到消费者手上，保持食品质量的理想条件是食品温度能稳定不变，但在实际的流通过程中，在贮藏、运输、销售等各个环节，温度经常会上下波动。这会对食品的品质产生很大的影响。因此了解冻结食品在流通中的品质变化，在实际应用中就显得十分重要。把某个冻结食品在流通过程中所经历的温度和时间记录下来，根据“T. T. T”曲线即可计算确定冻结食品的品质情况。

“T. T. T”计算方法是根据食品经历的温度和时间所带来的影响累积变大的原则来进行的，在一些例外的情况下，其实际发生的质量损失要比按此计算出的质量降低量更大。例如，冰淇淋由于温度反复上下波动，温度升高达到其熔点时而融化变软，温度降低时又再一次冻结变硬，但这种反复如果频繁的话就会产生大冰晶，使原来滑溜的口感变得粗糙，从而失去了商品价值。再比如，冻藏室内温度波动频繁并且湿度过小的话，则冻品内会有冰晶长成，表面冰晶则会升华，干耗也就特别严重，不仅会造成食品重量减轻，而且会使质量恶化，其损失比用“T. T. T”计算方法所求得的质量降低率损失要大得多。

4. “三 Q” 条件

冷藏设备数量（Quantity）的协调就能保证冷链商品总是处在低温的环境之中。因此要求产销部门的预冷站、各种冷库，铁路的冷藏车和冷藏车辆段，公路的冷藏汽车，水路的冷藏船等，都要按照易腐货物货源、货流的客观需要互相协调地发展。

设备质量（Quality）标准的一致，是指各环节的标准应当统一，包括温度条件、湿度条件、卫生条件以及包装条件。例如，包装与托盘、车厢之间的模数配合能充分发挥各项设备的综合利用效率。

快速的（Quick）作业组织，是指生产部门的货源组织，运输车辆的准备与途中服务、换装作业的衔接，销售部门的库容准备等都应快速组织并协调配合。

“三 Q” 条件十分重要，并且有实际指导意义。例如，冷链各环节的温度标准若不统一则会导致品质的极大降低。这是因为在常温中暴露 1 小时的质量损失量可能相当于在−20℃下贮存半年的质量损失量。因此应避免冻品暴露在高温下或者尽量缩短暴露时间。成本、空间、水源等一系列因素使运输工具难以保持与地面冷库完全一致的温湿度条件，这时的补救办法就是尽量加快作业过程与运输速度。

5. “三 M” 条件

即保鲜工具与手段（Means）：在“保鲜链”中对所使用的贮运工具的数量要求、技术性能与质量标准等均应协调一致；保鲜方法（Methods）：在保鲜贮运过程中所采用的气调、减压、保鲜剂、冰温、离子和臭氧、辐照、冻结、真空、干制等保鲜方法应符合食品的特性并应能取得最佳保鲜效果；管理措施（Management）：要有相应的管理机构和行之有效的管理措施以保证各作业环节之间的协调配合，并促成各环节的设备能力、技术水平和质量标准的协调发展与统一。

第三节 冷链商品学的研究方法

一、冷链商品学的研究任务

冷链商品学是为政府和企业对冷链商品从计划、生产、流通、消费到废弃物处理全过程实行科学管理和决策服务的一门应用学科，它阐明冷链商品质量形成、评价、维护、实现和再生的内外因素及规律，解决与冷链商品质量密切相关的问题，使冷链商品使用价值得以充分实现。冷链商品学的研究任务包括以下几个方面。

1. 指导冷链商品使用价值的形成

通过冷链商品资源和市场的调查预测、需求研究等，为有关部门实施冷链商品结构调整、冷链商品科学分类、冷链商品的进出口管理与质量监督管理、冷链商品的环境管理、冷链商品标准及政策法规的制定、冷链商品的发展规划等提供科学依据；为企业规范冷链商品基本质量要求，指导冷链商品质量改进和提高经营管理素质，保证市场上的冷链商品价廉物美，适销对路。

2. 评价冷链商品使用价值的高低

通过冷链商品检验与鉴定手段，保证冷链商品质量符合规定的标准，维护正常的市场竞争秩序，保护买卖双方的合法权益，创造公平、平等的商品交换环境。

3. 防止冷链商品使用价值的降低

通过确定适宜的包装、运输、配送、保管的技术条件和管理方法，防止因冷链商品质量发生不良变化而造成使用价值减少或丧失。

4. 促进冷链商品使用价值的实现

通过大力普及冷链商品知识和消费知识，使消费者认识和了解冷链商品，学会科学地选购和使用冷链商品，掌握正确的消费方式和方法，由此促进冷链商品使用价值的实现。

5. 研究冷链商品使用价值的再生

通过对冷链商品废弃物与包装废弃物处置、回收和再生政策及相关法规、运行机制、低成本加工技术等问题的研究，推动资源节约、再生和生活废物减量等保护环境的绿色行动。

二、冷链商品学的研究方法

1. 科学实验法

科学实验法是在实验室内运用测试仪器和设备，对冷链商品的成分、构造、性能等进行理化分析鉴定的研究方法。此法具有良好的控制和观察条件，所得结论正确可靠，是分析冷链商品成分、鉴定冷链商品质量、研制新的冷链产品的常见方法。在比较不同的环境条件、设备条件对冷链商品质量安全的影响时，常常采用科学实验方法。冷链商品学的实验包括理化实验、微生物实验和感官实验。理化实验主要是对冷链商品进行成分分析和结构分析，即分析冷链商品中的营养成分、有害成分、色素和风味物质的变化；微生物实验是分析微生物（特别是致病菌）在冷链商品中的生长、繁殖等，但这种方法需要一定的物质技术设备，投资较大；感官实验是通过人的直观评价来分析冷链商品的质构、风味和颜色变化，技术设备较简单，投资较小，不过受主观因素影响大。

2. 现场实验法

现场实验法是通过一些冷链商品专家，或有代表性的消费者群，凭人体感官的直觉，对冷链商品质量做出评价的研究方法。例如，通过感官指标评价食品和花卉的质量。这种方法的正确程度受参加实验者的技术水平和人为因素影响，但简便易行。

3. 技术指标法

技术指标法是一种在科学实验的基础上，对一系列同类冷链商品，根据国内或国际生产力发展水平，确定质量技术指标，供生产者和消费者共同鉴定冷链商品质量的方法。这种方法有利于促进冷链商品质量的提高，但冷链商品种类繁多，自然属性多样，确定各类冷链商品的质量指标是一项复杂而巨大的工程。

4. 社会调查法

冷链商品的使用价值是一种社会性的使用价值，全面考察冷链商品的使用价值需要进行各种社会调查，特别是在冷链商品不断升级换代、新产品层出不穷的现代社会，社会调查显得更加实际和重要，其具有双向沟通的重要作用。社会调查法主要有现场调查法、调查表法、直接面谈法和定点统计法等。

5. 对比分析法

对比分析法是将不同时期、不同地区、不同国家的冷链商品资料收集起来，加以分析比较，从而找出冷链商品提高质量、增加花色品种、拓展功能的新途径。流通部门可以利用其联系面广、信息来源多的优势，运用对比分析法正确识别冷链商品，促进生产部门改进产品质量，实现冷链商品的升级换代，更好地满足广大消费者的需要。

6. 系统分析比较法

冷链商品的研究还需要考虑到冷链商品与环境、冷链商品与人、冷链商品与国民经济的关系，这是一个复杂的、系统的工程。单从一个方面或几个方面来研究，有时难免有偏差，只有把冷链商品作为一个小系统，放在社会这个大系统中加以分析、研究和考察，才能得出一个全面、公正的结论。

三、冷链商品学的研究意义

随着我国经济和社会跨入高质量发展的新时代，生鲜食品、花卉等的产量和需求量在逐年增长，消费者对于食品、药品的质量安全也更加重视。因此，如何建立完善的冷链物流体系，降低食品流通中的腐损率，保障食品和药品的品质和安全，已逐渐成为关系民生并影响农业、食品工业和医药流通业转型升级和可持续发展的热点问题。冷链商品学是冷链物流学科体系中的一门基础课程，深入学习和研究具有以下重要意义。

1. 降低冷链商品流通损耗

我国是世界上易腐食品的最大生产国和消费国。根据国家统计局发布的数据，我国主要易腐食品的总产量巨大且逐年递增（见表 1－2）。这些易腐食品中绝大部分需要采用冷链方式进行流通，以确保其品质并降低流通腐损率。

但是，目前我国果蔬、肉类和水产品的流通腐损率分别达到 20%～30%、12%和 15%，大量易腐食品在产销过程中的损耗和变质造成了社会资源的巨大浪费。例如，我国果蔬冷藏运输率仅为 10%，如果将果蔬损耗率从当前的 30%降低到 5%，那么每年可节约 1000 多亿元人民币，几乎相当于可以节省 1 亿亩耕地。

表 1-2　　2015—2019 年我国易腐食品总产量　　单位：万吨

年份	水果	蔬菜	肉类	水产品	禽蛋	牛奶	合计
2015	24524.62	66425.10	8749.52	6210.97	3046.13	3179.83	112136.17
2016	24405.24	67434.16	8628.33	6379.48	3160.54	3064.03	113071.78
2017	25241.90	69192.68	8654.43	6445.33	3096.29	3038.62	115669.25
2018	25688.35	70346.72	8624.63	6457.66	3128.28	3074.56	117320.20
2019	27400.84	72102.56	7758.78	6480.36	3308.98	3201.24	120252.76

2. 减少冷链商品流通费用

我国冷链商品流通费用偏高。据测算，我国果蔬流通费用占终端产品市场价格的60%以上，其中损耗成本占整个流通费用的70%左右，远高于国际标准50%的水平。若流通损耗率降低5个百分点，果蔬流通费用中损耗成本占比将减少到56%，最终销售价格也将明显降低。

3. 提高冷链商品质量安全

目前我国大部分初级农产品都是以原始状态投放市场的，冷链物流技术发展十分滞后，直接影响最终消费品的质量安全。冷链物流是一项系统工程，从生产到消费的各个环节均有一套严格的技术指标体系，对不同产品和品种均要求有相应的产品控制与储存时间，以保证农产品流通过程的质量安全。冷链物流在保障药品、疫苗的质量安全方面更为重要。

4. 促进农民增收

由于我国农产品冷链物流技术落后，流通损耗率高，每年有价值超过数千亿元的农产品在流通过程中损失掉，影响农民增收。发展食品冷链物流一方面有利于降低农产品损耗，直接提高农民收入；另一方面，有利于提高农产品流通的产业化程度、组织化程度、信息化程度、标准化程度等，有利于解决目前我国农产品“小生产与大市场”的对接以及“买卖双难”等问题，引导农民科学生产、稳定供给，从而大大提高农民的收入水平。

5. 提高人民生活质量

随着人民的生活水平不断提高，对生活质量的要求也不断提高，同时增强了对冷链物流的需求性。生活节奏加快，方便、卫生、快捷的冷冻、冷藏商品受到人们的青睐，使得冷链物流业的需求也不断增加。冷链物流业升级，有利于提高人民的生活水平。

第四节　冷链商品的主要流通环节

冷链商品的特性决定了其供应链系统对冷链物流的特殊需求，要求冷链物流各环节具有更高的组织协调性，发展冷链物流是冷链商品在供应链中质量保证的基础。果蔬、肉类、水产品、牛奶等初级农产品和畜产品在采摘、屠宰、捕获和收集后，往往要经过多次加工、运输、贮藏和配送，才能到达消费者手中（见图 1－1）。一般来说，需要经过以下主要流通环节。

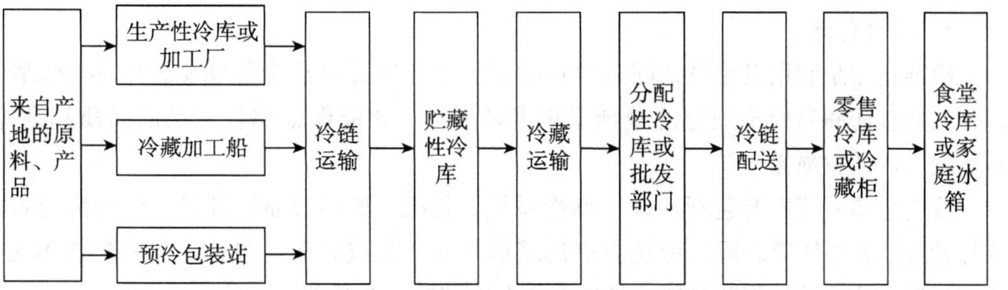

图 1－1 冷链物流的主要环节

1. 预冷

预冷是指食品从初始温度（常温 30℃左右）迅速降至所需要的终点温度（0℃～15℃）的过程，也就是说，在冷藏运输和冷藏之前的冷却以及快速冻结前的快速冷却工序统称为预冷。果蔬等易腐农产品在采摘之后含有大量的水分，而且高温季节采收的果蔬本身带有大量的田间热，呼吸作用很旺盛，成熟衰老的速度快。研究数据表明，对比冷藏条件（0℃），果蔬在常温下（20℃）存放 1 天，就相当于缩短了 7～10 天的贮藏寿命，而且不经预冷处理的果蔬在流通中损失率达到 25%～30%，经过预冷处理的果蔬损失率仅为 5%～10%。预冷对保证良好的贮运效果具有重要的意义。

由于预冷在冷藏运输当中的重要性，很多发达国家早已将预冷作为果蔬低温运输和冷藏的一项重要措施，广泛应用于生产中。在日本，强制通风、差压、水冷等多形式的预冷设施分布于全国各地的果蔬产地附近，采摘之后的果蔬会立刻进行产地预冷。目前日本 90%以上的果蔬都必须经预冷后才进行贮藏、运输。

2. 流通加工

流通加工是指在产品从生产者向消费者流动的过程中，为了促进销售、维护产品质量和实现物流的高效率所采用的简单加工作业活动，主要包括包装、分级、分割计量、分拣贴标签条码、组装等。

3. 冷链运输

冷链运输是指使用装有特制冷藏设备的运输工具来运送冷链商品。在整个运输过程中，通过低温降低冷链商品的新陈代谢，抑制微生物的生长，以保持冷链商品的良好外观、新鲜度和营养价值，从而保证货物的商品价值，延长货架期。与普通意义上运输相比较而言，冷链运输有以下突出的特点。

（1）使用装有特制冷藏设备的运输工具。

（2）运送的对象是冷链商品，主要指易腐食品（如水产品、畜产品、水果和蔬菜等生鲜食品）以及花卉苗木、药品疫苗等。

（3）在整个运输过程中要保证适宜的低温条件，通过降低温度抑制冷链商品自身的新陈代谢，抑制微生物的生长繁殖，以保持食品的原有品质，包括鲜度、色、香、味、营养物质等。

常见的冷链运输包括铁路冷链运输、公路冷链运输、水路冷链运输、航空冷链运输和多种方式联合运输。

4. 冷链仓储

冷链仓储是利用温控设施创造适宜的温湿度环境并对易腐货物实施储存与保管的行为，只有让商品处于规定的最佳温湿度环境下，才能保证储存商品的品质和性能，防止变质，减少损耗。

冷链仓储系统主要包括冷库、制冷系统、货架、搬运设备、托盘、温湿度监控系统与管理信息系统等。规范冷链仓储的装载单元、集成单元，包括货品的包装单元尺寸、托板尺寸和其他配套设施，是确定整个冷链标准的基础。

冷链仓储对储存设备、储存环境的要求很高，在对冷链仓储系统进行规划设计时，由于冷链仓储的装载单元、集成单元的非标准化、定制化直接关联所有冷链对接设施的技术尺寸，是冷链仓储设施进行设计规划的基础技术数据来源之一，直接影响仓储系统解决方案的确立、规划设计与优化以及储存设备库容量及其搬运设备的运行效率。为实现冷链仓储的单元化、标准化，可通过对资源的最佳配置，让冷链仓储系统在为客户提供满意服务的同时，降低物流系统总成本，获得最佳经济效益。

5. 冷链配送

与一般的产品运输配送相比，生鲜食品冷链配送具有以下几个特点。

(1) 技术要求高。生鲜食品易腐易损，要保证其质量，在流通过程中必须采取相应的技术措施。一般来说，生鲜食品冷链配送企业的发展需要一定数量的冷藏库、冷藏车、加工车间等冷藏设备，而且在流通环节需要分类、整理和加工等作业。

(2) 时效性强。与常温产品配送相比，生鲜食品冷链配送对时间要求非常高。另外，生鲜食品种类繁多，需求又多是小批量，这就决定了其物流配送工作的多品种、小批量、多批次等特点。

(3) 配送范围限制性。生鲜食品的冷链配送需要较高的标准，这就导致其配送的范围受到一定限制，配送的距离越远、时间越长，相对应的损耗就越多，因此，生鲜品的流通半径比一般货物的流通半径要小。

6. 冷藏销售

冷链物流体系是从“田间”到“餐桌”，而消费者直接接触商品主要是在农贸市场和超市。超市作为当今城镇居民最大的“菜篮子”之一，易腐食品的品质和安全不容忽视。我国超市经营主要采用联营和自营两种方式。联营主要是指把摊位出租给其他厂商；自营是指超市统一生产、加工以及配送。我国的大型超市多采用自营方式，部分中型以及多数小型超市均采用的是联营方式。根据目前国内冷链的发展状况，比起自营方式，超市零售商采用联营方式经营生鲜产品需要承受更大的风险。为了保证易腐产品的品质，维护企业的信誉，在自营模式下，超市可以直接与果园、蔬菜生产基地建立供销关系。在销售中，温度管理是关键。目前在农贸市场中，许多家禽、肉、蛋、果蔬往往在常温下销售，难以保证安全性。

第五节 冷链的主要设施设备

设备与设施是现代化冷链物流系统最重要的环节，先进的物流设备和设施是物流全过程高效、优质、低成本运行的保证。

冷链物流设施与设备是贯穿于整个冷链物流系统全过程、深入每个作业环节、实现冷链物流各项作业功能的物质基础要素。物流设施的布局及水平、物流设备的选择与配置，直接影响着冷链物流功能的实现，影响着系统的效益。冷链的主要设施设备有以下几种。

一、冷藏运输工具

冷藏运输工具有将冷链商品在各个环节进行位置转移的功能，是物流系统中最基本的工具，它是冷链物流的基础，是物品得以流通的根本保证。运输工具主要包括冷藏船（舱）、铁路冷藏车、冷藏汽车、飞机和冷藏集装箱。

冷链物流对冷藏运输工具的要求是在运输全过程中，无论是装卸搬运、变更运输方式，还是更换包装设备等环节，都使所运输货物始终保持一定温度。冷链运输方式可以是公路运输、水路运输、铁路运输、航空运输，也可以是多种运输方式组成的联合运输。冷链运输成本高，而且包含了较复杂的移动制冷技术和保温箱制造技术，冷链运输管理则包含更多的风险和不确定性。

1. 冷藏船（舱）

船舶是水路运输的工具。水路运输的特点是运量大、成本低，但运输速度慢。在综合运输体系中，水路运输的功能主要是承担大批量冷链商品的运输，特别是集装箱的运输。水路运输是国际贸易的主要运输方式之一。

2. 铁路冷藏车

铁路机械冷藏车和冷藏集装箱是铁路冷链运输的装载工具。铁路冷链运输的运量大、成本较高、货损率高，不能实现门对门运输。在运输体系中，铁路运输主要承担大宗货物运输、长途运输等。

3. 冷藏汽车

汽车运输快捷、灵活、方便，可实现门对门运输，但运量小、成本高。汽车主要承担中、短途运输，但随着高速公路的完善，汽车运输渐渐形成短、中、远程运输并举的局面以补充和衔接其他运输方式。

4. 飞机

飞机是航空运输的主要运输工具。航空运输能做到远距离直达运输，是速度最快的运输方式，但运价较高，一般用于价值高、时效性强的冷链商品运输。

5. 冷藏集装箱

冷藏集装箱是指专为要求运输时保持一定温度的冷冻货或低温货而设计的集装箱。

它分为带有冷冻机的内藏式机械冷藏集装箱和没有冷冻机的外置式机械冷藏集装箱。适用装载肉类、水果等冷链商品。冷藏集装箱可用于多式联运，可以从产地到销售点实现“国到国”“门到门”直达运输；一定条件下，也可以当作活动式冷库使用。使用中可以整箱吊装，装卸效率高，运输费用相对较低，装载容积利用率高，营运调度灵活，有广泛适用性。

二、装卸和搬运设备

装卸是指在同一地域范围内（如车站范围、工厂范围、仓库内部等），改变物品的存放、支承状态的活动。搬运是指改变物品的空间位置的活动。装卸活动的基本动作包括装车（船）、卸车（船）、堆垛、入库、出库以及连接上述各类活动的短程运输，是随运输和保管等过程而产生的必要活动。

1. 装卸机械设备

装卸机械设备具有自行装卸功能或具有转载装置和连续装卸功能。装卸机械设备按其使用特点可分为装载设备和卸载设备。根据工作对象或工作方式，装载机械分为装船机、装车机；卸载机械分为卸船机、卸车机、翻车机、堆料机、堆包机等。常用的装卸机械设备有铲斗装载机、固定式装载机、链斗卸车机、叉车等。在冷链物流中主要应用的是叉车。

2. 输送机械设备

输送机械设备是物流设备的重要组成部分。输送机械设备通常是指使物料或物品沿该机的整体或部分布置线路所确定的方向或走向、连续或间断地进行自动搬运的机械设备。在各种现代化的工业企业中，输送机械设备是使生产过程组成有节奏的流水作业生产线所不可缺少的组成部分。根据被运送的物流或物品分类，常见的输送机械设备有用于输送散粒物料的输送机，如螺旋输送机；用于输送成件物品的输送机，如辊子输送机；两者兼可输送的输送机，如带式输送机、板式输送机等。

三、冷链贮藏设施设备

冷链贮藏设施设备包括冷库及其配套设备、冷柜和冷链快递柜等。冷库是用隔热材料建筑的低温密闭库房，有结构复杂，造价高，需要防潮、防水、防热气、防湿冷等特点。冷库按建筑结构形式不同可以分为土建式冷库、装配式冷库、夹套式冷库和气调冷库，各种冷库的特点如表 1-3 所示。

表 1-3　　冷库按建筑结构分类及特点

冷库种类	特　点
土建式冷库	主体结构和地下荷重结构都采用钢筋混凝土，围护结构的墙体都采用砖砌而成，具有坚固、隔热性能好、造价低、建设周期长等特点
装配式冷库	主体结构都采用轻钢结构，围护结构使用预制的聚氨酯或聚苯乙烯芯板材拼装而成

续 表

冷库种类	特 点
夹套式冷库	在常规冷库的围护结构内增加一个内夹套结构，夹套内装设冷却设备，冷风在夹套内循环制冷
气调冷库	主要用于新鲜果蔬、农作物种子和花卉的较长期贮藏，除了要控制库内温度、湿度外，同时要控制库内氮气、二氧化碳、氧气和乙烯含量，抑制果蔬等植物的呼吸作用

冷库按温度不同通常可以分为高温冷库、低温冷库和超低温冷库，其温度和用途如表1-4所示。有时还将温度范围在15℃～20℃的冷库称为恒温冷库。冷库配套设备包括封闭式月台、货架系统、巷道堆垛超重机、分拣设备、出入库输送机系统、自动监控系统，还包括托盘、货箱、集装单元等设备。

表1-4　　　　冷库按温度分类及用途

冷库种类	冷库温度（℃）	用途
高温冷库	－2～15	冷却物冷藏
低温冷库	－10～－30	冻结物冷藏
超低温冷库	＜－60	金枪鱼等食品冷藏

根据冷柜的用途及贮存食品的不同，冷柜可分为冷藏柜和冷冻柜，以及组合式冷柜（冷藏冷冻柜）。冷藏柜的柜内温度通常在0℃～8℃，冷冻柜的通常在－18℃以下，国产冷柜的柜内温度也有设计成－15℃～0℃的。按柜体陈列部位的结构分类，陈列柜可分为封闭型和敞开型两种。封闭型陈列柜四周全封闭，但有多层玻璃做成门或盖，供食品展示或顾客拿取食品之用。封闭型陈列柜内的物品与外界隔离，冷藏条件好，适合陈列对贮藏温度条件要求高、对温度波动较敏感的食品，如冰淇淋、奶油蛋糕等，也用于陈列对存放环境的卫生要求较为严格的医药品。封闭型陈列柜能耗较低，用于客流量较小的店铺时，可起到陈列和贮藏的双重作用。封闭型陈列柜通常比敞开型生产成本低，而且在较恶劣的环境中也能使用，但从商品销售角度来说，敞开型陈列柜效果更好。

冷链智能快递柜是一种放置在社区中的专门放置生鲜食品的柜子，用户可以自取。冷链智能快递柜有保鲜、冷藏、冷冻的效果，外形上和普通的快递柜差不多，但是每个格子比较大，取商品的方法和取快递是一样的，冷链智能快递柜对于生鲜冷链配送而言有很大的促进作用。

四、包装与流通加工设备

包装可以分为内包装和外包装。包装包括装箱、封口、捆扎等作业。此外，还有使用托盘堆码机进行的自动单元化包装，以及用塑料薄膜加固托盘的包装等。

冷链流通加工是指为了提高冷链物流速度和物品的利用率，在物品进入流通领域后，按客户的要求进行的加工活动，即在物品从生产者向消费者流动的过程中，为了促进销售，维护商品质量和提高物流效率，对物品进行一定程度的加工。流通加工通过改变或完善流通对象的形态来实现“桥梁和纽带”的作用，因此流通加工是流通中的一种特殊形式。流通加工设备是指用于物品包装、分割、计量、分拣、组装、价格贴附、商品检验等作业的专用设备。

第六节　冷链技术的发展趋势

针对我国冷链装备研究基础薄弱、冷链物流装备能耗高、自动化程度低、自主技术含量低、缺乏竞争力等问题，应大力推进冷链装备关键技术的专项研究，从技术源头推进我国冷链装备行业水平；根据我国冷链物流需要，研制冷链全程各环节的系列化高效智能化冷链装备；加快先进冷链物流装备的示范应用，发挥引领作用，带动技术整体进步。

一、易腐食品贮运品质控制技术

我国的食品安全问题一直以来都受到国家和人民的高度重视，食品安全管理体系也在不断地完善。然而，针对易腐食品供应链的品质控制方法体系研究较少，缺乏危害分析、预防措施、关键品质影响因素、相应的关键限值及监控节点的深入分析和研究，这在一定程度上制约了冷链物流行业的发展。因此今后需要进一步开展易腐食品流通品质控制方法体系的研究，包括解析动态贮运条件下不同成熟度的易腐食品的品质变化规律；分析环境条件、相关加工工艺等因素对易腐食品品质的影响；集成并研发多品类易腐食品系统化的精准保鲜技术。对易腐食品保鲜机理进行深入研究，建立易腐食品的大宗共性化和特色个性化的品质控制方法体系。

二、高效、绿色、精准冷链装备

虽然我国在冷链设备研发方面仍然和世界先进水平存在一定差距，但是近年来已在冷链装备技术相关的研究领域（如热工基础、流体力学、制冷技术等）取得了很多重大进展，具备开展先进冷链装备及产业化的基础，完全有能力追赶甚至超过世界一流水平，改变许多核心设备完全依赖进口的现状。对冷链装备开展易腐食品与不同冷却介质传热传质、物理场辅助冻结的规律、冷链装备中换热器的热质传递、环保制冷工质的热物性及热力循环、冷冻冷藏蓄冷材料及物性等基础研究；开发低能耗速冻技术、高品质冷藏工艺、低温环境强化换热技术、环保制冷剂制冷系统、无级变容量制冷技术、压缩/喷射制冷技术、冷链装备中可再生能源应用技术等关键技术；研发适合于低温速冻和冻结的高效换热器、高效果蔬预冷设备、多温区贮运设备、气调储藏设备、超低温冷冻和速冻设备、生鲜配送柜、可再生能源驱动冷链装备等冷链物流装备。从基础理论到设备设计和开发，多角度、多方面提升目前的冷加工、冷冻冷藏、冷藏运输等环节的装备技术水平，实现冷链装备高效节能、绿色环保、精准控制。

三、制冷系统安全技术

采用零 ODP（消耗臭氧潜能值）、低 GWP（全球变暖潜能值）的环境友好型制冷剂是制冷技术的发展方向，对于冷链装备，冷库用制冷系统采用氨制冷剂，销售末端设备采用碳氢（HC）制冷剂是大势所趋。氨有一定的可燃性和毒性，HC 具有可燃性，所以需要加强氨和 HC 制冷系统安全方面的研究。研究氨制冷剂充注减量技术，包括 NH_3/CO_2（氨气/二氧化碳）复叠式制冷系统、CO_2制冷剂系统、NH_3直膨式制冷系统和超低充注量氨制冷系统，优化系统流程和换热器结构，减少不必要的辅助容器，在不降低能效的情况下大幅降低氨的使用量；采用系统流程和换热器结构优化的方法减少销售末端设备 HC 制冷剂充注量；研发制冷系统泄漏检测技术以及制冷系统泄漏应急处置技术，提升氨和 HC 制冷系统自动化程度和安全性，以使涉氨冷库和 HC 销售末端设备更好地服务于冷链物流。

四、冷链物流信息化

在冷链物流信息化技术方面，运用物联网、人工智能等技术，重点突破冷链商品代谢产物、有害微生物、关键功能营养成分、新鲜度等关系到产品质量安全、销售价格的感知技术，发展食品品质感知技术；开发利用温度、湿度、光照、空气含氧量、乙烯含量、硫化氢含量等传感器的环境参数感知技术；结合 GPS（全球定位系统）、GIS（地理信息系统）、北斗等卫星导航定位系统，利用智能手机等移动终端，开发产品位置感知技术；将自动识别技术、实时感知技术和中心数据库有机结合，发展冷链商品安全溯源技术；基于上述感知技术和溯源技术，利用新一代通信和云计算等技术，建立冷链物流数据中心，收集和挖掘各环节实时数据，整合冷链物流资源以实现行业内的信息共享和协同运作。

五、基于信息化的绿色冷链物流全程优化技术

在冷链物流信息化技术基础上，将整个冷链物流作为一个系统，融合食品科学、农业科学、能源科学、制冷与低温技术、信息技术、物流管理、经济学等多学科的理论和方法，分析冷链商品在整个贮运过程中物流、温度流、能量流、信息流、品质流、价值流的变化规律；在保障易腐食品安全、食品品质、食品价值的前提下，以冷链物流的高效、环保和低成本为目标，采用高效、环保、精准冷链装备，构建冷链物流系统理论模型，在信息技术和大数据的基础上，研究易腐食品冷链物流系统各环节的关联关系，分析温度流、能量流、品质流、价值流的相互影响，获得易腐食品冷链物流优化流程和优化体系。

案例分析

冷链物流市场迎来"红利期"

2020 年由于受到新冠疫情的影响，人们出行减少，网上购物异常火爆，尤其是米面粮油、新鲜果蔬等必需品需求大增，很多电商平台生鲜类产品的销量成倍增长，线上生鲜订单火爆，这也让原本火热的生鲜市场"赛道"再次升温，并为冷链物流装备行业带来发展机遇，冷链物流市场迎来了"红利期"。

近年来，随着人们生活水平的提高，生鲜电商整体市场规模稳步扩大，2019 年市场规模已突破千亿元。数据显示，2019 年我国生鲜电商的交易规模超过 3220 亿元，较 2018 年的 1950 亿元，同比增长 39%以上。其中，受到线上购物的影响，线上生鲜下单受到越来越多消费者的青睐，特别是年轻人消费群体。2020 年一季度，线上生鲜类产品下单需求量激增，许多人定好闹钟，到点抢订。根据有关数据统计显示，蔬菜水果、肉类、海鲜等生鲜产品环比增幅达到了 200%。春节期间，某电商平台在北京、上海、武汉的销售量为节前的 2～3 倍。

为了顺应这一趋势，同时也为保障市民"菜篮子"丰富、实惠，许多超市也开展了线上下单业务，加大了生鲜配送力度。据悉，某知名大型超市，线上到家业务量迅速攀升，尤其是生鲜蔬果、米面粮油、速冻食品的线上订单量猛增。根据超市统计，该超市到家业务订单量同比增长超过 590%，其中蔬菜订单量同比增长 710%以上。有行业人士分析表示："线上生鲜订单火爆，生鲜产品线上化还有益于冷链物流体系不断发展与完善，也为冷链物流装备行业带来发展机遇。生鲜产品线上化的背后是冷藏车、冷藏箱、冷库、保鲜库等冷链基础设施的支撑。生鲜食品通过供应链及冷链物流才能更好地销往全国，最后送至消费者手中，并保障生鲜产品的新鲜品质。"

随着线上生鲜生产的崛起，冷藏车、冷藏箱、冷库以及保温盒、超市的冷藏陈列柜等冷链物流装备已成为当下重要的冷链物流基础设施。笔者获悉，冷链物流一般包括预冷、包装、仓储、运输、配送等多个环节，其中任何一个环节冷链物流装备的缺失都会对生鲜产品的新鲜品质产生一定的影响。近些年，冷链物流体系以及基础设施的加快建设，为线上生鲜市场增能添力。而今，许多企业都积极加快构建现代化冷链物流体系，完善冷链物流基础设施网络。现阶段我国在生鲜食品贮藏、运输、批发及零售等环节，已经形成拥有 6200 多万吨冷库、21.5 万辆冷藏车、1.8 万亿元交易额的冷链物流体系，生鲜食品冷链物流已经成为国民经济中的一种新业态。

思考：

1. 为什么说近年来冷链物流市场迎来了"红利期"？
2. 生鲜食品线上化需要哪些冷链物流设施设备支撑？

练习与思考

1. 简述冷链和冷链商品的定义、冷链的基本特征。
2. 冷链商品由哪三部分构成？
3. 冷链商品学的研究对象与研究内容分别是什么？
4. 影响冷链商品质量的关键因素有哪些？
5. 冷链物流的“三 P”“三 C”“三 Q”“三 M”条件分别是什么？
6. 冷链商品学的研究方法有哪些？
7. 冷链商品的主要流通环节有哪些？这些环节分别要运用哪些设施设备？
8. 冷链技术的发展趋势是什么？

参考文献

[1] 谢如鹤，刘广海．冷链物流［M］．武汉：华中科技大学出版社，2017.

[2] 谢如鹤．冷链运输原理与方法［M］．北京：化学工业出版社，2013.

[3] 申纲领．商品学［M］.3 版．北京：北京理工大学出版社，2017.

[4] 汪永太，李萍．商品学概论［M］.6 版．大连：东北财经大学出版社，2018.

[5] 翁心刚，安久意．鲜活农产品冷链物流管理体系研究［M］．北京：中国财富出版社，2015.

[6] 旭日干，庞国芳．中国食品安全现状、问题及对策战略研究［M］．北京：科学出版社，2015.

第二章　冷链商品分类与包装

学习目标

1. 了解冷链商品的分类、冷链商品的编码、冷链商品的销售及运输包装

2. 对冷链物流商品的分类方式、编码规则、包装要求、包装方法等有一定的认识

3. 了解冷链商品的特殊性

4. 掌握冷链物流管理过程中不同商品的特点，对不同商品的流通过程进行更为有效的管理

第一节　冷链商品分类

本节介绍了冷链商品的分类方式，并对每一类商品的特点、保存条件和运输要求进行了详细介绍，包括初级农产品，如果蔬、花卉植物、肉类、谷物、水产品等；加工后的食品，如速冻食品、肉、水产等包装熟食、冷冻饮品、乳品等；特殊产品，如药品、胶卷、医疗器械等。

一、冷链商品分类方式

为方便对冷链商品进行管理，保障消费安全，减少商品损耗，实现节能环保，需要结合我国各类冷链商品特征，提出适合我国冷链商品的分类方法。目前我国尚无冷链商品分类专项国家标准，故按照《冷链物流分类与基本要求》（GB/T 28577—2012）中冷链物流的分类方式对冷链商品进行分类。分类方式包括“按冷链物品对象分类”以及“按冷链物流温度带分类”。

（一）按冷链物品对象分类

根据国家标准中的冷链物品对象将冷链商品分为五类：食品类、花卉植物类、医药类、化学品类以及其他类。

（1）食品类：主要包括果蔬、水产、肉制品、禽蛋、乳制品、粮食等易腐食品及其加工制品。

（2）花卉植物类：主要包括花卉植物及其鲜切产品。

（3）医药类：主要包括药品、医疗器械等。

（4）化学品类：主要包括常规化学品以及危险化学品。

（5）其他类：主要包括生物样本、精密仪器、电子产品、艺术品等物品。

（二）按冷链物流温度带分类

根据商品冷链运输过程中要求所处的温度带，可将冷链商品分为 W（Warm，保温）、C（Cold/Cool，冷藏）、F（Frozen，冷冻）三大类。其中 W 类处于 25℃以上的温度带；C 类可分为 C_1 和 C_2 两个温度等级，分别处于 10℃～25℃以及 0℃～10℃温度带；F 类可分为 F_1、F_2 和 F_3 三个温度等级，分别处于—18℃～0℃、－55℃～－18℃以及－55℃以下温度带。如表 2－1 所示。

表 2－1　按冷链物流温度带分类

分类	等级	温度带（℃）
W	W	＞25
C	C_1	10～25
	C_2	0～10
F	F_1	－18～0
	F_2	－55～－18
	F_3	＜－55

注：W：Warm（保温）；C：Cold/Cool（冷藏）；F：Frozen（冷冻）。

二、食品类

（一）果蔬产品

根据果实构造及生物学特征，可将果蔬类产品继续细分。例如，果品类产品可分为六大类：仁果类，如苹果、梨、山楂、沙果、木瓜等；核果类，如桃、杏、杨梅、樱桃等；浆果类，如葡萄、猕猴桃、香蕉等；柑橘类，如柠檬、柚子、橙等；坚果类，如板栗、核桃等；聚合果、复果类，如草莓、菠萝、无花果等。如图 2－1 所示。

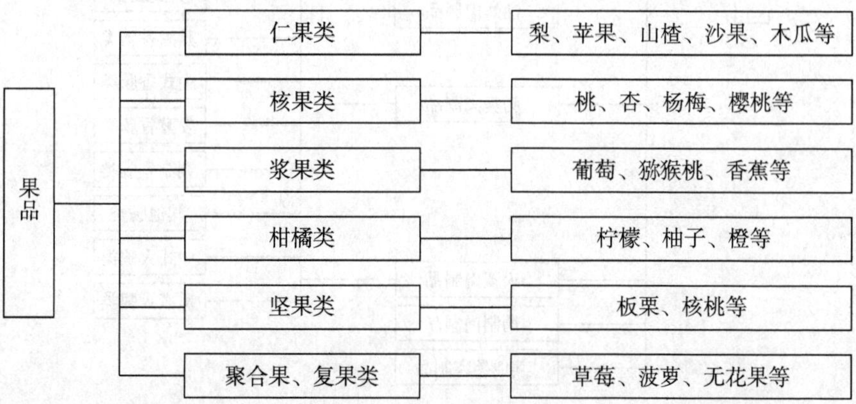

图 2－1　果品的分类

果蔬作为人们日常生活的必需品，富含丰富的碳水化合物、有机酸、色素、维生素和矿物质等。果蔬在采摘后依然为生命体，进行着复杂的生理变化、生物变化和物理变化，新陈代谢活动在果蔬的某些组织内仍然活跃地进行，对微生物的入侵有抵抗能力。但随着生命体呼吸作用与蒸腾作用的不断消耗，新陈代谢变慢甚至停止，很容易产生皱缩、萎蔫、变质等现象。此外，果蔬的呼吸作用产生的乙烯以及各种微量气体，也会作为一种催熟剂加快果实成熟，不利于果蔬的储藏和运输，影响果蔬产品的质量和销售。因此，需要严格按照各类果蔬所需的储存温湿度，对冷链全流程进行严密控制，保证商品的质量与安全。

（二）肉制品

肉制品，是指以畜禽肉为主要原料，经调味制作的熟肉制成品或半成品。根据国家标准《肉制品分类》（GB/T 26604—2011），可按照肉制品的主要加工工艺将肉制品继续细分为九大类，分别为腌腊肉制品、酱卤肉制品、熏烧焙烤肉制品、干肉制品、油炸肉制品、肠类肉制品、火腿肉制品、调制肉制品、其他类肉制品。如图 2-2 所示。

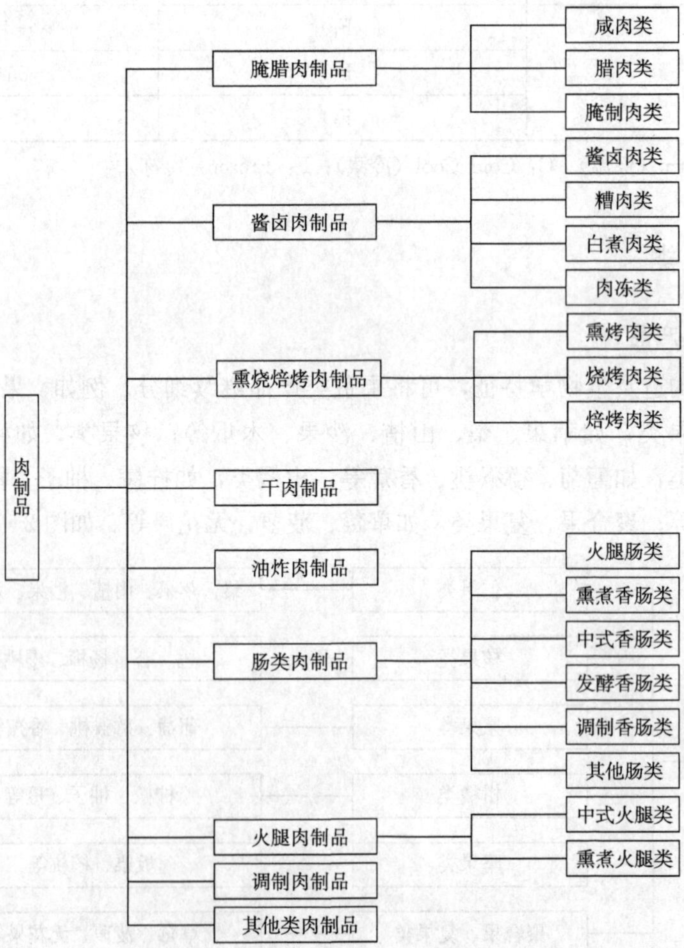

图 2-2　肉制品按加工工艺分类

畜禽经屠宰后即成为无生命体，对外界的微生物侵害失去抵御能力，同时伴随一系列的降解等生化反应，出现僵直、软化成熟、自溶和酸败四个阶段。其中，自溶阶段始于成熟后期，是质量开始下降的阶段，其特点是蛋白质和氨基酸分解、腐败微生物大量繁殖。低温可以抑制微生物的代谢活动，从而达到储藏保鲜的目的，通常肉类温度达到－18℃就处于休眠状态，－23℃即可成倍延长冷藏期。

作为冷链商品，肉类的贮藏和运输要经过冻结、解冻、包装等多个环节，在我国，肉类产品的冻结方法包括空气冻结法，液体冻结法，使用冰、盐混合物及固态二氧化碳冻结法以及液氮冻结法。通过冻结可以延长肉的贮藏时间，并且能够减缓肉类内部水分的蒸发。肉类解冻会对肉质产生一定的影响，如肉汁流失、营养成分变化以及品质恶化等。在对肉制品进行包装的时候，主要采用真空包装、气调包装以及化学保鲜的方法。

（三）乳制品

乳制品指的是以牛乳或羊乳及其加工制品为主要原料，加入或不加入适量的维生素、矿物质和其他辅料，利用法律法规及标准规定所要求的条件，经加工制成的各种食品，也叫奶油制品。可根据《乳制品企业生产技术管理规则》将乳制品继续细分为七大类，分别为液体乳类、乳粉类、炼乳类、乳脂肪类、干酪类、乳冰淇淋类以及其他乳制品。如图 2－3 所示。

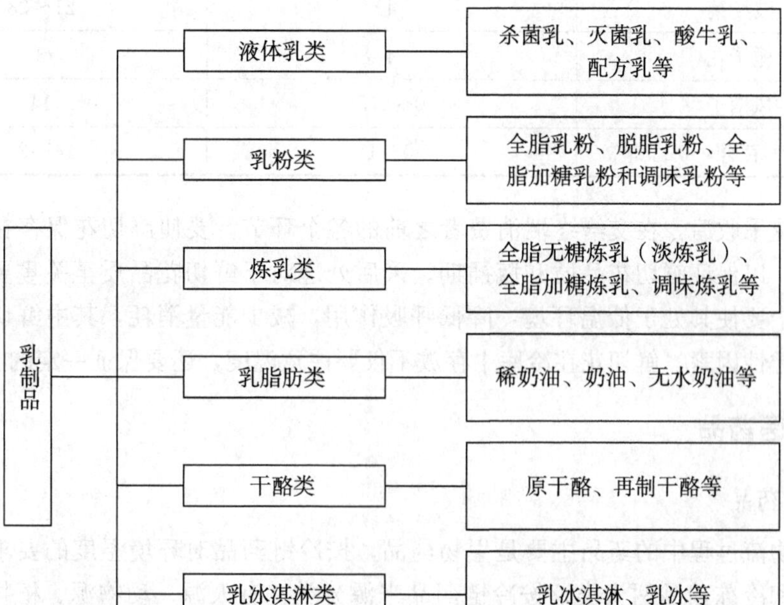

图 2－3　乳制品的分类

部分乳制品可以在较高的温度下运输，但是设置的实际温度一般低于－14℃，主要是因为大部分的奶油在低于－8℃的温度下没有微生物的损坏，可以保证良好的质量。冷冻奶油作为一种大宗货物，通常的做法是将其装入纸箱内，再通过货盘将纸箱进行集中，最后再装入冷箱中运输。乳品中的硬奶酪作为一种可以长期储存的制品，通常可以在1℃～7℃的温度下进行运输，运输温度取决于奶酪的种类、包装以及运输距离等，其他奶酪通常在0℃～13℃的温度下运输。

三、花卉植物

花卉植物属于特殊的鲜活植物产品，具有一定的观赏性，经营过程中如果处理不当容易衰老或者发生品质变化，导致观赏性降低，所以花卉植物的保鲜技术就尤为重要。不同品种的花卉植物，其适宜的贮藏温度以及允许贮藏时长不同，因此需要根据花卉植物的具体要求，选择合适的贮藏温度与运输方式。表2-2列举了几种不同花卉植物的贮藏温度以及允许贮藏时长。

表2-2　花卉植物的贮藏温度以及允许贮藏时长

种类	贮藏温度（℃）	允许贮藏时长（天）
金合欢	4	3～4
金盏花	4	3～6
波斯菊	4	21～28
栀子花	4	3
风信子	0～0.5	14
百合	0～1	14～21

鲜切花采收后，在交给终端消费者之前的各个环节，要使鲜切花保存在一定的低温环境中，以保证鲜切花品质和瓶插期。采后处理对于鲜切花品质至关重要，采后和运输过程中要使其处于低温环境，降低呼吸作用，减少能量消耗，其中鲜切花的吸水状况是关键性因素。鲜切花在冷库中存放不仅要注意温度，还要保证一定的空气流动。

四、医药品

（一）药品

冷链物流过程中的药品主要是生物药品，按冷链药品对环境温度的要求分类，有冷藏药品和冷冻药品两大类；按冷链药品来源分类，有人源、动物源、植物源、微生物源四大类；按冷链药品的化学本质与化学特性分类，有生物制品、生化药品、抗生素三大类；按冷链药品的用途分类，有疾病预防用冷链药品、疾病诊断用冷链药品、疾病治疗用冷链药品三大类；按冷链药品剂型分类，有注射剂、栓剂、滴眼液、软膏剂、胶囊剂、片剂、丸剂、凝胶等；此外，还可按冷链药品用途与监督管理要求进行分类。如图2-4所示。

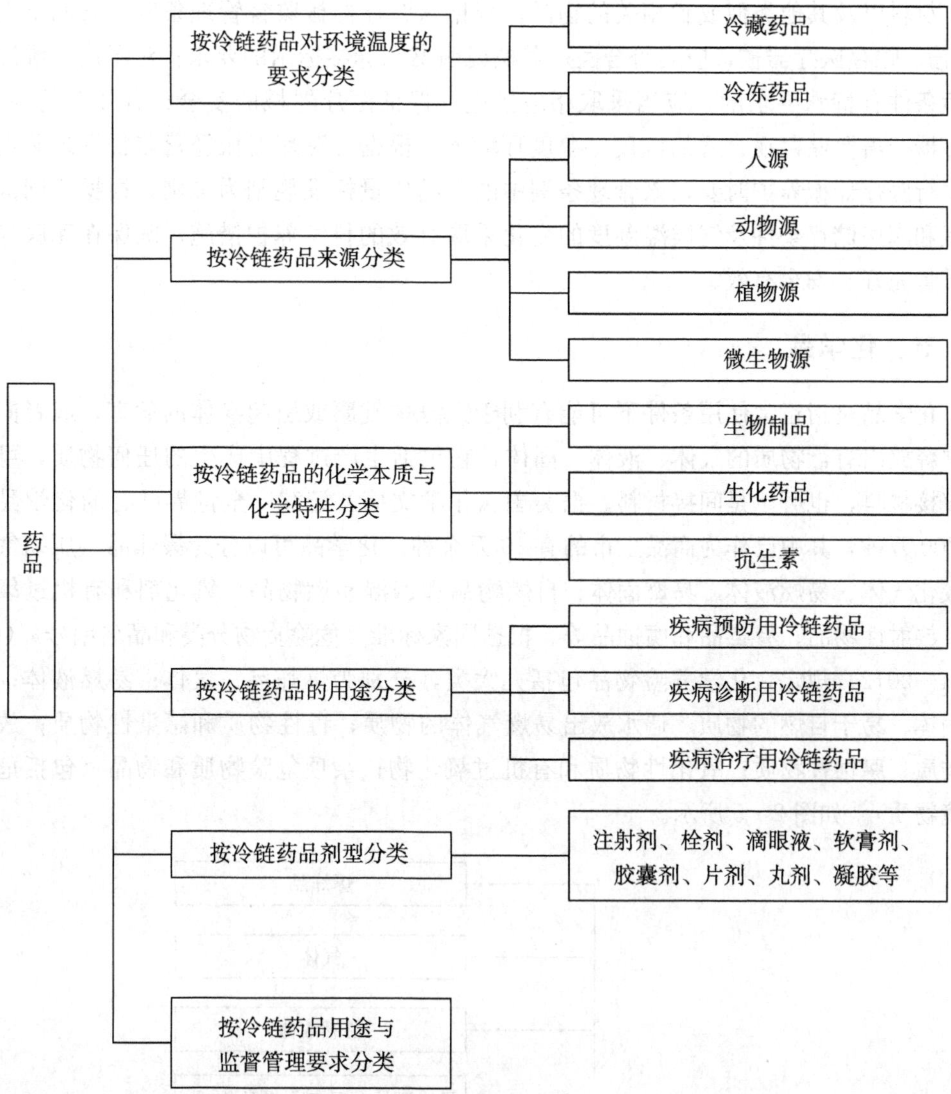

图 2-4　药品的分类

由于温度对药品的质量影响很大，温度过低或过高都有可能影响药品的效果，尤其是血液制品、生物制品、胰岛素类药品、疫苗以及大部分靶向制剂和单克隆抗体，只有在合适的温度范围内，才能有效保存。所以在物流的每一个环节都必须严格控制温度，且不同类型的药品对保存环境、温度的要求各不相同。

冷藏药品应按《药品经营质量管理规范》的规定进行在库养护检查并记录。发现质量异常，应先行隔离，暂停发货，做好记录，及时送检验部门检验，并根据检验结果进行处理。药品的温度监控与监测、运输、贮藏和养护等相关要求在《药品冷链物流技术与管理规范》中都有明确的规定。

（二）医疗器械

医疗器械是指直接或者间接用于人体的仪器、设备、器具、体外诊断试剂及校准物、材料以及其他类似或者相关的物品。根据《医疗器械监督管理条例》第四十七条“运输、贮存医疗器械，应当符合医疗器械说明书和标签标示的要求；对温度、湿度等环境条件有特殊要求的，应当采取相应措施，保证医疗器械的安全、有效”的规定，医疗器械需要储存在合适的温度、湿度环境下。根据《医疗器械经营监督管理条例》，在进行医疗器械养护时要以该管理条例中的产品质量标准规则为准则，根据不同医疗器械和库房储存条件及气候温湿度的变化采取有效的科学养护措施，确保在库医疗器械质量完好、安全有效。

五、化学品

化学品是指正常使用条件下可能有利于人身体健康或引起身体的危害，或者向环境中释放出有毒物质的气体、液体、固体，它包括生产过程中产生的任何物质，可以是直接材料，也可以是间接材料。据美国《化学文摘》记载，全世界已有的化学品多达 700 万种，其中已作为商品上市的有 10 万余种。化学品可以分为爆炸品、压缩气体和液化气体、易燃液体、易燃固体、自燃物品和遇湿易燃物品、氧化剂和有机过氧化物、放射性物品、有毒品和腐蚀品等。根据国家标准《危险货物分类和品名编号》(GB 6944—2012) 规定，化学危险物品包括九大类，分别为爆炸品；气体；易燃液体；易燃固体、易于自燃的物质、遇水放出易燃气体的物质；毒性物质和感染性物质；放射性物质；腐蚀性物质；氧化性物质和有机过氧化物；杂项危险物质和物品（包括危害环境物质）。如图 2-5 所示。

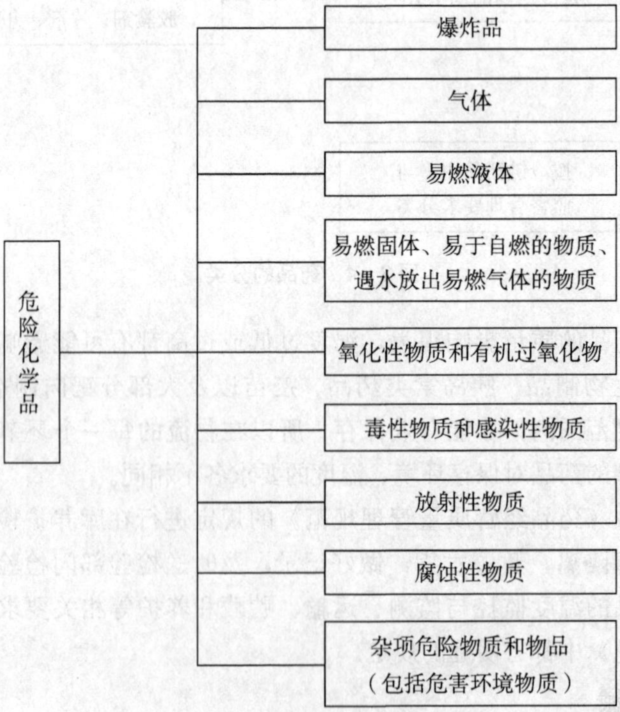

图 2-5 危险化学品分类

由于化学危险品都对人体有害，所以在贮存与运输的过程中应当符合有关安全、防火规定，并根据物品的种类、性质等设置相应的通风、调温、防火、消除静电等安全措施。针对化学品安全管理，国家制定了60余项标准，对每一类化学品的安全标识以及操作规范都进行了相应的说明。

六、其他商品

（一）生物样本

近几年，随着医改稳步推进，我国全面启动多种形式的医疗联合体建设试点，促进了第三方医学检验的快速发展，直接推动了生物样本的跨区域运输由零散发展走向集中爆发。生物样本在冷链运输过程的各个环节要始终处于产品所必需的特定低温环境下，减少损耗，防止污染和变质，以保证生物安全、药品安全。如果在标本运输中对出现的异常情况发现或处理不及时，就可能造成在样品变质失真的情况下进行检测，进而造成检测结果出现偏差，而有偏差的检验结果很可能导致错误的诊断，这对提供样本的受检者可能造成难以估量的影响。

（二）精密仪器

精密仪器是指用以产生、测量精密量的设备和装置，包括对精密量的观察、监视、测定、验证、记录、传输、变换、显示、分析处理与控制。按照测量对象的不同，精密仪器可以划分为几何量精密仪器、热工量精密仪器、机械量精密仪器、时间频率精密仪器、电磁精密仪器、无线电精密仪器、电离辐射精密仪器等。

精密仪器的运输和贮存都有特殊的要求，精密仪器在储存时要特别注意温度和湿度的影响，需定期对仓库中的精密仪器进行保养，注意控制仓库的温度与湿度，避免仪器产生霉变或其他质量问题，影响仪器的准确性。精密仪器的运输过程要采用特殊的运输包装，精密仪器的包装是影响运输质量的重要因素，包装材料的选择要根据仪器的品质而定，目的是对仪器起到保护和支撑的作用。

第二节　冷链商品编码

随着人们消费水平的提高，居民对冷链商品的质量与安全、鲜度与营养的要求也越来越高。冷链物流可有效控制冷链商品在从生产到零售的各个环节始终处于规定的温度环境范围，保障冷链商品的质量安全。为确保冷链商品质量安全，降低流通成本，需要对冷链物流过程中加工包装、运输、储存、配送等环节进行准确标识，从源头出发记录冷链商品流通信息，实现商品链与信息链的有效关联。

一、冷链商品流通编码体系

（一）GS1 编码体系

冷链商品包括果蔬、花卉植物、水产品、肉类、乳制品、禽蛋以及特殊商品等，经过种植、饲养、采摘、屠宰、开发生产、加工包装后，进入流通环节。为保证冷链商品流通过程的质量稳定，在实现实时监测温湿度等环境条件的前提下，需对这些贸易项目产品进行编码，以形成冷链商品代码与实时信息的有效关联。

冷链商品编码时通常使用 GS1 编码系统，该系统包括编码体系、数据载体体系和数据交换体系，GS1 编码体系是 GS1 系统的核心，用来对商品流通领域产品与服务进行标识。GS1 编码体系可为流通领域中的贸易项目、物流单元、实体、资产、服务关系等提供唯一标识，GS1 编码体系如图 2－6 所示。其中，附加属性代码不可脱离标识代码而单独存在，它可对商品提供更详细的信息描述。

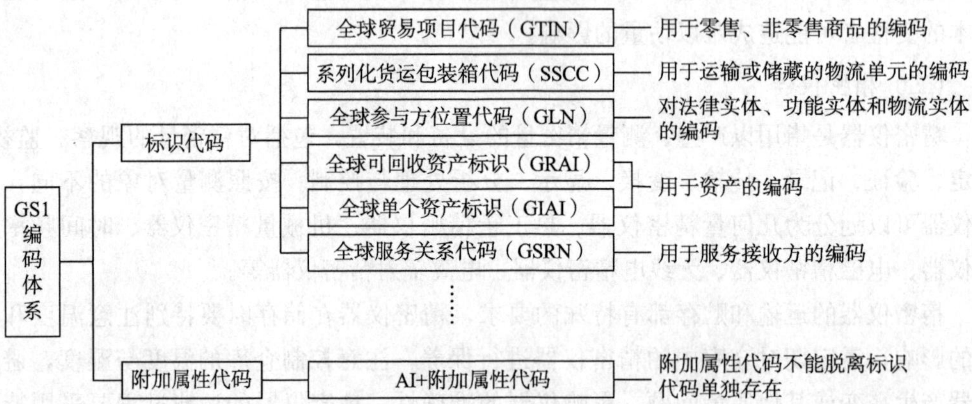

图 2－6　GS1 编码体系

（二）GS1 编码体系拓展

随着市场的发展，对关键商品进行单品唯一标识越来越重要，如生鲜食品、危险品和贵重物品需跟踪追溯到最小单元。GS1 编码体系将应用标识符添加在条码结构中，增加了编码复杂性，但也可以存储更多商品信息。

为了更加方便、快速、准确地跟踪单品，利用产品电子代码（EPC）编码进行产品标识越来越重要。EPC 编码体系是 GS1 编码体系的拓展和延续，是全球统一标识系统的重要组成部分。GS1 编码体系中的全球贸易项目代码（GTIN）、系列货运包装箱代码（SSCC）、全球参与方位置代码（GLN）、全球可回收资产标识（GRAI）、全球单个资产标识（GIAI）都可顺利转化成 EPC 编码，EPC 编码体系如图 2－7 所示。

二、冷链商品 EPC 编码体系

GS1 编码体系转化为 EPC 编码后，GS1 编码体系中的 GTIN、SSCC、GLN 将转化为系列化全球贸易项目代码（SGTIN）、系列化货运包装箱代码（SSCC）、系列化全球位置码（SGLN），下面将对上述三种编码及其转化过程进行介绍。

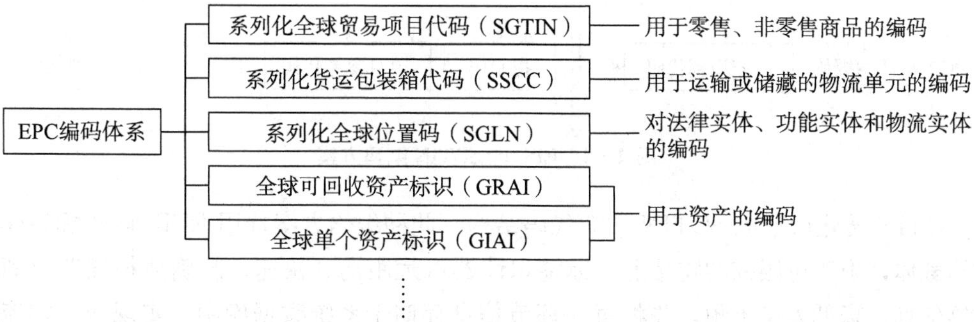

图 2－7　EPC 编码体系

（一）冷链商品系列化全球贸易项目代码（SGTIN）

由于贸易项目的特性，需要首先采用 GTIN 对其进行唯一标识，从而实现后续冷链环节冷链商品储存、运输、销售、零售（POS）等环节的运作自动化。

GTIN 包括四种代码结构：GTIN－14、GTIN－13、GTIN－12 和 GTIN－8。一般可以用 GTIN－13 对零售包装的冷链商品进行编码。为存储更多单品数据信息，可将 GTIN－13 代码与应用标识符（AI）组合进行标识。GTIN－13 由 7～9 位厂商识别代码、3～5 位贸易项目代码和 1 位校验码组成，表 2－3 添加了有效期、批号、序列号对冷链商品进行标识。如（01）06901234567892（17）210417（10）A01（21）08，指代 GTIN 代码为“06901234567892”有效期为“2021 年 4 月 17 日”，批号为“A01”，序列号为“08”的冷链商品。同样，可根据冷链商品单品特性继续向后添加相关属性，为每个冷链商品和包装分别创建 GTIN，并在数据库中管理产品数据。此种编码方案可采用一维 GS1－128 条码或二维条码作为数据载体进行标识。

表 2－3　冷链产品贸易项目 GTIN－13 代码结构

GTIN－13 代码				附加属性代码					
应用识别符	厂商识别代码	贸易项目代码	校验码	应用标识符	有效期	应用标识符	批号	应用标识符	序列号
01	$0N_1N_2N_3\cdots$	$N_{11}N_{12}$	N_{13}	17	$X_1\cdots X_6$	10	$X_1\cdots X_{20}$	21	$X_1\cdots X_{20}$

对冷链物流关键环节把控需求较为严格的冷链商品，需要标识的信息很多，比如标识产地、捕获海域、生长环境、作业人员信息等，这种情况下，可以考虑引入 EPC 编码。对于贸易项目产品，选择将 GTIN 转化为 EPC 的 SGTIN 编码方案，如图 2－8 所示。

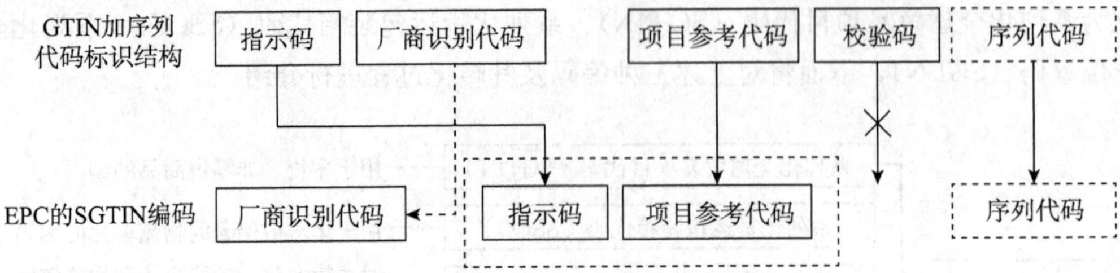

图 2－8　EPC 的 SGTIN 编码方案

GTIN 转化后形成 SGTIN－96 代码结构。此种编码方案选用 RFID 电子标签作为数据载体，附于可跟踪的物品上。标签识读器可远距离、快速、准确地扫描获取商品标签信息，降低人工干预，并将每一环节信息存储于系统数据库中，实现冷链物流环节的自动化。如表 2－4 所示。

表 2－4　冷链商品贸易项目的 SGTIN－96 代码结构

标头	滤值	分区	厂商识别代码	商品项目代码	序列号
8 位	3 位	3 位	20－40 位	24－4 位	38 位
00110000（二进制值）	（根据贸易项目类型确定不同的二进制值）	（用于指示随后的厂商识别代码和序列号分开位置）	999999－999999999999（最大十进制范围）	999999－9（最大十进制范围）	27487790（最大十进制范围）

（二）冷链商品系列化货运包装箱代码（SSCC）

冷链商品进入流通领域后，需要通过装卸、搬运、配送等环节到达分销商或消费者手中。此时，需要作业人员将箱体整合、打包、组合形成供仓储或运输的物流单元。一个包装箱、一个集装箱、一个托盘等都可认为是一个物流单元。为方便供应链管理、跟踪与记录物品流通，选用系列化货运包装箱代码（SSCC）进行编码标识，表 2－5 为 SSCC 代码结构，对冷链商品总重进行标识。总重的应用标识符为 330（n），n 为小数点指示符，代码长度为 6 位。可根据冷链商品物流单元需求添加相关属性，如添加体积、高度、厚度等信息。

表 2－5　冷链商品物流单元 SSCC 代码结构

AI	SSCC				附加属性代码	
	扩展位	厂商识别代码	系列代码	校验码	AI	总重
00	N_1	$N_2N_3N_4\cdots N_{15}N_{16}N_{17}$		N_{18}	330（n）	$X_1\cdots X_6$

与冷链商品贸易项目相似，冷链商品物流单元同样可以采用 EPC 的 SSCC 编码方案。表 2－6 列出了 EPC 编码后的 SSCC－96 代码结构。通过扫描物流单元包装上的 RFID 电子标签，实现产品与数据信息的关联。

（三）冷链商品系列化全球位置码（SGLN）

冷链商品流通过程涉及多个供应链节点，包括供应商、分销商、零售商及终端客户，每一节点又涉及多个部门、仓库或箱位，只有对每一环节产品相关的物理位置进行明确标识，并实时监测每一环节温湿度等环境条件是否符合规定，才能全面、准确跟踪与监测冷链商品的整个冷链流程。冷链物流物理位置编码采用GS1全球参与方位置代码（GLN）进行标识。表2-7为冷链物流某一物理位置的GLN代码结构。

表2-6 冷链商品物流单元SSCC—96代码结构

标头	滤值	分区	厂商识别代码	序列号	未分配
8位	3位	3位	20—40位	38—18位	24位
00110001（二进制值）	（根据物流单元类型确定不同的二进制值）	（用于指示随后的厂商识别代码和序列号分开位置）	999999—999999999999（最大十进制范围）	99999999999—99999（最大十进制范围）	（未使用）

表2-7 冷链物流中某一物理位置的GLN代码结构

AI	厂商识别代码位置参考代码	校验码
414	$N_1N_2N_3\cdots\cdots N_{10}N_{11}N_{12}$	N_{13}

同样，也可以将GLN转化为EPC的SGLN编码方案，表2-8列出了SGLN—96代码结构。其中，厂商识别代码和位置参考代码根据分区值的不同而变化，扩展代码最小值为1，可以是一个符合表2-8规定范围的整数值，也可以是使用应用标识符AI（254）的GLN。

表2-8 冷链商品物流物理位置SGLN—96代码结构

标头	滤值	分区	厂商识别代码	位置参考代码	扩展代码
8位	3位	3位	20—40位	21—1位	41位
00110010（二进制值）	（根据基本位置类型确定不同的二进制值）	（用于指示随后的厂商识别代码和序列号分开位置）	999999—999999999999（最大十进制范围）	999999 — 0（最大十进制范围）	999999999999（最大十进制范围）

三、冷链商品店内码

通常消费者在超市购物时，对于散装的果蔬、五谷、禽肉等冷链商品都是在挑选后由店内工作人员现场称重，并把打印出来的条码粘贴在塑料包装袋上，该条码就是商家内部结算的店内码。

（一）店内码使用范围

店内码的使用范围不同于上文提及的商品条码，无法实现对全球范围内的每类产品进行唯一标识。店内码是零售商在其商品（如店内散装食品）没有商品条码的情况下，为方便店内管理，自行编制的临时性代码及条码标识。店内码具有封闭性，只能在供应链中的销售管理环节用于商店内部管理，不适用于店外其他场合。

（二）店内码的产生

店内码是为了方便店内散装食品（如鲜肉、果蔬等）的结算而设计的，此类产品的特点：以随机数量销售，没有固定包装，零售商难以衡量其具体的销售规格和标准，故无法由厂家实行统一编码，因此需要通过设置店内码作为商品变量消费单元的标识来帮助结算。

（三）店内码设计举例

为方便店内工作人员记忆及使用，店内码往往设计得较为简单，在与通用码（EAN）共用时，编码多为4～7位数字，即由2位类别码以及2～5位商品序号组成，可以避免与EAN的8位码混淆。在设计店内码时需要先将店内经营的商品按类别整理成2位编码，而后的2～5位商品序号编码可长可短。商品分类表示例如表2－9所示。

表2－9　商品分类表示例

序号	一级分类	编码	二级分类	举例
1	家用百货	10	杯子	塑料杯，玻璃杯，陶瓷杯
		11	餐具	盘子，碗，筷子，叉，勺
		12～19	……	……
2	洗化卫生	20	洗浴类	洗发水，沐浴露，香皂
		21	家庭清洁	洗洁精，衣领净，洗衣粉
		22～29	……	……
3	家电五金	30	小家电（厨具）	电饭锅，电磁炉，微波炉
		31	小家电（其他）	电熨斗，电风扇，剃须刀
		……	……	……

为方便计价或检索，通货、热门货的编码通常较短，特殊货、冷门货的编码较长。如10代表类别杯子，1020是卖得比较多的保温杯，10201就是儿童保温杯，10202就是运动保温杯。

第三节　冷链商品包装概述

冷链商品从生产到消费的整个环节都需要保温保鲜，冷链商品包装与普通包装相比，根据冷链商品的特性来实施保护措施至关重要，功能要求也更高。例如，果蔬类商品在包装上需具有透气性，以保证“呼吸作用”；鲜活商品包装必须具有一定的保温性，防止温度过度传递，同时应需有良好的防水性，防止由于制冷措施导致商品置于潮湿环境中。本节从冷链商品包装的定义、分类及构成三个部分分析其基本概念，通过介绍冷链商品包装的要求、功能及发展趋势，了解冷链商品包装的作用。

一、冷链商品包装基本概念

（一）冷链商品包装定义

冷链商品包装是指使冷链商品在生产、加工、储藏、运输、销售等各个环节中始终处于规定的低温环境下，以保证商品质量，防止商品霉腐的包装。包括包装材料、包装容器、包装辅料，以及一定的包装技术方法。

冷链商品包装是物流包装一个细小的分支，由于冷链商品易腐、易变质的特性，包装的选择应充分考虑冷链商品的理化性质、化学成分及其在冷链运输过程中的变化，掌握其腐败变质的控制机理，以保证冷链商品的品质与安全。

（二）冷链商品包装分类

冷链商品包装对冷链商品至关重要，而包装的种类和形式多种多样。为了使人们对冷链包装有一个系统、清晰的认识，需要对冷链包装进行分类。

1. 按照功能进行分类

按照商品包装功能的不同，冷链商品包装可分为冷链商品销售包装和冷链商品运输包装两大类。

（1）冷链商品销售包装。冷链商品销售包装是以促进冷链商品销售为目的的包装。此包装的特点是能显示商品的特色或风格，准确传递商品信息，包装设计要求新、求美，符合消费者心理。

（2）冷链商品运输包装。冷链商品运输包装是冷链商品运输、保管等物流环节的必要包装。冷链商品运输包装以提高冷链运输效率、保证冷链运输质量、降低冷链运输成本为主要目的，其核心是保证连续、精确、可控的温度控制。冷链商品在包装上除了要满足普通商品包装的要求外，还有更为严苛的要求，如包装必须具有良好的保温性、良好的防水性等。

2. 按照温度区间进行分类

冷链商品的需求量在不断上升的同时，也要求实现更低的成本、更高的保温性能和更精准的温度控制。按照冷链商品温度区间的不同，冷链商品包装大致可分为冷冻包装、冷藏包装、保温包装。

（1）冷冻包装。如冷冻包装袋、冷冻包装盒、冷冻冰盒等。

（2）冷藏包装。如冷藏箱、冷藏包装袋等。

（3）保温包装。如保温桶、保温箱、冷藏保温箱、保温毯、药品防寒包装等。

3. 按照包装技术进行分类

这种分类又细分为按照冷链商品包装所采用的技术分类和按照防护目的分类两种。

（1）按照包装技术不同，冷链商品包装分为保鲜包装（如保鲜瓦楞纸板包装等）、速冻包装、透气包装、阻气包装、贴体包装、真空包装、充气包装、灭菌包装、施药包装、压缩包装、气调包装、活性包装等。

（2）按照防护目的不同，冷链商品包装分为防潮包装、防水包装（如耐水瓦楞纸板包装）、防霉包装、防虫包装、防震包装、防火包装、防盗包装、防伪包装、防燃包装、防腐蚀包装等。

4. 按照包装容器进行分类

按照冷链商品包装所使用的容器不同，冷链商品包装可分为盒类包装、箱类包装、袋类包装、瓶类包装、罐类包装、管类包装、盘类包装、桶类包装、筐篓包装等。通常为了生产、流通以及包装加工的便利，包装容器大多采用比较规则的几何造型，但同时也存在一些异形包装容器，通常是为了个性化，能够更加吸引消费者。

5. 按照包装使用次数进行分类

按照冷链商品包装是否可以多次使用来分类，大致分为一次性包装和周转性包装两种。

（1）一次性包装。仅供一次使用，如泡沫塑料箱、一次性保温箱等包装。

（2）周转性包装。是指回收后经清洗、消毒灯处理过程，可以多次使用的包装，如周转性保温箱。

6. 按照冷链商品种类进行分类

按冷链商品种类的不同，冷链商品包装大致分为食品包装、花卉植物包装、医药包装和化学品包装。

食品包装如果蔬塑料袋包装、生鲜肉真空收缩包装、生鲜肉气调包装、水产品 PE（聚乙烯）薄膜袋包装、水产品冰水充氧密封包装（冷却桶）包装等。花卉植物包装如涂沥青不透水的麻袋和纸袋包装、塑料膜包装等。医药包装如医药冷链专用箱、蓄冷袋包装、蓄冷盒包装、蓄冷剂包装等。化学品包装如集装罐、软性液体集装袋等。

（三）冷链商品包装构成

冷链商品包装对农产品及药物等的质量安全保障来说至关重要，因此对于冷链商品包装，需要了解其组成部分。本部分从包装材料、包装容器、包装辅料，以及一定的包装技术方法四个方面了解冷链商品包装，并从冷链的低温环境角度考虑冷链商品包装的性能要求。

1. 包装材料

（1）主要的包装材料。

冷链商品包装材料是指用于制造冷链商品包装容器和构成冷链商品包装的材料的总称。在冷链物流中，使用的包装材料主要有纸、塑料、金属、橡胶、玻璃、陶瓷、复合材料等，如乙烯—乙烯醇共聚物（EVOH）、可食性包装膜、高密度牛津布、高阻隔复合材料、玻璃纸等。

（2）包装材料的性能要求。

在冷链物流环节，包装材料处于低温状态和振动过程中，并直接与食品、药品等接触，材料的性能比正常包装材料的要求也要高一些。根据冷链商品包装材料及其加工工艺特点，其要求主要包括以下五点。

①耐寒性能，是指包装材料耐受寒冷而且受寒物理特性不变的性能。冷链包装材料应能保证商品所处的低温在材料的正常使用温度范围内，以保证包装的质量。

②机械性能，主要是指在冷链中的低温和振动状态下，包装材料的抗冲击力和低温状态下的拉断力、拉伸强度等方面的性能。应具有一定的防潮性、抗压性。如塑料长时间处于低温环境中物理性能会急剧下降，会变脆，易破损，导致力学强度受到一定影响。

③阻隔性能，指包装材料的防水、防气、防光功能。冷链包装需要具有一定的阻隔性能才能防止商品在冷链过程中受外界环境中水、气体以及冷媒（冰袋、冰盒或冷风等）的污染与侵扰。

④安全性能，是指包装材料本身的安全性指标，如材料本身的毒理学评价指标，以及包装材料是否含有毒有害的重金属或有机化合物等。包装材料应清洁、无毒且符合国家相关安全标准，在微波加热等特定贮存和使用条件下不影响食品的安全；还应考虑对环境的安全性影响，做到可回收利用和可降解。

⑤密封性能，冷链商品如水果、肉类等在低温冷链过程中水分易挥发，造成干耗，影响产品质量，需要包装具有良好的密封性来维持商品品质。另外，良好的密封性还可以防虫、防微生物、防有害气体等。

2. 包装容器

（1）主要的包装容器。

冷链商品包装容器是指为预冷、运输、仓储或销售冷链商品而使用的盛装内装物的容器。主要有：冷藏保温箱、冷藏周转箱、社区自提箱、快递保温箱、塑料箱、泡沫箱、冷链箱、冰盒、干冰箱、低温瓦楞纸箱、集装箱等。

（2）包装容器的性能要求。

①功能性能。冷链商品包装容器要根据商品的大小尺寸及物理化学特性进行设计，不宜过大、过重，满足保温性、耐久性、方便性、安全性等功能。

②经济性能。冷链包装容器要节能环保，不宜过度包装，要与商品价格相匹配，避免浪费和铺张。

③生产技术因素。冷链包装容器要了解工艺流程及特点要求，使其适合大规模生产。

3. 包装辅料

（1）主要的包装辅料。

冷链商品包装辅料是指除主材外对主材起包装辅助作用的材料。主要有：胶黏剂、封缄材[①]和捆扎材、涂料、印刷油墨等。

(2) 包装辅料的性能要求。

①便于包装作业。包装辅料作为包装过程中的辅助材料，应配合其他部分完成包装的整体功能，方便包装作业。

②加工性能好。包装辅料要便于获取和加工，适合生产。

③便于储运、流通、携带。包装辅料的形状尺寸等的设计要考虑是否适合包装，应合理设计使其具有便利性。

④保护产品。包装辅料对包装进行加固和封装，同时还可以减少商品在流通过程中的震动和冲撞，起到保护商品的作用。

4. 包装技术方法

(1) 主要的包装技术方法。

冷链商品包装技术方法是研究冷链商品包装过程中所涉及的技术机理、原理、工艺过程和操作方法的总称。

(2) 包装技术方法的性能要求。

①适用性性能。应根据商品的特性及搬运、装卸、运输、仓储等流通环境条件，相应地选用带有防护的包装技术，如防潮、防水、防虫、防霉等。

②技术等级性能。应根据不同商品的性质、重要性和流通环境条件，按照已出台的防霉包装、防水包装、防潮包装等国家标准，综合考虑确定技术等级，对商品加以防护。

二、冷链商品包装要求

冷链商品的包装对象为温度敏感产品，如食品、药品、生物制品、生鲜等，包装质量的好坏，不仅影响包装的综合成本效益、产品质量，而且影响商品的质量安全问题和企业形象。冷链商品包装要求考虑以下方面。

（一）保护性要求

对包装而言，对冷链商品的保护是最基本的要求，冷链商品包装对商品质量的保护体现在以下方面。

(1) 物理性保护。冷链商品包装要求保温性好，耐低温性能优越，很多产品要求在−18℃的环境下运输储存，有些肉制品以及药品需要在−35℃的深冷库储存，普通包装无法耐受。另外包装还应具有一定的保护性，在装卸、运输和储存过程中能够避免内部商品受到损伤，保证商品在数量上或质量上不受损失。

(2) 化学性保护。化学性保护包括防霉、防氧化、防腐蚀以及保证商品的透气、透氧等。要保证冷链商品的原有品质和新鲜度，包装必须根据商品特性做到阻隔水分、潮气、光线以及空气中有害气体等。

---

① 封缄材：封合包装容器用的材料，如防揭封口、易碎纸标签、综合防伪防揭纸标签、条码技术标签、激光全息图像、塑料激光防伪铅封、防伪酒盖等。

(3) 生物性保护。生物性保护主要是防止微生物的侵染。

(4) 其他相关性保护。主要指防盗、防伪等。

(二) 安全性要求

(1) 合理选择包装材料和包装技术。应根据冷链商品的类型、形状及特性等合理选择包装材料和包装技术，确保商品，尤其是化学品等，在物流过程中的质量和卫生安全。

(2) 包装应达到食品级材料要求。有些食品与药品直接接触包装，对包装材料的要求比较严格。

(3) 包装材料或容器应完整、清洁、无污染、无异味、无有毒有害物质，达到相关卫生法规和标准要求。

(三) 适销性要求

冷链商品的包装尺寸应规范化、标准化，以便于在冷链商品的储存、运输、销售的过程中具有良好的便利性和适销性，体现出商品的价值。

(四) 加工适应性要求

冷链商品包装材料应易于加工成形，包装操作简单易行，包装工艺应与商品生产工艺相适应。

(五) 包装绿色化要求

冷链包装材料的降解与回收是当前一直存在的问题，包装设计应考虑保温包装材料的可降解与可回收，做到绿色和环保。同时还应考虑成本，做到包装适量与适度。

三、冷链商品包装功能

冷链商品包装功能可以概括为以下几个方面：保护性功能、方便性功能、商品信息传递功能、增值功能。

(一) 保护性功能

包装对冷链商品的保护是包装最基本的功能，它帮助实现商品的价值。

(1) 保护冷链商品的物理质量。冷链包装具有良好的保温功能，能够维持包装内商品的温度，从而防止冷链中的温度过度传递，造成局部温度变动过大，损害冷链商品的品质。同时可以保护冷链商品在装卸搬运、运输、储存等过程中的形态特性，有效避免搬运磕碰、运输挤压、储存挤压等。

(2) 保护冷链商品的化学质量。包装可以使冷链商品防潮、防水、防霉。低温环境下，某些产品往往会产生大量水和湿气，冷链包装具有防潮、防水功能，以防止外界氧气、有害气体、温湿度等对冷链商品质量产生影响。果蔬等生鲜农产品的包装具有良好的透氧、透气功能以保证生鲜农产品的“呼吸”作用。

(3) 阻隔有害生物的侵害。密封性好的包装可以阻隔各种昆虫、微生物等有害生物的进入，具有保护冷链商品自身品质，保证食品、药品安全的功能。

(4) 防止冷链商品的丢失。在储存、装卸搬运过程中，包装具有防止冷链商品遗漏、丢失的功能。

(二) 方便性功能

包装可以方便冷链商品的流通与销售过程。

(1) 方便追溯。在冷链商品从生产到消费的整个过程中，包装信息可以方便识别和跟踪原料来源、安全质量、自检等信息，对冷链商品从原料采购到销售的所有环节都可进行有效追溯。

(2) 方便储存。在冷链商品的储存过程中，包装可以方便清点、计数、盘查，便于维护商品本身的原有使用价值。另外，包装上的指示标志，如“防湿”“防热”等，可以指导工作人员正确摆放与储存。

(3) 方便搬运。在搬运、装卸过程中，包装可以方便人工或机械操作，极大提高工作效率。

(4) 方便销售。在销售过程中，包装可以方便陈列与摆放，同时方便顾客的正确开启与使用、处理。

(三) 商品信息传递功能

包装可以实现迅速传递商品信息的功能。包装通常包含商品型号、性质、成分、容量、使用方法等信息，冷链商品由于对环境温度要求较高，包装上标注的商品适宜温度或储存条件可以帮助顾客对商品进行妥善处理与保管。

(四) 增值功能

商品的增值在当今社会中变得越来越重要，在竞争激烈的情况下，冷链包装通过美观、创新的设计来给消费者留下深刻的印象，以达到美化商品、吸引顾客、激起顾客购买欲望的效果。通过包装确保消费者能使用品质良好的商品，真正体现商品的价值，帮助商品实现增值。

四、冷链商品包装发展趋势

(一) 绿色化

一方面，冷链包装用到许多稀缺资源，但目前后期的回收利用工作没有做好；另一方面，冷链包装废弃物的专业处理收费较高，多数人采取直接丢弃处理的方式，对环境的污染非常严重。随着国家和民众对环保的重视，冷链包装开始走上绿色化之路。通过包装容器结构的可重复使用和采用集合包装的形式，来减少包装材料的消耗，加大可循环利用包装的使用比例，促进冷链包装的回收再利用。冷链包装的绿色化发展，将是未来的发展趋势。

(二) 智能化

利用新的技术和手段，冷链商品包装开始成为智慧供应链的一环。由于冷链包装的好坏与包装内商品的温度保持息息相关，越来越多的冷链包装开始借助技术手段实现温度信息的采集和显示。例如，一些最新的保温箱产品大多都具有结合温湿度实时记录传输功能，采用温控一体化设计，实现温度、湿度数据的实时采集、存储、传输，还有的运用大数据推荐更合适的包装等。未来随着5G、物联网、大数据、人工智能等新技术的发展，传统的冷链商品包装也会更加智能化，助力冷链商品包装升级。

（三）标准化

目前冷链商品包装的标准化程度较低，要提高冷链商品运输效率，必须规范冷链商品的包装，实现包装与生产、流通等过程的有效对接和包装作业规范化。包装的标准化建设体系在冷链物流标准化建设之下，分为冷链物流基础标准、冷链物流设施设备相关标准、冷链物流技术作业与管理标准三类。本书基于冷链商品包装的构成，将包装的标准化建设体系分为冷链包装基础标准化、冷链包装材料标准化、冷链包装容器标准化、冷链包装技术方法标准化、冷链包装管理标准化。

（1）冷链包装基础标准化。冷链包装基础标准化是指为标准化工作的通用性、基础性事项制定的规范。目前主要包括《预包装食品标签通则》（GB 7718—2011），《水产品包装、标识通则》（SC/T 3035—2018）。

（2）冷链包装材料标准化。冷链包装材料标准化是指冷链商品在包装过程中选取符合标准的材料，保证包装材料达到预期的效果，同时实现对商品的保护作用。目前包括《液体食品无菌包装用纸基复合材料》（GB/T 18192—2008），《食品包装用纸与塑料复合膜、袋》（GB/T 30768—2014），《液体食品包装用纸板》（GB/T 31122—2014），《固体食品包装用纸板》（GB/T 31123—2014）等。

（3）冷链包装容器标准化。冷链包装容器标准化是指容器的大小与运输工具相适应，避免因为容器过大而造成无法运输的现象。如《果蔬农产品物流包装容器通用技术规范》（T/GZWL 009—2019），《药品冷链保温箱通用规范》（WB/T 1097—2018）等。

（4）冷链包装技术方法标准化。冷链包装技术方法标准化主要是指针对冷链商品的不同种类，选用标准不同包装技术方法。如《水产品航空运输包装标准》（MH 1007—1997），《鲜、冻分割牛肉》（GB/T 17238—2008）等。

（5）冷链包装管理标准化。冷链包装管理标准化主要包括在运输、配送、仓储过程中安全、运输、冷藏、人员的统计和设施设备的管理。主要包括《真空软包装卤肉制品》（SB/T 10381—2012），《速冻食品物流规范》（SB/T 10827—2012），《水产品冷链物流服务规范》（GB/T 31080—2014）等。

第四节　冷链商品销售包装

相比常温商品，冷链商品对温度、湿度等要求更为严格，因此，在销售过程中，冷链商品的包装要具有良好的保护性能，做到透气、抑菌、防潮等。本小节主要从冷链商品销售包装的要求、冷链商品销售包装的功能、冷链商品销售包装的构成、冷链商品销售包装的材料四个部分进行介绍，让读者对冷链商品的销售包装有一定的了解。

一、冷链商品销售包装的要求

（一）销售包装应具有良好的保护性能

冷链商品销售包装的基本功能就是保护功能。它是指保护被包装的商品，隔绝环境因素对商品质量的影响。合理的销售包装可以减少果蔬类、生鲜肉类商品在贮运、销售等环节中的损伤，减少商品水分流失，增加货架寿命。在包装时应注意销售包装的结构造型和包装方法与被包装的商品性质、用途、特点是否相适应。如：乳制品应使用无菌包装；生鲜肉类应使用气调包装等延长保鲜期；苹果和梨等果蔬应采用泡沫网套、塑料果托作为内包装以减轻商品机械损伤。

同时，冷链商品销售包装应该满足冷链储运保鲜的要求。在包装工艺上，应保证包装在低温环境下进行，工作环境严格遵循食品卫生标准；在包装材料上，选择耐低温、透气透氧、防潮防水、无味无毒的销售包装材料；在加工流程上，人工封袋时注意排出空气，防止氧化，封箱后应立即入冷藏库贮存。

（二）销售包装应起到宣传和促销作用

冷链商品销售包装除了应该具有基本的保护功能外，还应具有传达功能和宣传功能。传达功能指的是其可传达商品信息，引起消费者的购买欲望与购买行动，促进销售。宣传功能指销售包装可使消费者增强对商品品牌的记忆与好感。冷链销售包装上可印刷资料，特别是一些地方的名、特、优产品，可以通过特定的包装设计进行宣传，增强顾客好感。

商品质量的优劣固然是决定商品是否容易销售出去的基本条件，但好的销售包装对商品的销售也起到了十分重要的促进作用。这就要求商品销售包装设计要美观大方、新颖别致、具有良好的识别性。具体来说，包括商品名称的易记性：销售包装上的商品名称需要易懂、易念、易记；商品外形的醒目性：冷链商品销售包装要能够直观地向消费者传达商品信息，使得消费者单从包装就能对产品特征了如指掌；包装印刷的简明性：包装设计要简明且重点突出，颜色搭配观感舒适。

（三）销售包装的结构造型应方便适销

冷链商品销售包装是否便于展销陈列，是否便于消费者选购、携带和使用，这对商品销售也有很大影响。销售包装的造型结构，包装设计的文字、图案、色彩，必须适应多种销售方式下陈列展销和消费者选购的需要。

对冷链生鲜类产品而言，需要统一包装以便于托盘化运输。冷链商品包装的大小造型也要便于消费者携带和使用。比如六面型方形纸盒和圆筒形纸盒，在冷链商品外包装中被广泛使用，其特点是：容易生产、方便组合和搬运、利于自动化填充。许多礼盒包装，如奶制品、水果礼盒，都会在上方附以提手，便于消费者选购和搬运。

（四）销售包装的成本应与产品质量相匹配

包装成本指包装材料成本、包装操作成本和运输包装及其操作等成本在内的综合经济成本。冷链商品销售包装要注意环保和适度，经济高效。如新鲜的水果和蔬菜采收后，通过选择、分级等系列化处理，去掉不合格的伤果、病虫害果，以及多余的叶、枝等不可食用材料后再进行包装，有利于降低包装成本。

同时，冷链商品销售包装的材料、装潢设计要适合商品的档次、质量和身价，使加工成本更为合理。在日渐成熟的消费市场里，消费者对包装的要求也越来越高，如果采用低于产品质量和身价的包装，则不利于促进销售，包装成本的降低无法弥补售价降低的损失；采用高于产品身价的销售包装则会华而不实，导致加工成本增加的同时，因为商家会把包装成本附加于产品上，所以还会使商品价格上升，进而可能引起消费者的不满导致销量下降。因此，商家应明确包装的基本功能，根据产品特征和身价选择合适的销售包装。

（五）销售包装应符合绿色标准化的要求

冷链商品销售包装必须遵循标准化原则，即对商品包装的包装容（重）量、包装材料、结构造型、规格尺寸、印刷标志、名词术语、封装方法等加以统一规定，形成系列化和通用化的标准，以便有利于包装容器的生产。在冷链商品销售包装上，应尤其注意符合我国食品卫生安全法规，考虑到冷链商品的特殊性，做到冷链包装工艺标准化、材料标准化、容器标准化。

在实行基本包装标准化的同时，应积极推进绿色销售包装标准化体系。使得冷链商品包装朝着绿色、低碳的方向发展，并逐步构建完整的绿色保鲜包装评价体系。企业在包装材料选择上，应尽可能使用易回收、可降解、加工性好的包装材料；在产品包装宣传上，应倡导顾客对包装容器回收及其规则予以重视。

二、冷链商品销售包装的功能

（一）防潮防水功能

低温冷链一般伴随着水分和湿气，因此冷链中的包装必须防潮防水。防潮功能是指采用防潮材料、容器及辅助物等对产品进行包封，以隔绝外界大气中湿度对产品的影响，使内装的空气保持干燥，从而使被包装物品处于临界湿度以下，达到保护产品品质的目的。

防水功能一般指产品在物流过程中不被雨水侵袭。此外，空气湿度也会对产品包装产生影响。例如，对于生鲜蔬果产品而言，除了需要全程低温冷藏运输外，为了防止货物变质还需要保持一定的空气湿度，注意通风和卫生。

（二）透氧透气功能

果蔬类、水产类等鲜活产品是需要呼吸的，因此其包装还应当具有一定的透气透氧性能，以维持鲜活产品生命循环的需要。例如，在生鲜食品内包装的选择上，使用硅窗气调薄膜、纳米保鲜薄膜、微孔薄膜等材质的塑料薄膜，有利于冷链商品透过薄膜主动进行气体调节交换，保证果蔬的正常呼吸而不致使果蔬氧化，同时维持果蔬的水分。

（三）缓熟保鲜功能

生鲜果蔬产品需要采用特殊包装方法和材料达到缓熟保鲜的作用。如气调包装可以抑制果蔬呼吸强度和生理代谢过程，阻止乙烯的生成，保持果实硬度、色泽和品质，延缓成熟和衰老；活性包装通过调控活性物质的释放速率来阻止生鲜食品氧化腐败，延长生鲜的货架期；保鲜纸包装可以通过化学试剂处理，达到防腐保鲜、保湿、延缓生鲜营养物质含量下降的目的。

（四）抑菌功能

冷链商品，尤其是生鲜肉类品，需要阻氧包装以抑制腐败性微生物的产生从而达到抑菌保质的效果。真空包装是生鲜肉最常用的保鲜包装方法之一，畜禽肉经过真空包装，使好氧型微生物的生长减缓或受到抑制，减少了蛋白质的降解和脂肪的氧化酸败，从而延长了商品的贮存期。一些可食用性天然抗菌材料（如壳聚糖），作为生鲜食品抗菌薄膜或者涂层，具有良好的抑菌效果，现在已被市场广泛使用。

（五）识别功能

良好的识别功能在冷链商品销售包装中尤为重要。大部分果蔬类、生鲜肉类产品采用透明气调包装、开窗包装等，可以让消费者直观地识别产品种类和新鲜程度。冷链商品本身的外在形态就是将商品宣传给消费者的重要途径。对一些具有品牌效应的药品、生鲜品等来说，良好的识别功能是促进销售的重要手段之一，可通过包装设计强调产品的差异性。当具有共性的商品摆放在一起时，能凸显其独特的包装个性，让消费者一眼就能发现它、记住它，并能迅速从包装质感、造型以及图文中领悟到商品信息，从而产生购买的欲望。

三、冷链商品销售包装的构成

（一）包装容器

销售包装容器是指以销售为主要目的，与内装物一起到达消费者手中的包装。它具有保护、美化、宣传产品，促进销售的作用。

销售包装容器包括玻璃包装容器、金属包装容器、塑料包装容器、陶瓷包装容器、纸包装容器等。它们具有不同的材质特性，适用于不同种类的冷链商品。包装容器的造型和结构是建立在实用功能基础上的，每一种商品都有其相应的容纳功能、保护功能、便利功能等。

对冷链商品来说，销售包装容器需要具有以下特殊要求。①优良的耐低温性能：很多产品要求在－18℃的环境下运输贮存，更有些肉制品以及药品需要在－35℃的深冷库储存，普通材质无法耐受；②食品级材料要求：因为有些包装会直接接触或者间接接触食品与药品，所以对包装容器的材质要求也比较严格，一般要求达到食品级；③透气透氧要求：部分容器为网目型，利于空气流通，使生鲜品呼吸作用顺利进行。

（二）包装方式

冷链商品对温度要求高，特别是对于生鲜食品而言，其显著的生物特性使得商品在温控不达标的情况下产生质量损失且不可逆。目前对生鲜类产品主要采取三种包装方式：热收缩膜包装、气调包装、贴体包装。

（1）热收缩膜包装：此包装适用于生鲜肉类产品，一般紧贴商品。收缩膜可以阻隔外部细菌的侵入、繁殖，从而保证卫生；可以阻隔氧气，抑制好氧菌的繁殖；可以保持水分，防止鲜肉水分流失和色泽变暗。

（2）气调包装：也称非阻氧全封闭包装。通过改变包装或者贮藏内环境的气氛，使被包装食品处于异于空气的气氛条件下，从而延长贮藏保鲜期。

（3）贴体包装：又叫真空贴体包装。贴体包装在产品上上膜成型，被包装的商品能整齐、牢固、美观、形体清楚地呈现在“货架”上。具有完整性和封闭性，适用于各类深加工产品。

（三）标签

商品销售包装标签指附于商品销售包装的一切附签、吊牌、文字、符号、图形及其他说明物，是零售商传达商品信息、表现商品特色、推销商品的主要工具，是消费者选购商品、正确保存养护商品及科学消费的指南。

销售包装标签的基本内容包括商品名称、商标、规格、数量、成分、产地、用途、功效、使用方法、保养方法、批号、品级、商品标准代号、条码等。

对于冷链生鲜商品，需要标注名称、产地、生产日期，以及生产者或者供货者名称、地址、联系方式。生产者或供货者已经标明保质期或贮藏条件的，或者超市自行设定保质期的，应同时标注。果蔬、水产品供货者无法提供生产日期的可不标注。超市设定保质期的，应标注贮存条件。

（四）包装设计

冷链商品销售包装需要适当的包装设计以符合运输、促销、携带等要求。销售包装设计包括造型设计、结构设计、装潢设计。

首先，冷链商品包装的形状、结构、大小应为仓储、运输、销售、携带、保管和使用提供方便。如药品盒形状规格统一有益于堆码作业和摆货理货作业。

其次，冷链商品包装设计应具备美观性。根据商品的不同属性设计相应的商标、文字、图案以起到宣传作用。如食品类采用醒目的红色包装引起人们购买欲、药品多用蓝色、白色并采用简单包装设计等。

最后，冷链销售包装设计要考虑经济性。包装造型必须遵循以最低的消耗取得最佳效果的准则，做到以较低的成本来实现冷链商品包装的保护性，使其更适于运输、仓储、装卸等环节的操作，并给消费者带来使用上的便利。

四、冷链商品销售包装的材料

目前冷链物品按照对象分为食品、花卉植物、医药、化学品和其他五大类。本节主要按冷链商品的分类对食品类、花卉植物类、医药类、化学品类的销售包装进行阐述。

（一）食品类销售包装

1. 包装方式

（1）水果类：草莓、葡萄、水蜜桃等软性水果的销售包装应注重防压、防震、防冲击性，包装材料应具有适当的透水透气性，避免产生水雾、露，避免无氧呼吸。一般采用半刚性容器，用玻璃纸、醋酸纤维素、聚苯乙烯等薄膜包装。

苹果、李子等硬质水果肉质较硬，不易腐败。这类果蔬的保鲜要求是创造最适宜的温湿度和环境气氛条件，可采用 PE 等薄膜包装，用浅盘裹包。

（2）蔬菜类：蔬菜组织脆嫩，脱水速度快，易萎蔫，其呼吸速度也较快，对缺氧条件很敏感。销售包装要考虑防潮性、抗损作用、对环境气体的调节作用。一般采用塑料袋包装、穿孔膜包装、硅窗气调包装等。

（3）肉类：生鲜肉类常见的包装方式为浅盘裹包。表面覆盖材料为透明薄膜，材料多为玻璃纸/聚乙烯（PT/PE）薄膜、盐酸橡胶薄膜、低密度聚乙烯（LDPE）薄膜、聚氯乙烯（PVC）薄膜、聚丙烯（PP）薄膜及其热收缩薄膜。包装方式多采用收缩包装、充气包装、真空包装。

（4）谷物类：粮谷商品在包装时应选用具有较好阻湿、阻气性能的包装材料进行包装，如 PT/PE、双向拉伸聚丙烯/聚乙烯（BOPP/PE）等薄膜。档次较高的可选用高性能复合薄膜配以真空充气包装技术。另外，在包装时还可以同时封入脱氧剂或抗氧、抑菌剂等。

（5）水产类：水产品应该通过包装来防止水分的蒸发和细菌的二次污染，减少水产品脂肪的氧化变质，防止产品滴汁及气味污染等，多采用袋装法、真空法和气调包装方式进行包装。

2. 包装材料

用于食品类的销售包装的包装材料种类很多，目前常用的包装材料主要包括：塑料薄膜、塑料片材、蓄冷材料、瓦楞纸箱、保鲜剂等。

（1）薄膜包装材料。常用的薄膜保鲜材料有：PE、PVC、PP、BOPP、PS（聚苯乙烯）、PVDC（聚偏二氯乙烯）、PET/PE（聚对苯二甲酸乙二醇酯树脂/聚乙烯）、KNY/PE（K 尼龙/聚乙烯）等薄膜，以及 PVC、PP、PS、辐射交联 PE 等的热收缩膜和拉伸膜。这些薄膜常制成袋、套、管状，可根据不同需要选用。

（2）保鲜包装用片材。以高吸水性树脂为基材，可作为薄膜小袋中的调湿材料、凝结水吸收材料。目前市场上多使用相应的功能性片材包装蘑菇、脐橙、青梅等。

（3）保鲜剂。常见的保鲜剂主要有气体调节剂、涂布保鲜剂、抗菌抑制剂、植物激素等。

（二）花卉植物类销售包装

1. 包装方式

（1）盆花：盆花多采用包装机或手工包装。由于其蒸腾量较大，而且起苗时若损伤了较多的根系，苗木容易失去体内的水分平衡，以致死亡。因此在包装时要求带上土球，为了防止土球破碎，减少根系水分损失，挖出土球后要立即用塑料膜、蒲包、草包和草绳、木箱等进行包装，包装时一定要注意在外面附上标签，在标签上注明苗木的苗龄、数量、等级、苗圃名称等。

（2）切花：切花比盆花更容易受到损伤，因此包装应尽可能减少各类损伤及副作用。在包装贮藏方式上，多采用干藏或湿藏。湿藏是将花的茎部浸入充满水或保护液的容器中，保持充足的水分。干藏是将花贮藏在密封气体的聚乙烯袋中，在包装内，给花卉呼吸制造一个气调环境（MA 贮藏），降低氧气浓度，提高二氧化碳浓度，使贮藏期延长。

2. 包装材料

花卉植物类销售包装材料多以柔质塑料为宜，主要有低密聚乙烯塑料薄膜、高密聚乙烯塑料薄膜和聚丙烯塑料薄膜等。

（三）医药类销售包装

1. 包装方式

（1）固体制剂：片剂和胶囊剂现已趋向塑料、铝箔或铝箔板包装。例如：复方甘草片、氨茶碱片。

（2）口服液体制剂：多采用易拉盖小瓶单剂量（一次用量）包装，使用方便，不易污染。带有量杯的口服液瓶装使用也很方便。

（3）注射剂和大输液的包装：注射剂全面采用易折安瓿，大大方便临床使用。使用涤纶不干胶标签可解决安瓿上印字不清、易擦去的问题；大输液的包装正由原来的玻璃瓶全面向一次性使用的聚丙烯塑料包装发展。

2. 包装材料

（1）薄膜包装：包装袋是颗粒剂最常用的包装形式，一般选用高密度聚乙烯、聚丙烯、聚氯乙烯。

（2）复合药袋：外层为纸、铝箔、尼龙、聚酯、拉伸聚丙烯等高熔点热塑性材料或非塑性材料。

（3）玻璃：目前国内用于药品包装的玻璃瓶基本都是经过表面脱碱处理的普通钠钙玻璃。

3. 包装技术

目前市面上药品销售包装技术分为六大类：真空包装、充填包装、无菌包装、条形包装、喷雾包装、儿童安全包装。

（1）真空包装技术：真空包装技术是将物品装入气密性容器后，在容器封口之前抽真空，使密封后的容器内基本没有空气的一种包装技术。真空包装主要应用于贵重药材及食品的包装。

（2）充填包装技术：充填包装技术是药品销售包装中的主要技术。充填指将产品（待装物品）按要求的数量放到包装容器内。充填要精确计量被包装物品的多少（量容积或称重），任何一种充填方法都有其相适应的充填精度。

（3）无菌包装技术：无菌包装技术是在被包装物、包装容器或材料、包装辅助器材无菌的情况下，在无菌的环境中进行充填和封合的一种包装技术。

（四）化学品类销售包装

1. 包装方式

（1）常规化学品：常规化学品的包装方式主要有袋包装、桶包装和箱包装。对于一些特殊的液体化学品会采用集装罐或软性液体集装袋，用于抵抗化学品在运输周转销售过程中的机械、气候、生物、化学等外界环境的危险因素干扰。

（2）危险化学品：危险化学品需要严格的包装。按照《危险货物运输包装类别划分原则》（GB/T 15098—1994），危险货物按其危险程度划分为三个包装类别：Ⅰ类包装：货物具有大的危险性，包装强度要求高；Ⅱ类包装：货物具有中等危险性，包装强度要求较高；Ⅲ类包装：货物具有小的危险性，包装强度要求一般。

2. 包装材料

不同的包装容器，除应满足包装的通用技术要求外，还要根据其自身的特点，满足各自的安全要求。对于化学品类常用的包装容器材料有钢、铝、木材、各种纤维板、塑料、编织材料、多层纸、金属（钢、铝除外）、玻璃、陶瓷以及柳条、竹篾等，其中作为危险化学品包装容器的材质，钢、铝、塑料、玻璃、陶瓷等用得较多。

第五节　冷链商品运输包装

在冷链商品运输中，对于包装也有着相应的规范和要求。冷链商品运输包装的作用不同于销售包装，运输包装更多的是起着保护商品、方便装卸搬运等作用。本节通过介绍冷链商品运输包装的要求、冷链商品运输包装的功能、冷链商品运输包装的构成和冷链商品运输包装材料，了解冷链商品运输包装的内涵及意义。

一、冷链商品运输包装的要求

包装的基本作用是保护货物安全，提高运输工具装载能力，便于贮运、装卸和提高作业效率，对冻结和冷却货物还可起到在装卸搬运中减少外界气温对货品温度影响的作用。首先，包装要保护一些易碎产品，使得它们在运输过程中不会轻易受到损伤；其次，包装需要能够使产品处在一个较好的保存环境，比如对于农产品、水产品来说，需要保持合适的温度和湿度，让产品在运输过程中保持品质。

货物包装应符合有关规定。包装未作具体规定的货物，应该根据货物本身的性质，使用适合运输需要和能保证运输安全的必要包装。此外，包装应适合货物性质，包装材料和结构都能满足货物要求。为便于装卸和搬运，每件货物包装大小也应该适当。此外，包装的外形尺寸应规格化、标准化、模数化。这样可以提高包装生产率，便于装载、堆码的定型化、自动化，加速货物流通。针对不同的产品，对其包装也具有不同的要求，但是它们都具有一些共同的需求，即满足便于运输、防止产品损伤、保持温度、保持水分和一些特殊处理过程的要求。

（一）运输包装有利于运输便利

产品本身形状不统一，不利于直接搬运和运输。将这些产品包装成统一的形状和大小，有利于进行装卸搬运，同时，也有利于产品运输计价。运输包装具有以下基本要求：具有足够的强度、刚度与稳定性；具有防水、防潮、防虫、防腐、防盗等防护能力；包装材料的选用符合经济、安全的要求；包装重量、尺寸、标志、形式等应符合国际与国家标准，便于搬运与装卸；操作安全便利；符合环保要求。

（二）运输包装有利于防止损伤

产品在销售过程中，有损伤的产品通常是无法正常销售的，只能进行打折处理。防止损伤是运输环节的一个最基本的要求。而良好的包装可以避免搬运、装卸等一些不平稳操作对产品造成的损伤。产品的损伤分为碰伤、压伤、震动和擦伤等。对于不同类型的产品，在运输途中受到的损伤也是不一样的，我们需要根据其本身的特性选择不同的包装，以防止产品在运输中发生损伤。

（三）运输包装有利于适应环境需求

在运输途中，产品需要保持品质不变。而外界环境的变化是无法预测的，因此在运输途中运输包装对产品就起到了一个非常重要的作用，即良好的包装可以使产品在整个运输途中品质保持不变。

冷链运输的产品多为农产品、水产品等对温度、湿度和光线要求极高的产品，因此对包装的要求也是极高的。包装需要为产品保持水分，同时具有通风、遮光和冷却的作用。例如，蔬菜、水果之类的产品虽然不会因为缺少一点水分而枯萎，但是产品的口感会降低，这样的产品会使消费者不满意。此外，光线也会加快这些商品的氧化速度。

因此，良好的包装要在运输全程能保持产品的水分，还要能够为产品保持温度，同时做一定的遮光处理。货物运输要求产品处于一个适宜的温度状态下，有些产品需要恒温，而有些产品需要冷却后再进行运输，对于不同类型的产品需要采取不同的包装方式。

（四）运输包装有利于保证商品品质

冷链商品运输包装的基本功能就是保护功能。它是指保护被包装的商品，隔绝环境因素对商品质量的影响。包装可以减少果蔬类、生鲜肉类商品在贮、运、销环节中的损伤，合理的运输包装能够减少果蔬商品的水分流失，增加货架寿命。在包装时应注意运输包装的结构造型和包装方法与被包装的商品的性质、用途、特点是否相适应。

同时，冷链商品运输包装应该满足冷链储运保鲜的要求。在包装工艺上，应保证包装能够在低温环境下进行，工作环境严格遵循食品卫生标准；在包装材料上，选择耐低温、透气、透氧、防潮、防水、无味、无毒的销售包装材料；在加工流程上，人工封袋时注意排出空气，防止氧化，封箱后应立即入冷藏库贮存。

二、冷链商品运输包装的功能

运输包装是以运输储存为主要目的的包装，又称外包装。它具有保障商品货物的安全、方便储运装卸、加速交换和点验等作用。对于冷链运输来说，冷链商品的运输包装不仅仅是为了对商品进行二次包装，还有着保护、容纳、便利、防霉腐等功能。

（一）保护功能

保护功能是商品包装最重要的功能。商品在运输过程中，会受到各种因素的影响，因而可能发生物理、化学和生物学等环境变化，造成商品损耗、损坏或变质。例如，由于冷链运输过程中的颠簸、冲击、震动、碰撞、跌落以及堆码承重，可能造成包装变形损坏和商品变形、损伤、失散等；在冷链运输过程中外界温度、湿度、气体等环境变化，可能造成商品干裂、脱水、腐烂、氧化、变质、老化等现象；微生物的侵入也可能造成某些商品发生霉腐、变质等情况。因此，必须根据不同的商品形态、特征、运输环境等因素，选择合适的包装材料、包装技术，给予商品保护功能，保护内装商品的安全和品质，防止周围环境的微生物和温度、湿度变化等对商品造成损害。

（二）容纳功能

容纳功能是商品包装的基本功能。许多商品，如一些食品和药品等，如果没有包装就无法运输、储存、携带和使用。包装的容纳功能不仅有利于商品运输，而且还能提高商品价值。对于商品来说，包装的容纳功能不仅是增加了商品的保护层，还能保证商品的安全卫生性；对于外观不是很整齐的商品，包装使其外形整齐，形成标准单元，便于组合成较大包装单元，便于运输堆码，标准化也有利于节省运输堆码空间，节约包装费用，实现效用最大化。

集合化功能是容纳功能的延伸，它是指包装能把许多个体或个别的包装物统一集合起来，集零为整，化分散为集中，这种集合不仅有利于商品运输，同时也可以减少流通费用。

（三）便利功能

冷链商品运输包装的便利功能是指包装应该能够为商品在运输途中提供便利作用，方便运输和装卸搬运。便利功能使商品与运输具有适应性，使物流操作快捷、准确、可靠、便利。同时，冷链商品运输包装有利于商家和运输公司对商品进行装卸搬运，此外，冷链商品运输包装的设计有利于在运输过程中对冷链商品进行合理地堆码摆放，提高运输工作效率。

（四）防霉腐功能

冷链商品的防霉腐功能是指为防止运输过程中包装和内装物霉变而采取一定防护措施。在冷链商品运输过程中，如果没有对冷链商品包装进行防霉腐处理，微生物的侵入或者运输过程中温控设施设备失灵导致的温度变化就会造成商品出现霉腐现象。防霉腐功能有利于保障冷链商品的品质，避免冷链商品降低或失去原有价值。

三、冷链商品运输包装的构成

（一）包装原则

冷链商品运输包装是为了保障包装内的商品在运输途中不会因为运输的包装问题而出现“断链”现象。为了确保不出现“断链”现象，需要对冷链商品运输包装的原则有所了解。

冷链商品运输包装主要遵循防潮防腐性、适用性、安全性、经济性、便利性、环境友好性等原则。

（1）防潮防腐性。防潮防腐性原则是指被包装商品易受外界环境变化的影响，其包装应做到防腐防潮，保证商品的新鲜性和完整性。为了保证商品运输过程中不受微生物、湿度及其他外界环境因素影响，需根据商品的特性，为商品选取合适的包装材料进行包装。

（2）适用性。适用性原则是指包装应适用于被包装商品（如体积、形态、性能等），冷链运输要求的适应性是指为了保证商品运输过程中不会出现意外情况，必须对商品自身的特性有充分了解，再根据商品的特性选择合适的包装材料进行包装设计。

（3）安全性。安全性原则是指包装不仅要充分保证商品完好无损，还要使商品保持原有质量。这就要求包装应根据所包装商品的特性，选用特定的包装材料。例如，针对一些易腐烂的商品，应该考虑防腐的问题；对于一些医药用品，应该考虑防碎的措施和恒温的条件。

（4）经济性。经济性要求包装尽可能做到以最少的财力、物力、人力和时间来获得最大的经济效益。经济性原则是指在保证商品冷链运输所要求的功能的前提下，应选择价格相对低廉的包装材料；在不影响冷链运输过程中质量要求的前提下，可以选择相对低廉的包装容器；在不影响商品品质的前提下，可以把商品包装的体积缩小，减少包装成本。

（5）便利性。应根据商品运输要求对商品进行包装，便于人员进行装卸搬运，提高装卸、储运效率。根据不同的商品选择不同的包装方式，尽量减少不必要的操作。

（6）环境友好性。环境友好性原则是指包装时既要保证商品包装的功能性完整，又要考虑如何尽可能减少包装对环境的不利影响。环境友好性原则要求包装尽量选择可回收、可再生或可降解的包装材料；选用的包装材料尽量不会危害生态环境且应该节能；尽量选择节省资源的包装等。

（二）包装容器

冷链商品运输包装是商品在冷链运输过程中不会因为其他一些不可控的因素而导致产品品质发生变化的一个保障。因此，了解冷链商品运输包装容器是很有必要的。

冷链商品运输包装容器主要由海运冷藏箱、温控箱、冷冻冰盒、防水袋、保温袋等几种容器构成。它们由不同材料构成，具有不同的特性，适用于不同的冷链商品运输。对冷链商品运输包装容器的选择，除了要考虑商品本身特性外，还需要根据运输行业特点来具体决定。

冷链商品运输包装容器需要根据商品的特性选择合适的材料进行冷链商品装箱操作，此外，装箱时还要选择合适的尺寸。运输包装容器除了要防止容器内物品发生霉变和保持恒温之外，还需要做到使物品不因运输和装卸过程受到损坏。

四、冷链商品运输包装材料

良好的运输包装，对冷链运输来说是非常重要的，除了需要有严格要求之外，还需要考虑运输包装的材料和技术要求。

（一）冷链运输包装材料

冷链商品运输包装是对商品本身起着保护作用的容器，是在运输途中除了内包装外最重要的一部分。而冷链商品又是多种多样的，运输包装需要根据冷链商品自身的特性来选择不同的包装容器。合适的包装容器是冷链商品在运输途中保持良好品质的重要保障，对整个商品运输过程起着重要作用。

选择合适的包装材料是制作良好包装容器的重要一步，而选择什么样的包装容器主要还是根据运输的商品类型决定。在运输商品的时候，根据商品的性质选择合适的包装容器，进而根据合适的包装容器选择合适的包装材料。这样，可以使得商品在运输途中有更合适的贮存环境，安全地到达目的地。现阶段，冷链运输包装容器还存在鱼龙混杂的情况，各种不同的包装容器层出不穷。但是，目前使用的包装容器还是以下面几种为主。

（1）纸箱。纸箱包装是最为常见的包装，纸箱的制作技术是比较成熟的，而且纸箱的取材也是比较方便的。对于冷链商品运输来说，更常用的是低温瓦楞纸箱。

国家标准《冷链运输包装用低温瓦楞纸箱》（GB/T 31550—2015）对低温瓦楞纸箱的定义是“贮存和运输条件在－15℃以下的瓦楞纸箱”。而按照瓦楞纸箱的层数又可以分为单瓦楞纸箱和双瓦楞纸箱两种类别。

瓦楞纸箱是人们运输最为常用的一种包装容器，而且，瓦楞纸箱有利于人们进行装卸搬运操作。低温瓦楞纸箱同样也具备这种优势，此外，对于一些需要低温贮存的商品也是最合适不过的容器。

（2）高密度牛津布。高密度牛津布是一种环保面料，密度高、保冷性极强、轻便、质地不软不硬、无毒。这种材料一般用于制作冷藏箱。一些医用的冷藏箱，还会在里面额外添加一些医用的检测设备。

（3）塑料泡沫。塑料泡沫是泡沫塑料箱的主要材质。泡沫是隔绝温度的良好材质，可以有效隔绝外界温度，保持箱内温度稳定。对于一些需要恒温环境的商品来说，是一种不错的包装材料。

（4）医用冷藏箱。冷藏箱的箱体采用吸水性低、透气性小、导热系数小、具有良好温度稳定性的保温材料；冷藏箱具有自动调控温度的功能，保温箱配备蓄冷剂以及用于隔离药品与蓄冷剂的隔温装置。

相对于其他冷链商品来说，药品对于温度的要求更高。而冷藏箱能够在一定时间保持箱内的温度恒定不变，因而，药品多采用冷藏箱来进行运输，可以防止因为温度变化而使药物失去药性的情况发生。此外，冷藏箱还自带一些检测功能，可以及时地发现药品在运输中发生的变化。

（5）塑料泡沫箱。塑料泡沫箱就是以泡沫塑料（多孔塑料）为材料制成的箱式包装容器。拥有质轻、隔热、吸音、防震、耐腐蚀等特点。对于一些要求温度不变的产品来说，这个包装容器再合适不过。

塑料泡沫箱成本低廉，易于制作，而且质轻，便于上下搬运，适合一些要求成本的企业。水产品通常会选择泡沫塑料箱作为包装容器。

（二）冷链运输包装技术

对于商品的冷链运输来说，只拥有良好的包装材料，没有优质的包装技术也是不行的。冷链商品运输的包装技术有很多，技术方法也在不断完善和进步，下面将举例说明。

（1）无菌包装。无菌包装是在罐头包装的基础上发展而成的一种新技术。无菌包装是先将食品、包装容器、包装辅助物灭菌后，再在无菌的环境中进行充填和封合的一种包装方法。无菌包装可以保护商品不受外界细菌的干扰，特别适合对环境要求较高的药品。无菌包装采用高温灭菌，一般加热时间仅几秒，又立即冷却，所以能够较好地保留商品原有的品质。

（2）防潮包装。防潮包装是采用具有一定隔绝水蒸气能力的材料，制成密闭容器，运用各种技术方法阻隔水蒸气对内装商品的影响，使商品在规定期限内处于低于临界相对湿度环境中以延长货架寿命的包装方法。防潮包装的材料以金属和玻璃最佳，塑料次之，纸箱最差。

（3）缓冲包装。缓冲包装是指为了减缓商品受到的冲击和震动，确保其外形和功能完好而设计的具有缓冲减震作用的包装。缓冲包装一般由内层商品、中层缓冲材料和外层包装箱三层结构构成。缓冲材料的作用主要是在受到外力作用时，通过吸收部分能量或者分散作用力，实现对商品的缓冲。

（4）防霉腐包装。防霉腐包装是为了防止霉菌大量繁殖生长，逐渐分解破坏商品，也就是商品发生霉腐。因此，必须对易霉腐商品采用防霉腐包装技术，防止商品发生霉变。防霉腐包装技术是指在物品包装时，采取一定的技术措施使其处在能够抑制霉菌微生物滋长的特定条件下，延长商品保质期。常用的防霉腐包装技术主要有气相防霉腐包装、气调防霉腐包装、低温防霉腐包装等。

(5) 活性包装。活性包装又称互相作用的包装或称聪明的包装。它是利用气体吸收剂或释放系统，在包装内部制造一个小环境，达到保鲜、抑菌、延长储存期的目的。活性包装有利于对部分冷链商品提供保护，能防止部分冷链商品受外界微生物或其他物质的污染，防止或减少部分冷链商品与氧气、水蒸气等发生反应，并且有利于部分冷链商品的运输。

案例分析

绿野山珍进出口公司的松茸包装

松茸是主要产自滇西山区、四川西部山区的一种野生菌，松茸味道鲜美，具有抗癌、保健等作用，深受消费者喜爱。松茸鲜菌极不容易保存，在常温下，自山上采摘下来24小时后就开始变质或被虫蛀；采收后的鲜菇经整理后，立即放入筐、篮中，其上覆盖多层湿纱布或透气物薄膜，置于冷凉处，最长保鲜时间可以达到24～48小时。另一种低温保鲜方法是冰块制冷保鲜，将运输包装盒（箱）分为三格，把小包装的鲜菇置于中格，其他两格放置冰块，冰块要装入塑料袋中，并且要定时更换冰块。还有一种保鲜包装是简易包装后降温保藏，即先用聚乙烯塑料袋分装，每袋内放适量干冰或冰块，不封袋口，于稳定低温下贮藏，1℃以下可存18天，6℃可存13～14天。还有一种保鲜方法是机械冷藏，即利用机械制冷，控制冷藏温度在1℃～5℃，空气温度为85%～90%，可存放10天左右。其他保存方法还有冬季冷藏、杀酶保藏等。冬季冷藏是先将鲜菇在0.5%柠檬酸溶液中漂洗10分钟，捞出沥干，排放在室外冷冻2小时左右，再将其按每袋0.5千克装入塑料袋，置于低温荫棚内存放；杀酶保藏是将采收的鲜菇装入筐内，浸入沸腾的开水中烫漂4～8分钟，捞出后立即浸入流水中迅速冷却，沥干水分，用塑料袋包装，置于冰箱或冷库中贮藏。但对于松茸，不管用什么保鲜方法，只要不是在常温下自然保鲜，而是经过人为处理保鲜的，品质都会大打折扣，在日本市场的价格也相差很大，有时1千克常温下鲜松茸的卖价比经过低温处理保鲜的松茸卖价贵100美元左右。

绿野山珍进出口公司是于2001年成立的一家经营松茸进出口业务的新公司，公司老板莫先生之前是在山区从事松茸收购的，以前他将从山里收购来的松茸转卖给进出口公司，虽然利润不大，但也赚了不少钱。不过，他也知道，松茸卖到日本后的价格比他卖给进出口公司的价格是要高很多的，甚至有时能翻一两番。因此，他不想永远做进出口公司的“嫁衣”，决心要靠自己赚取更多的利润。经过一段时间的准备，他联系好了日本的客户，用比其他进出口公司更低一些的价格与日本客户签订了买卖合同，合同中规定为CIF（成本费加保险费加运费）验货付款。也就是这样，他用这些年辛辛苦苦转卖松茸积攒下来的900万元成立了绿野山珍进出口公司。万事俱备，只欠东风，就等松茸收获的季节到来了。

果然，莫先生赶上了松茸丰收年。第一批货就收了近2000千克的A级松茸。按照多年以来出口日本的鲜松茸运输经验，大家普遍采用的，也是行之有效的运输包装方法——低温保鲜包装法，即进行三层包装。第一层是内包装，是先用纱布将分好级别的松茸包装好，再用隔湿性好但又有一定透气功能的纸袋包好，防止空气中水分遇冷凝结损伤松茸，包好后将其放在第二层包装泡沫隔热箱内。第二层的泡沫隔热箱分为三格，将小包装的松茸置于中格，其他两格放置冰块，冰块要装入塑料袋中，防止冰块融化后的水浸泡松茸，也防止冰块在运输途中融化、流出，污染运载工具，降温冰袋要定时更换，以保持箱内温度。这些工作都完成后，密封上泡沫包装箱盖，然后将密封好的泡沫包装箱装入瓦楞纸箱中，封好后就可以运输到日本。但是这种包装也有一个大家不愿意接受但又不得不接受的弊病，即包装利用率非常低，基本上是包装重量与内装的松茸重量一样重，甚至还略高于松茸重量。要知道：24小时限时将松茸从昆明运输到日本，1千克运费大约为35元，比如20千克毛重的一箱松茸运费约700元，也就是进出口公司要为运输包装付出350元以上的运费。莫先生感觉这太浪费了，算来算去觉得怎么也不划算。根据他在云南山区收松茸运到昆明的经验判断，24小时内到日本，不会有大问题的，因此他指示公司操作人员去掉最占体积的泡沫隔热箱，减少冰袋重量，直接将松茸和冰袋放入瓦楞纸箱即可。就这样，包装重量与松茸重量比例由原来的1∶1变成了1∶2，每箱能为莫先生节约大概115元运费。按这样计算，2000千克松茸装150件就可以了，可以节约17000多元的运费。莫先生简直高兴坏了，暗自笑别人不会计算，而且莫先生还算了自己未来的账，本年如果做300吨净重的松茸，一年可以省下250多万元的运费。就这样，松茸交给了运输公司，运输公司按照惯例进行了运输操作，一切都非常顺利地按照预定计划进行。

就在莫先生的客户收到货物向日本进出口检验检疫部门申报进口检验时，莫先生的客户简直惊呆了，所有松茸全部变质，日本进口检验检疫部门出具了检验报告，禁止进口而且必须就地销毁。随即莫先生收到了客户拒付货款的声明，并要求莫先生赔偿货物在日本销毁时产生的费用1万美元。还有，因为货物出事，莫先生的客户称：货物出事造成他不能按时交货给下家客户，产生连锁违约责任12万美元，这些索赔加上莫先生本身的货物价值26万美元，共计损失39万多美元。

当然，莫先生并不认可这些损失，他以运输公司失误为由将运输公司告上法院，法院审理认为：这次货物变质，原因在于包装不当，因为运输过程要经过上海装运，8月的上海气温高达40度，货物包装没有考虑运输环境的影响，加之包装设计时也没有考虑到重要的隔热保温功能，而包装是莫先生自己负责设计制作的，运输公司只是按照双方的约定履行运输服务责任，在运输过程中并没有改变双方约定的运输方式，而且整个运输过程中没有破损和不当处置。于是法院驳回了莫先生的起诉，并要求莫先生按照合同如数支付运费。之后，莫先生反复与日本客户协商，因为违约责任属于间接损失，莫先生答应在以后生意中予以价格照顾，日本客户放弃索赔，但1万美元的残货销毁费用因为有日本进出口检验检疫部门的书面证据，不可免除。至此，莫先生因为自己的小聪明，最终花了近29万美元买了一个深刻的教训。

思考：

1. 根据冷链商品运输包装的原则，你认为莫先生降低包装运输成本的想法是否正确？

2. 根据冷链商品的特点，如何做到包装成本与包装功能的双赢？

3. 结合案例，理解冷链商品包装设计应考虑哪些因素？

练习与思考

1. 冷链商品的分类方式有哪些？
2. EPC编码体系如何作用于冷链商品编码管理？
3. 冷链商品的包装与常规商品的包装有什么区别？
4. 简述冷链商品销售包装与运输包装之间的差别。
5. 冷链商品包装的作用是什么？
6. 冷链商品包装未来将如何发展？
7. 药品类商品的销售包装通常使用何种材料及包装技术？
8. 请思考药品电子监管码取消原因及可能的替代方式。

参考文献

[1] 钟秀英．冷链药品分类与流通特点［J］．物流工程与管理，2010，32（11）：102—104.

[2] 王少然，李海波，许春，等．生鲜产品冷链物流中的GS1编码方案［J］．条码与信息系统，2019（3）：25—28.

[3] 郝晓秀．包装概论［M］．北京：中国轻工业出版社，2007.

[4] 张新昌．包装概论［M］．北京：印刷工业出版社，2007.

[5] 黄俊彦．现代商品包装技术［M］．北京：化学工业出版社，2007.

[6] 方葳．基于AHP的食品冷链物流包装材料安全评价［J］．物流技术，2018，37（8）：89—91.

[7] 范珺．冷冻食品包装的材料新需求［J］．包装财智，2013（2）：60—62.

[8] 蔡惠平．包装概论［M］．北京：中国轻工业出版社，2008.

第三章　冷链商品的性质

学习目标

1. 了解果蔬商品的分类、化学成分及性质
2. 掌握食品材料的热物理数据、果蔬及其制品的腐败变质
3. 掌握不同因素对果蔬品质的影响
4. 理解肉类食品的物理性质和化学性质
5. 了解水产品的性质
6. 掌握乳类食品的性质及质量要求

第一节　果蔬商品的性质

一、果蔬的分类

（一）鲜蔬菜

鲜蔬菜主要有叶菜类、根茎类、瓜菜类、花菜类、葱蒜类、豆类、水生蔬菜、茄果类等。

1. 叶菜类

叶菜类蔬菜主要有比利时菊苣、青菜、油菜、塌棵菜（太古菜）、抱子甘蓝、结球甘蓝（卷心菜、洋白菜、包菜）、芹菜、小白菜、蓟菜、芥蓝、大白菜、菊苣、羽衣甘蓝、莴苣、欧芹、菠菜、牛皮菜、结球莴苣、仙人掌叶、茼蒿、蕹菜等。感官上要求成熟适度，色泽正，新鲜、清洁；无腐烂、畸形、开裂、黄叶、抽薹、异味、灼伤、冷害、冻害、病虫害及机械伤。腐烂、异味和病虫害为主要缺陷。保藏温度一般在0℃～3℃。

2. 根茎类

根茎类蔬菜感官上要求成熟适度，色泽正，新鲜、清洁；无开裂、糠心、分叉、腐烂、异味、冻害、病虫害及机械伤。腐烂、异味和病虫害为主要缺陷。保藏温度方面，胡萝卜、粗根芹菜、辣根、洋姜、大头菜、树薯、土豆、芜菁甘蓝、木薯、各种萝卜、山药等要求 0℃～3℃；芋头和炸薯条用的早熟品种土豆等要求 7℃～12℃；姜、

甘薯、豆薯和炸土豆片用的早熟品种土豆等要求13℃～18℃。

3. 瓜菜类

瓜菜类蔬菜感官要求成熟适度，色泽正，果形正常，新鲜、果面清洁；无腐烂、畸形、异味、冷害、冻害、病虫害及机械伤。保藏温度方面，黄瓜、苦瓜、丝瓜、佛手瓜、西葫芦、笋瓜等要求6℃～9℃；冬瓜、南瓜等要求3℃～6℃。

4. 花菜类

花菜类蔬菜主要有花椰菜、青菜花等，感官上要求成熟适度、紧实，色泽正，新鲜、清洁；无腐烂、散花、畸形、抽茎、异味、开裂、灼伤冻害、病虫害及机械伤。保藏温度一般在0℃～3℃。

5. 葱蒜类

葱蒜类蔬菜主要包括大蒜、韭葱、洋葱、鸦葱、青葱、细香葱、大葱、韭菜、蒜薹等。感官上要求成熟适度，色泽正，新鲜、果面清洁；无腐烂、畸形、异味、发芽、抽薹、散瓣、冷害、冻害、病虫害及机械伤。保藏温度一般在0℃～3℃。

6. 豆类

豆类主要包括菜豆、青豆、蚕豆、豇豆、蛇豆、芸豆、扁豆、豌豆、荷兰豆、甜荚豌豆、四棱豆等。感官上要求粗细均匀，成熟适度，色泽正，荚鲜嫩、清洁；无腐烂、异味、冷害、冻害、病虫害及机械伤。保藏温度一般在2℃～7℃。

7. 水生蔬菜

水生蔬菜主要包括荸荠、豆瓣菜、水田芥、西洋菜等。感官要求成熟适度，色泽正，新鲜，无腐烂、异味。保藏温度一般在0℃～3℃。

8. 茄果类

茄果类蔬菜感官上要求成熟适度，色泽好，果形好，新鲜、果面清洁；无腐烂、异味、灼伤、冷害、冻害、病虫害及机械伤。腐烂、异味和病虫害为主要缺陷。保藏温度方面，青番茄一般在10℃～15℃；已开始上色的番茄一般在2℃～6℃；辣椒一般在1℃～4℃；茄子、日本茄子、甜椒、树番茄等一般在6℃～9℃。

（二）鲜水果

鲜水果主要包括仁果类、浆果类、核果类、瓜类、柑橘类、热带亚热带水果等。

1. 仁果类

仁果类主要有苹果、梨、山楂等。苹果感官上要求果实完整良好、新鲜洁净，果梗完整；不带不正常的外来水分；无刺伤、裂果、虫伤、病虫果，无异常气味或滋味；保藏温度一般在0℃～4℃。梨感官上要求果实完整良好、新鲜洁净；无不正常的外部水分；发育正常，具有贮存或市场要求的成熟度；无刺伤、破皮划伤、雹伤、虫伤、病虫果，无异常气味或滋味；保藏温度一般在0℃～4℃。山楂感官上要求果皮色泽呈本品种成熟时固有色泽；果肉颜色上，红色类型呈红、粉红或橙红，黄果类型呈浅黄至橙黄；无苦味、异味，无病果、腐烂、冻伤果；保藏温度一般在0℃～2℃。

2. 浆果类

浆果类主要有越橘（蓝莓）、黑莓、草莓、醋栗（红、黑和白）、罗甘莓、覆盆子（树莓）、葡萄、接骨木果、柿子、无花果、猕猴桃、黑加仑、石榴、红加仑、桑葚等。感官上要求果面洁净，无日灼、病虫斑、机械损伤等缺陷；果形端正，基本均匀一致；果皮、果肉和籽粒（仅限石榴）颜色符合本品种特征；具有本品种特有的风味，无异味；充分发育；保藏温度一般在0℃～3℃。

3. 核果类

核果类主要有杏、樱桃、桃、油桃、李、梅、枣等。核果类感官上要求果实充分发育，新鲜清洁；不带不正常的外来水分；具有本品种应有的特征，果皮颜色具有本品种成熟对应具有的色泽；无异味；保藏温度一般在0℃～3℃。

4. 瓜类

瓜类水果主要有西瓜、哈密瓜、甜瓜和香瓜等。西瓜感官上要求果实发育正常、完整，无任何外伤，新鲜洁净；具有本品种应有的果形、色泽和条纹；无霉变、腐烂、异味、病虫害；保藏温度一般在5℃～9℃。哈密瓜、甜瓜和香瓜等，感官上要求品质良好，新鲜洁净，无非正常外部潮湿；无异味、发育正常，具有储运要求的成熟度；无霉变、腐烂现象；保藏温度方面，中、晚熟品种3℃～5℃，早、中熟品种5℃～10℃。

5. 柑橘类

柑橘类水果感官上要求同一品种或相似品种，大小基本整齐一致，无畸形果，无异味，无明显缺陷（包括日灼、病斑、虫伤、刺伤、擦伤、碰压伤、裂口及腐烂果等）。保藏温度方面，柠檬、柚类10℃～15℃，甜橙类、宽皮柑橘类3℃～8℃。

6. 热带亚热带水果

（1）青香蕉、蛋黄果、面包果：感官要求果形完整，新鲜，无变质和腐烂现象；清洁，基本上无可见的异物，无机械伤、无病虫害、无异味。香蕉色泽青绿，无黄熟、无裂果，着色良好，无黑心病，无冻伤、黄熟现象，要求在运输前为七八成熟。保藏温度一般在11℃～15℃。

（2）荔枝：感官要求果形完整，新鲜，无变质和腐烂现象；清洁，基本上无可见的异物，无机械伤、无病虫害、无异味；无裂果，着色良好，成熟度不大于九成。保藏温度一般在2℃～6℃。

（3）龙眼：感官要求果形完整，新鲜，无变质和腐烂，清洁，基本上无可见的异物，无机械伤，无裂果，着色良好；无病虫害、无异味，成熟度八成左右。保藏温度一般在1℃～5℃。

（4）番荔枝：感官要求果形完整，新鲜，无变质和腐烂，清洁，基本上无可见的异物，无机械伤；无病虫害、无异味。保藏温度一般在5℃～14℃。

（5）人心果：感官要求果形完整，新鲜，无变质和腐烂，清洁，基本上无可见的异物，无机械伤；无裂果，着色良好；无病虫害、无异味，成熟度八成左右。保藏温度一般在0℃～2℃。

（6）菠萝、番石榴、西番莲果、鳄梨（产于亚热带）、橄榄、杨桃：感官要求果形完整，新鲜，无变质和腐烂，清洁，基本上无可见的异物，无机械伤；无病虫害、无异味及其他病虫害；菠萝无黑心病；西番莲果不允许有刺伤、药害、日灼、病害、冻害、皱缩。保藏温度一般在7℃～10℃。

(7) 杧果、鳄梨（产于热带）、木菠萝（波罗蜜）、山竹果、番木瓜（青果）、红毛丹：感官要求果形完整，新鲜，无变质和腐烂，清洁，基本上无可见的异物，无机械伤；无病虫害、无异味；发育充分，具有适于市场或贮存要求的成熟度。保藏温度一般在10℃～13℃。

(8) 枇杷、杨梅等其他娇嫩水果：感官要求果形完整，新鲜，无变质和腐烂，清洁，基本上无可见的异物，无机械伤；无病虫害、无异味。保藏温度一般在0℃～3℃。

二、果蔬的化学成分及性质

(一) 水分

水分是影响果蔬新鲜度、脆度和口感的重要因素，与果蔬的风味品质也密切相关。一般新鲜水果含水量为70%～90%，新鲜蔬菜含水量为75%～95%。

果蔬水分的作用表现在：①维持果蔬生命活动；②通过维持果蔬的膨胀力或刚性，赋予其饱满、新鲜而富有光泽的外观；③为微生物与酶的活动创造有利条件。所以果蔬贮藏时，必须考虑水分的存在和影响，加以必要的控制。

(二) 糖类

1. 可溶性糖

可溶性糖主要包括葡萄糖、果糖和蔗糖，其次为阿拉伯糖、甘露糖以及山梨醇、甘露醇等。果糖和葡萄糖是还原糖，蔗糖是双糖，水解产物称作转化糖。果蔬的含糖量反映了果蔬的品质。

可溶性糖是果蔬中的主要甜味物质。果蔬甜味的浓淡与总含糖量有关，也与含糖种类有关，同时还受其他物质（如有机酸、单宁）的影响，在评定果蔬风味时，常用糖酸比（糖/酸）来表示。

2. 淀粉

淀粉又称多糖，是葡萄糖聚合物。虽然果蔬不是人体所需淀粉的主要来源，但某些未熟的果实，如苹果、香蕉以及地下根茎菜类，含有大量的淀粉。果蔬中的香蕉、马铃薯、藕、荸荠、芋头等淀粉含量较高；其次是豌豆、苹果，其他果蔬含量较少。

未成熟的果实含淀粉较多，在后熟（亦称“休眠”）时，淀粉转化为糖，含量逐渐降低，使甜味增加，如香蕉在成熟过程中淀粉由26%降至1%，糖则由1%增至19.5%。

凡是以淀粉形态作为贮存物质的果蔬种类大多能保持休眠状态而有利于贮藏。

3. 果胶

果胶物质主要存在于果实、块茎、块根等植物器官中，果蔬的种类不同，果胶的含量和性质也不相同。一般水果中的果胶是高甲氧基果胶，蔬菜中的果胶为低甲氧基果胶。

果胶物质以原果胶、果胶和果胶酸三种形式存在于果蔬组织中。原果胶多存在于未成熟果蔬细胞壁间的中胶层中，不溶于水，常和纤维素结合，使细胞彼此黏结，果实呈脆硬的质地。随着果蔬的成熟，在果胶酶作用下，原果胶分解为果胶，果胶溶于水，黏结作用下降，使细胞间的结合力松弛，果实质地变软。成熟的果蔬向过熟期变化时，在果胶酶的作用下，果胶转变为果胶酸，失去黏结性，使果蔬呈软烂状态。

4. 纤维素和半纤维素

纤维素、半纤维素是植物细胞壁的主要构成成分，是植物的骨架物质，起支持作用。果品中纤维素含量为0.2%～4.1%，半纤维素含量为0.7%～2.7%；蔬菜中纤维素的含量为0.3%～2.3%，半纤维素含量为0.2%～3.1%。纤维素在皮层特别发达，与木索、栓质、角质、果胶物质等形成复合纤维素，对果蔬起到保护作用，对果蔬的品质和贮藏有重要意义。纤维素老时产生木质与角质，因而坚硬粗糙，吃起来有多渣、粗老的感觉，影响果蔬品质。

（三）维生素和矿物质

1. 维生素

果蔬所含的维生素及其前体很多（见表3-1），是人体所需维生素的基本来源。其中以胡萝卜素、维生素C最为重要。

表3-1　几种果蔬中维生素的含量　单位：mg/100g

名称	胡萝卜素	硫胺素	维生素C
苹果	0.05	0.01	5
杏	1.79	0.02	7
山楂	0.82	0.02	89
葡萄	0.04	0.04	4
柑橘	0.55	0.08	30
枣	0.01	0.06	380
番茄	0.31	0.03	11
青椒	1.56	0.04	105
芦笋	0.73	17	21
青豌豆	0.15	0.54	14

（1）维生素A。新鲜果蔬含有大量的胡萝卜素，在动物的肠壁和肝脏中能转化为具有生物活性的维生素A。胡萝卜素在体内可转变为维生素A。维生素A不溶于水，碱性条件下稳定，在无氧条件下，于120℃下经12h加热无损失。贮存时应注意避光，减少与空气接触。

（2）维生素C。维生素C又叫L—抗坏血酸，易溶于水，很不稳定。在酸性条件下比在碱性条件下稳定，贮藏中注意避光，保持低温，低氧环境中能减缓维生素C的氧化损失。

2. 矿物质

果蔬中含有钙、磷、铁、硫、镁、钾、碘等矿物质（见表3－2），其中，80%的矿物质是钾、钠、钙。果蔬中的矿物质进入人体后，与呼吸释放的HCO_3离子结合，可中和血液中的H+离子，使血浆的pH增大，因此又称果蔬为“碱性食品”。人体从果蔬中摄取的矿物质是保持人体正常生理机能必不可少的，是其他食品难以相比的。

表3－2　　几种果蔬中主要矿物质含量　　单位：mg/g

种类	钠	钾	钙	铁	磷
苹果	20	1120	70	1.1	60
葡萄	60	1630	130	8.0	820
杏	30	1000	90	3.0	130
番茄	1200	3100	430	9.0	410
菠菜	700	7500	800	30.0	1650

矿物质元素对果品的品质有重要的影响，金属元素通过与有机成分的结合能显著影响果蔬的颜色，而微量元素是控制采后产品代谢活性的酶辅基的组分，因而显著影响果蔬品质的变化。例如，在苹果中，钙和钾具有提高果实硬脆度、降低果实贮期的软化程度和失重率，以及维持良好肉质和风味的作用。在不同果蔬品种中，果实的钙、钾含量高时，硬脆度高，果肉密度大，果肉质密，细胞间隙率低，肉质好，耐贮藏；果实中锰、铜含量低时，韧性较强；锌含量对果实的风味、肉质和耐贮性的影响较小，但优质品种含锌量相对较低。

（四）有机酸

果蔬中的有机酸含量很少，为0.05%～0.10%，是影响果蔬新鲜及其加工品风味的主要成分，果蔬中含有多种有机酸，主要有柠檬酸、苹果酸、酒石酸和草酸。在这些有机酸中，酒石酸的酸性最强，并有涩味，其次是苹果酸、柠檬酸。柑橘类、番茄类含柠檬酸较多；苹果、梨、桃、杏、樱桃等含苹果酸较多；葡萄含酒石酸较多；草酸普遍存在于蔬菜中，水果中草酸含量很少。

（五）多酚类和色素

1. 单宁

单宁是果实中主要的涩味成分，即多酚类化合物，以儿茶酚和无色花青素为主，在果实中普遍存在，在蔬菜中含量很少。

2. 花青素

花青素又称花色素，通常以花青苷的形式存在于果、花或果蔬其他器官的组织细胞液中，是形成果蔬红、蓝、紫等颜色的色素。苹果、葡萄、樱桃、草莓、杨梅、李子、桃子以及某些品种的萝卜在成熟时呈现的红紫色，都是由花青素所致。花青素普遍存在于果蔬中，是维生素 P 的组成成分。

花青素是一种感光色素，它的形成必须要有阳光，在遮阴处生长的果蔬，色彩的呈现就不够充分。但在贮藏中，照光会加快其变为褐色。

3. 叶绿素

果蔬植物的绿色，是由于叶绿素的存在。叶绿素不溶于水，易溶于乙醇、乙醚等有机溶剂中，不耐光、不耐热。叶绿素主要存在于绿色蔬菜中，未成熟的果实中也含有较多的叶绿素，随着果实成熟，叶绿素在酶的作用下水解生成叶绿醇等溶于水的物质，绿色逐渐消退，而显现出其他色素，如黄色或橙色。

4. 类胡萝卜素

这是一大类脂溶性的黄橙色素，表现为黄色、橙黄色、橙红色，主要由类胡萝卜素、番茄红素及叶黄素组成。类胡萝卜素对热、酸、碱等都具有稳定性，但光和氧却能引起类胡萝卜素的分解，使果蔬褪色。

在果蔬中，杏、黄桃、番茄、胡萝卜表现的橙黄色都是类胡萝卜素。胡萝卜素在胡萝卜根中含量丰富，在动物体内转化为维生素 A。

三、食品材料的热物理数据

食品材料的热物理性质的测量是从 18 世纪开始的。目前的数据中大约有 2/3 是在 20 世纪五六十年代发表的。严格地讲，实验数据应讲清实验方法、实验条件（如温度、压力、相对湿度等）及材料的情况和处理方法等；而实验结果应给出数据的偏差范围及测量精度。目前的数据大都达不到这些要求，很多数据离散度很大。

关于食品材料热物理性质的数据，收集最全的是美国供暖制冷与空调工程师协会（ASHRAE）出版的手册。

1. 比热容

一些食品的比热容值如表 3－3 所示；一些食品材料的冻前比热容与含水量的实测数据分布如图 3－1 所示。

表 3－3　一些蔬菜的含水量、冻前比热容、冻后比热容和融化热数据

种类	含水量（wt%）	初始冻结温度（℃）	冻前比热容［kJ/（kg·K）］	冻后比热容［kJ/（kg·K）］	融化热［（kJ/kg）］
芦笋	93	－0.6	4.00	2.01	312
干菜豆	41	—	1.95	0.98	37
甜菜根	88	－1.1	3.88	1.95	295
胡萝卜	88	－1.4	3.88	1.95	295
花椰菜	92	－0.8	3.98	2.00	308
芹菜	94	－0.5	4.03	2.02	315

续 表

种类	含水量（wt%）	初始冻结温度（℃）	冻前比热容［kJ/（kg·K）］	冻后比热容［kJ/（kg·K）］	融化热［（kJ/kg）］
甜玉米	74	−0.6	3.53	1.77	248
黄瓜	96	−0.5	4.08	2.05	322
茄子	93	−0.8	4.00	2.01	312
大蒜	61	−0.8	3.20	1.61	204
姜	87	—	3.85	1.94	291
韭菜	85	−0.7	3.80	1.91	285
莴苣	95	−0.2	4.06	2.04	318
蘑菇	91	−0.9	3.95	1.99	305
青葱	89	−0.9	3.90	1.96	298
干洋葱	88	−0.8	3.88	1.95	295
青豌豆	74	−0.6	3.53	1.77	248
四季萝卜	95	−0.7	4.06	2.04	318
菠菜	93	−0.3	4.00	2.01	312
番茄	94	−0.5	4.03	2.02	315
青萝卜	90	−0.2	3.93	1.97	302
萝卜	92	−1.1	3.98	2.00	308
水芹菜	93	−0.3	4.00	2.01	312

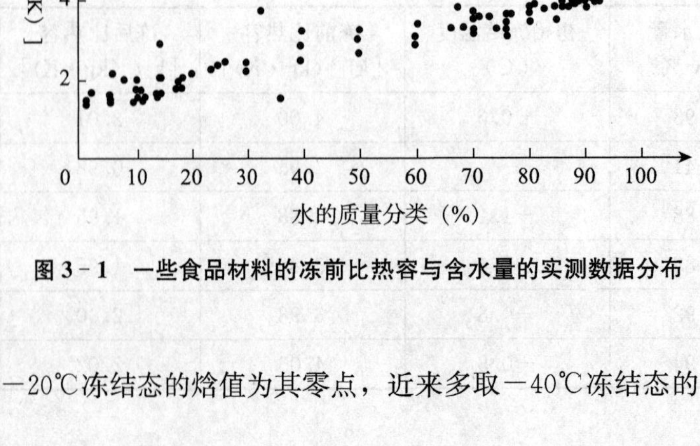

图 3－1　一些食品材料的冻前比热容与含水量的实测数据分布

2. 焓值

过去多取－20℃冻结态的焓值为其零点，近来多取－40℃冻结态的焓值为其零点。

在冻结过程中，因食品的冰点是变化的，因此在计算热负荷时，一般用焓值较为方便。水果汁和蔬菜汁的比焓值如图 3－2 所示。

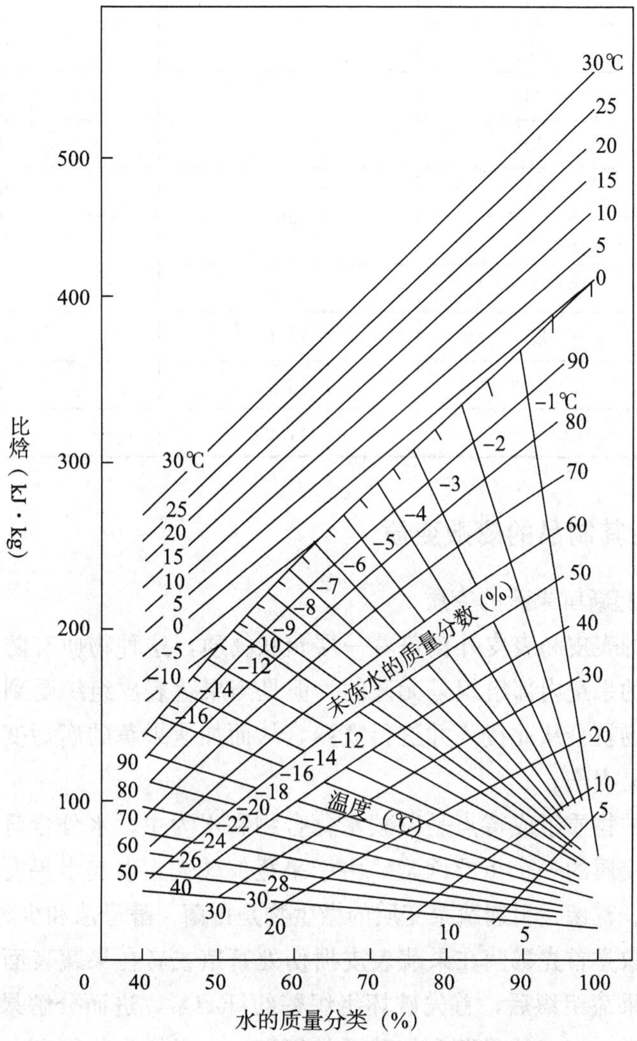

图 3－2　水果汁和蔬菜汁的比焓值

3. 热导率

一些食品的热导率如表 3－4 所示。

4. 热扩散率

热扩散率的实测数据很少，而且均是针对未冻结食品的，ASHRAE 手册给出了一些实测值，这些实测值绝大多数分布在 0.10～0.13mm^2/s；而水在 25℃时的值为 $0.145\times10^{-6}m^2/s$，即 0.145mm^2/s。

表 3-4　　一些食品热导率的实验数据

种类	温度（℃）	含水量（wt%）	热导率［kW/（m·K）］
苹果汁	20	87	0.599
	80		0.631
	20	70	0.504
	80		0.564
	20	36	0.389
	80		0.435
苹果	8	—	0.418
干苹果	23	41.6	0.219
干杏	23	43.6	0.375
草莓酱	2	41.0	0.338

四、果蔬及其制品的腐败变质

1. 微生物引起新鲜果蔬的变质

水果和蔬菜的表皮和表皮外覆盖着一层蜡状物质，这种物质有防止微生物侵入的作用，因此正常的果蔬内部组织是无菌的。但是当果蔬表皮组织受到昆虫的刺伤或机械损伤时，微生物就会从此侵入并进行繁殖，从而加速果蔬的腐烂变质，尤其是成熟度高的果蔬，更易损伤。

水果与蔬菜的物质组成特点是以碳水化合物和水为主，水分含量高，这些是果蔬容易引起微生物变质的一个重要因素。由于果蔬偏酸性，引起水果变质的微生物，开始只能是酵母菌、霉菌；引起蔬菜变质的微生物是霉菌、酵母菌和少数细菌。

最常见的现象是首先霉菌在果蔬表皮损伤处繁殖或者在果蔬表面有污染物黏附的区域繁殖，侵入果蔬组织后，首先破坏组织壁的纤维素，进而分解果胶、蛋白质、淀粉、有机酸、糖类，接着酵母菌和细菌开始繁殖。由于微生物繁殖，果蔬外观上会出现深色的斑点，组织变得松软、发绵、凹陷、变形，并逐渐变成浆液状甚至是水液状，同时产生了各种不同的味道，如酸味、芳香味、酒味等。

2. 微生物引起果汁的变质

(1) 引起果汁变质的微生物。

水果原料带有一定数量的微生物，在果汁制造过程中，不可避免地还会受到微生物的污染，因而果汁中存在一定数量的微生物，但微生物进入果汁后能否生长繁殖，主要取决于果汁的pH值和果汁中糖分含量的高低。由于果汁的pH多在2.4～4.2，且糖度较高，因而在果汁中生长的微生物主要是酵母菌、霉菌和极少数的细菌。

果汁中的细菌主要是植物乳杆菌、明串珠菌和嗜酸链球菌。它们可以利用果汁中的糖、有机酸生长繁殖并产生乳酸、二氧化碳等和少量丁二酮、3-羟基-2-酮等香味物质。明串珠菌可产生黏多糖等增稠物质而使果汁变质；当果汁的 pH＞4.0 时，容易产生酪酸菌并进行丁酸发酵。

酵母菌也是果汁中所含微生物数量和种类最多的一类微生物，它们是从鲜果中带来的或是在压榨过程中被环境污染产生的，酵母菌能在 pH＞3.5 的果汁中生长。果汁中的酵母菌，主要有假丝酵母菌属、圆酵母菌属、隐球酵母菌属和红酵母菌属。此外，苹果汁保存于低二氧化碳气体中时，常会有汉逊氏酵母菌生长，此菌可产生水果香味的酯类物质；柑橘汁中常出现越南酵母菌、葡萄酒酵母菌、圆酵母菌属的酵母菌，这些菌是在加工中因污染而产生的；浓缩果汁由于糖度高、酸度高，细菌的生长受到抑制，其中生长的多是一些耐渗透压的酵母菌，如鲁氏酵母菌、蜂蜜酵母菌等。

霉菌引起果汁变质时会产生难闻的气味。果汁中存在的霉菌以青霉属最为多见，如扩张青霉、皮壳青霉，其次是曲霉属的霉菌，如构巢曲霉、烟曲霉等。原因是霉菌的孢子有强的抵抗力，可以较长时间保持活力。但霉菌一般对二氧化碳敏感，所以充入二氧化碳的果汁可以防止霉菌的生长。

(2) 微生物引起果汁变质的现象。

微生物引起果汁变质一般会使果汁混浊、产生酒精，并使有机酸发生变化。

果汁混浊除了化学因素外，大多数是由于酵母菌进行酒精发酵而造成的，当然也有霉菌造成的。通常引起混浊的是圆酵母菌属中的一些菌，以及一些耐热性的霉菌，如雪白丝衣霉菌、纯黄丝衣霉菌和宛氏拟青霉等，但霉菌在果汁中少量生长时，并不会使果汁产生混浊的现象，仅是使果汁的风味变坏，产生霉味和臭味等，因为它们能产生果胶酶，能对果汁起澄清作用，只有大量生长时才会使果汁变混浊。

引起果汁产生酒精而变质的微生物主要是酵母菌，常见的酵母菌有葡萄汁酵母菌、啤酒酵母菌等。酵母菌能耐受二氧化碳，当果汁含有较高浓度的二氧化碳时，酵母菌虽不能明显生长，但仍能保持活力，一旦二氧化碳浓度降低，即可恢复生长繁殖的能力。此外，少数霉菌和细菌也可引起果汁产生酒精变质，如明串珠菌、毛霉、曲霉等。

果汁变质时会导致有机酸的变化。果汁中含多种有机酸，如酒酸、柠檬酸、苹果酸等，它们形成了果汁特有的风味。微生物生长繁殖后，分解或合成了某些有机酸，从而改变了它们的含量比例，使果汁原有的风味被破坏，有时甚至产生了一些令人不愉快的异味。

五、温度对果蔬品质的影响

1. 温度对果蔬呼吸的影响

运输温度是影响果蔬产品品质的关键因素。果蔬运输分为常温运输和冷藏运输两类。运输中，果蔬产品装箱和堆码紧密，热量不易散发，呼吸热的积累是运输的过程中不可忽视的问题。在常温运输中，果蔬产品的温度很容易受外界气温的影响。如果外界气温高，再加上果蔬本身的呼吸热（见表 3－5），果蔬产品的温度很容易升高。果蔬温度一旦升高，就很难降下来，这常使产品产生大量腐败。

表 3-5　　几种果蔬呼吸热的推测值　　单位：kcal/（t·d）

果蔬品名	运输温度（℃）		
	0	4.5	15.5
柠檬	130～230	150～480	580～1300
苹果	80～380	150～680	580～2000
李子	100～180	230～380	600～700
橘子	100～250	330～400	930～1300
桃子	230～350	350～500	1800～2300
草莓	680～1000	900～1700	3900～5100
洋葱	180～280	200	600
甘蓝	300	430	1000
胡萝卜	530	880	2000
芹菜	400	600	2100
芦笋	1500～3300	2900～5800	5500～1300
菠菜	1100～1700	2000～2800	9300～9600
玉米	1800～2800	3300	9700

在冷藏运输中，由于堆垛紧密，冷气循环不好，未经预冷的果蔬冷却速度通常很慢，而且各部分的冷却速度也不均匀。有研究表明，没有预冷的果蔬，在运输的大部分时间中，产品温度都比要求温度高。可见，要保证好的运输质量，在长途运输中，预冷是非常重要的。

2. 温度对果蔬水分蒸发的影响

温度升高，空气的饱和湿度就会增大，果蔬水分蒸发加快，容易发生失水萎蔫，降低耐贮性。在一定的空气湿度下，降低运输环境的温度能抑制果蔬的水分蒸发，保持果蔬的新鲜品质，有利于运输。

3. 温度对冷害、冻害的影响

冷害是指0℃以上的低温对果蔬造成的生理伤害。冷害的症状大都表现为表面出现凹点或凹陷的斑块；局部表皮组织坏死、变色或出现水渍斑块；不能正常成熟，有异味；果皮、果肉或果心褐变等。具体症状随果蔬种类不同而不同，如表3-6所示。

表 3-6　　部分果蔬发生冷害的临界温度及症状

种类	临界温度（℃）	症　状
苹果	−1.5～−2.2	橡皮病、烫害、果肉褐变
绿番茄	7.2～10.0	水浸状软烂
香蕉	12.8	果皮出现褐色条纹、不能正常成熟
西瓜	4.0	凹陷、异味

续　表

种类	临界温度（℃）	症　状
黄瓜	7.2	表皮凹陷、果肉褐变、萎蔫
茄子	7.2	表皮凹陷、烫害
甜椒	7.2	表皮水浸状凹陷、种子与萼部变褐
葡萄柚	10.0	烫害、凹陷、水浸状腐烂

冷害破坏了呼吸过程的协调性，引起果蔬不正常的呼吸，导致果蔬生理失调，耐贮性和抗病性下降，极易被微生物入侵，如香蕉的腐生菌、黄瓜的灰霉菌、番茄的交链孢霉菌等，使受冷害的果蔬迅速腐烂。

影响冷害发生与否及程度轻重的因素包括①运输温度：在导致冷害发生的温度下，温度越低，发生越快，如甘薯在0℃下1天就受冷害；②持续时间：持续时间越长，越严重，如蜜柚在0℃下，4天尚无明显伤害，10天后损伤严重；③品种种类：不同种类、品种的果蔬对于低温的敏感性不同，因此发生冷害的温度、难易程度有所不同，如一些原产热带、亚热带的果蔬，若在低温下贮藏，很容易受冷害。

防止果蔬冷害的措施包括①低温锻炼：增加抗寒性，可缓减冷害；②逐步降温：使果蔬逐步适应低温环境，有时比单纯低温更好，适用于跃变型果实；③热处理：运输前在30℃以上的温度中进行短时间处理，可以降低热带、亚热带果蔬对低温的敏感程度，减少冷害的发生；④提高运输环境的相对湿度：采用塑料薄膜包装，可以保持运输环境的相对湿度，减轻冷害症状；⑤调节气体组分：在运输过程中，适当地提高CO_2浓度、降低O_2的浓度，有利于减轻冷害；⑥化学物质处理：用氯化钙处理可减轻苹果、梨、番茄的冷害，用脱落酸、乙烯、外源多胺处理也可能减轻冷害症状。几种果蔬减轻冷害的温度调节措施如表3-7所示。

表3-7　　几种果蔬减轻冷害的温度调节措施

处理方式	产品	处理的具体方法
低温锻炼	桃	24℃处理2～5d，减轻贮藏期果肉粉质化程度
	西葫芦	10℃或25℃处理2d，减轻2.5℃或5℃贮藏期冷害
	柠檬	15℃处理7d，减轻0℃贮藏期冷害
逐步降温	番茄	从10℃～14℃开始，每周降1℃，降到7℃～8℃，再每3d降1℃，降到0℃贮藏
	香蕉	每12h降低3℃，从21℃降到5℃，在5℃下贮藏
	鸭梨	30～40d内逐渐降温到0℃贮藏
热处理	绿熟番茄	36℃～40℃处理3d，减轻2℃贮藏期的冷害
	杧果	38℃处理24h或36h，减轻5℃贮藏期的冷害
	甜薯	29℃处理4～7d，减轻5℃贮藏期的冷害

冻害是指低于0℃的低温对果蔬造成的生理伤害。果蔬处在其冰点以下的温度，且温度继续降低时，细胞内的水分会外渗进入细胞间隙而结冰，细胞液浓度增高，某些离子的浓度增加到一定程度时，pH值就会改变，使细胞受害，代谢失调，再加之水结冰后体积膨胀，对细胞产生膨胀压力，引起机械损伤，细胞就会受破坏而死亡，在解冻以后汁液外流，不能恢复到原来的鲜活状态，果蔬风味也受到影响。

果蔬受冻害的程度决定于受冻时的温度及持续的时间。温度低、时间长，果蔬受冻害严重；环境温度不太低或持续时间并不长，组织的冻结程度轻，仅限于细胞间隙的水结冰，细胞结构还未遭到破坏，解冻后果蔬组织可以恢复生机。但是解冻时应注意：不宜搬动、翻动，要缓慢解冻，逐步升温，使细胞间隙的冰缓慢融化，重新被细胞吸收，解冻温度以4.5℃以下为宜，否则会影响品质。

4. 温度对乙烯产生的速度和作用效应的影响

温度影响着乙烯产生的速度和其作用效应。高温会刺激乙烯的产生。对于大部分果实来说，当果实的温度为16.6℃～21.2℃时，乙烯的催熟效应最大。

5. 果蔬的冷链物流温度控制

从理论上来说，果蔬的冷链物流温度与最适贮藏温度保持一致是最为理想的。但是，在实践中这样操作所付出的代价往往非常高，不经济。在现代运输和销售条件下，果蔬的陆上运输很少超过10天，因此，果蔬运输和销售只相当于短期贮藏，没有必要套用长期贮藏的指标。一般而言，根据对运输和销售温度的要求，可把果蔬分为以下四大类。

第一类为适于低温运输和销售的温带果蔬，如苹果、桃、梨，最适温度为0℃。

第二类为对冷害不太敏感的热带、亚热带果蔬，如荔枝、柑橘、石榴，最适温度为2℃～5℃。

第三类为对冷害敏感的热带、亚热带果蔬，如香蕉、杧果、黄瓜、青番茄，最适温度为0℃～10℃。

第四类为对高温相对不敏感的果蔬，如洋葱、大蒜等，适于常温运输和销售。

部分果蔬长途运输温度要求如表3-8所示。

表3-8　部分果蔬长途运输温度要求

果蔬名称	运输温度（℃）	果蔬名称	运输温度（℃）
木瓜	7～13	胡萝卜	0～2
番荔枝	15～20	芦笋	0～2
菠萝	8～13	土豆	2～5
香蕉	12～15	黄花菜	0～2
草莓	0～3	芹菜	0～2
葡萄	0～3	绿熟西红柿	14～16
柑橘	4～8	初熟西红柿	7～10

续 表

果蔬名称	运输温度（℃）	果蔬名称	运输温度（℃）
柠檬	10～13	成熟西红柿	0～5
苹果、梨	0～4	黄瓜	10～13
桃子	0～3	辣椒	7～13

六、气体对果蔬品质的影响

1. 气体对微生物的作用

微生物与氧气有着十分密切的关系。一般来讲，在有氧的环境中，微生物进行有氧呼吸，生长、代谢速度快，食品变质速度也快；在缺乏氧气的条件下，由厌氧性微生物引起的食品变质速度较慢。氧气存在与否决定着兼性厌氧微生物是否生长和生长速度的快慢。例如，当水分活性（Aw）值是 0.86 时，在无氧情况下，金黄色葡萄球菌不能生长或生长极其缓慢；而在有氧情况下则能良好生长。

新鲜食品原料中，由于组织内一般存在着还原性物质（如动物原料组织内的巯基），因而具有抗氧化能力。在食品原料内部生长的微生物绝大部分应该是厌氧性微生物；而在原料表面生长的则是需氧微生物。食品经过加工后，物质结构发生改变，需氧微生物进入组织内部，使食品更易发生变质。

另外，氢气和二氧化碳等气体的存在，对微生物的生长也有一定的影响。实际操作中可通过控制它们的浓度来防止食品变质。

2. 气体对果蔬运输的影响

（1）氧气的影响。

环境中氧气的含量直接关系着果蔬的呼吸强度，从而影响贮运效果。一般大气含氧浓度为 21%，通常氧气浓度低于 10%时，呼吸强度会有明显降低。低氧气浓度能够减少促进成熟的植物激素的产生量，从而延缓果蔬成熟、衰老的进程。

（2）二氧化碳的影响。

二氧化碳是果蔬呼吸作用代谢的产物之一，在大气中的含量为 0.03%～0.04%，提高贮运环境中二氧化碳的浓度，果蔬呼吸会受到抑制。对多数果蔬来说，适宜的二氧化碳浓度为 1%～5%，浓度达 10%时，反而会刺激呼吸作用，严重时会引起代谢失调，即二氧化碳中毒。二氧化碳中毒的危害甚至比无氧呼吸造成的伤害更严重。

（3）乙烯的影响。

乙烯是一种促进果实成熟的植物激素，在正常条件下为气态。随着果实的成熟，其体内产生乙烯，而新产生的乙烯会致使果实内部发生一系列变化，如淀粉含量下降，可溶性糖含量上升；叶绿素含量下降，有色物质增加；水溶性果胶含量增加，果实的硬度降低等，表现出成熟时特有的色、香、味及质地。

不同种类及同一种类不同品种的果实，乙烯生成量有较大差异。跃变型果实产生的乙烯较多，非跃变型果实产生的乙烯相对较少。

无论是内源乙烯还是外源乙烯都能导致果蔬成熟、衰老，即使很低的浓度（如1ppm），也具有催熟效应。在贮藏中要避免不同跃变类型的果实同库存放，同时要尽量控制和减少贮藏环境中的乙烯含量。

七、湿度对果蔬品质的影响

1. 湿度对微生物的影响

空气中的湿度对微生物生长和食品变质有着重要的影响，尤其是未经包装的食品。例如，把含水量少的脱水食品放在湿度大的地方，则食品易潮，表面水分迅速增加。长江流域梅雨季节，粮食、物品容易发霉，就是因为空气湿度太大（相对湿度 70%以上）的缘故。

Aw 值反映了溶液和作用物的水分状态，而相对湿度则表示溶液和作用物周围的空气状态。当两者处于平衡状态时，Aw×100 就是大气与作用物平衡后的相对湿度。每种微生物只能在一定的 Aw 值范围内生长，但这一范围的 Aw 值要受到空气湿度的影响。

2. 湿度对果蔬运输的影响

（1）相对湿度。

空气的相对湿度是影响果蔬水分蒸发的直接因素。一般用绝对湿度占饱和湿度的百分率来表示，也可用水蒸气压表示。

（2）结露。

在果蔬贮运过程中，当贮运环境中空气中的水蒸气绝对含量不变，而温度降到露点温度时，空气中的水蒸气达到饱和，会使过多的水蒸气在果蔬表面、塑料包装袋内壁等处凝结成水珠，这种现象称为结露。

容易出现结露现象的原因如下：

①果蔬入库初期，水分蒸发量大，环境湿度高，库温骤然下降；

②果蔬在库内堆积过多，通风散热缓慢，造成堆内外温度湿度的差异；

③利用塑料袋包装时，塑料袋内果蔬释放的呼吸热及水分蒸发使袋内形成高温高湿的环境，塑料薄膜处于冷热交界面；

④冷藏后的果蔬，未经升温而直接放置在高温场所，空气中的水蒸气在果蔬表面（果蔬本身是冷源）形成水珠。

（3）控制相对湿度和结露的注意事项。

不同种类的果蔬有其不同的最佳贮运湿度。不是所有的果蔬都适合于高湿度，如温州蜜柑在高湿条件下果皮容易吸水而产生“浮皮”，果肉内的水分和其他成分向果皮转运，结果后果实外表虽然饱满，但果肉干缩，风味淡，易发生枯水生理病害，其最适宜的贮运相对湿度为 85%左右。

结露方面，在果蔬贮运中，应严格防止结露现象产生，如维持稳定的低温状态，保持平稳的相对湿度；库内外温差较大时缓慢通风；产品堆积不宜过大，堆垛间留有一定空隙；果蔬预冷后入库，升温后出库等。

八、振动对果蔬品质的影响

振动因素对易腐货物，尤其是果蔬，有一定的影响。振动的物理特征是以振幅与频率来描述的，振动强度以振动所产生的加速度大小来分级。振动可以引起多种果蔬组织的伤害，主要为机械损伤及生理失常两大类，最终导致果蔬品质的下降。

机械损伤会刺激呼吸作用加强。任何机械损伤，即使是轻微的挤伤或压伤，都会刺激呼吸作用加强。因为损伤破坏了完好的细胞结构，加速了气体交换，提高了组织内 O_2 的含量，同时增加了组织中酶与作用底物接触的机会。

机械损伤还会刺激乙烯合成。机械损伤使果蔬组织内 O_2 的含量增加，促使乙烯的合成加强，加快了成熟、衰老的进程。

机械损伤给微生物入侵创造了条件。机械损伤也可使果蔬产生保卫反应，使呼吸作用加强。

在实际运输中，果蔬能忍耐的振动加速度是一个非常复杂的问题。一般而言，按照果蔬的力学特性，可把果蔬划分为耐碰撞和摩擦、不耐碰撞、不耐摩擦、不耐碰撞和摩擦以及脱粒等类型。如表 3－9 所示。

表 3－9　各种果蔬对振动损伤的抵抗性

类型	种类	运输振动加速度的临界点（g）
耐碰撞和摩擦	柿、柑橘类、青番茄、甜椒、根菜类	3.0
不耐碰撞	苹果、红熟番茄	2.5
不耐摩擦	梨、茄子、黄瓜、结球蔬菜	2.0
不耐碰撞和摩擦	桃、草莓、西瓜、香蕉、绿叶菜类	1.0
脱粒	葡萄	1.0

第二节　肉类食品的性质

肉类食品是脂肪和蛋白质的主要来源，为人类提供了丰富的营养。动物经屠宰后剥皮或者不剥皮的，去头尾、蹄爪和内脏的肉胴体称为肉，而把头尾、内脏等称为副产品。因此，肉包括了肌肉、脂肪、骨、软骨、筋膜、神经、脉管等各种组织。肉的商品价值取决于构成肉的各种成分的数量和比例。

一、肉的构造

（一）肌肉组织

1. 肌肉的一般构造

肌肉的基本结构是肌纤维，肌纤维与肌纤维之间有一层很薄的结缔组织膜围绕隔开，此膜叫肌内膜。每 50～150 条肌纤维聚集成束，称为肌束，外包一层结缔组织鞘膜，称为肌束膜。这样形成的小肌束也称初级肌束，数十条初级肌束集结在一起并由较厚的结缔组织膜包围就形成了次级肌束（二级肌束），许多二级肌束集结在一起就形成了肌肉块，外包一层较厚的结缔组织，称肌外膜。肌肉组织构造如图 3-3 所示。

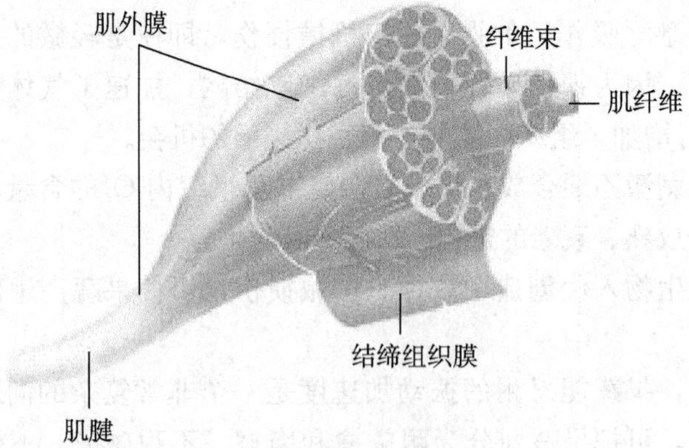

图 3-3　肌肉组织构造

2. 肌肉的微结构

（1）肌纤维：呈圆形或多角形，细胞核位于纤维的边缘。肌细胞的形状细长，呈纤维状，故肌细胞通常称为肌纤维。

（2）肌纤维膜：肌纤维本身具有的膜称为肌纤维膜，它是由蛋白质和脂质组成的，具有良好的韧性，因而可承受肌纤维的伸长与收缩。肌纤维膜向内凹陷形成网状的管，称作横小管，通常称为 T—系统或 T 小管。

（3）肌原纤维：肌原纤维是横纹肌中长的、直径约 1μm 的圆柱形的结构，是骨骼细胞的收缩单位。肌原纤维由粗肌丝和细肌丝组装而成，粗肌丝的成分是肌球蛋白，细肌丝的主要成分是肌动蛋白，辅以原肌球蛋白和肌钙蛋白。

在光学显微镜下肌原纤维的直径为 1～2μm，与肌肉长轴相平行，有明暗相间的带，明带称为 I 带（I band），宽 0.8μm；暗带称为 A 带（A band），宽 1.5μm。在用偏光镜观察时，I 带表示单折光带，而 A 带表示双折光带。在 I 带中有一条着色较深的线，叫 Z 膜，也称 Z 线。

（4）肌浆：肌纤维的细胞质称为肌浆，是细胞内的胶体物质，含水分 75%～80%。骨骼肌的肌浆内有发达的线粒体分布，所以骨骼肌的代谢十分旺盛，肌纤维内的线粒体也称为“肌粒”。

肌浆中有溶酶体，它是一种小胞体，内含多种能消化细胞和细胞内容物的酶。其中，能分解蛋白质的酶称为组织蛋白酶。

肌浆中还有一些特殊结构，如横管，它是由肌纤维膜上内陷的漏斗状结构延续而成的，横管的主要作用是将神经末梢的冲动传导到肌原纤维。

（5）肌细胞核：骨骼肌纤维为多核细胞，每条肌纤维所含核的数目不定，一条几厘米的肌纤维可能有数百个核。核呈椭圆形，位于肌纤维的边缘，紧贴在肌纤维膜下，规则分布。

3. 肌纤维的种类

根据肌纤维的收缩特性、利用能量方式、结构、色泽等可将肌纤维分为不同类型，主要有红肌纤维、白肌纤维和中间型纤维三类。

（二）脂肪组织

脂肪组织是仅次于肌肉组织的肉类的重要组成部分，具有较高的食用价值。对于改善肉质、提高风味均有影响。脂肪在肉中的含量变动较大，跟动物种类、品种、年龄、性别及发育程度都有关系。脂肪的构造单位是脂肪细胞，脂肪细胞或单个或成群地借助于疏松结缔组织连在一起。脂肪细胞的大小与动物的发育程度及不同部位有关。

（三）结缔组织

结缔组织是肉的次要组成成分，在动物体内对各器官组织起到支持和连接作用，使肌肉保持一定的弹性和硬度。结缔组织由细胞、纤维和无定形的基质组成。细胞为成纤维细胞，存在于纤维中间；纤维由蛋白质分子聚合而成，可分胶原纤维、弹性纤维和网状纤维三种。结缔组织的含量决定于年龄、性别、营养运动及状况等因素，如老龄、公畜、消瘦及使役的动物，结缔组织含量高。另外，同一动物不同部位结缔组织的含量也不同。

（四）骨骼组织

骨组织也是肉的次要组成成分，食用价值和商品价值较低，在运输和贮藏时需消耗一定能源。成年动物骨骼的含量比较恒定，变动幅度较小。猪骨约占胴体的5%～9%，牛骨占15%～20%，羊骨占8%～17%，兔骨占12%～15%，鸡骨占8%～17%。

二、肉的化学性质

肉的化学成分主要有水分、蛋白质、脂肪、浸出物和矿物质等。这些化学成分都是人体所需的营养成分，肉的化学成分因动物的种类、品种、性别、年龄、个体、畜体部位以及营养状况而异，如表3-10所示。在冷链物流过程中，肉的化学成分会发生变化，影响其食用价值和营养价值。因此，应尽量减少或避免肉的营养成分被破坏，尽量保持其原有的营养价值和风味。

表3-10　主要肉类食品化学成分　单位：%

品种	水分	蛋白质	脂肪	矿物质
猪肉（肥瘦）	29.3	9.5	59.8	0.5
猪肉（肥）	6.0	2.2	90.8	0.1
猪肉（瘦）	52.6	16.7	28.8	0.9
牛肉（肥瘦）	68.6	20.1	10.2	1.1

续 表

品种	水分	蛋白质	脂肪	矿物质
牛肉（肥）	43.3	15.1	34.5	0.7
牛肉（瘦）	70.7	20.3	6.2	1.1
羊肉（肥瘦）	58.7	11.1	20.8	0.6
羊肉（瘦）	67.7	17.3	13.6	1.0
羊肉（肥）	33.7	9.3	55.7	0.5
马肉	75.8	19.6	0.8	—
驴肉	77.4	18.6	0.7	—
兔肉	77.2	21.2	0.4	1.0

（一）水分

从上表可以看出，水分在所有组成成分中是最不稳定的，其含量与脂肪成分密切相关，随着脂肪含量的增加，水分则相应减少，例如，肥、瘦猪肉脂肪含量分别为90.8%、28.8%，则其水分含量分别为6.0%和52.6%。因此，水分在不同组织中含量差异很大，如肌肉含水量为70%，皮肤为60%，骨骼为12%～15%，脂肪组织含水量较少。水分不是肉的营养物质，但肉中的水分含量及其存在状态会影响肉及肉制品的品质和贮藏性。水一方面直接参加生物化学反应，另一方面，又为微生物的繁殖提供条件，导致易腐货物的腐烂。肉及水产品的含水量决定了其重量，也决定了冷链物流期间肉及水产品的品质和稳定性。在其他条件相同的情况下，肉和水产品中所含的水分越多，则越显得肉质娇嫩，也越易于腐烂，因而也越不易进行保存。肉中水分的存在形式有以下三种。

（1）结合水（5%）：是指借助极性基因与水分子的静电引力和蛋白质分子表面紧密结合的水分子层，它的冰点很低（－40℃），无溶剂特性，不易受肌肉蛋白质结构和电荷变化的影响，不易流失，不能被微生物利用。

（2）不易流动水（80%）：肌肉中大部分水分是以不易流动水的状态存在的。它能溶解盐及其他物质，并在0℃或温度稍低时结冰，存在于纤丝、肌原纤维及膜之间，这些水距离蛋白质亲水基较远，水分子虽然有一定的朝向性，但排列不够有序。不易流动水容易受蛋白质结构和电荷变化的影响，肉的持水性主要取决于肌肉对此类水的保持能力。

（3）自由水（15%）：指存在于细胞外间隙中能自由流动的水，加工过程中易流失。

（二）蛋白质

肉中化学成分除水外，固体部分的4/5是蛋白质。例如，牛肉蛋白质含量约为15.01%，猪肉蛋白质含量约为14.21%，鲤鱼蛋白质含量约为8.65%。肉类食品的品质，在很大程度上视其中蛋白质含量的变化而定。蛋白质是食品中最复杂、最重要的成分之一，它是构成生物体细胞的主要原料，是一切生命活动的基础，在一切生物的生命活动中，起着决定性的作用。虽然蛋白质的种类繁多，结构复杂，但它们都是由碳、氢、氧、氮、硫和磷六种化学元素组成，还有少量的铁、铜、锌、锰等元素。

1. 肌原纤维蛋白质

肌原纤维蛋白质是构成肌原纤维的蛋白质，属于这类蛋白质的有肌球蛋白、肌动蛋白、肌动球蛋白、原肌球蛋白和肌钙蛋白等。

(1) 肌球蛋白。肌球蛋白是肌肉中含量最高也是最重要的蛋白质，约占肌肉总蛋白质的1/3，占肌原纤维蛋白质的50%～55%。

(2) 肌动蛋白。肌动蛋白由一条多肽链构成，其作用是与原肌球蛋白及肌钙蛋白结合成细丝，在肌肉收缩过程中与肌球蛋白的横突形成交联（横桥），共同参与肌肉的收缩过程。肌动蛋白约占肌原纤维蛋白的20%，是构成细丝的主要成分。

(3) 肌动球蛋白。肌动球蛋白的黏度很高，具有流动双折射现象。

(4) 原肌球蛋白。原肌球蛋白约占肌原纤维蛋白的4%～5%，形为杆状分子。

(5) 肌钙蛋白。肌钙蛋白又叫肌原蛋白，约占肌原纤维蛋白的5%～6%，肌原蛋白对Ca^{2+}有很高的敏感性，并能与Ca^{2+}结合。

2. 细胞骨架蛋白质

细胞骨架蛋白质是明显区别于肌原纤维蛋白和肌浆蛋白的一类蛋白质，它是起到支撑和稳定肌肉网格结构、维持肌细胞收缩装置作用的一类蛋白质。肉畜宰后肌肉中细胞骨架蛋白质的降解对肉的嫩化起决定性作用。

3. 肌浆蛋白质

肌浆中的蛋白质为可溶性蛋白质，溶于水溶液中，因此在加工和烹调过程中容易流失。肌浆蛋白质主要包括：肌溶蛋白、肌红蛋白、肌浆酶等。

4. 结缔组织蛋白质

结缔组织蛋白质是构成肌内膜、肌束膜、肌外膜和肌腱的主要成分，包括胶原蛋白、弹性蛋白、网状蛋白及黏蛋白等，存在于结缔组织的纤维及基质中。

（三）脂肪

脂类对肉的食用品质影响很大，主要影响肉的嫩度、多汁性和风味。脂肪在体内的蓄积因动物种类、品种、年龄和肥育程度而异。猪的脂肪在皮下、肾周围及大网膜；羊的脂肪在尾根、肋间；牛的脂肪在肌肉内；鸡的脂肪在皮下、腹腔及肌胃周围。家畜的脂肪组织90%为中性脂肪，此外还有少量的磷脂和固醇。

1. 中性脂肪

中性脂肪即甘油三酯，是由一分子甘油与三分子脂肪酸化合而成，脂肪酸可分为饱和脂肪酸和不饱和脂肪酸。含饱和脂肪酸多则熔点和凝固点高，脂肪组织比较硬、坚挺；含不饱和脂肪酸多则熔点和凝固点低，脂肪比较软。肉中最主要的是棕榈酸和硬脂酸这两种饱和脂肪酸，以及油酸和亚油酸这两种不饱和脂肪酸。

2. 磷脂和固醇

磷脂主要包括卵磷脂、脑磷脂、神经鞘磷脂以及其他种类。卵磷脂多存在于内脏器官，脑磷脂多存在于脑神经和内脏器官，以上两种磷脂在肌肉中较少。磷脂的结构和中性脂肪相似，但不饱和脂肪酸含量比中性脂肪多。

胆固醇广泛存在于动物体中，100g 肌肉中的胆固醇含量为 65～70mg，肾和肝脏中的含量明显高于肌肉，脑和其他内脏的胆固醇含量也很高。

（四）浸出物

浸出物是指除蛋白质、盐类、维生素外能溶于水的浸出性物质，包括含氮浸出物和无氮浸出物，主要的浸出物含量如表3－11所示。

表 3－11　　肉中主要的浸出物含量　　单位：mg/100g

含氮浸出物	含量
肌苷	250.0
氨基酸	85.0
肌苷酸	76.8
磷酸肌酸	67.0
尿素	9.9
ATP	8.7

1. 含氮浸出物

含氮浸出物为非蛋白质的含氮物质，如游离氨基酸、磷酸肌酸、肌苷酸、核苷酸类（ATP、ADP、AMP、IMP）及肌苷、尿素等。这些物质左右肉的风味，是香气的主要来源，如 ATP 除供给肌肉收缩的能量外，还逐级降解为肌苷酸，是肉香的主要成分；磷酸肌酸分解成肌酸，肌酸在酸性条件下加热则为肌酐，可提升熟肉的风味。氨基酸是蛋白质的基本单位，根据氨基酸能否在人体内合成以满足机体需要，分为必需氨基酸和非必需氨基酸。必需氨基酸在人体内不能合成或合成速度不能满足机体需要，必须通过水解食品中的蛋白质获得；非必需氨基酸在人体内能够合成以满足机体需要。

2. 无氮浸出物

无氮浸出物为不含氮的可浸出的有机化合物，包括糖类化合物和有机酸。糖类化合物主要有糖原、葡萄糖、麦芽糖、核糖、糊精；有机酸主要是乳酸及少量的甲酸、乙酸、丁酸、延胡索酸等。

（五）维生素

在新陈代谢过程中，起着重要作用的物质不仅有蛋白质、脂肪、糖、无机盐和水，而且还有维生素。它是一种低分子有机化合物，也是人类食物中必不可少的组成部分。人类需要维生素的数量很少，但它所起的作用却十分重要，人体缺乏某种维生素就可能患某种疾病。人体所需的维生素主要从食品中获取。

肌肉中富含B族维生素，但脂溶性维生素含量较低。维生素含量易受肉畜种类、品种、年龄、性别和类型的影响，内脏中维生素含量比肌肉高。生肉的维生素含量如表3-12所示。

表3-12 生肉的维生素含量（每100g）

维生素	牛肉	小牛肉	猪肉	腌猪肉	羊肉
A（IU）	微量	微量	微量	微量	微量
B1（mg）	0.07	0.10	1.00	0.40	0.15
B2（mg）	0.20	0.25	0.20	0.15	0.25
烟酸（mg）	5.00	7.00	5.00	1.50	5.00
泛酸（μg）	0.40	0.60	0.60	0.30	0.50
生物素（μg）	3.00	5.00	4.00	7.00	3.00
叶酸（mg）	10.00	5.00	3.00	0.00	3.00
B6（mg）	0.30	0.30	0.50	0.30	0.40
维生素C（mg）	2.00	0.00	2.00	0.00	2.00
维生素D（IU）	微量	微量	微量	微量	微量

（六）矿物质

肌肉中含有大量的矿物质，其中钾、磷含量最多，但钙含量较低；肾和肝中的矿物质含量远高于肌肉组织。肉和肉制品中矿物质含量如表3-13所示。

表3-13 肉和肉制品中矿物质含量 单位：mg/100g

名称	钠	钾	钙	镁	铁	磷	铜	锌
生牛肉	69	334	5	24.5	2.3	276	0.1	4.3
烤牛肉	67	368	9	25.2	3.9	303	0.2	5.9
生羊肉	75	246	13	18.7	1.0	173	0.1	2.1
烤羊肉	102	305	18	22.8	2.4	206	0.2	4.1
生猪肉	45	400	4	26.1	1.4	223	0.1	2.4
烤猪肉	59	258	8	14.9	2.4	178	0.2	3.5
生腌猪肉	975	268	14	12.3	0.9	94	0.1	2.5

三、肉的物理性质

肉类食品的物理特性主要有比热容、热导率、冻结温度、密度和焓值。瘦肉和肥肉的主要物理特性如表3-14所示。

表 3-14　　瘦肉和肥肉的主要物理特性

名称	密度	热导率	冻结温度（℃）		比热容［kJ/（kg・K）］	
	（g/cm³）	［（W/（m・K）］	由	到	高于冻结温度	低于冻结温度
瘦肉	0.97～0.99	0.556	−0.6	−1.2	3.18	1.76
肥肉	0.96～0.98	—	−0.6	−1.2	2.51	—

（一）比热容

比热容的大小直接关系肉冷却或冻结时消耗的冷量，以及贮运过程中在外温影响下肉的温度状态。在其他条件相同时，比热容越大，则冷却或冻结时所消耗的冷量（或者是在温度上升时所吸收的热量）就越多，反之则越少。同一种肉的比热容随着温度降低而减小，尤其是从液体变成固体时，比热容的减小特别明显。未冻结的肉的比热容要比冻结后的肉大得多。

在高于初始冻结温度的情况下，含水量较高的肉，其比热容基本上可由含水量确定；但对于含水量较低的肉，其比热容受到其他成分的影响较大。肉由水和干物质两部分组成，可用式（3-1）估算其比热容。

$$c_b = \frac{c_w \omega_n + c_s s}{100} \tag{3-1}$$

式中：c_b——高于初始冻结温度的肉的比热容，kJ/（kg・K）；

c_w——水的比热容，4.19 kJ/（kg・K）；

ω_n——肉的质量百分比，%；

c_s——干物质的比热容，1.47 kJ/（kg・K）；

s——干物质的质量百分比，%。

在估算低于初始冻结温度食品的比热容时，因为冰的比热容与水不同，需要考虑冻结成冰的水量的影响。此时的估算公式为：

$$c_e = \frac{c_i J + c_w(\omega_n - J) + c_s s}{100} \tag{3-2}$$

式中：c_e——低于初始冻结温度的肉的比热容，kJ/（kg・K）；

c_i——冰的比热容，2.09 kJ/（kg・K）；

J——冻结成冰的水量百分比，%。

其他符号含义同上。

（二）热导率

冻结肉的热导率可按式（3-3）求近似值：

$$\lambda = 0.605\varphi + 0.256(1-\varphi) \tag{3-3}$$

式中：λ——肉的热导率，W/（m・K）；

φ——肉中水的质量百分比，%。

例如，含水量为85%的对虾，其热导率为：

$$\lambda = 0.605 \times 0.85 + 0.256 \times (1 - 0.85) \approx 0.55\ \text{W/(m·K)}$$

在冻结过程中，肉的密度、孔隙率等会发生明显的变化，这些参数会对热导率产生很大的影响。另外，冻结肉热导率依温度高低而不同，并在水和冰的热导率之间(0.605～2.33) 变动，如冻鱼的热导率约为 1.4 W/ (m·K)。不同温度下冻结肉品的热导率如表 3-15 所示。

表 3-15　不同温度下冻结肉品的热导率

冻结肉品的温度（℃）	−1	−5	−10	−20
冻结肉品的热导率［W/ (m·K)］	0.70	1.16	1.40	1.63

（三）冻结温度

冻结温度是指食品中水分开始结成冰晶时的温度（即冰点）。由于肉中的水分总是含有某些盐类和其他物质，所以肉的冰点一般低于 0℃，而多数都在 −0.5℃～−2.5℃。肉在一定温度下的冻结水量如表 3-16 所示。

表 3-16　肉在一定温度下的冻结水量

终温（℃）	−5	−10	−15	−20	−25
冻结水量（%）	70～75	75～80	80～85	85～90	90～92

由于溶质种类和浓度上的差异，肉的冻结温度也不同，即使是同一类肉及水产品，由于品种、饲养和加工条件等的差异，其冻结温度也不尽相同。

（四）密度

肉的密度主要取决于其含水量的多少。一些主要肉类食品的含水量如表 3-17 所示。

表 3-17　主要肉类食品的含水量　　单位：%

品名	含水量	品名	含水量
多脂肉	50	猪肉	62
少脂肉	70～76	牛肉	64.1
多脂食用鸡	60	羊肉	54.6
少脂食用鸡	70	—	—

肉的密度与其组成结构中水、固体成分、冰的质量分数有关，一般可以采用式(3-4) 计算肉的密度：

$$\frac{1}{\rho}=\omega_w\left(\frac{1}{\rho_w}\right)+\omega_s\left(\frac{1}{\rho_s}\right)+\omega_i\left(\frac{1}{\rho_i}\right) \tag{3-4}$$

式中，ρ_w、ρ_s、ρ_i——未冻水、固体成分和冰的密度；

ω_w、ω_s、ω_i——未冻水、固体成分和冰的质量百分比。

（五）焓值

焓值表示食品含有的热量，它由显热和潜热两部分组成。显热与食品的温度有关，而潜热则与食品中被冻结水的质量百分比有关。

肉冻结过程从最高冻结温度（或称初始冻结温度）开始，在较宽的温度范围内不断进行，一般至－40℃才完全冻结（个别食品到－95℃还没完全冻结），在此温度范围内不会出现明显的温度平台。通常，设－40℃时肉的焓值为零。若已知肉原始含水量、冻前比热容、冻后比热容以及到某一温度时未冻水的质量百分比或冻结水的质量百分比，那么就能计算出该温度下肉的焓值。表3－18给出了－30℃～30℃温度区间内一些肉类食品的焓值。

表3－18　－30℃～30℃温度区间内一些肉类食品的焓值　单位：kJ/kg

品名	含水量（%）	温度（℃）									
		－30	－20	－15	－10	－5	0	5	10	20	30
羊肉	74	19.2	41.5	54.5	72.0	104.3	298.5	314.8	332.9	368.4	402.2
瘦猪肉	70	19.2	40.6	53.6	70.8	100.9	281.4	298.5	316.1	351.3	385.2
肥猪肉	—	14.8	31.1	40.6	51.9	64.5	82.5	107.6	125.2	152.0	195.1

四、肉的成熟与腐败

（一）肉的成熟

屠宰后的牲畜肉尸，随着血液和氧气的供应停止，正常代谢中断，肉内糖原开始分解。糖原无氧分解产生乳酸，致使肉的pH下降。经过24小时后，肉的pH可从7.2降至5.6～3.0。随着乳酸的不断生成，分解糖原的酶类逐渐失去活力，而另一种酶类——无机磷酸化酶的活性大大增强，形成磷酸，导致pH继续下降至5.4。死后pH下降的速率受牲畜遗传特性、尸体温度以及各种肉类相互混杂放置的影响。肉类在pH为5.4～6.7时即僵硬，通常开始于宰后8～12小时，经20小时后逐渐终止。从尸僵开始到结束的时间越长，肉类保持新鲜的时间也越长；这期间温度越低，保持时间越长。处于僵硬期的肉，肌纤维粗糙硬固，肉汁变得不透明，食用价值及味道都较差。

继僵硬之后，肌肉开始变为酸性的，组织开始变得柔软嫩滑，具有弹性，切面富含水分，有香气，易于煮烂和咀嚼，这种食用性质改善的肉称为成熟肉，这种变化过程称为肉的成熟。供食用的肉，原则上都需要通过成熟过程来改进其品质，特别是牛肉和羊肉，以成熟度提高其风味是非常必要的。

成熟过程与肉中糖原含量有密切关系。宰前休息不足或过于疲劳的牲畜，由于肌肉糖原消耗多，成熟过程进行缓慢，甚至不出现，从而影响肉的品质。此外，肉的成熟速度和程度也受温度的影响。随着温度降低，成熟时间变长。但是用提高温度的方法促进肉的成熟是危险的，故一般采用低温成熟的方法：条件为温度0℃～2℃，相对湿度 86%～92%，空气流速 0.15m/s～0.5m/s，完成时间需要三周左右。因此，10 天以后商品的价值更高。为了加快成熟，在 10℃～15℃条件下，只要 2～3 天即可。为了防止肉表面有微生物繁殖，可用杀菌灯照射表面。

（二）肉的自溶

由于肉的贮藏不适当，如未经冷却，或者相互堆叠导致无散热条件，使肉长时间保持较高温度，此时即使组织深处没有细菌存在，也会引起组织自体分解。这种现象的出现，主要是组织蛋白酶催化作用的结果。内脏中组织蛋白酶较丰富，其组织结构也适合酶类活动，故内脏在存放时比肌肉更易发生自溶。

自溶不同于腐败，自溶过程以分解蛋白质、可溶性氮与氨基酸为主。自溶是伴随着成熟过程进行的，两者之间很难划清界限。当肉因自溶而发展到具有强烈的难闻气味并严重发黑时，则不宜销售，必须经过高温或技术加工后方可食用。

（三）肉的腐败

肉的腐败变质主要是由于微生物的生命活动和酶所进行的生物化学反应所造成的。畜禽被宰杀后，生物体与构成它们的细胞都已死亡，因此不能控制引起其变质的酶的作用，也不能抵抗引起其腐败的微生物的作用，对细菌的抵抗力不大，细菌一旦沾染上去，很快就会繁殖起来，造成肉的腐败。肉的腐败主要表现为蛋白质的分解和脂肪的分解。

1. 蛋白质的分解

在动物组织酶以及微生物分泌的蛋白酶和肽链内切酶等的作用下，蛋白质首先水解成多肽，进而裂解形成氨基酸。氨基酸通过脱羧基、脱氨基、脱硫等作用，进一步分解成相应的胺类、有机酸类和各种碳氢化合物，肉即表现出腐败特征。

蛋白质分解后所产生的胺类是碱性含氮化合物质，如伯胺、仲胺及叔胺等具有挥发性和特殊的臭味。各种不同的氨基酸分解产生的腐败胺类和其他物质各不相同。甘氨酸产生甲胺，鸟氨酸产生腐胺，精氨酸产生色胺进而又分解成吲哚，含硫氨基酸分解产生硫化氢和氨、乙硫醇等。这些物质都是蛋白质腐败产生的主要臭味物质。

2. 脂肪的分解

虽然脂肪发生变质主要是由于发生化学作用，但是许多研究表明，它与微生物也有着密切的关系。脂肪发生变质的特征是产生酸和刺激的“哈喇”气味。人们一般把脂肪发生的变质称为酸败。肉中油脂酸败的化学反应，主要是油脂自身氧化的过程，其次是加水水解。

（1）油脂的自身氧化。油脂的自身氧化是一种自由基（游离基）氧化反应，其过程主要包括脂肪酸在热、光线或铜、铁等因素作用下，被活化生成不稳定的自由基。这些自由基与 O_2 生成过氧化物自由基，然后自由基循环往复不断地传递生成新的自由基。在这一系列的氧化过程中，生成了氢过氧化物、羰基化合物（如醛类、酮类、低分子脂肪酸、醇类、酯类等）、羟酸以及脂肪酸聚合物、缩合物（如二聚体、三聚体等）。

（2）脂肪水解。脂肪酸败也包括脂肪的加水分解作用，产生游离脂肪酸、甘油及其不完全分解的产物。如甘油一酯、甘油二酯。在微生物解酯酶的作用下：

脂肪→脂肪酸＋甘油＋其他产物

脂肪及食用油脂的酸败程度，受脂肪的饱和度、紫外线、氧气、水分、天然抗氧化剂以及铜、铁、镍离子等触媒的影响。油脂中脂肪酸不饱和度、油料中动植物残渣等，均有促进油脂酸败的作用；而油脂的脂肪酸饱和程度、维生素 C、维生素 E 等天然抗氧化物质及芳香化合物含量高时，则可减缓氧化和酸败。

第三节　水产品的性质

水产品是指鱼类、甲壳类、贝壳类、海藻类等鲜品及其加工制品。鱼类含有丰富的蛋白质、维生素 A、维生素 D 及矿物质等，肉质细嫩，容易被人体消化吸收。甲壳类有对虾、条虾、梭子蟹、河蟹等，除条虾外，其他三种都为名贵水产品；蟹肉、蟹黄富含核黄素（即维生素 B2）、维生素 A 等营养成分，为上等佳肴。贝壳类有牡蛎、文蛤、贻贝、鲍鱼等，风味独特，富含蛋白质、钙质等。海藻类有海菜、紫菜、石莼、螺旋藻等，是工业制碘的优质原料。

一、鱼的结构及理化性质

（一）组织结构

以整个鱼体来说，其质量组成可按肌肉、卵、头、内脏、骨头、鳍、鳞等来分。鱼皮由两层组成：外部的表皮层和内部的真皮层。表皮层不但没有角质，而且富含水分，有众多的腺细胞，鱼表面发黏就与之有关。真皮层与结缔组织纤维相互渗透，并有各种色素细胞。鱼鳞是从真皮层伸出的，其数目、大小随鱼的种类不同而不同。鱼皮的性质和状态会影响鱼的货架期和风味。鱼皮中含有许多耐低温的微生物芽孢，它们甚至可在低于－10℃的温度条件下生长，因此鱼死后，鱼皮中微生物菌群的蔓延是导致其腐败的主要原因。鱼的身体完全被肌肉组织所覆盖，这些肌肉组织有背腹之分，并被刺和鱼鳍条分割，在水平方向被隔膜片分割。与脊椎骨的数目相对应，尾部肌肉组织被分成许多肌肉断片，它们之间通过结缔组织膜相互分开。横向膜称为肌节膜，呈锯齿形褶状，纵向膜称为肌隔膜，呈直线排列。由于烹调能使结缔组织形成凝胶，因此，加热后肌肉组织易分散成片状。鱼的肌肉组织如图 3－4 所示。

鱼体质量组成因鱼的种类、大小、年龄、产地和产期的不同而各有区别，我国主要鱼类的质量组成如表 3－19 所示。鱼体中肌肉质量占比最大，为 55％～75％，其次是头，除海鳗和鲳鱼外，其余占比均在 10％～25％。

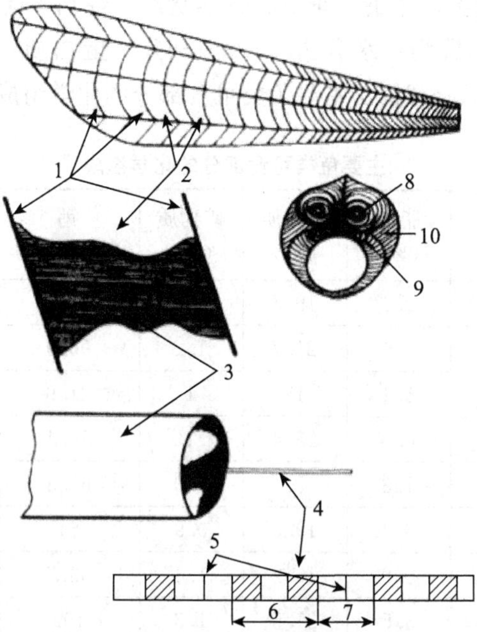

1—肌隔；2—肌节；3—肌肉纤维；4—肌原纤维；5—Z 线；6—A 带；7—I 带；
8—浅色肌肉（背部）；9—浅色肌肉（腹部）；10—深色肌肉

图 3-4　鱼的肌肉组织

表 3-19　　我国主要鱼类的质量组成　　单位：%

种类	肌肉	卵	头	内脏	骨头	鳍	鳞
大黄鱼	60.1	7.3	19.7	—	6.7	3	1.4
小黄鱼	66.7	—	16.2	4.9	6.3	6.3	—
带鱼	73.2	—	12.1	4.9	7.4	1.2	—
海鳗	74.2	5.7	9.1	6.7	—	1.8	—
鲳鱼	73.8	—	6.1	8.2	7.2	3.2	—
鲤鱼	67.7	8.0	15.1	—	6.5	1.7	—
青鱼	60.8	—	18.9	—	5.9	2.1	2.6
草鱼	62.1	—	17.8	—	5.5	—	2.8
鲢鱼	55.3	—	23.2	—	6.7	—	—
鳙鱼	55.2	—	23.4	—	5.9	1.7	1.6
鳊鱼	55.8	—	13.0	—	—	—	2.4

（二）鱼肉的成分

鱼体肌肉组织中所含有的化学成分可分为有机和无机两大类，其中包括水分、蛋白质、脂肪、无机盐及少量的维生素、酶类等。鱼类的营养成分主要集中于可食部分，鱼体的可食部分一般占整个体重的 50%～70%，如带鱼为 72%，马鲛鱼为 70%，鳙鱼为46%。虽然因鱼的种类、年龄、季节、营养状态、性别不同，各种化学成分含量差异较大，但主要成分大致为：水分占70%～85%，蛋白质占15%～22%，脂肪占1%～10%，矿物质占1%～2%。主要鱼类可食部分的化学组成如表3-20所示。

表3-20　　主要鱼类可食部分的化学组成

名称	产期（月）	水分（%）	脂肪（%）	蛋白质（%）	矿物质（%）	钙（mg/100g）	磷（mg/100g）	铁（mg/100g）
草鱼	11	74.4	2.1	19.5	1.9	460	50.4	0.5
青鱼	11	78.9	1.1	21.7	1.2	96.9	64	0.6
鲢鱼	4	80.9	6.1	17	1	21.6	816	1.5
鳙鱼	5	81.5	0.5	15.4	1	36.4	56	0.2
鲤鱼	7	76.2	1.3	20	0.9	65.3	407	0.6
鲫鱼	4	78.8	3.4	19.5	0.9	84	200	31.7
大黄鱼	5	83.3	0.9	16.2	1.4	53.7	253	0.9
小黄鱼	11	76.4	3.5	21.5	1.3	192	489	0.5
带鱼	11	74.3	6.2	19.6	1.2	96.8	140	2.1
鳕鱼	2	81.1	0.5	16.3	1.3	71	175	5.4
鲳鱼	11	74.5	6.2	16.6	1.3	68.2	97	0.4

1. 水分

水分是构成鱼体质量的最主要成分，细胞内通过水合作用，使DNA（脱氧核糖核酸）、蛋白质等生物高分子成分保持特殊的高级结构。鱼肉含水量高而结缔组织量少，肉质柔软，这是鱼肉比畜肉更容易变质的原因之一。肌肉中的水分，一部分和组织中的蛋白质、碳水化合物紧密地结合，称为结合水；另一部分存在于肌原纤维和结缔组织的网络结构中，称为自由水。结合水不起溶剂作用，在普通冻结、贮藏中也难以冻结。自由水有在肌原纤维之间容易流动的，也有不易流动的。自由水温度在冰点以下会冻结成冰。

2. 蛋白质

鱼肉蛋白质可分为细胞内蛋白质和细胞外蛋白质，其中细胞内蛋白质包括肌原纤维蛋白、肌浆蛋白，细胞外蛋白质分为肌基质蛋白和碱溶性蛋白。硬骨鱼普通肉的全部肌肉蛋白质中，肌浆蛋白占20%～35%，肌原纤维蛋白占60%～75%，肌基质蛋白占2%～5%；但软骨鱼的肌基质蛋白约占10%，比硬骨鱼所占比例要高。鱼肉蛋白质的组成与哺乳动物相比，肌基质蛋白的比率少，而肌原纤维蛋白多，这与鱼肉组织明显比畜肉柔软有关。

3. 脂肪

鱼类根据脂肪含量的不同，可分为少脂鱼类、中脂鱼类、多脂鱼类、特多脂鱼类。少脂鱼类含脂量为1%以下，中脂鱼类含脂量为1%～5%，多脂鱼类含脂量为5%～

15%，特多脂鱼类含脂量在15%以上。鱼类的脂肪存在于皮下组织、内脏各器官和肠膜之间、头盖腔中。肌肉中的脂肪含量，通常是腹肉比背肉高、颈肉比尾肉高、表层肉比内层肉高、暗色肉比普通肉高。

鱼类肌肉的脂肪含量，与营养状态、生理状态、年龄、季节等有很大关系。鱼类脂肪积累的形式因鱼种而不同，如鰤鱼、鲐鱼、鲣鱼、远东沙丁鱼等主要积累在肌肉中，特别是皮下组织中，而鳕鱼、鲨鱼等则积累在肝脏等内脏器官中。生物体脂肪酸的不饱和程度，一般与生物的生长环境温度有关，温度越低者不饱和程度越高。与陆上动物相比，鱼类是在寒冷环境中栖息，因此脂肪不饱和程度高。鱼类脂肪中所含有的高度不饱和脂肪酸，如二十碳五烯酸（EPA）、二十二碳六烯酸（DHA）等具有降低血清中总胆固醇含量，预防高血压、动脉硬化、血栓症的功效。

4. 矿物质

鱼体中的矿物质以化合物和盐溶液的形式存在，其种类很多，主要有钾、钠、钙、磷、铁、铜、碘等元素。它们的含量随鱼类品种、季节、地理位置的不同而变化。100g鱼肉中通常含有钠250mg～500mg，磷100mg～400mg，铁0.4mg～5mg，铜0.04mg～0.6mg，碘0.01mg～0.2mg。钙质主要存在于鱼的骨骼中，加工成含钙制品后，具有补钙等多种疗效。

5. 维生素

鱼类所含的维生素，随种类、捕获地点、季节、饵料、性别、年龄等的变化而变化。例如，鳕鱼、鲱鱼等鱼肉中维生素含量较少，仅在鳕鱼的肝脏中有一些，但金枪鱼、鲣鱼等肝脏中维生素含量非常丰富，长鳍金枪鱼维生素D的含量高达250000IU/g。鱼类中还含有水溶性维生素，主要存在于鱼的肌肉中。维生素B1、维生素B2、维生素B12大都存在于红身鱼中，而维生素B6在红身鱼和白身鱼中都有。

6. 糖类

鱼类中糖类的含量普遍较少，红身鱼比白身鱼略多。在肌肉中，糖类是以糖原形式存在的。

二、水产甲壳、软体类动物成分

水产甲壳类动物没有脊椎，它们的身体分为很多节，每一节都有一对腿，背上有一个像盔甲一样的壳来保护身体。水产甲壳类动物包括小虾、小龙虾、螃蟹、龙虾等。一些主要水产甲壳、软体类动物的化学组成成分如表3-21所示。从表中可以看出，甲壳、软体类动物的水分含量最多，占70%～90%，蛋白质含量占7%～20%，矿物质含量1%～3%，脂肪含量较少。水产双壳软体动物包括蚌、牡蛎、贻贝和扇贝。牡蛎以群体形式沿海岸或河岸生长，或者养殖在与海相连的池塘中，通常以脱壳的形式出售，仅食用闭壳肌。紫贻贝生活在浅水或沙地淡水中，而海水贻贝生活在海洋中或养殖在池塘及湖中。贻贝的贝壳呈浅黑蓝色，肉为淡黄色，蛋白质丰富，还含有维生素A和B族维生素。

表 3-21　　水产甲壳、软体类动物化学组成成分

名称	水分（%）	蛋白质（%）	脂肪（%）	碳水化合物（%）	矿物质（%）	钙（mg/100g）	磷（mg/100g）	铁（mg/100g）	维生素（IU/100g）
对虾	77.0	20.6	0.7	0.2	1.5	35	150	0.1	360
乌贼	80.0	17.0	1.7	0.3	1.1	48	198	1.1	100
鱿鱼	80.0	15.1	0.8	2.3	1.7	—	—	—	230
海蜇	71.0	14.4	5.9	7.4	1.8	129	45	13	5960

蜗牛是单壳软体动物，在意大利、法国和德国，人们喜食蜗牛，并几乎仅食用大螺旋线花园蜗牛。因为蜗牛肉的货架期很短，其售卖形式一般为活体（带壳）或罐装。各种各样的海产蜗牛可经油炸、蒸、焙烤制成各种菜肴或者烹调成汤。章鱼、乌贼和鱿鱼是身体柔软的软体动物，有 8 只或 10 只臂状物，没有外面的壳，它们的食用形式有油炸、烘焙、酒烹、煮汤、做沙拉等。

三、水产品的物理性质

（一）比热容

水产品的比热容大小受水分含量的影响，含水量高的水产品比热容大。水产品温度在冰点以上的比热容大，在冰点以下的比热容明显变小，原因是冰点以下时，水变成冰，而冰的比热容仅为水的一半。例如，含水量 60%的多脂鱼冷却状态下的比热容为 2.85kJ/（kg·K），冻结状态下为 1.59 kJ/（kg·K）；而含水量 75%的少脂鱼冷却状态下的比热容为 3.35 kJ/（kg·K），冻结状态下为 1.80 kJ/（kg·K）。

（二）冰点

水产品在低温状态下开始形成冰晶的温度叫冰点。鱼肉中的水分呈溶液状态，其冰点服从冰点下降法且低于 0℃。一般海水鱼的冰点为－2℃～－0.6℃，淡水鱼的冰点为－0.7℃～－0.2℃。含水量高的水产品取上限值，含水量低的水产品取下限值。

（三）相对密度

因为鱼肉的成分中，水分含量都很高，所以其相对密度接近于 1。

（四）热导率

鱼肉的热导率因鱼品种（多脂鱼、中脂鱼、少脂鱼）的不同而不同，即使是相同的品种，因其组成或组织构造不同，热导率也有所差异。由于水的热导率约为 0.58 W/（m·K），变成冰时急增至 2.2 W/（m·K），所以鱼肉的热导率在冰点以下随温度下降而急剧增大。鱼的热导率在 0℃～30℃的温度下变化不大，可以看作常数，例

如，鳕鱼为0.461 W/（m·K），鳊鱼为0.471 W/（m·K），鲈鱼为0.469 W/（m·K）。而在冰点到−20℃，即使温度变化1℃，热导率的变化也很大。一般冻鱼的热导率在−1℃时为0.607 W/（m·K），−2℃时为0.742 W/（m·K），−4.5℃时为1.093 W/（m·K）。

（五）导温系数

导温系数是表示不稳定状态下热量传递特性的指标，可由热导率、比热容和体积质量计算得到：

$$K = \lambda / c\rho \tag{3-5}$$

式中：K——导温系数（m^2/s）；

λ——热导率［W/（m·K）］；

c——比热容［kJ/（kg·K）］；

ρ——体积质量（kg/m^3）。

由上式可知，在水产品确定后，体积质量已确定，则比热容在冰点以上或冰点以下保持恒定，导温系数随热导率而变。由于热导率在0℃～30℃范围内基本不变，因此导温系数在此温度区域内几乎不变。

导温系数在冰点以下变化迅速，要准确计算是相当困难的，如表3-22所示鲈鱼肉在−21.2℃～0℃的导温系数可供参考。

表3-22　−21.2℃～0℃鲈鱼肉的导温系数

测定时所处的温度区间（℃）	导温系数（m^2/s）
−1.2～0	0.000054
−2.1～−1.2	0.000037
−3.8～−2.1	0.000064
−6.8～−3.8	0.00022
−11.1～−6.8	0.00068
−15.8～−11.1	0.0011
−21.2～−15.8	0.0016

第四节　乳类食品的性质

一、牛乳的生物与理化性质

乳是从哺乳动物乳房中挤出的正常乳房分泌物，是一种具有复杂胶体特性的生物学液体。乳制品是以乳为原料，利用全部或部分成分加工而成的液体、半固体或固体产品。因为绝大多数乳制品以牛乳为原料，所以乳的通常含义是牛乳。牛乳是一种白色或乳白色的不透明胶体。其色泽是由乳脂球和蛋白胶束对光的吸收和散射决定的。因此，脱脂牛乳保持了原有的白色。而牛乳的微黄色则是因胡萝卜素（胡萝卜素主要是乳牛在放牧期间摄取的）和核黄素产生的。液态奶略有甜味，其他的气味和风味一般很弱。

乳脂在乳汁中以滴状或乳脂球的形式存在，表面有一层膜包裹，乳化在乳清中。如果牛乳经过较长时间的贮存或离心，乳脂球会从牛乳中分离出来，漂浮在脱脂牛乳表面。牛乳经过均质处理，乳脂球被打碎并充分乳化，即使经过长时间的贮存也不会分层。蛋白质在乳清中以不同大小的胶束存在，主要是酪蛋白的钙盐。牛乳中还含有脂蛋白颗粒以及体细胞。牛乳中的体细胞主要是白细胞，浓度为每升 10^8 个。表 3 - 23 列出了牛乳中重要结构成分的部分性质。

表 3 - 23　　牛乳中重要结构成分的部分性质

成分	分散状态	含量（%）	数量（个/L）	直径（mm）	比重（g/L）
乳脂球	乳状液	3.8	10^{13}	100～10000	0.92
酪蛋白胶束	悬浮液	2.8	10^{17}	10～300	1.11
乳清蛋白	胶体溶液	0.6	10^{20}	3～6	1.34
脂蛋白颗粒	胶体悬浊液	0.01	10^{17}	10	1.10

乳清中溶解了各种蛋白质、碳水化合物、矿物质和其他成分。牛乳的相对密度为 1.029～1.039（15℃），且随脂肪含量的增加而减少，随蛋白质、乳糖和矿物质的增加而增加。因此，脱脂乳的相对密度较全脂乳高。若已知牛乳中脂肪的百分含量（f）和牛乳的相对密度（s），则干物质含量（m）可通过 Fleischmann 公式或 Richmond 公式计算：

$$m = 1.2f + \frac{266.5(s-1)}{s}$$

$$m = 0.25s + 1.21f + 0.66$$

牛乳的冰点为−0.55℃～−0.53℃，这个参数非常稳定，因此可以用来判断牛乳中是否掺水。新鲜牛乳的 pH 值在 6.5～6.75。

二、牛乳的组成成分

牛乳中含有水、脂肪、磷脂、蛋白质、乳糖、无机盐、维生素、酶等 100 多种化学成分，其中水占 87.5%～89%。牛乳营养成分全面，营养价值高，主要营养成分如下。

1. 蛋白质

蛋白质是牛乳的重要营养物质，鲜牛乳的蛋白质含量为 3.2%～5%，主要包括酪蛋白、α—乳白蛋白和β—乳球蛋白，牛乳中重要的蛋白质成分及性质如表 3 - 24 所示。

乳蛋白的消化吸收率一般为97%～98%，属完全蛋白。牛乳中还含有人体必需的八种氨基酸，且比例适当。一个人每天摄入500g牛乳，就可以拥有每日推荐量的全部必需氨基酸。

表3-24 牛乳中重要的蛋白质成分及性质

成分	含量① (%)	等电点	分子质量② (ku)	磷含量 (%)
酪蛋白	80	—	—	0.9
α_{s1}—酪蛋白	34	4.92～5.35	23.6	1.1
α_{s2}—酪蛋白	8	—	25.2	1.4
κ—酪蛋白	9	5.77～6.07	19	0.2
β—酪蛋白	25	5.20～5.85	24	0.6
γ—酪蛋白	4	5.8～6.0	12～21	0.1
乳清蛋白	20	—	—	—
α—乳白蛋白	9	5.35～5.41	18.3	—
β—乳球蛋白	4	4.2～4.5	14.2	—
免疫球蛋白	2	—	—	—
蛋白胨	4	3.3～3.7	4～41	—

注：①占脱脂乳总蛋白百分比；②单体。

2. 乳脂肪

牛乳中脂肪含量为3.0%～5.0%，呈乳糜化状态，以极小脂肪球的形式存在，均匀地分布在乳汁中，摄入人体后可经胃壁直接吸收，这对婴儿的生长特别有利。表3-25列出了牛乳的脂肪组成，其中三酰甘油酯占95%～96%。乳脂肪是一种消化率很高的食用脂肪，能为人体提供能量。乳脂肪不仅使牛乳具备特有的奶香味，还含有多种脂肪酸和少量磷脂，脂肪酸中的不饱和脂肪酸和磷脂中的卵磷脂、脑磷脂、神经鞘磷脂等具有保健作用。

表3-25 牛乳的脂肪组成 单位：%

组成	占总脂质百分比	组成	占总脂质百分比
三酰甘油酯	95～96	羟酸甘油	0.6～0.8
二酰甘油酯	1.3～1.6	游离脂肪酸	0.1～0.4
单脂酰甘油	0.02～0.04	磷酯类	0.8～1.0
酮酸甘油	0.9～1.3	鞘脂类	0.06
固醇类	0.2～0.4	—	—

3. 维生素

牛乳中含有几乎已知的所有维生素，如维生素A、维生素C、维生素D、维生素

E、维生素 B1、维生素 B2、维生素 B12、叶酸等，其中维生素 C 的含量最大。牛乳中维生素组成如表 3-26 所示。

表 3-26　　牛乳中维生素组成

组成	含量（$mg \cdot L^{-1}$）	组成	含量（$mg \cdot L^{-1}$）
维生素 A	0.4	维生素 B12	0.005
维生素 D	0.001	烟酸	1
维生素 E	1.0	泛酸	3.5
维生素 B1	0.4	维生素 C	20
维生素 B2	1.7	生物素	0.03
维生素 B6	0.6	叶酸	0.05

4. 乳糖

乳糖在牛乳中的含量为 4%～6%，是牛乳中特有的碳水化合物，其他食物中不含乳糖。乳糖的功能是为人体提供能量和促进钙、镁、铁、锌等金属离子吸收，具有促进胃肠蠕动和调节消化腺等作用，对于婴儿智力发育非常重要。另外，钙的吸收程度与乳糖含量成正比，因此丰富的乳糖含量能起到预防佝偻病的效果。乳糖最稳定的形式是 α—D—乳糖单水合物，在低于 93.5℃的温度条件下，这种形式的乳糖可从过饱和水溶液中结晶析出。在大于 93.5℃的温度条件下，可从水溶液结晶析出无水乳糖。乳糖溶液快速干燥，将得到高吸湿性、无定形的无水乳糖。乳糖的主要物理特性如表 3-27 所示。

表 3-27　　乳糖的主要物理特性

	α—乳糖	β—乳糖	平衡混合物
熔点	223℃①	252.2℃①	—
在水溶液中的相对平衡浓度②			
0℃	1.00	1.80	—
20℃	1.00	1.68	—
50℃	1.00	1.63	—
水中溶解度③			
0℃	5.0	45.1	11.9
25℃	8.6	—	21.6
39℃	12.6	—	31.5
100℃	70	94.7	157.6

注：①无水；②相对浓度；③100g 水中乳糖克数。

5. 无机盐

无机盐在牛乳中含量为 0.6%～0.75%，主要是钙、镁、磷、钾、钠，如表 3-28

所示。牛乳是钙质的最好来源，1L 牛乳中含有约 1200mg 的钙，且钙磷比例适当，有利于钙的吸收。此外，牛乳中含碱性元素多于酸性元素，有利于调节人体内酸碱平衡。

表 3－28 牛乳中无机盐组成

组成	含量（$mg \cdot L^{-1}$）	组成	含量（$\mu g \cdot L^{-1}$）
钾	1500	锌	4000
钙	1200	铝	500
钠	500	铁	400
镁	120	铜	120
磷	3000	钼	60
氮	1000	锰	30
硫	100	镍	25
—	—	硅	1500
—	—	溴	1000
—	—	硼	200
—	—	氟	150
—	—	碘	60

6. 酶

牛乳中含有很多种酶，这些酶不仅在分析乳热处理强度方面具有重要意义，而且还会影响牛乳的加工特性。已经发现的水解酶包括：淀粉酶、脂酶、酯酶、蛋白酶和磷酸酯酶等。

三、乳制品成分影响因素

乳中各种成分含量取决于以下因素。

1. 奶牛品种

牛乳中脂肪和蛋白质等营养成分的含量因奶牛的品种不同而有所不同，不同品种奶牛的乳成分及其含量如表 3－29 所示。黑白花牛（荷兰奶牛）的乳较稀薄，更赛牛的乳较浓厚。乳脂率是评定牛奶品质的一项重要指标。按规定，含脂率 4%的为标准乳，若低于 3%的称为低脂乳，低脂乳的经济价值比高脂乳低。

表 3－29 不同品种奶牛的乳成分及其含量 单位：%

成分	黑白花牛	短角牛	爱尔夏牛	更赛牛
脂肪	3.46	3.53	3.69	4.49
非脂固形物	8.61	8.74	8.82	9.08
蛋白质	3.28	3.32	3.38	3.57

续 表

成分	黑白花牛	短角牛	爱尔夏牛	更赛牛
乳糖	4.46	4.51	4.57	4.62
灰分	0.75	0.76	0.7	0.77
钙	0.11	0.12	0.12	0.13
磷	0.09	0.10	0.09	0.10

2. 泌乳期

奶牛的泌乳期通常为250～360天。母牛分娩后一周内所产的乳称为初乳，一周后所分泌的乳称为常乳。初乳与常乳的差异特别明显：初乳外观呈浓黄色，有特殊气味；稍带苦味；除乳糖外，初乳中的各种成分含量均高于常乳，如免疫球蛋白在初乳中含量高达5.5%～6.8%，而常乳中仅有0.09%。

3. 饲料及添加剂

饲料对奶牛的产乳量和乳中的干物质含量都有显著影响。脂肪不仅是一种浓度高且容易利用的能量形式，而且是奶牛乳腺合成长链脂肪酸的必要营养因子。日粮中添加保护性脂肪能显著提高产奶量，但日粮中脂肪含量超过5%时，会导致乳脂率下降。饲料中蛋白质、维生素含量不足时，不但会引起挤乳量下降，而且会导致牛乳中蛋白质和维生素含量降低。另外，一些饲料添加剂也会影响牛乳的品质。在奶牛日常饲料中添加磷酸氢钠、在高温季节添加乙酸钠有助于提高乳脂率；补充碳酸氢钠，乳脂率可提高0.3%。

4. 年龄（胎次）

青年奶牛产的乳乳脂率较高，且随年龄增长而逐渐下降，非脂固形物、蛋白质、乳糖等成分基本也呈递减趋势，如表3-30所示。

表3-30　　奶牛不同胎次乳成分含量　　单位：%

胎次	脂肪	非脂固形物	蛋白质	乳糖
1	4.11	9.01	3.36	4.72
2	4.06	8.92	3.35	4.62
3	4.03	8.82	3.28	4.59
4	4.02	8.84	3.3	4.57
5	3.90	8.72	3.26	4.53
6	3.91	8.74	3.30	4.48
7	3.94	8.76	3.25	4.48
8	3.82	8.65	3.23	4.44

5. 季节影响

乳的成分随季节变化。通常在夏季乳脂率较低，冬季乳脂率较高，10月为最高。

气温在 4℃～21℃范围内，环境温度对奶牛产乳量及乳的成分几乎没有影响；在21℃～27℃范围内，产乳量逐渐减少，乳脂率降低；环境温度在 27℃以上时，产乳量降低得更为显著，但乳脂率却会增加，而无脂干物质通常会下降。

此外，正确的挤奶方式也能增加乳脂率。乳制品生产中，为了使产品符合规格，需要原料乳中脂肪与无脂干物质之间有一定比例，即对原料乳进行标准化。在进行标准化时，如果脂肪不足，则需要添加稀奶油或除去一部分脱脂乳；反之，则要除去一部分稀奶油或添加一部分脱脂乳。

四、乳的质量要求

乳的质量要求包括感官要求、理化指标、微生物指标，以及污染物限量、真菌毒素限量、农药残留限量和兽药残留限量。

乳的质量感官要求包括色泽、状态、气味和滋味。

(1) 色泽。正常的新鲜牛乳应呈乳白色或稍带微黄色，如果牛乳色泽灰白发暗或带有浅粉红色、黄色斑点，则说明牛乳已经变质或掺杂质。

(2) 状态。正常的新鲜牛乳是均匀的乳浊液，有一定黏度，无上浮物和沉淀，无凝块、杂质。如果牛乳呈稠而不匀的溶液状，或上部出现清液，下层有豆腐脑状物质沉淀，说明已变质。

(3) 气味和滋味。正常的牛乳有一种天然的乳香，此香来源于乳脂肪，香气浓淡取决于乳脂肪含量的多少。如果是部分脱乳脂肪的牛乳，其乳香味稍淡薄。

我国生乳和巴氏杀菌乳的理化指标和微生物指标如表 3－31 所示，要求生乳每100g 生乳蛋白质含量不小于 2.8g，脂肪不小于 3.1g，非脂乳固体不小于 8.1g，每毫升生乳中菌落总数不超过 2×10^6。巴氏杀菌乳的安全性要求更高，每毫升菌落总数不超过 10^5，且不得检出金黄色葡萄球菌和沙门氏菌。

表 3－31　　我国生乳和巴氏杀菌乳理化指标和微生物指标

分类	项目		生乳	巴氏杀菌乳
理化指标	相对密度（20℃/4℃）	≥	1.027	—
	蛋白质（g/100g）	≥	2.8	2.9
	脂肪（g/100g）	≥	3.1	3.1
理化指标	杂质度（mg/kg）	≤	4	—
	非脂乳固体（g/100g）	≥	8.1	8.1
	酸度（°T）		—	—
	牛乳		12～18	2.9
	羊乳		6～13	6～13

续 表

分类	项目	生乳	巴氏杀菌乳
微生物指标	菌落总数［CFU/g（mL）］ ≤	2000000	100000
	大肠杆菌［CFU/g（mL）］ ≤	—	5
	金黄色葡萄球菌［CFU/25g（mL）］	—	0
	沙门氏菌［CFU/25g（mL）］	—	0

练习与思考

1. 引起果蔬及其制品的腐败变质的因素有哪些？
2. 影响果蔬品质的因素有哪些？
3. 肉类食品的腐败有哪些表现方式？
4. 肉类食品的物理特性主要有哪些？
5. 水产品的比热容主要受什么影响？
6. 乳类食品质量要求有哪些？

第四章　冷链商品质量与评价

学习目标

1. 掌握冷链商品质量的概念和构成
2. 理解冷链商品质量与评价体系
3. 了解典型的冷链商品基本的评价指标及方法

第一节　冷链商品质量的概念及构成

依据国家标准《物流术语》（GB/T 18354—2006）中对冷链的定义，冷链（Cold Chain）是根据商品特性，为保持其品质而采用的从生产到消费的过程中始终处于低温状态的物流网络。冷链是物流的一种特殊形式，是为了适应经济发展而演变出来的一种新型物流形式，与传统物流相比，它是一种技术、能力、资金和管理都有很高要求的综合物流形式。因此冷链不仅拥有传统物流所具有的特性，也有其自身存在的特点。冷链商品的质量控制贯穿于物流体系（Logistics System）/冷链流通（Cold Chain Circulation）的每一个环节。

冷链不同于常温物流，它所研究的对象是对保鲜程度有要求的特定产品，通常所说的易保存产品不在其研究范围。冷链商品大致分为 8 类：水果、蔬菜、肉品、水产品、蛋品、乳制品、药品和其他，根据冷链商品种类的区别，采用不同的冷链质量管理模式。

一、冷链商品质量的定义及组成

依据国家标准《质量管理体系 基础和术语》（GB/T 19000—2016）对质量的定义，我们可将冷链商品质量规定为：冷链商品的一组固有特性满足要求的程度。它是由各要素组成的，这些要素被称为商品具有的特性，不同的商品所具有的特性也不同。因此，冷链商品所具有的特性总和构成了冷链商品质量的内涵。

冷链商品质量符合商品质量的内涵，引用商品质量的组成要素，冷链商品质量也包括了要求、等级、顾客满意程度和能力。其中，要求是指明示的、通常隐含的或必须履行的需求或期望。冷链商品质量中，“明示”可以理解为易读的要求，如食品标签、食品说明中特定的要求、贮藏和运输所需的冷链温度等；“隐含”是指消费者的需求或期望，如食品必须保证食用者的生命安全，不能对人体造成伤害；“必须履行”是指法律法规及强制性标准的执行要求，不以人的意志为转移。

同时，以食品为例，冷链商品质量还应包括安全性、营养性、可食用性、经济性等几个方面的能力。食品的安全性是指食品在储运、销售、食用等过程中，保障人体健康和安全的能力；食品的营养性是指食品对人体所必需的各种营养物质、矿物质元素的保障能力；食品的可食用性是指食品可供消费者食用的能力，任何食品都具有其特定的可食用性；食品的经济性则指的是食品在生产、加工等各方面所付出或所消耗成本的程度。其他类别的冷链商品质量也应该具有同质的几个方面的能力。

二、果蔬类冷链商品质量

为保障果蔬类商品的质量，需要一组固有的冷链特性来满足果蔬的质量要求，其中最重要的就是冷链的核心参数——温度。果蔬种类众多，绝大部分果蔬有效保鲜的最佳储存温度为0℃（±3℃）～7℃（±3℃），比如叶菜类的芹菜、小白菜、莴苣，其冷链温度一般在0℃～3℃。果蔬采摘完成后，先运送到产地冷库预冷，做好分类、分级、清洗等工作，然后将保持在特定温度储存条件下的产品冷链运送到消费者手中，这就是果蔬冷链的重要环节。目前大多运送果蔬的货车是常温货车，一般会配合包装来保证冷链运输效果，如配上泡沫箱、气柱、冰袋、冰瓶等。目前由于国家政策规定，出口果蔬冷链都是对方国家冷藏运输车进入口岸装货出境。

果蔬冷链介于要求严格的全程冷链和要求不太严格的半程冷链之间，一般是先有市场，后有配套的冷链设施。目前，我国大部分生鲜果蔬均采用“冰壶＋棉被、塑料箱”等方式进行常温运输，这种设施的果蔬保鲜能力十分有限，往往很难满足冷链的恒温保鲜要求。一般情况下，当贮藏温度每升高6℃时，细菌的生长速度就会翻倍，货架期就会缩短一半。所以首先运输工具要保持规定的恒定低温，完整的冷链体系要求整条供应链温度保持一致；其次，果蔬产品处理和包装情况也同样影响果蔬品质，生鲜果蔬产品是有呼吸作用的生命体，对包装要求较高，包装在冷链条件下对果蔬品质有增效价值；最后，冷却、清洁等是低温易腐产品必不可少的步骤，而操作中的机械创伤、不清洁的易污染环境都会加速冷链果蔬的品质下降。此外，为避免运途干燥，还需对运输车辆的环境湿度进行设定，这些因素共同影响冷链中果蔬的品质，而冷链的果蔬品质又决定了果蔬产品的安全性。因此，对不同品种的果蔬都有相应的产品控制和储藏的时间技术指标。为保障冷链果蔬品质，在考虑果蔬冷链安全的时候，应综合考虑这几个方面的因素。

三、肉品冷链商品质量

肉品的冷藏种类分为冷却肉和冷冻肉两种。冷却肉是指屠宰后的畜禽胴体，经迅速冷却处理，使胴体温度（以后腿为测量点）在24小时内降到0℃～4℃，并在以后的加工、流通和销售过程中始终保持在0℃～4℃范围内的鲜肉。冷冻肉是指宰杀后的畜禽肉，预冷后在－18℃以下速冻，使深层肉温度达－6℃以下的肉。其他肉类制成品包括香肠、酱卤肉、烧烤肉、肉干、调理肉串、腌腊肉等，是指用畜禽肉为主要原料，经添加调味料、利用不同加工工艺制作的熟肉制成品或半成品，该类产品因其加工工艺以及包装性质的不同，有的需要常温运输，有的则需要冷链运输。

肉品冷链包括冷冻加工、冷冻储藏、冷藏运输、冷藏销售四个重要环节。为保障冷链肉品的质量，同样需要一组固有的冷链特性来满足肉类的质量要求，其中最重要的就是温度，也是冷链的核心参数。冷冻加工环节还涉及冷却、冻结和速冻装置，不仅要求产品本身低温，还要求加工环境低温，以便有效抑制加工环境中商品肉中本身酶的作用以及微生物繁殖。冷冻储藏环节主要涉及各类冷藏间、加工间的制冷，除了对温度有严格要求之外，对环境中的湿度也有严格要求。不同的肉及其制品会采用不同的冷链措施保障产品质量，不同肉制品最终质量要依据相应的国家标准执行。

四、水产品冷链商品质量

水产品冷链是指原产地水产品在采购、运输、储藏、加工配送、冷柜销售各环节，以制冷技术为手段，始终保持产品处于－18℃的低温环境中的物流，其质量要求需要一组固有的冷链特性来满足。水产品冷链是最早实现冷链管理且目前研究较为完整的系统，在养殖、采购、运输、储存、加工配送、销售等环节中风险因素也比较清晰，冷链的多环节和复杂性导致风险的关键点较多且分散，这些风险因素对水产品冷链质量的影响程度不一，目前一般将水产品冷链物流系统各作业环节的质量安全因素分为品质风险、管理风险、设备与技术风险、环境风险等。其中品质风险是指水产品冷链物流各作业环节衔接中由于采购标准低、货源检验松懈或耐藏性差等原因使水产品冷链物流系统存在安全隐患；管理风险涉及整个水产品冷链物流系统，包括人员管理风险、货物管理风险、设备管理风险、制度管理风险和异常情况处理；设备与技术风险主要涉及冷链中设备选用和操作技术规范的问题，如果这方面风险太大，那么就会造成水产品质量合格率降低，进而使整个冷链系统安全性降低；环境风险又分为社会风险和自然风险。社会风险包括法律法规不健全、政府监控力度不足、安全知识普及率低和人为造成卫生污染；自然风险主要指水产品流通中因外界自然环境恶劣导致水产品流通过程受阻。风险的环节控制是保证水产品冷链质量的重要基础。

五、蛋品冷链商品质量

鲜蛋主要指新鲜或冷藏的鸡蛋、鸭蛋、鹌鹑蛋等禽蛋，不包括种用蛋。蛋品还包括蛋清、蛋黄、蛋粉、咸蛋、皮蛋（松花蛋）等；蛋制品还包括蛋品饮料等。蛋品因其丰富的蛋白质广受人们喜爱，集约化养殖以及地区间贸易的拓展促进了蛋品冷链的发展。蛋品原则上遵循一般食品冷链的流程，其质量同样需要满足相应的国家标准。由于蛋类易碎，全蛋要求外包装必须有一定硬度，冷链全程要保持蛋品的牢固、完整。以鸡蛋作为比较，表4－1列出中国、美国、日本的蛋品生产、加工、运输及质量概况。

表 4-1　中国、美国、日本的蛋品生产、加工、运输及质量概况

比较项目		中国	美国	日本
生产量（2016 年）		2630.7 万吨	546.6 万吨	256.2 万吨
生产过程	生产集中度	分散	大多集中	较为集中
	生产规模	以中小规模为主	规模大集中	中、大规模多
	生产设施设备	极少量自动设备	大多自动设备	自动设备
	交易风险	高	很低	较低
加工过程	清洗加工	少量清洗	绝大部分清洗	绝大部分清洗
	加工设备	少量先进	大量先进	大量先进
	冷链	很少冷链	全部冷链	大部分冷链
	分拣包装	极少分级包装，普通手工纸箱包装	全部分级独立包装，箱包装	全部分级独立包装，箱包装
	储存环节	极少冷藏	全部冷藏	大部分冷藏
流通渠道	交易环节	多样化	很少	较少
	客户数量	多	很少	较少
	客户稳定性	大部分不稳定	很稳定	较稳定
	销售范围	有广域、有区域	限定区域	近距离区域
	价格稳定性	波动大	较平稳	较平稳
物流过程	冷链运输	很少	全部	绝大部分
	装卸搬运	大部分人工	大部分设备	大部分设备
	生产到零售终端	2～7 天	2～5 天	1～3 天
	第三方物流	运输环节	大部分物流环节	大部分物流环节
	物流效率	低	很高	较高
质量安全	生产加工环节	低	很高	较高
	流通环节	低	很高	较高
消费特点	人均消费	20.7 克/人・日	37.8 克/人・日	28.8 克/人・日
	消费趋势	稳步提高	平稳	平稳微有提高

六、乳制品冷链商品质量

乳制品主要包括液态奶（巴氏杀菌奶、超高温灭菌奶、酸奶及乳饮料等）、奶粉、冰淇淋、奶油、炼乳、干酪等。不同种类的产品水活度不同，因此对物流要求差异很大，按照产品的温度控制要求，乳制品物流大致分为三类：一是奶粉、常温液态奶及乳饮料的常温物流；二是巴氏杀菌奶、酸奶等乳制品的保鲜冷链物流；三是冰淇淋、干酪等冷饮乳品的冷冻冷链物流。乳制品冷链物流是指产地奶源及加工制品在储藏、

运输、加工、分销、零售的全过程中，以冷冻工艺学为基础，以制冷技术为手段，始终保持乳制品所要求的低温条件件的物流活动。乳制品冷链质量保障主要体现在原料奶及加工制品储藏、运输、加工、配送和销售等环节。

以鲜奶为例，作为冷链商品包括 5 大环节：储藏环节体现在奶牛养殖场收集原奶后应该在短时间内急速预冷，并且包装或者通过管道传输到储奶罐；冷藏运输环节要求储奶罐在整个运输过程中应始终保持 2℃～6℃的低温，直接送达工厂，并将鲜奶通过保温管路传输到工厂冷藏储奶罐；加工环节需要严格规范操作，各种产品的加工时间、消毒时间要严格按照相关标准执行，加工作业区一般不超过 10℃，产品冷藏温度为 2℃～6℃（相关奶制品冷冻温度不得高于－18℃）；分销及配送环节，冷藏及运输温度控制在 2℃～6℃，冷冻及运输温度保持在－18℃以下；冷藏销售环节包括商品的批发及零售等，整个销售过程，应保证和储运同样的温度。

七、药品冷链商品质量

药品的冷链物流，即从药品生产企业、物流企业到销售企业等各环节应用各种专业设施保证药品始终处于低温的状态，以确保药品在符合法规要求的条件下储存。

需要使用冷链进行质量保证的药品有：维生素类、胰岛素类、抗肿瘤药物、眼科用药、泌尿系统药物以及各种疫苗等。药品冷链商品质量的保证一般需要医疗机构和配送员严格遵守冷链物流管理制度，如保证冷藏车、冷库的足量供给。药品出库后，药品生产企业应采用自动化信息管理系统告知运输人员运输路线及储运方式。基于此，具备专业知识的物流系统设计规划人员、操作人员以及配送人员，也是药品冷链质量的保证因素。我国药品冷链物流涉及企业自营、用药单位自取、委托第三方以及公共卫生部门中转等四种模式，无论是应用哪种模式的企业，工作人员都要熟悉从药品的储存、装货、出货到运输等各环节的流通、业务模式及冷链管理内容。

八、其他冷链商品质量

冷链商品中，目前花卉冷链发展势头迅猛，主要以全球最大的花卉集散地昆明最为突出。花卉冷链是指使鲜活易腐的鲜花在收购、储藏、运输、销售各环节都处于低温环境中。花卉冷链具有严格性、专用性、准时性、高成本性等特点。花卉冷链物流从冷链角度可以分为预冷处理、冷库储存和冷藏运输三个过程。从花卉采摘到终端的批发配送，整个环节都应不脱冷、不断链、无缝衔接，这才能确保花卉质量。温度和湿度是其质量环节的关键参数，可以参考果蔬储运的冷链质量要求。

专业化的花卉物流公司应在花卉冷链运输方面具备丰富经验，实现花卉冷链物流，使花卉产品从产地采收、分级、包装、保鲜、储藏、运输、装卸、搬运、配送直到消费者手中的各个环节都处于低温环境，只有这样才可以保障鲜花的品质，减少花卉损失。我国云南省是花卉出口的大省，对于远距离的鲜花运输采用的是集装箱式的大卡车运输，在鲜花的包装过程中会在纸箱里面放置一定量的冰袋来达到保鲜的效果；也有的物流企业采用装水的方式运输。相比专业的冷藏车运输，上面的几种保鲜措施是微不足道的。只有统一对花卉冷链运输的认识，才能减少花卉产业的损耗，保证花卉冷链的质量。

第二节 冷链商品的质量管理体系

商品的质量管理体系一般都会滞后于商品的发展，近几年，尤其是 2015 年以后，冷链商品的质量体系发展很快，国家和地区陆续制定了很多规范和标准，冷链商品质量管理体系是基于商品质量管理体系（本书主要针对食品商品），结合冷链物流的不同商品属性建立的。对冷链物流质量管理体系的定位是冷链物流发展的核心。由于冷链物流是一项综合系统的工程，涉及多个组成单元及环节，例如食品从原料运输、加工生产到运往配送中心，再经过零售商，最后到餐桌的全过程，每一环节都不同程度地影响整个物流过程，因此冷链物流质量管理体系的构建要纵贯商品整个过程。

一、冷链商品质量管理体系简析

质量管理体系是在质量方面指挥、控制和组织的管理体系。因此，商品质量管理体系同样适用这一定义。冷链商品质量管理体系还处于发展完善阶段，具体统一的质量管理措施和标准还有待探索研究。以下将对冷链商品不同类别质量管理体系进行以产品为导向的简述，包括三大部分：冷链农产品质量管理体系，冷链食品质量管理体系，冷链药品质量管理体系。

（一）冷链农产品质量管理体系

农产品冷链是指水果、蔬菜、肉、禽、鱼等在采购、加工、储藏、运输、销售直至消费各环节中始终处于其规定的、生理所需的低温环境，以保证农产品质量、减少农产品消耗的一系列供应管理措施和方法。除具备常温物流交叉、动态、复杂性和面向用户需求等基本特性外，农产品冷链在设备、技术和管理组织等方面比传统物流要求更高且投资更大。

提高农产品质量安全管理绩效，必须做到农产品从场地选择、环境监测、原料采购、生产、加工、贮藏、运输、分销、包装、批发、零售一直到消费者购买的各个环节与质量管理紧密有机地结合。因此，从过程质量集成系统思路出发，把农产品供应链的各个环节看成是形成最终农产品（食品）质量的一个质量环节或阶段。每个阶段的质量管理措施和方法以及各个环节之间的协同关系，构成了农产品供应链的质量管理系统。目前冷链农产品的质量管理体系主要参考 2006 年实施的《中华人民共和国农产品质量安全法》，其中对农产品质量安全标准提出了要求，同时对生产、加工、包装也提出具体要求和措施，但未提及农产品的冷链物流；后期的《生鲜农产品冷链流通规范（试行）》对农产品质量管理提出了比较具体的要求，例如，对不同农产品冷链物流的环境、人员、车辆及流通控制等环节的质量规范提出技术要求，并且建立健全冷链流通标准体系，明确各环节操作人员验收职责，定期对从事生鲜农产品冷链流通工作人员进行培训，建立行业管理与社会监督相结合的监管体系并对监管模式等管理体系提出要求。

具体某一种农产品冷链管理要依据其品类的不同，结合冷链物流系统的基本环节，同时依据不同商品的质量安全标准体系，才能综合建立或评价该质量管理系统。表4-2为部分冷链农产品质量管理参考标准。

表4-2 部分冷链农产品质量管理参考标准

冷链商品名称	农产品类别	标准号	标准名称	备注
枇杷	010301 仁果类	GH/T 1272—2019	枇杷冷链流通技术规程	鲜食
樱桃	010302 核果类	GH/T 1238—2019	甜樱桃冷链流通技术规程	—
青椒	010405 茄果类	GH/T 1129—2017	青椒冷链物流保鲜技术规程	—
蒜薹	010408 葱蒜类	GH/T 1130—2017	蒜薹冷链物流保鲜技术规程	鲜蒜薹
油菜	010202 油菜	GH/T 1131—2017	油菜冷链物流保鲜技术规程	叶用油菜
猪肉	020101 猪	DB11/T 3013—2018	畜禽肉冷链物流操作规程	—

（二）冷链食品质量管理体系

冷链食品的质量管理体系的主题就是围绕食品安全，以供应链管理和系统化管理思想为核心，以效率优先为指导原则，通过一系列的管理手段及技术方法，对冷链食品原材料采购、生产加工、运输配送，一直到上柜销售等供应链各环节进行全程安全管理与监控，实现投入产出比最优、作业质量和效率最佳、作业成本最低的冷链物流管理效果，最终形成第三方物流企业具有核心竞争力的冷链食品管理体系，其质量管理体系的技术和管理要素的规范基石就是《中华人民共和国食品安全法》。

第三方物流企业运作冷链是要为顾客提供满意的服务、创造价值，从而达成长期的、良好的合作关系。冷链商品服务质量是在冷链商品流通过程中必须注意物流各项作业的速度和质量以及温度控制，将易腐、生鲜食品从产地收购、加工、贮藏、运输、销售直到消费的各个环节都处于适当的低温环境中，以保证食品的质量，减少食品的损耗，防止食品的变质和污染。通常第三方物流企业会结合产品的危害分析与关键控制点规范，制定标准作业程序（SOP），即操作关键环节的标准流程图，并和客户反复确认修正，最后培训员工上岗，然后通过 KPI（关键绩效指标）来进行运作绩效的管理和服务的提升。同时，国家、地方/部门、团体、企业也会制定标准对某一或某类冷链商品进行专门技术和管理的规范（见表4-3）。

表4-3 部分冷链食品质量管理参考标准

冷链商品名称	产品类别	标准号	标准名称	备注
小龙虾	淡水虾	DB42/T 1490—2018	小龙虾冷链物流服务标准	此标准为批报稿

续 表

冷链商品名称	产品类别	标准号	标准名称	备注
奶制品	乳品	GB/T 28577—2012	冷链物流分类与基本要求	—
馒头	主食	SB/T 10678—2012	主食冷链配送良好操作规范	—

（三）冷链药品质量管理体系

药品贮藏质量管理是药品供应链的重要组成部分。药品冷链企业是实施药品物流的主体，确保药品的全过程冷链状态，即冷藏药品从供应地向接收地的实体流动过程中，在运输、储存、装卸、搬运、包装、流通加工、配送、信息处理等环节，保证药品始终处于维持其品质所必需的可控温度环境下，从而满足用户要求。若贮藏不当，则会对药品的质量产生一定的影响，甚至会出现药品失效的情况或引起医疗事故。

冷链药品，不只是运输环节质量管理的工作，而是冷链药品整个质量管理体系中非常重要的一部分。药品质量监管行政部门、生产厂家、经营企业以及应用单位都应建立药品冷链质量管理监督规范和相应标准（见表 4-4）。同时，强化有效措施的整改及具体实施，将冷链药品在运输环节的质量管理工作当作常规工作。我国强制要求药品经营企业实施《药品经营质量管理规范》，该规范对药品经营企业质量管理作了全过程规定，包括对冷链药品的物流过程作出了具体规定，对冷链药品的设施设备配置、人员条件、制度建设、质量追溯提出了具体要求等。冷链作为药品流通环节质量风险管理的主体，应主动辨别、评估风险，以识别和控制药品在流通过程中存在的潜在质量问题。此外，还应重视冷链风险的事后反馈控制，使各个经营环节都处于良好的受控状态。

表 4-4　药品冷链质量管理参考标准

冷链商品名称	产品类别	标准号	标准名称	备注
动物疫苗	疫苗类	GB/T 34399—2017	医药产品冷链物流温控设施设备验证性能确认技术规范	—
脂溶性维生素Ⅱ注射液	维生素类			—
中性胰岛素注射液	胰岛素类			—

冷链药品质量管理是链条化管理，一定要在冷链的每一个环节都保证药品冷藏、冷冻的效果。冷链管理体系包括规范冷链药品在运输过程的使用工具、建立冷链药品周转库、确定冷链药品的操作流程、制定工作标准、严格按要求记录冷链药品质量管理的工作情况和加强冷链药品质量管理期间的监管工作等要素和环节。

二、冷链商品质量管理体系的构建原则

借鉴发达国家商品冷链发展的主要经验，基于我国的国情和冷链商品物流的发展现状，在强调质量管理和技术两个层面的基础上，构建我国冷链商品质量管理体系应遵循以下原则。

（1）长远性、渐进性原则。质量是冷链商品的核心，质量体系构建要在清晰的冷链物流管理体系基础之上完成，因此不仅要考虑短期发展和实施的需要，更重要的是要同时考虑冷链的可持续发展。冷链商品质量管理体系是一个系统，是一个动态的概念，其组成部分的变革与进步对整体的推进是渐进式的，因此，作为其中的质量管理部分，也要遵循同样的原则。

（2）以标准和规范为基础的原则。发达国家冷链商品质量管理的基础体系比较完善，资源配置、环节监控也有一定的基础。我国也在逐步摒弃以前的弊端，借鉴外国的成功经验，2015 年以来，各种关于冷链商品的标准和规范不断涌现，构成了未来冷链商品质量管理体系的基石。

（3）因地制宜的适用性原则。一方面，适用性无论对环节的管理还是对产品的管理都是至关重要的；另一方面，我国各地区自然、经济、技术条件差异很大，各地冷链发展所处的阶段不同，存在区域发展的不平衡性，新构建的冷链商品质量管理体系要充分结合各地的实际情况，既要有法度，也要重实效，发挥不同区域的优势。

（4）系统性、高效性原则。高效率的运转是冷链商品质量管理体系构建成功的关键，既要确定全系统关键环节质量控制规范，又要保证冷链商品实际运营的高效运转，力求管理体系中的所有主体都受益，实现“多赢”。

随着冷链商品体系归属的认定，以及冷链商品概念的更加精准，冷链商品质量管理体系会逐步完善，在国际质量管理体系中占有一席之地。我国冷链体系并未建立，冷链商品质量安全风险仍然偏高。如 2016 年令人震惊的山东儿童疫苗问题，其折射的冷链商品质量所存在的严重问题使得社会大众对冷链商品质量安全有了更加清晰的认识，客观上也进一步增强了全社会对药品、食品以及农产品冷链质量安全管理的迫切需要。

基于上述原则，我国的冷链商品质量管理体系构建和完善的关注点如下。

（1）商品冷链系统的建设和优化。物流公司根据经营范围和客户需求设立某类商品的流程和操作规范，冷链系统质量保障的关键是标准化和可追溯。标准化是指对冷链商品的每个冷链环节，包括温度、湿度、工艺、时间等设立可量化的指标；可追溯是对冷链商品运行动态进行全程监控，确保各项指标按标准完成，而且不断优化整个冷链体系，实现节约资金成本、时间成本以及质量成本的共赢局面。

（2）完善相关规程及标准。建立冷链商品行业的标准体系和各项实施规程，推进专业认证。为了确保冷链商品的质量与安全问题，应制定一系列规程和标准，并严格实行市场准入制度。应该从冷链环节的属性定义出发，充分考虑各环节的质量相关制约参数和对人员的管理和培训等因素，建立一个完整的质量标准体系，而且该体系的形成应该以现行的国际和国内标准为基础。

（3）充分调动物流各方的协调性和自律性。保障冷链商品的质量不仅仅是物流企业的责任，还与冷链的质量管控、供应方的质量等级以及下游的质量保障能力相关。物流各方进行的是社会行为，产生的是社会功能。其中，行业协会在政府与企业之间起着桥梁与纽带的作用。

(4) 加强冷链的环节管控。一方面是对现有的体系进行管控，包括风险评估和全程监控，以达到保障商品安全的目的；另一方面是促进冷链物流各个环节的技术创新，推广先进技术管理手段，提升冷链物流业的整体水平。

(5) 完善政府的监管职能。政府创造良好的营运环境，主要有两种方式一是制定优惠政策，加大资金扶持力度；二是者通过制定法律法规、国家标准和执法检查监督，规范冷链商品物流业健康、有序发展。

我国的冷链管理质量体系一定是与国际化的标准体系共同进化和完善的，因此，要总结和学习先进国家的经验，并对我国的物流特点进行科学总结，通过出台一系列政策、法规、规程和标准，规划和完善我国的冷链商品质量管理体系。

三、冷链商品质量安全风险管理

风险预警体系具有监测、诊断、纠偏、辅助决策等功能。规范风险预警体系运行工作流程、提出预警体系运行实施办法，并基于 HACCP 构建冷链质量安全风险控制体系，以推进冷链质量安全风险管理工作规范化、制度化、科学化。

(一) 冷链质量安全风险形成机理

目前对机理有两种解释：一是指为实现某一特定功能，系统或组织结构中各要素的内在工作方式以及在一定环境下诸要素相互联系和作用的组织运行规则；二是指事物产生变化的理由和道理，包括概念分析、形成要素、相互关系。后者通常采用理论分析、概念模型及假说提出、实证分析的研究范式。

冷链的管理风险包括核心企业以及上下游成员。这些企业是具有市场理性的个体，不断从冷链系统内外部环境吸收资金、物质、信息资源，但也受到环境的干扰。与此同时根据自身对风险事态的判断逐步改变自身的行为。其中风险形成机理主要指冷链企业是否实施质量安全风险行为的技术风险决策过程。

(二) 冷链质量安全风险识别

1. 人因风险

人因风险主要从冷链企业的三个不同层次的施动者进行考察，可控范围分别是最高管理层、中高层及基层员工。

由于冷链集约化的特性，集中采购面向集团顾客，质量安全风险意识一般高于面向个人顾客。然而相对于冷链过程，无论集团顾客还是个人顾客都已经处于供应链的末梢，对于农产品质量安全风险沿着冷链传递的影响力明显要小于供应链的上游。冷链组织运作的企业高层和操作一线员工具有负担农产品质量安全的直接责任。

冷链的质量管理也是自上而下的，只有形成从一把手到管理层再到操作层的全方位管理体系，质量安全风险才能得到更好的控制。因此，作为冷链企业的经营者，要首先具有质量安全风险意识，将其上升到战略高度。中层领导制定出切实可行的防范质量安全风险的规章制度，认真执行监督管理的职能。基层员工在制度的约束下规范岗位职业行为。

2. 机因风险

机因风险主要基于冷链物流设施，如对冷藏车比例、农产品冷链溯源信息系统覆盖程度以及冷链过程质量检测设备运行情况等进行考量。

冷链设施设备安装与运作成本高可能会使得企业减少这方面投资，从而增加农产品质量安全风险。事实上，我国冷链物流产业发展极不完善，一些生产肉品、乳品及其水产品的龙头企业会具备比较先进的冷藏冷冻设施设备，而由于第三方冷链物流企业的标准设施设备匮乏，这些企业不得不自营冷链物流。

3. 物因风险

物因风险则主要从冷链农产品自身属性出发，包括采收环节农户受训率、农药残留、农产品温控差异和农产品包装四个指标。

采收环节是农产品质量保证的关键环节。农户培训不充分、农药残留、冷链物流过程农产品温控要求差异较大、农产品包装不完善等都会不同程度地增加质量安全风险。其中，冷链运输中因不同温度要求的农产品不当混装而产生的质量安全风险是最显著的，这些都是原料本身给冷链物流带来的质量安全风险。

4. 法因风险

法因风险具体体现在冷链流通环节过多，冷链组织协作程度低，冷链操作规范及作业标准不健全，加工、仓储、运输等冷链业务关键环节缺乏连续准确的温度记录，从事冷链业务相关企业未通过质量体系认证等方面。

因此，冷链企业的质量管理体系对于质量安全风险具有重要的意义。一般实施了ISO、GAP、GMP、HACCP、SOP等质量管理体系的冷链企业在风险管控上相对比较严格，员工在不断的质量内审过程中或多或少也增强了质量安全的风险意识。

5. 环境风险

环境风险包括管理风险和技术风险。管理风险来自利益相关者，如政府规制程度、同行竞争压力、冷链标准化和行业规范以及市场信息不对称程度。其中政府规制程度在评价时由评价者根据政府对不同品种农产品质量安全的规制力度进行主观测评，一些重点农产品以及菜篮子工程农产品规制力度较大，因此风险较小，反之则较大。同行竞争的压力也会迫使企业重视产品质量安全，可以通过行业集中度来衡量，行业集中度越高，则风险越小；反之，则风险越大。冷链专业标准化及其行业规范反映了该行业的基本状态，主要考察企业与行业协会的密切程度，按照行业协会会长单位、副会长单位、成员单位、未入会单位划分为不同级别，依次呈现风险递增的趋势。市场信息不对称程度也会对冷链质量安全风险产生影响，信息越不对称风险越大，反之则越小。技术风险主要是对产品环境因子的控制，包括温度、湿度、洁净度以及空气流通等。

（三）冷链质量安全风险预警及防范控制

冷链质量安全风险预警体系的建立健全是降低和控制质量安全风险的有效途径之一。预测指的是以准确、及时、丰富的信息为依据，从冷链风险的历史、现状和规律出发，构建相关风险预警模型，对风险等级进行测定。预测是冷链日常风险预警的首要环节，发挥着风险诊断的作用。

冷链质量安全风险预警体系能够对整体质量安全风险的发展趋势进行预测，可以为冷链质量安全管理中长期决策提供参考依据。预警是风险预警机制的关键环节。预警是对供应链进行风险分析后发出警报的过程。风险预警专家小组在进行预警时，除了要参考预测过程的结果外，还应当考虑国家和地方法律法规及政策变化，市场上农作物、饲料、农药的质量和价格变化以及基层安全检查组织上报的内容。基层安全检查组织应该向上级机构反映质量不稳定因素，这些信息是风险预警小组做决策的参考信息。信息上报要及时、准确，凡出现质量安全风险苗头时，基层安全检查组织必须向上级安全检查机构报告。

1. 加强人因风险的防范及控制

冷链企业对人因风险的防范和控制，具体可以从以下几个方面入手。

（1）重视对冷链高层管理人员质量意识的培养。

（2）加强质量安全风险管理制度建设。

（3）加强基层员工的业务培训和质量安全教育。

再好的战略和制度，如果没有人的有效执行，质量安全风险行为依旧会出现。因此，在形成制度的前提下，定期对员工进行业务培训，加强职业素养，可以有效减少风险事故的发生。可以试行质量安全奖励措施、举报制度、协查制度等。

2. 加强对机因风险的防范及控制

冷链企业是重资产型企业，主要应用的是冷库、冷藏车等硬件设施设备和冷链质量追溯系统、温度采集实时系统等软件。因此对这些硬件、软件进行投资，培养专业人员，建立起最初一公里和最后一公里的全程冷链系统，可以最大限度减少质量风险。随着国内投资热潮开始涌向农产品冷链行业，这部分风险防范的阻力会越来越小。同时也要注意，设备投资不是一劳永逸的，需要定期维护、升级，因此，要加强专业操作人员的招募和培训。

3. 加强对物因风险的防范及控制

产品自身存在的农残问题是需要从源头解决和防范的问题。首先，要加大对农户的引导和技术支持力度，保证企业有充足的原料产品供应，定期举办科学养殖种植和质量安全管理的培训班，引导农户采用科学的方法饲养或种植，减少农药使用。其次，可以在必要的时候把农户吸收到企业的管理当中，通过吸收农户入股、聘请质量监督员等形式，使农户真正与生产企业融为一体，调动农户参加管理和生产的积极性，有利于生产企业与农户建立长期稳定的合作伙伴关系，促进整个产品冷链的长期稳定和发展。除了源头之外，还要加强产品包装材料和技术的研发与应用，也是减少物因风险的措施。

4. 加强对法因风险的防范及控制

首先，优化组织流程，减少产品冷链流通过程的监控盲点，减少节点，加强对产品采收点的控制和管理是关键。其次，建立质量追溯体系，出现农产品质量问题时，可以通过质量追溯体系找出问题所在。因此企业要重视对法因风险的识别，而全程透明可控可追溯则是未来努力的方向。

5. 加强对环境风险的防范及控制

产品质量安全是重大民生问题，政府对产品流通过程的质量安全负有重要责任。标准化是提升冷链绩效、减少质量安全风险的重要保证，目前一批冷链行业标准的出台，有利于减少质量安全风险。因此，实施质量体系认证是最好的防范措施，同时也是风险控制的有力武器。

（四）冷链质量安全风险评价

冷链质量安全风险评价问题涉及很多因素，评价指标各异。冷链系统需要有不同产品的质量安全风险评价指标客观全面地反映链条风险。

评价指标一般针对具体冷链模型。能够系统反映冷链质量安全风险目标水平，并且能将各评价指标（子系统，即二级、三级指标）与系统的总体目标（一级指标）有机统一，组成层次分明的整体。风险指标评价前提是对冷链质量安全风险自身结构进行考察和调研，包括人的风险行为及适应能力的考察。在冷链质量安全风险评价指标体系中，各评价指标的具体含义不尽相同，表现形式也各有差异，有的指标属性值越大越好，有的指标属性值则越小越好，因此各个指标之间不具有可比性，这就需要排除量纲的选用对评估结果的影响，进行标准化处理。运用层次分析法（AHP）和熵值法进行主客观指标的量化处理，建立灰色系统风险评价方法，有助于冷链核心企业在遴选供应商时进行科学参考。

第三节 冷链商品质量的基本要求

冷链商品质量的基本要求一定是满足消费者食品安全的需求。基于前面章节，我们已经对冷链有了一定的认识，纵观整个冷链物流的环节（以食品为例）：产地采集及采后处理（预冷）→冷加工→产地集货、冷藏→产地批发→冷藏运输→销地集货→销地加工、批发、配送→零售、消费，总结贯穿于物流操作各个环节商品的质量要求，主要概括为以下几点。

（1）保证商品的完整属性，并且在运输前要保证商品质量满足或高于其销售市场和消费者的质量要求。

（2）产品仓储和运输中的包装选择也是保证冷链顺利运行的重要因素之一。

（3）如产品需要冷冻处理，采用先进的冷冻技术则可以帮助其更长时间地保持高质量。

（4）冷藏运输的设备必须满足环境使用条件、产品所需温度和湿度条件。

（5）冷链配送和零售环节中的操作规范以及温度控制非常重要。

（6）果蔬类农产品必须经过恰当的预冷过程以保证其进入市场后保持好的质量。

(7) 对保鲜或冷冻的果蔬产品来说，在整个冷链过程中都需要保持合适的环境条件。

一、冷链商品质量管理问题分析

(一) 冷链商品质量存在的问题

目前我国冷链商品质量安全管理存在很多问题，冷链参与者众多且相对分散，加之中间环节过多，造成了冷链的链条较长、冷链系统缺乏统一标准。可以说，我国的冷链还处在供应链匹配的初级阶段，许多配套措施相当欠缺，商品质量保障体系匮乏。目前主要存在以下几个问题。

(1) 未形成完整的冷链检验监控和质量安全评价体系。由于我国的冷链商品质量安全体系的建设起步比较晚，还没有形成完整的科学的冷链商品标准、规范以及监管体系，如冷链食品检验检测体系、冷链食品质量安全评价指标体系，以及风险评估和监管体系等，因而致使冷链商品的质量安全难以做到详细的过程控制，加大了冷链的质量安全隐患。

(2) 物流技术和设备落后，保鲜成为影响冷链商品质量的突出问题。产品的“新鲜”是冷链商品的生命。但是，我国目前物流技术和设备比较落后，冷链物流不发达；80%以上的生鲜产品在运输流通过程中，仍然以常温物流或自然物流形式为主，从而使产品质量保鲜成为问题。由于冷链技术和设备落后，在流通过程中产品损耗巨大。据统计，我国水果、蔬菜等农产品在采摘、运输、储运等物流环节损失率高达20%~30%，每年有总值约为750亿元的农产品在运输中腐坏、损失。所以我国现有的冷链产品供应链整体的物流技术设备落后，致使产品在整个供应链的流通中耗损严重，给产品供应链带来了不小的技术难题。

(3) 冷链系统各结点之间信息不通畅，质量安全管理的信息缺乏共享。我国冷链起步比较晚，发展时间不长，所以造成我国冷链总体信息化水平比较低，供应链节点间质量安全管理信息缺乏共享。同时，冷链商品初始供应商多数是分散的生产者，规模小且分布广，尤其农民面对市场组织生产时，因市场信息传递缓慢或者是信息割裂不能共享而盲目生产，造成销售市场价格波动大，不利于产品的供求均衡，从而导致农产品供应链的不稳定性。冷链上游的不确定性信息从最初的农产品供应商开始沿供应链向各级逐级传递，直接影响冷链产品进一步的生产进程和交付时间；冷链下游信息的不确定性表现为顾客需求从最终用户开始沿供应链的信息流方向朝供应商逐级传递，直接影响供应链上各级供应商的库存量和库存时间。这些现状所造成的信息化问题为冷链供应链质量安全管理的发展造成了很大的阻碍。

(4) 冷链核心的批发或储藏市场发育不完善，影响整个冷链商品质量安全管理。在冷链系统中，按照供应链不同的环节，核心节点可能是商品原料企业、商品生产、加工企业、商品储藏企业或商品销售企业。冷链运作的好坏，以及整个供应链竞争力的大小在很大程度上取决于核心企业的协调能力。核心企业的作用突出表现在以下两个方面：第一，核心企业是供应链的信息交换中心；第二，核心企业是供应链上物流集散的“调度中心”。以我国农产品供应链为例，目前冷链中的核心企业是批发市场。但是目前在我国的批发市场中，其交易机制使交易双方只存在竞争关系，不存在合作与协同，买方和卖方信息不对称，导致市场信息流通不畅；同时作为核心企业的批发市场缺乏必要的领导力和权威性，致使农产品供应链各节点缺乏战略配合，严重制约着冷链供应链的“可管理性”，核心企业无法负起质量安全管理的责任。

(5) 未能形成供应链一体化运作方式和一个完整的质量安全管理体系。冷链商品的产、供、销环节还没有形成供应链一体化的运作，冷链供应链中产销脱节，分散的生产者和经营者没有意识到彼此是经济利益共同体，每个环节往往从短期利益出发，缺乏对供应商的分析、评估、比较和考察，造成供应商鱼龙混杂，即使有较好的冷链系统，大量伪劣产品也可能有堂而皇之进入各种消费市场。

以肉制品商品冷链为例，目前我国肉制品的冷链物流质量存在着几个亟待解决的问题。

①完整独立的肉制品冷链体系尚未成形。目前大约90%的肉类基本上还是在没有冷链保证的情况下运销，冷链物流发展的滞后在相当程度上影响着肉制品产业的发展。

②肉制品冷链的市场化程度低，第三方机构介入少。我国肉制品除了外贸出口的部分外，国内销售部分的物流配送业务多由生产商和经销商完成，肉制品冷链的第三方物流发展滞后，相应的服务网络信息系统不够健全，导致肉制品冷链的成本和商品损耗很高。

③肉制品冷链的硬件设施建设不足。原有设施设备陈旧，发展和分布不均衡，无法为肉制品流通提供系统的低温保障。由此产生两个直接后果：首先是肉制品在运输过程中大量损耗；其次是食品安全方面存在巨大隐患。

④肉制品冷链缺乏上下游的整体规划和整合。既缺乏肉制品冷链的综合性专业人才，也缺乏供应链上下游之间的整体规划与协调，因此在一些局部发展中存在上下游严重失衡和无法配套的现象，整体发展规划的欠缺影响了肉制品冷链的资源整合以及行业内的技术推动。

⑤与肉制品冷链相关的国家标准目前仍然缺乏。

（二）冷链商品质量要求的必要性

以农产品为例，影响农产品流通环节质量安全风险的关键因素就是活性产品自身成熟度（果实等植物性食品）以及微生物生长速度的可控性。控制微生物生长是所有农产品或食品必须面对的关键问题，恰当的控制温度是解决该问题的关键。冷鲜肉运输时，如果仅仅采用保温车而非专业冷藏车进行配送，尽管收货温度为4℃，但运输途中保温车内温度高达33℃。高温会提高微生物生长速度，使其呈指数级上升，肉品会由于肌苷酸含量降低会发生肉色变暗、鲜味下降的情况，导致整体质量急剧下降。

事实上，农产品供应商送货至各大零售超市门店进行卸载时，多数情况下是在露天环境下作业。管理比较严格的门店会对生鲜食品进行测温、抽检、检测车厢温度等，这些收货检测环节耗时约 30min，且大多数也是在露天环境下进行，环境温度难以保证农产品质量。在农产品零售终端，北京、上海等一线城市零售店对果蔬采用冷柜销售的比例低于 10%。

由此可以发现，农产品在产地采收、屠宰或捕捞后，要在初级加工、包装、分拣、储藏、运输、配送以及批发零售等供应链各个环节始终处于适宜的低温环境下，方能最大限度地保证生鲜农产品品质和质量安全、减少损耗，将质量安全风险降到最低。农产品冷链一旦断裂，即便后期能够恢复最佳储藏温度，其造成的质量损失也是不可恢复的，且质量安全风险极高。另外，在利用冷链系统进行价值传递的过程中，冷链组织及其员工的风险行为也会对冷链质量安全产生影响。已有研究发现，同样的操作流程和操作环境，不同的决策者和操作者由于个体禀赋差异和风险偏好，产生的风险行为倾向并不一致。因此，从个体出发研究农产品冷链质量安全风险行为，并建立一套质量控制体系降低风险不仅仅有利于抑制个体风险行为，也有利于整个冷链保证产品质量，提高效率。

二、冷链商品质量管理的基本要求

国际上冷链商品质量安全的理论文献可归纳为两大类：一类是通过立法，规范商品生产加工行为；另一类是通过技术手段，从质量安全管理入手控制商品安全，主要有危害分析与关键控制点（HACCP）体系、ISO 9000 标准体系、食品卫生监督量化分级管理理论和药品生产质量管理规范理论等。

整体层面上看，冷链是个具有自我组织能力的系统，质量安全已经成为构建冷链的先决条件，冷链商品供应链社会责任协同控制机制是由政府、企业、消费者和非政府组织等共同参与的一个完整的机制。在这一机制中，政府的主要职责是建立规章制度等强制性质量安全标准；企业主要是通过纵向的契约合同约束和建立可追溯体系等治理机制来保障商品质量；消费者则主要是通过价格机制来引导企业和供货商的安全生产行为；非政府组织则依靠第三方的检测监督力量来促进商品质量的不断提高。只有上述的内外部治理机制联合发生作用，才有可能形成一个有效的冷链商品质量安全长效控制机制。

（一）充分发挥政府监督、管理和支持职能

政府是商品供应链质量安全最重要的监管者，为冷链的发展提供必不可少的支持和保护。以农产品和食品为例，政府可以采取以下措施。

（1）建立和完善食用冷链安全监督体系，加大政府部门对农产品质量的监管力度。

（2）建立食品和农产品质量标准体系、食品检验检测体系、食品质量安全评估指标体系，加强对食品质量安全的研究，使冷链商品的质量标准控制建立在可量化的基础之上。

（3）加强从农田到餐桌的全过程监管。对食源性危害的控制，应包括从食品原材料到消费的全过程。

(4) 加大对农产品供应链中核心企业的扶植，完善农产品批发市场，建立农产品配送中心，为批发市场（物流中心）配备完善的硬件与软件设施。

(5) 加大政府的投资，并给予相应的政策倾斜，努力推动交通网络的建设，缩短农产品物流配送过程的时间。

(6) 建设独立的第三方冷链物流体系，加强对食品冷链的综合性专业人才培养，并开展针对农业服务的物流咨询业务等。应加强建立冷链商品质量安全的强制性标准体系，同时还可以引入 GMP（良好生产规范）、HACCP 和 ISO 14000 系列标准来保证冷链商品的安全和质量。政府的质量认证、监测和监督执法系统是冷链商品质量控制中纵向协作的必要保障。

（二）大力发展完备的冷链物流系统

构建并完善冷链物流系统是保证冷链物流商品质量的关键环节，可以从以下几方面着手。

(1) 大力发展和采用箱式冷藏车和组合式冷库，它是现代化冷链运输系统的核心。

(2) 加工车间应配备温控装置，使商品的加工过程不受外界气候条件影响，加工的商品不因温度变化而变质。

(3) 引进先进的物流设备和信息技术，对商品的货架期和保鲜期进行管理，零售要求有冷柜，对在柜商品严格按照“先进先出”的原则作业，每天由作业人员检验商品日期，保证不出现超过保质期的商品。

(4) 通过建立冷链商品可追溯性体系控制和减少问题商品的出现，关注商品生产、流通、销售的全过程，对冷链进行全程跟踪。发生问题时能够快速、准确地找到根源所在，减少冷链安全问题给消费者带来的损害。具体来说，包括制定可追溯性标准、规范农产品安全追溯编码、制定信息互换标准等。

三、冷链商品质量的评定要求

冷链商品质量包括要求、等级、顾客满意程度和能力几个方面，从原料角度来说冷链商品依然遵循一般食品、药品以及花卉质量评定指标。当加入流通要素，即商品流入市场时，各企业可根据该商品种类现行的各类标准和规范，评定最终产品质量的优劣。随着规范和标准的完善，评定要求也会逐步规范化。例如，2018 年公布了很多冷链商品的规范和标准，国家类标准包括《肉类批发市场交易技术规范》（GB/T 34769—2017）、《果蔬批发市场交易技术规范》（GB/T 34768—2017）、《水产品批发市场交易技术规范》（GB/T 34770—2017）等，这些推荐性标准为冷链商品质量保证提供了操作规范和要求。还可以参考地方标准、团体标准，根据自身产品特性制定相应的企业标准，通过寻找相应的质量评定标准、质量保障规范进行综合商品质量评定。

第四节　食品鲜度等级及评价方法

冷链商品质量包括等级划分这一重要环节。食品的鲜度等级分类一般都有国家标准，其评价也主要从感官、理化和微生物等几大类入手进行检测及评定。本节将从果蔬、肉品、水产品、乳品、蛋品及其他食品六类入手讲解食品质量等级及评价方法。

一、果蔬鲜度等级及评价方法

果蔬作为基本的鲜食农产品，果蔬鲜度直接影响果蔬质量。本节所讲的果蔬鲜度，特指鲜食果蔬的鲜度，不包括速冻制品、果干等。果蔬等级按目前行业内的分类，一般分为特级、一级和二级，但因果蔬种类繁多，不同产品间差异较大，因此各类果蔬的具体分级可参考其对应标准，如《鲜梨》（GB/T 10650—2008）、《鲜苹果》（GB/T 10651—2008）、《樱桃质量等级》（GB/T 26906—2011）、《菠菜》（NY/T 964—2006）、《胡萝卜等级规格》（NY/T 1983—2011）等。本节中只介绍果蔬鲜度检测中所涉及的相关共性指标及检测方法，主要涉及感官检测手段和部分理化检测手段。

（一）感官检测

果蔬感官检测包括色泽、缺陷、大小、形状、口和手的味觉、触感以及气味和风味等。感官检验的优点是快速简便，不需复杂和特殊的仪器及试剂，不受地点限制；缺点是受检验人员的生理条件、工作经验和外界环境的影响较大，具有一定的主观性。评价果蔬鲜度时常用的感官指标如下。

（1）色泽：在多数情况下色泽常作为评价果蔬新鲜度最直接的指标。并且色泽经常与风味、质地、营养价值、营养成分的完整性相关。新鲜果蔬表现出鲜亮的色泽，不新鲜果蔬则色泽暗淡，甚至表面出现黑斑、褐斑。评价果蔬色泽时可以用特制的比色卡片。

（2）外形：果蔬外形要完整，无伤残是保证新鲜的前提条件。新鲜果蔬往往外观鲜嫩，表面有光泽，不脱水，果柄完整；不新鲜果蔬表面会出现缺损、腐败，果柄脱落或皱缩。

（3）质地：果蔬的质地特性即对果肉组织的各种接触感觉，如硬度、柔嫩性、汁液性、沙砾性、纤维性和淀粉性等，表现出致密、粗硬、柔软等触感上的不同，这关系到果蔬的新鲜度、成熟度和加工贮藏特性。新鲜果蔬质地较硬，有脆度；不新鲜果蔬质地软烂，脆度降低，韧性变大。检测果蔬质地，既可以直接用手接触感受，也可以通过品尝口感判断。

（4）气味：果蔬的气味是由成分复杂的挥发性芳香物质及其他外源性异味等特性因子构成，是果蔬外在和内在品质特性的综合表现。每一种果蔬都有其特有的气味，尤其是果品。果蔬气味与果蔬新鲜程度密切相关，随着贮藏时间的推移，气味逐渐由果蔬本身特有的香气向发酵味、酸腐味转变。

（二）理化检测

理化检测与感官法相比，结果更精确，能用具体数字表示果蔬的成分、结构和性质等，缺点在于复杂且不太方便，对产品大多有一定的破坏作用。随着科技的发展，理化检测将朝着快速、少损或无损的方向发展。理化检验具体又可分为物理检验和化学检验两种方法，前者多用于检验果蔬的长度、强度、体积、颜色、质量等物理和形态指标；后者多用于检验果蔬产品的营养成分和生理生化指标。评价果蔬鲜度时常用的理化指标如下。

（1）含水量：新鲜果蔬含水量高，检测含水量常用烘干法或真空干燥法。

（2）硬度：果实硬度越大，越耐储藏，一般用果实硬度计检测。

（3）可溶性固形物：用折光仪测定果实中可溶性固形物的含量。

（4）呼吸强度：新鲜果蔬保持较强的呼吸强度，通常使用红外线 CO_2 分析仪测定法测得气样 CO_2 浓度，进而计算果蔬的呼吸强度。

二、肉品鲜度等级及评价方法

肉品鲜度指的是肉品的新鲜程度，或者指肉的分解变质程度，是衡量肉品是否符合食用要求的客观标准。在销售过程中，肉品分为冷鲜肉和冷冻肉，本节所讲的鲜度评价方法在鲜肉与冻肉中都适用。目前，国内尚未有标准对所有肉品的鲜度进行分级，在行业内现有的分级方法是将肉品分为新鲜肉、次鲜肉和变质肉（或一级鲜度、二级鲜度和变质）。肉品鲜度检测主要包括感官检测、理化检测、微生物学检测等。具体检测指标，可参考各类肉品的相关国家标准，如《食品安全国家标准鲜（冻）畜、禽产品》（GB 2707—2016）、《鲜、冻胴体羊肉》（GB/T 9961—2008）等。由于肉的腐败是一个渐进而复杂的过程，仅用一个指标来判断往往准确度不高，因此，有时也综合几种检验指标共同评定肉的新鲜度。

（一）感官检测

感官检测是在实验室检测之前，借助人体的感觉器官，对肉进行整体简单的观察来评定其新鲜度，包括色泽、黏度、弹性、气味等指标。该法是肉品卫检认可和法定的最基本、最快速的方法之一，具有快速、简便、不需要仪器、不用固定检验场所等优点，但存在结果非量化、不够精准、主观性和片面性强等问题，需经验丰富和训练有素的人才能胜任检测工作。对于冷链运输的鲜肉及冻肉一般感官检测指标如下。

（1）色泽：新鲜鲜肉肌肉有光泽，呈红色均匀，脂肪呈乳白色；新鲜冻肉肌肉有光泽，呈红色或稍暗，脂肪呈白色。

（2）黏度：新鲜鲜肉表面微干或稍微湿润、不黏手；新鲜冻肉外表湿润，切面有渗出液，不黏手。

（3）弹性：新鲜鲜肉纤维清晰，有坚韧性，指压后凹陷立即恢复；新鲜冻肉肉质紧密，有坚韧性，解冻后指压凹陷恢复较慢。

(4) 气味：新鲜鲜肉具有其固有的气味，无异味；新鲜冻肉解冻后具有鲜肉固有气味，无异味。

(二) 理化检测

1. 挥发性盐基氮的测定

挥发性盐基氮（TVB−N值）是动物性食品在腐败过程中由于酶和细菌作用，蛋白质分解而产生的氨及胺类等碱性含氮物质，其含量与肉品腐败程度成正比，是测量新鲜度的重要指标。目前主要按照《食品安全国家标准食品中挥发性盐基氮的测定》（GB 5009.228—2016）进行测定。

2. 氨的测定

肉腐败的特征产物是氨及胺类化合物，这些物质可与纳氏试剂反应生成黄色沉淀物——碘化汞铵，其颜色深浅及沉淀物含量与氨量成正相关。通过观察试剂消耗量、颜色变化、透明度来判断肉新鲜度。该方法称作纳氏试剂法，其结果能够反映出新鲜肉、次鲜肉、变质肉的差别，操作简便，易观察，但仍需制备肉浸液，且临界的现象判断不明显，因此该方法可作为检测肉的新鲜度的辅助手段。

3. pH 值的测定

肉的 pH 值变化与腐败程度存在一定相关性，牲畜生前肌肉的 pH 值为 7.1～7.2，屠宰后由于肌肉中肌糖原酵解，产生了大量乳酸，ATP 亦分解出磷酸，乳酸和磷酸聚集使肉的 pH 值下降。之后肉腐败时，由于蛋白质在细菌、酶的作用下，被分解为氨和胺类化合物等碱性物质，因此肉的 pH 值随之升高。以往常用比色法和酸度计法测定肉浸液的 pH 值，烦琐费时。国外已研制出电脑控制的自动化 pH 值测定仪，带有金属探针，可直接插入肉中测出 pH 值，快速方便。但在新鲜度临界阶段，pH 值变化幅度很小，且受牲畜宰前生理影响，结果不够准确，故不宜用作肉新鲜度主要检验指标。

4. 硫化氢的测定

在组成肉类的氨基酸中，有一些含硫氢基的氨基酸，在肉腐败分解的过程中，它们在细菌产生的脱巯基酶作用下分解放出硫化氢。硫化氢是肉品变质过程中产生腐臭味的因子之一，因而硫化氢的检验也是判定肉品新鲜度的一项指标。肉中硫化氢的测定常采用乙酸铅试纸法。

5. 过氧化物酶的测定

健康牲畜的新鲜肉中含有一种过氧化物酶，能够使过氧化氢发生反应而放出氧气，而肉处于腐败状态时，尤其是牲畜宰前因某种疾病使机体机能发生高度障碍而死亡或被迫施行急宰时，肉中过氧化物酶的含量会减少，甚至全无。因此，对肉中过氧化物酶的测定，不仅可以测知肉品的新鲜程度，而且能推知屠宰前的健康状况。一般多用联苯胺作指示剂，根据显色时间判定肉品新鲜程度。健康或一级鲜度肉在 30～90s 呈蓝绿色，之后变为褐色；若在 2～3min 后出现淡青棕色或无变化的，则为二级鲜度肉或变质肉。

(三) 微生物检测

微生物学检测是从微生物数量角度入手来说明肉的污染状况及腐败变质程度，结果与 TVB－N 值有较高相关性。常用的方法是进行细菌总数和大肠菌群的测定。但此法需要对细菌进行选择培养，耗时长，受季节影响较大，虽然检测结果能客观地反映肉的新鲜度，但目前我国还没有规定统一指标。现有的方法为肉品压片镜检法，直接取肉样做触片，不用增菌和选择培养，操作简单迅速，但结果受采样部位的影响大。肉品压片镜检的一般依据如下。

（1）新鲜肉：触片印迹着色不良，表层触片中可见到少数的球菌和杆菌，深层触片无菌或偶见个别细菌，触片上看不到分解的肉组织。

（2）次鲜肉：触片印迹着色良好，表层触片上平均每个视野可见到 20～30 个球菌和少数杆菌，深层触片也可见到 20 个左右的细菌，触片上明显见到分解的肉组织。

（3）变质肉：触片印迹着色极浓，表层及深层触片上每个视野中均可见到 30 个以上的细菌，且大都为杆菌，严重腐败的肉触片上几乎都为杆菌，数量可达数百个或不可计数，触片上有大量分解的肉组织。

三、水产品鲜度等级及评价方法

水产品是冷链商品中重要的一部分，也是采用最先进行质量规范管理的一部分。水产品按保存条件分为鲜活水产品、冻品和干品。由于水产品的种类繁多，质量特征不一，水产品的鲜度等级只能根据具体类别加以规定。对于鱼类，鲜度一般分为新鲜、次新鲜及变质 3 个等级。如果结合具体的品种及质量特征，则可以分得更为详细。但必须注意，鲜度等级只是水产品质量等级的一部分，水产品质量还与个体大小、品种等有关。一般在同一鲜度等级下，水产品按个体大小来分。例如，带鱼按习惯分成 1 指宽、3～4 指宽、5 指宽及 5 指宽以上 4 个级别；鲳鱼分为细鲳、中鲳及粗鲳 3 个等级。

传统的水产品鲜度检测主要是利用感官指标、微生物菌落总数及基础的理化手段进行评价。随着技术的发展，目前一些新兴的检测技术也逐渐受到人们的关注。

（一）感官鉴定

水产品的感官检测是通过人的感觉来鉴别评价水产品品质优劣的一种检验方法，其特点是快速方便，不需要仪器设备。鱼类鲜度的感官评价指标如表 4－5 所示。

表 4－5　鱼类鲜度的感官评价指标

	新鲜	次新鲜	变质
眼球	眼球饱满，角膜透明清凉，有弹性	眼角膜起皱，稍变混浊，有时由于内溢血而发红	眼球塌陷，角膜混浊
鳃部	鳃色鲜红，黏液透明无异味	鳃色变暗，呈淡红、深红或紫红，黏液带有发酸的气味或稍有腥味	鳃色呈褐色、灰白，有混浊的黏液，带有酸臭、腥臭或陈臭味

续 表

	新鲜	次新鲜	变质
肌肉	肌肉坚实有弹性，手指压后凹陷立即消失，无异味，肌肉切面有光泽	肌肉稍松软，手指压后凹陷不能立即消失，稍有腥臭味，肌肉切面无光泽	肌肉松软，手指压后凹陷不易消失，有霉味和酸味，肌肉易与骨骼分离
体表	有透明黏液，鳞片有光泽，贴附鱼体紧密，不易脱落	黏液多不透明，并有酸味，鳞片光泽较差，易脱落	鳞片暗淡无光泽，易脱落，表面黏液污秽，并有腐败味
腹部	腹部正常不膨胀、肛门凹陷	腹部膨胀不明显，肛门稍突出	腹部膨胀或变软，表面发暗色或淡绿色斑点，肛门突出

除鱼类外，其他水产品也有各自的鉴别指标。

(1) 虾类：新鲜虾类色泽气味正常，外壳有光泽呈半透明状，虾体肉质紧密有弹性，甲壳紧密附着虾体。虾的头胸部与腹部连接的膜不破裂。养殖虾的体色因受养殖场地质影响，体表呈青黑色，色素斑点清晰明显。不新鲜的虾类外壳失去光泽，甲壳黑变较多，体色变红，甲壳与虾体分离，虾肉组织松软，有氨臭味。虾的头胸部和腹部脱开，头部甲壳变红、变黑。

(2) 蟹类：新鲜蟹类色泽鲜艳，腹面甲壳和中央沟色泽洁白有光泽，手压腹面较坚实，螯足挺直；不新鲜蟹类背面和腹面甲壳色暗，无光泽，腹面中央沟出现灰褐色斑点和斑块，有时能见到黄色颗粒状流动物质，螯足与背面呈垂直状态。

(3) 头足类：新鲜头足类具有鲜艳的色泽，色素斑清晰有光泽，黏液清亮，肌肉柔软而光滑，眼球饱满，无异味；不新鲜头足类色素斑点模糊并连成片呈红色，体表僵硬发涩，黏液混浊并有臭味。

对鲜度稍差或异味较轻的水产品，直接以生品的感官检验难以判断品质鲜度时，可以将样品蒸或煮熟后，通过嗅气味、观察色泽或汤汁色泽、品尝滋味等来判定鲜度等级。水煮实验的鲜度判别包括对气味、滋味和汤汁的评价。

(1) 气味：新鲜水产品水煮后具有本种类固有的香味；不新鲜水产品水煮后有腥臭味或氨味。

(2) 滋味：新鲜水产品水煮后具有本种类固有的鲜味，肉质有弹性；不新鲜水产品水煮后无鲜味，肉质发黏，有氨臭味。

(3) 汤汁：新鲜水产品水煮后汤汁清晰或带有本种类色素的色泽，汤内无碎肉；不新鲜水产品水煮后肉质腐败脱落，悬浮于汤内，汤汁混浊。

除上述常规检测方法外，基于传统感官分析的感官仿生识别技术也逐步被用于鲜度检测中。目前的感官仿生技术包括电子鼻、电子舌技术。电子鼻是利用气体传感器阵列的响应图案来识别气味的电子系统，可以对水产品储存过程中产生的各种挥发性气味进行多方位识别，以达到检测新鲜度的目的。和电子鼻类似，电子舌是一种人工味觉模拟系统，主要用于对液态样品的检测，因此，该方法用于水产品新鲜度的表征和评价时无法做到无损，需要对被检测样品进行匀浆提取。

（二）理化检测

目前国内对水产品的物理检测法还未建立起系统的参照标准，相关物理指标的测定结果只能作为参考，要准确判断鱼的鲜度等级目前还较困难。

化学检测法是一种较为准确、快速的鲜度评价方法，目前多用的评价指标有K值、挥发性盐基氮（TVB—N）值、pH值等。

（1）K值：K值是三磷酸腺苷降解产物次黄嘌呤核苷、次黄嘌呤量之和与三磷酸腺苷关联化合物总量的百分比。新鲜鱼K值大约在10%～20%，K值在20%～40%为二级鲜度，在60%～80%则处于初期腐败阶段。我国水产行业标准《鱼类鲜度指标K值的测定　高效液相色谱法》（SC/T 3048—2014）中规定，可通过高效液相色谱法来测定鱼类的新鲜度指标K值。

（2）挥发性盐基氮（TVB—N）值：在水产品的储藏过程中，TVB—N值也是衡量水产品新鲜程度的重要指标之一，其含量会随着新鲜度的下降而增加。我国《食品安全国家标准　鲜、冻动物性水产品》（GB 2733—2015）中规定海水鱼虾中TVB—N值应不高于30mg/100g，海蟹中TVB—N值应不高于25mg/100g，淡水鱼虾中TVB—N值含量应不高于20mg/100g，冷冻贝类中TVB—N值应不高于15mg/100g。水产品中TVB—N值的测定可按照《食品安全国家标准　食品中挥发性盐基氮的测定》（GB 5009.228—2016）完成。

（3）pH值：水产品鲜活时的pH值一般为中性，水产品死后，肌肉中贮备的糖原在无氧状态下发生酵解，pH值下降，最后，由于水产品中腐败微生物的作用，氨基酸分解成氨和胺类等碱性物质，导致pH值再次上升。水产品的pH值可参照《食品安全国家标准食品pH值的测定》（GB 5009.237—2016）进行检测。但是由于水产品腐败过程中pH值会出现较大波动，且不同水产品的pH值变化速率不同，因此一般需要结合其他手段综合评价水产品的鲜度。

（三）微生物检测

水产品在储存过程中，一些腐败微生物会以其肌肉中的蛋白质为氮源，不断进行分解作用，从而导致鱼体肌肉降解。因此微生物活动是引起水产品新鲜度变化的主要因素之一。总活菌数作为一个传统评价指标，常被用来评估不同种类水产品的新鲜度。一般细菌总数每克小于10^4个为新鲜鱼，每克大于10^6个意味着腐败开始，介于两者之间为次新鲜鱼，其测定方法可参照《食品安全国家标准食品微生物学检验　总则》（GB 4789.1—2016）系列标准执行。但是细菌总数容易受到环境影响，并且该方法花费时间长，操作较烦琐，需要专门的实验室，并且除了检测菌落总数，也要考虑微生物种类和生长趋势等，这样才能实现水产品品质的综合评价。因此，该方法不适用于水产品的收购、运销和加工过程。只有提高试验结果的准确性及特异性，方能进行更广泛的应用。

四、乳品鲜度等级及评价方法

本节中所述乳品专指生乳，加工乳品的检验遵循第四节中商品检验的方法。目前，国内尚无生乳鲜度等级划分的标准，但《食品安全国家标准　生乳》（GB 19301—2010）中对生乳质量提出了相应要求，依据该标准可对生乳新鲜度进行检测评价。

（一）感官检测

感官品质是判定乳品新鲜度最直观的指标，用于感官检测的指标如下。

（1）色泽：新鲜正常的牛乳色泽呈不透明的乳白色或淡黄色。乳白色是由乳中的酪蛋白酸钙－磷酸钙复合体胶粒及脂肪球等微粒对光的不规则反射产生的。牛乳中的脂溶性胡萝卜素和叶黄素使乳略带淡黄色，而水溶性的核黄素使乳清呈荧光性黄绿色。

（2）气味与滋味：乳中含有挥发性脂肪酸及其他挥发性物质，这些物质是牛乳滋味和气味的主要构成成分。这种香味随温度的高低而异，生乳经加热后香味加强，冷却后减弱。乳中羰基化合物，如乙醛、丙酮、甲醛等均与生乳风味有关。生乳除了原有的香味之外，很容易吸收外界的各种气味。所以，挤出的牛乳若在牛舍中放置时间太久会带有牛粪味或饲料味，贮存器不良时则产生金属味，消毒温度过高则产生焦糖味。新鲜纯净的乳稍带甜味，除甜味外，因其中含有氨离子，所以稍带咸味。新鲜乳中的咸味因受乳糖、脂肪、蛋白质等调和而不易被人觉察，但异常乳中如果氨的含量较高，则会有浓厚的咸味；若乳放置过久，在微生物作用下还会产生酸味。

（二）理化检测

与乳品鲜度相关的理化值有很多，本节只介绍几种较常见的指标。

（1）酸度值：乳品工业中酸度是指以标准碱液用滴定法测定的滴定酸度。滴定酸度有多种测定方法和表示形式。我国滴定酸度用吉尔涅尔度（°T）或乳酸度（%）来表示。酸度值的变化与乳及乳制品的腐败变质之间存在一定相关性，刚挤出的新鲜乳，酸度为0.15%～0.18%（16°T～18°T）。新鲜乳储放过程中，由于微生物的作用，发生乳酸发酵，导致乳的酸度逐渐升高。滴定法测量酸度值虽然结果准确，但是现场验收时受到实验条件的限制。在实际中被广泛使用的方法为酒精检验法。

（2）pH值：正常新鲜牛乳的pH值为6.5～6.7，一般酸败乳的pH值在6.4以下，但因pH值与乳酸产生程度无规律性的关系，因此生产中很少用它来判断乳的新鲜度。

（3）密度：乳的相对密度在挤乳后1小时内最低，其后逐渐上升，在20℃时正常乳的相对密度平均为1.030。

（4）黏度：在乳成分中，脂肪及蛋白质对黏度影响最为显著，这与微生物生长繁殖密切相关。在生乳变质过程中，黏度会逐渐增长。

五、蛋品鲜度等级及评价方法

在本节中，蛋品鲜度专指鲜蛋鲜度，如鲜鸡蛋、鲜鸭蛋等。按照《鲜鸡蛋、鲜鸭蛋分级》（SB/T 10638—2011）中的分级方式，可将鲜蛋分为AA级、A级和B级3个等级。蛋类的鲜度检测包括感官检测和理化检测。

（一）感官检验

鲜蛋感官检验主要用眼看、手摸、耳听、鼻嗅等方法，从色泽、气味、状态等方面进行综合判定。

（1）色泽：取带壳鲜蛋在灯光下透视观察，新鲜蛋在灯光下透视时整个蛋呈微红色。去壳后置于白色瓷盘中，在自然光下观察色泽，新鲜蛋蛋黄呈橘黄色至橙色，蛋白澄清、透明，无其他异常颜色。

（2）气味：新鲜蛋去壳后，蛋液具有固有的蛋腥味，无异味。

（3）状态：新鲜蛋带壳时蛋壳清洁完整，无裂纹，无霉斑，灯光下透视时蛋内无黑点及异物。去壳后蛋黄凸起完整并带有韧性，蛋白稀稠分明，无正常视力可见的外来异物。

（二）理化检测

判定蛋类鲜度的理化指标主要有蛋密度的测定、哈夫单位值的测定、蛋黄指数的测定和pH值的测定。

（1）蛋密度的检测：利用不同密度的盐水，观察蛋在其中的沉浮情况，可知蛋的密度。但是这种方法不适宜用于检查贮藏的蛋、种蛋等。通常在密度1.080的食盐水中仍下沉的蛋为最新鲜蛋，在密度为1.060食盐水中都不下沉的蛋为陈蛋或腐败蛋。

（2）哈夫单位值的测定：哈夫单位值是蛋白高度对蛋重的比例指数，即蛋白品质和蛋白高度的对数有直接关系，以此来衡量蛋品质的好坏。哈夫单位值越高，表示黏稠度越大，蛋的品质越好。AA级要求哈夫单位值≥72，A级要求哈夫单位值≥60，B级要求哈夫单位值≥55。

（3）蛋黄指数的测定：蛋黄指数又称蛋黄系数，是蛋黄高度除以蛋黄横径所得的商。蛋越新鲜，蛋黄膜包得越紧，蛋黄指数越高；反之，蛋黄指数越低。新鲜蛋的蛋黄指数一般为0.36～0.44。

（4）pH值的测定：蛋在贮存过程中，由于蛋内CO_2逸出，加上蛋白质在微生物和酶的作用下分解，产生氨和氨态化合物，使蛋内pH值上升。因此测定蛋白和全蛋的pH值，有助于蛋新鲜度的检验。将蛋打开，取1份蛋白（全蛋或蛋黄）与9份蒸馏水混合，用酸度计测定其pH值。新鲜蛋的pH值为：蛋白7.2～7.6，蛋黄5.8～6.0，全蛋6.5～6.8。

六、其他食品鲜度等级及评价方法

除上述介绍的食品外，一些其他食品也有相应的鲜度规范，例如，《粮油检验　稻谷新鲜度测定与判别》（LS/T 6118—2017）中规定了稻谷的鲜度等级，鲜度分级依据如表4-6所示。

表 4-6　　稻谷鲜度判定依据

类型	新鲜度范围/分	判定结果
粳稻谷/籼稻谷	≥85	新鲜稻谷
	75（含 75）～85	次新稻谷
	<75	非新鲜稻谷

稻谷的鲜度检测，主要是依靠理化检测手段。因为，稻谷经脱壳碾磨成规定加工精度等级的大米后，可以与显色剂反应。根据不同新鲜程度的大米显示不同颜色的特征，通过光谱分析颜色差异，反映稻谷中醛酮类物质的含量，以此得到稻谷的新鲜度值。新鲜度值越高，稻谷越新鲜。对判定为次新稻谷的当年样品，需测定其脂肪酸值进行进一步确认；对判定为非新鲜稻谷的样品，则需再增加色泽、气味、品尝评分进行确认。进一步判定时，可参考《稻谷储存品质判定规则》（GB/T 20569—2006）中感官评价方法和脂肪酸值检测方法进行综合判定。

第五节　冷链商品的检测检验方法

冷链商品的流通系统十分庞杂，影响因素众多，商品流通环节的检测检疫，对冷链商品全链条监督具有数据支撑作用，同时能够对商品风险进行合理评估，在全球贸易的趋势下进行合理博弈，达到共赢的贸易目的。

一、冷链食品的检测检验方法

冷链食品的检测检验主要是包括感官鉴别、理化检验及微生物检验，其方法包括经典检测检验方法和现代检测检验技术。一般经典检测方法为法定检测方法，需要经过一系列的验证及比对实验、样品复测试验等。现代方法因其快速便捷的特点，常常被应用于快速检测中。

（一）感官鉴别方法

食品质量感官鉴别就是凭借人体自身的感觉器官，具体地讲就是凭借眼、耳、鼻、口（包括唇和舌头）和手，对食品的质量状况做出评价。也就是通过用眼睛看、鼻子嗅、耳朵听、用口品尝和用手触摸等方式，对食品的色、香、味和外观形态进行综合性的鉴别和评价。

1. 视觉鉴别方法

视觉鉴别是判断冷链食品质量的一个重要感官手段。首先应判断冷冻食品是否解冻，判断冷藏食品外观形态和色泽是否有不良改变。需要注意的是，视觉鉴别应在白色散射光线下进行，以免因灯光干扰而出现错觉或误判。进行鉴别时，应注意食品的外观、大小、形态及块形的完整程度和清洁程度，对于部分生鲜食品还应注意表面是否有光泽、颜色是否有变化等。在鉴别液态食品时，要将它注入无色的玻璃器皿中，透过光线来观察，也可将瓶子颠倒过来，观察其中有无夹杂物下沉或絮状物悬浮。

目前用于冷链物流中的视觉鉴别方法除人眼观察外还有计算机视觉法。计算机视觉法是利用计算机等设备模拟生物视觉，此方法的主要任务是根据拍摄的照片或视频来获取相应的信息。计算机视觉检测法主要依赖的核心技术是多领域自动化的图像分析技术，而计算机视觉则是将图像自动分析与其他方法和技术相结合的产物。计算机视觉检测法的特点在于其具有多样性和不完善性，尽管人们已经开始掌握一些解决特定计算机视觉任务的方法，但是这些方法通常只针对一些特定目标（如面部指纹、文字等），具有很大的局限性，因此使用范围受到了制约。

2. 嗅觉鉴别方法

人的嗅觉是一种复杂而灵敏的感觉，不同人的嗅觉灵敏度不同，对各类味道的接受程度也不同，因此人对气味的喜好与厌恶因人而异。同时一些环境因素，如温度、湿度、气压等，都会对嗅觉产生影响，因此嗅觉的灵敏度也受到周围环境的限制。食品的正常气味是指食品本身所固有的、独特的气味，而当冷链食品出现变质、腐败时，食品的正常气味会发生改变，并根据变质的程度不同而出现不同程度的异味。如富含油脂的食品因为变质会出现哈喇味及酸败、水果类变质会带有馊味及发酵味等。此外，当需要鉴别的食品是液态时，可在洁净的手掌上滴数滴，然后反复摩擦，以增加气味的挥发；当识别畜肉等大块食品时，可将一把尖刀稍微加热后刺入食品深部，拔出后立即嗅闻气味。要注意的是，在鉴别食品时应遵循“先识别气味淡的食品，后识别气味浓的食品”原则，以免影响嗅觉的灵敏度。

目前在嗅觉鉴定中电子鼻技术正被逐步运用到食品检验中。电子鼻可以模拟人类鼻子的嗅觉功能来检测和分析食物的气味，气体分子被电子鼻的气体传感器阵列吸附并产生信号，然后数据采集装置对特征气体进行采集和信号转换，将非电信号转换为电信号，方便用电子设备进行信号分析和处理，再利用模式识别对处理后的信号进行判断和分析。通常电子鼻技术还可以安装于冷链输送设备，用于运输过程中对食品新鲜度的实时监测，并将新鲜度指标传送到车内控制器，使司机能实时掌握车内食品的新鲜度从而做到行程掌控。这样既能降低运输成本，又能更好地保障运输食品的新鲜度。

目前，电子鼻系统主要安装于冷链物流的各种运输车辆中，对运输食品（肉类、蔬果类等）的新鲜度进行实时检测，并通过无线传输技术，将检测结果及时发送到远程监控中心。

3. 触觉鉴别方法

凭借触觉来鉴别食品的膨、松、软、硬、弹性（稠度），以评价冷链食品品质的优劣，也是常用的感官鉴别方法之一。果蔬类食品鲜活时具有一定的硬度及弹性，而当食品出现腐烂或在冷链运输过程中被磕碰、冻伤时，则质地会发生改变，硬度降低、质地软烂、丧失弹性甚至出现渗液，表面黏腻等。水产品肉质的硬度和弹性，也常常是判断水产品是否新鲜或腐败的重要标志之一。

4. 味觉鉴别方法

味觉鉴别方法是辨别食品品质的重要一环。味觉器官不但能品尝到食品的滋味，而且能敏感地察觉食品中极轻微的变化。经冷链运输时间较长的食品，有些虽然尚未变质，但其味道已经发生相应的改变。此时，味觉鉴别可以快速分辨食品的等级及品质。需注意，对几种不同味道的食品在进行味觉评价时，应当按照刺激性由弱到强的顺序，最后鉴别味道强烈的食品。在进行大量样品鉴别时，中间必须休息，每鉴别一种食品之后必须用温水漱口。但因个体的味觉差异，味觉鉴定也逐步开发出来了电子舌技术，以此来降低个体鉴别的差异性。

5. 感官鉴别适用的范围

感官鉴别适用于所有作为食品原料、半成品或成品的食物，并能对其品质的优劣与真伪做出评价。而且食品的感官鉴别，既适用于专业技术人员在室内进行技术鉴定，也适合广大消费者在市场上选购食品时使用。其具体适用范围如下。

(1) 肉及肉制品：冷链肉制品常可分为冷冻肉及冷鲜肉，并且禽畜肉也种类繁多，如猪、羊、牛、鸡、鸭、鹅等。感官鉴别是判断冷鲜肉及冷冻肉新鲜程度的首要手段。

(2) 乳及乳制品：消毒鲜奶或者个体送奶户的鲜奶，直接用感官鉴别是非常有效的。在选购奶制品时，可应用感官鉴别，从包装到制品颗粒的细洁程度以及有无异物污染等，通过感官鉴别即可一目了然。

(3) 水产品：鱼、虾、蟹等水产鲜品及干贝类、海参类等经过感官鉴别，即可快速准确地确定能否食用，方法简便易行。

(4) 蛋类：禽蛋种类很多，与人们日常生活消费关系密切，能否食用或者变质与否，通过感官鉴别即可得出结论，对于广大消费者来讲也是十分有效的方法。

(5) 冷饮与酒类：冷饮与酒类的感官鉴别也具有实用性。特别是酒中的沉淀物、悬浮物、杂质异物，通过感官鉴别都可以直接检查出来。

(6) 其他食品：其他食品如糕点等。这些食品都可以通过感官鉴别，把宏观指标不符合卫生质量要求者区分出来予以控制，严防流入市场造成不良影响。总之，各种食品原料及其制品质量的宏观评价，都适宜利用感官鉴别方法。

6. 鉴别后的食品食用与处理原则

鉴别和挑选食品时，遇有明显变化者，应当即做出能否供给食用的确切结论。对于感官变化不明显的食品，必须借助理化检验和微生物检验，才能得出综合性的鉴别结论。因此，通过感官鉴别之后，特别是对存有疑虑和争议的食品，必须再进行实验室的理化和细菌检验，以便辅助感官鉴别。尤其是混入了有毒、有害物质或被分解蛋白质的致病菌所污染的食品，在感官评价后，必须做上述两种专业操作，以确保鉴别结论的正确性。并且应提出该食品是否存在有毒有害物质，阐明其来源、含量、作用和危害，根据被鉴别食品的具体情况提出食用或处理原则。

食品的食用或处理原则是在确保人民群众身体健康的前提下，尽量减少国家、集体或个人的经济损失，并考虑到物尽其用的问题。具体方式通常有以下四种。

(1) 正常食品：经过鉴别和挑选的食品，其感官性状正常，符合国家卫生标准，可供食用。

（2）无害化食品：食品在经过感官鉴别时发现了一些问题，对人体健康有一定危害，但经过处理后，可以被清除或控制，其危害不再会影响到食用者的健康。如高温加热、加工复制等。

（3）条件可食食品：有些食品在经过感官鉴别后，需要在特定的条件下才能供人食用。如有些食品已接近保质期，必须限制出售和限制供应对象。

（4）危害健康食品：在食品感官鉴别过程中发现的对人体健康有严重危害的食品，不能供给食用。但可在保证不扩大蔓延并对接触人员安全无危害的前提下，充分利用其经济价值，如用作工业使用。但对严重危害人体健康且不能保证安全的食品，如畜、禽患有烈性传染病，或易造成在畜禽肉中蔓延的传染病，以及被剧毒物质或被放射性物质污染的食品，必须在严格的监督下毁弃。

（二）理化检验方法

食品中的水分含量、脂肪和蛋白质的含量以及败坏程度都与冷链食品的质量关系密切。水分含量可以反映食品的鲜活程度，水分含量越低，鲜度越差。脂肪和蛋白质的败坏程度则反映食品变质的程度，脂肪和蛋白质的败坏程度越高，食品腐败变质越严重。

1. 食品水分测定

食品中的水分主要以游离水、结合水和化合水三种形式存在，而在进行检测时，主要是对游离水和结合水的总量进行测定，一般采用的方法有：直接干燥法、减压干燥法、蒸馏法和卡尔·费休法。

（1）直接干燥法：利用食品中水分的物理性质，在 101.325kPa（标准大气压）、101℃～105℃条件下，采用挥发方法测定样品中干燥损失的重量，包括吸湿水、部分结晶水和该条件下能挥发的物质，再通过干燥前后的称量数值计算出水分的含量。

（2）减压干燥法：利用食品中水分的物理性质，在达到 40kPa～53kPa 压力后加热至 60℃±5℃，采用减压干燥方法去除试样中的水分，再通过烘干前后的称量数值计算出水分的含量。

（3）蒸馏法：根据食品中水分的物理化学性质，使用水分测定器将食品中的水分与甲苯或二甲苯共同蒸出，根据接收的水的体积计算出试样中水分的含量。本方法适用于含较多其他挥发性物质的食品，如香辛料等。

（4）卡尔·费休法：根据碘能与水和二氧化硫发生化学反应，在有吡啶和甲醇存在的情况下，1mol 碘只与 1mol 水作用，反应式如下：

$$C_5H_5N \cdot I_2 + C_5H_5N \cdot SO_2 + C_5H_5N + H_2O + CH_3OH \rightarrow 2C_5H_5N \cdot HI + C_5H_6N[SO_4CH_3]$$

卡尔·费休水分测定法又分为库仑法和滴定法。库仑法测定的碘是通过化学反应产生的，只要电解液中存在水，所产生的碘就会和水以 1∶1 的关系按照化学反应式进行反应。当所有的水都参与了化学反应，反应即终止。滴定法测定的碘是作为滴定剂加入的，滴定剂中碘的浓度是已知的，根据消耗滴定剂的体积，计算消耗碘的量，从而计量出被测物质水的含量。

2. 蛋白质含量的测定及其腐败变质的检测

(1) 蛋白质含量的测定。

目前，测定食品中蛋白质含量的方法有多种，一般可分为间接方法和直接方法。间接方法是通过测定样品中蛋白质的含氮量来推算蛋白质含量；直接方法则是根据蛋白质的物理和化学性质，直接测定蛋白质含量。多年来，利用蛋白质的主要性质（如含氮量、肽键、折射率等）和蛋白质含有的特定氨基酸残基（如芳香基、酸性基、碱性基等）来测定蛋白质含量的方法不断发展。目前主要的测量方法有凯氏定氮法、分光光度法和燃烧法等。

①凯氏定氮法：食品中的蛋白质在催化加热条件下被分解，产生的氨与硫酸结合生成硫酸铵。碱化蒸馏使氨游离，用硼酸吸收后以硫酸或盐酸标准滴定溶液滴定，根据酸的消耗量计算氮含量，再乘以换算系数，即为蛋白质的含量。

②分光光度法：食品中的蛋白质在催化加热条件下被分解，分解产生的氨与硫酸结合生成硫酸铵，在 pH4.8 的乙酸钠一乙酸缓冲溶液中与乙酰丙酮和甲醛反应生成黄色的 3，5 -二乙酰- 2，6 -二甲基一1，4 -二氢化吡啶化合物。在波长 400nm 下测定吸光度值，与标准系列比较定量，乘以换算系数，即为蛋白质含量。

③燃烧法：试样在 900℃～1200℃高温下燃烧，燃烧过程中产生混合气体，其中的碳、硫等干扰气体和盐类被吸收管吸收，氮氧化物被全部还原成氮气，形成的氮气气流通过热导检测器进行检测，从而测定蛋白质含量。

(2) 蛋白质腐败变质的检测。

食品中检测蛋白质腐败变质最敏感的是感官指标，变质后的食品硬度及弹性下降，而结构、外形、颜色、气味等均会发生不良改变。此外，与蛋白质腐败变质程度紧密相关的化学指标均是根据蛋白质分解产物的量测定的，包括挥发性盐基总氮、二甲胺与三甲胺等。

挥发性盐基氮具有挥发性，在碱性溶液中蒸出，利用硼酸溶液吸收后，用标准酸溶液滴定计算挥发性盐基氮含量。常用的测定方法有半微量定氮法、自动凯氏定氮仪法和微量扩散法。

二甲胺及三甲胺是水产品中常用的判断蛋白质腐败变质程度的指标。在碱性条件下，自甲苯溶液中提取后，加显色剂会显色。常用的检测方法有分光光度法、色谱法等。

3. 食品中脂肪含量的测定及脂肪酸败的测定

(1) 脂肪含量的测定。

在食品脂肪含量测定的方法中，最经典、最常用的方法就是索氏抽提法，此法适用于各类食品的脂肪含量测定，尤其是对于脂肪含量较高而结合态的脂类较少、能烘干磨碎、不易吸湿结块的食品，如肉制品、豆制品、坚果制品、谷物油炸制品、中西式糕点等，测定结果准确可靠，属于国家标准方法中的第一法。除此之外，常用的测定方法还有酸水解法、碱水解法及盖勃法。

①索氏抽提法：因脂肪易溶于有机溶剂，可将待测样品直接用无水乙醚或石油醚等溶剂抽提后，蒸发除去溶剂，干燥后得到游离态脂肪的含量。

②酸水解法：食品中的结合态脂肪必须用强酸使其游离出来，游离出的脂肪易溶于有机溶剂。试样经盐酸水解后用无水乙醚或石油醚提取，除去溶剂即可得到游离态和结合态脂肪的总含量。

③碱水解法：用无水乙醚和石油醚抽提样品的碱（氨水）水解液，通过蒸馏或蒸发去除溶剂，测定溶于溶剂中的抽提物的质量。

（2）酸败的检测。

食品中脂肪受不良因素的影响而产生游离的脂肪酸，使食品酸败，游离脂肪酸的含量越少，则脂肪的酸价、过氧化值就越小，因此。检测食品中脂肪的酸价及过氧化值，可直接反映出食品是否酸败及酸败的程度。

酸价是指中和一克油脂所含游离脂肪酸时所需氢氧化钾的毫克数，其测量方法是利用油脂中的游离脂肪酸与氢氧化钾发生中和反应，从氢氧化钾标准溶液消耗量计算游离脂肪酸的含量。

过氧化值的测定是令油脂氧化过程中产生的过氧化物与碘化钾作用，然后用硫代硫酸钠标准溶液滴定，通过硫代硫酸钠标准溶液的消耗量计算过氧化值。

（三）微生物检验方法

在自然界中细菌是分布最广、数量最多的一类生物，并与食品关系最为密切，是食品理论、工业发酵和酿造研究的主要对象，也是导致食品腐败的主要类群。食品中的微生物检验项目主要包括菌落总数、大肠菌群、霉菌和酵母菌、致病菌等几大类，其中致病菌主要检测沙门氏菌、志贺氏菌、金黄色葡萄球菌，产品不同其检测参数也不尽相同。

1. 菌落总数的测定

菌落总数是指食品经过处理并在一定条件下培养后，1ml（g）检样中所含细菌菌落的总数。菌落总数主要作为判别食品被污染程度的标志，也可以应用这一方法观察细菌在食品中繁殖的动态，以便为被检样品进行卫生学评价时提供依据。

每种细菌都有它一定的生理特性，培养时，只有应用不同的营养条件及其他生理条件（如温度、培养时间、pH 值、需氧性质等）去满足其要求，才能分别将各种细菌培养出来。但在实验测定中，菌落总数一般只用一种常用方法去测定，如按照国家标准中的平板计数法，菌落总数指在需氧情况下，36℃（±1℃）培养 48h（±2h），能在平板计数琼脂培养基平板上生长的菌落总数。厌氧或微需氧菌、有特殊营养要求的以及非嗜中温的细菌，由于现有条件不能满足其生理需求，难以繁殖生长。因此菌落总数并不表示实际中的所有细菌总数，也并不能区分其中细菌的种类，所以有时被称为杂菌数、需氧菌数等。《食品安全国家标准　食品微生物学检验　菌落总数测定》（GB 4789.2—2016）中还规定了菌落总数的计算方法和报告方式。

2. 大肠菌群的测定

大肠菌群是指一群在37℃能发酵乳糖、产酸、产气、需氧或兼性厌氧的革兰氏阴性无芽孢杆菌。因其主要来源于人畜粪便，故以此作为粪便污染指标来评价食品的卫生质量，推断食品是否污染了肠道致病菌。《食品安全国家标准　食品微生物学检验　大肠菌群计数》（GB 4789.3—2016）中大肠菌群的测定采用最可能数（Most Probable Number，MPN）计数法和菌落形成单位（Colony－Forming Units，CFU）平板计数法两种不同方法计数。

MPN计数法是基于泊松分布的一种间接计数法，是一种应用概率理论来估算细菌浓度的方法。经过近百年的完善与发展，MPN计数法已成为大肠菌群等多种项目的计数方法。大肠菌群MPN计数法是接种3个稀释度（采用10倍稀释液），每个稀释度接种3管平行样，共计9管，通过其结果的阳性管数分布情况，查MPN表从而得出报告结果。

3. 霉菌和酵母菌的测定

霉菌和酵母菌培养可以使用同一种培养基，通过长出的菌落形态特征来判断计数，霉菌最显著的特征就是有菌丝，不规则，无固定大小，最初往往是白色或浅色，当长出孢子后呈多种颜色，如红色、绿色、黑色等。而酵母菌一般比较光滑，多为乳白色，少数有红色，与细菌菌落特征相似。

4. 致病菌的检验

冷链食品中的致病菌主要的是沙门氏菌、志贺氏菌、金黄色葡萄球菌等。

（1）沙门氏菌的检验：检验沙门氏菌的方法有很多，近年来发展了许多沙门氏菌快速检验的新方法，如酶联免疫吸附测定法和荧光定量PCR（聚合酶链式反应）法等。但是食品卫生微生物检验具有法规性，检验方法参照《食品安全国家标准　食品微生物学检验　沙门氏菌检验》（GB 4789.4—2016）中规定的方法。

（2）志贺氏菌的检验：检验志贺氏菌首先要用三糖铁培养基做初步生化试验，用半固体培养基做动力试验。志贺氏菌在三糖铁培养基上的反应为：斜面产碱（呈红色），底层产酸（呈黄色），不产气（福氏志贺氏菌6型可微产气），硫化氢试验为阴性，无动力（不能运动）。如果出现这样的结果，疑为志贺氏菌，挑取可疑菌株做血清学试验，鉴定菌型。血清学试验的原则与沙门氏菌相同，先用多价血清鉴定，再用单因子鉴定。

（3）金黄色葡萄球菌的检验：金黄色葡萄球菌耐盐性强，在100～150g/L的氯化钠培养基中能生长，适宜生长的盐浓度为5%～7.5%，可以利用这个特性对金黄色葡萄球菌增菌，抑制杂菌。金黄色葡萄球菌可产生溶血素，在血平板上生长时菌落周围有透明的溶血环。此外，菌落可产生卵磷脂酶分解卵磷脂，产生甘油酯和可溶性磷酸胆碱，所以在贝尔德帕克（Baird—Parker）琼脂平板（含卵黄和亚碲酸钾）上生长时，菌落为黑色，周围有一圈混浊带，在其外层有一圈透明圈，因此利用此特性可分离金黄色葡萄球菌。金黄色葡萄球菌还可产生凝固酶，凝固酶可使血浆中的血浆蛋白酶原变成血浆蛋白酶，使血浆凝固，这是鉴定致病性金黄色葡萄球菌的重要指标，是不是致病的金黄色葡萄球菌主要看它是否产生凝固酶。

(4) 其他致病菌：冷链食品中还可能出现变形杆菌、肉毒梭菌、产气荚膜梭状芽孢杆菌等致病菌，可依据相应的国家标准中给出的方法检验。

二、冷链药品的检测检验方法

近几年以疫苗为主的冷链药品事故不断，随着疫苗相关法规的落地，如何科学、安全、快速地对冷链药品进行检验，成为各级疾病预防控制中心十分关注的事情。

(一) 冷链药品检验的基本要求

药品质量检验员应配备适当的设施、设备、仪器，以保证控制质量的相关活动能有效、可靠地完成。操作规程要精准，对原辅料、中间产品、包装材料、待包装产品和成品的取样、检查检验要准确，考察产品的稳定性，为确保符合本规范的要求，必要时需进行环境监测。待包装产品和成品取样应由经授权的人员按照规定的方法操作；检验方法应当经过相关检验员验证。取样检查结束后记录，最后写检验报告送审。

(二) 检验的一般方法

一般情况下，检验某一药品时，当取得具有代表性的样品后，可做以下几个方面的检验。

(1) 物理性状的检验：取一定量的样品在规定条件下观察其颜色、晶型、外观，闻其气味，检测其溶解度与旋光度等物理性状。

(2) 鉴别试验：按照药品质量标准的规定，取一定量药品，利用其物理和化学特性，如物理常数（旋光度、折光率、相对密度等）、光谱特性（紫外光谱、红外光谱等）、色谱特性（薄层色谱和纸色谱、气相色谱、液相色谱等）、离子反应、官能团反应等，进行数次不同特征的试验，根据试验结果确定药品的真伪。药品的一种特征试验（即鉴别试验）只能体现药品的某一特征，不能体现药品的整体性质，因此，判断一种药品不能只根据一种鉴别试验，必须经过数次特征试验才能得出判断性结论。例如，一些药典中规定，醋酸可的松的鉴别试验不仅对比旋度有要求，而且还包括紫外与红外吸收光谱特征、特有官能团的化学反应等。

(3) 药品的检查（纯度检查）：检查药品中所含有的某些杂质，在保证用药的有效与安全、利于我国药品发展的条件下，可以允许药品中存在微量杂质，所以一般为“限量检查”。

(4) 药品的含量测定：含量测定一般在鉴别、检查符合规定后进行，因为前两者不符合规定的话，含量测定就没有意义。含量测定不但可以测定药品的纯度，而且也是保证药品疗效的一个重要环节。药品含量测定的常用方法有物理测定法（如旋光折光等）、化学测定法（重量法、滴定法等）、物理化学测定法（光学法、电化学法等）以及生物测定法等。药品质量标准对所收载药品的含量测定做了具体的规定。

第六节 冷链商品质量追溯系统

食品、药品安全一直是一个重要的民生问题，近年来我国的食品药品安全问题已经有很大改善，政府和企业已经开始意识到质量追溯是解决问题的手段。简单来说，质量追溯就是对商品的生产、加工、销售等各环节，按照相应的质量标准进行严格管理，详细记录各工作环节的相关信息，并把信息录入定制好的电脑系统，利用编码技术把产品生产流程的各个中间码串联起来，形成一组能供监管部门和消费者查询的产品身份代码，实现产品质量顺可追、逆可溯的开放式生产管理过程。由于冷链商品主要是食品、药品，在冷链物流管理中，构建有效的质量追溯体系是准确、及时、经济和高效地解决质量安全问题的最重要的方式。本节以农产品质量追溯系统为例，对冷链商品质量追溯系统进行介绍。

一、冷链商品质量追溯的发展

质量追溯制是指在生产过程中，每完成一个工序或一项工作，都要记录其检验结果及存在问题，记录操作者及检验者的姓名、时间、地点及情况分析，在产品的适当部位加以相应的质量状态标志。这些记录与带标志的产品同步流转。一旦有需要时，很容易获取责任者的姓名、时间和地点，职责分明，查处有据，这可以极大加强职工的责任感。质量追溯系统就是一个能够连接生产、检验、监管和消费各个环节，让消费者了解符合卫生安全的生产和流通过程，提高消费者放心程度的信息管理系统。

以农产品为首的冷链商品，其质量安全管理实行追溯制是从 20 世纪 80 年代英国的疯牛病事件后逐渐发展起来的，最早由法国等部分欧盟国家提出来，紧接着世界各国为了保障食品质量安全，纷纷采取措施防止相关问题再次出现。目前，全世界已有多个国家和地区相继建立相应的追溯体系，对冷链商品质量安全生产过程进行严格地监控、跟踪与溯源。我国对冷链商品质量追溯的研究始于 2002 年，彼时为全面提高我国农产品质量安全水平，保证广大人民群众的身体健康，增强我国农产品在国际上的市场竞争能力，在“无公害食品行动计划”的指导下，一些部门、企业和行业开展了农产品质量安全追溯研究，并建立了各自的农产品质量追溯系统。我国的冷链商品质量追溯系统也自此开始积极发展，但是，由于没有统一的追溯软件、追溯标识和信息查询平台，也没有统一的国家数据库，整体而言，我国的冷链商品质量追溯目前仍处于碎片化状态。

二、冷链商品质量追溯的意义

对于冷链商品要区别两个层面的追溯：内部追溯和外部追溯。内部追溯指产品链上一个环节或一个经营实体内部的追溯，它将原料和过程与生产、加工或分销等不同阶段的产品联系起来。外部追溯指产品链上环节之间或不同经营实体之间的延续追溯。

外部追溯着重于产品从一个环节到下一个外部环节的追溯能力延伸，使任何产品从初始生产到最终消费的全过程都是双向可查询的。

冷链商品质量追溯系统，其收集的追溯数据包含了整个生产链的全过程，包括原材料的产地信息、产品的加工过程、终端用户的各个环节的信息。实施可追溯管理，能够为消费者提供准确而详细的冷链商品信息。在我国工业化时代的快速发展过程中，食品、药品安全事故时有发生，严重危害消费者的生活质量和生命安全，为确保冷链商品质量安全，必须从生产源头抓起。建立冷链商品质量追溯制度，就是从源头上对产品的生产、加工、贮存、运输、销售等生产环节及责任主体进行安全管理和监控，其参与主体不仅包括企业，而且还包括农产品原料生产者、销售者、政府部门和消费者。因此，建立冷链商品质量追溯系统，不仅是提高产品质量及安全保障的有效措施，也是新时期冷链商品质量安全管理发展的必然趋势。

三、冷链商品质量追溯系统的组成

冷链商品质量追溯系统就是运用计算机、网络通信、数字化物流管理等先进技术，在产品从生产源头到市场销售整个链条上的每个环节，通过规范信息记录和传递，强化资源整合与信息共享，实现产品物流与信息流的有机结合。在产品质量安全追溯系统中每个环节都要承担承接信息、记录信息、传递信息、身份标识这 4 项任务，形成开放式、全程化、动态化产品质量安全可追溯体系，最终实现产品质量安全可追溯。

以我国农垦经济研究与技术开发中心开发的农垦农产品质量追溯系统为例。该质量追溯系统软件由 5 部分组成：定制子系统、信息采集子系统、企业汇总子系统、查询子系统、监管子系统。

(1) 定制子系统。定制子系统是质量追溯系统软件的核心部分。其功能是根据企业的生产过程和产品质量追溯的需要，确定投入品管理模式，设置每个环节或岗位承接信息、记录信息和传递信息的具体内容和技术实现方式，建立适应企业生产管理特点的质量追溯采集子系统。

(2) 信息采集子系统。信息采集子系统的界面和功能，完全由定制系统决定。其主要功能包括 4 个部分：一是字典初始化，录入投入品、从业者、场所、设施等基础信息；二是依据企业采集点分布和职责，设置信息录入人员权限；三是依据定义的信息采集内容和格式，运行相关组件进行信息记录、承接和传递；四是数据上报，用于各信息采集点通过网络、磁盘、射频卡等方式向企业数据中心上报数据等功能。

(3) 企业汇总子系统：企业汇总子系统的核心任务是对各信息采集点上报的数据进行汇总，形成完整追溯链，并通过网络向质量追溯数据中心上传数据，同时为企业主管部门提供具有内控功能的软件系统。内控功能包括三部分：一是对各采集点的追溯信息进行监管；二是以追溯编码为依据，对产品质量安全情况进行全程跟踪分析；三是可以根据企业个性化需求，开发专用功能，满足企业个性化管理需要等，如产品产量的统计、计件工资的核算等，此部分内控功能也可以通过监管子系统来实现。

(4) 查询子系统：查询子系统的运行不需企业干预，只要企业能及时把产品质量追溯信息上传数据中心，查询系统会根据公众提供的追溯码自动查询信息并反馈。

(5) 监管子系统：监管子系统的使用者为追溯项目主管部门、承担单位、监督部门等，其核心功能是通过互联网对追溯产品生产情况进行网上实时监管。其功能分为三部分：一是信息填报，主要用于项目创建单位网上信息填报，填报内容涵盖农业标准化、产品认证、投入品使用等质量安全相关信息；二是动态监管，主要用于项目主管部门、质量监控部门、项目承担单位和项目创建单位对本辖区内纳入系统管理的农产品质量安全情况进行动态监管，并及时反馈意见或要求等；三是统计分析，主要用于对纳入系统产品的产品认证、质量追溯、基地建设等信息的统计分析等。

四、冷链商品质量追溯系统的构建

构建冷链商品质量追溯系统应把握“宽度”“深度”和“精确度”三个维度。宽度，是指所包含信息的范围，应记录哪些字段，如保质期、相关责任人、冷藏库和全程运输的温度等。深度，则指向前或向后追溯信息的距离。精确度，是指可以确定问题源头或产品某种特性的能力。构建冷链物流追溯系统需要对全过程中的商品冷链信息进行采集、传输、存储、加工和维护。该系统的主要功能模块包括：标签管理、安全检测、温度控制、数据库系统、电子商务查询系统、车辆定位等。为保证冷链全过程追溯的连续性，各节点按照系统设定的格式详细记录产品的原料采购、进出货、加工、包装等信息，严格管理各环节产品的批号、批次，包括产品从生产基地发货开始直到消费者收货为止的整个流程的批号。根据冷链物流的对应环节，质量追溯体系在构建过程中主要考虑以下几个方面。

第一，产品源头的管理追溯体系。以乳制品为例，产品源头即指奶牛和奶牛的饲料等。为保证对原料奶质量的有效控制，可以建立养殖场可追溯子系统，对与奶牛健康安全密切相关的各种信息进行采集和分析，如饲料的管理、牛舍的卫生等。这里我们可以结合无线射频识别技术等为每头奶牛建立健康档案标签，利用无线射频识别标签记录牛奶的质量，并通过后台的管理信息系统自动分析奶牛的奶量变化，进而得出每头奶牛的产奶性能、泌乳曲线、健康状况等。

第二，生产加工环节质量追溯体系。在此环节中，可以建立产品加工可追溯子系统来收集安全信息并做分析以保证产品质量。在此依旧可以利用无线射频识别技术来辅助建立该子系统。首先利用无线射频识别技术对入库原料的信息进行记录，写入原材料的基本信息，如产地、出产日期、储存方法等，之后将电子标签上的信息传到后台管理信息系统中。生产和入库过程中的敏感数据，如温度等，依旧可以利用无线射频识别温控标签来进行检测。

第三，配送环节质量追溯体系。本节中配送环节重点讨论运输过程。因为需要冷链物流的产品大多数对温度有严格要求，而在运输过程中温度变化最难掌控，也最容易出现质量问题。因此，可以借助全球定位系统、地理信息系统、通信网络等，通过系统和车载终端实时控制调度，加强对车辆和司机的管理；还可以在运输卡车内安装内部带有温度传感器的无线射频识别标签，实时记录车厢里的温度。

第四，销售环节质量追溯体系。当贴有标签的货品到达超市时，阅读器读取标签的 ID 号，并将它们发送到超市端系统。同时超市在摆放诸如冷冻食品的冷冻柜上方可以安装一个无线射频标签阅读器，该阅读器可以辐射整个冷冻食品摆放的区域，用以实时读取冷冻柜的温度信息并及时反馈给超市管理中心，以保证生鲜食品的新鲜度。

第五，用户的追溯。质量追溯系统的终端用户也可以通过超市的自助服务系统或者厂家的网站实时查询产品的相关信息。

五、条码技术

冷链实现可追溯的前提条件是各环节数据与信息的易获得性，同时这些信息能够方便地被处理和共享。条码技术以计算机、光电技术和通信技术的发展为基础，通过光学识读，可以准确地将条码标签携带的信息加以识别、译码，最终转换成机器语言输入计算机进行数据处理。条码技术是食品安全追溯体系建设中最常用到的自动数据采集技术。条码可包含产地、目的地、产物清单、运输记录等，这些信息随物品流动，识读不需要网络及数据库支持，方便、快捷、准确、高效、低成本。商品条码是全球统一标识系统的一个重要组成部分，是 GS1 系统发展的基础，主要用于对零售贸易单元、非零售贸易单元及物流单元的标识，运用条码自动识别技术可以对食品供应链中的生产、加工、贮藏、运输、销售等环节进行全程跟踪和追溯，实现食品的安全溯源。一旦发现问题，可及时采取措施，将成本和各种损失降到最低。现在广泛运用的条码有一维码和二维码。

一维码是由平行排列的宽窄不同的线条和间隔组成的二进制编码，这些线条和间隔根据预定的模式进行排列并且表达相应记号系统的数据项。宽窄不同的线条和间隔的排列次序可以解释成数字或者字幕，它可以进行光学扫描阅读，即根据黑色线条和白色间隔对激光不同的反射来识别。目前在用的大约有十几种不同的编码和布局方案，其中最流行的是欧洲商品编码。

由于一维码信息容量很小，如商品条码仅能容纳几位或几十位阿拉伯数字或字母，因此商品的详细描述只能由数据库提供，离开了预先建立的数据库，一维码的使用就受到了限制。基于这个原因，人们迫切希望发明一种新的码制，除具备一维码的优点之外，同时还有信息容量大、可靠性高、保密防伪性强等优点。二维码的产生正好顺应了这种需求，二维码技术是用按一定规律在平面上分布的黑白相间的图形实现信息存储和识别。二维码具有编码来源广泛、信息容量大、加密与纠错能力强、印制无特殊要求等优点，能较好地弥补一维码的不足。

六、无线射频识别技术

无线射频识别技术（RFID）是一种非接触的自动识别技术，起源于 20 世纪 40 年代的英国，具有很高的读写效率，能同时读取多个标签，对标签、阅读器的污染情况要求较低，可以进行穿透、无屏障的通信，信息储存量相对较高，且可以进行动态的修改以及加密，安全性高。

从概念上来讲，RFID 类似于条码扫描。条码技术是将已编码的条码附着于目标物，并使用读写器通过光信号将条码信息传送到读写器；而 RFID 技术则是使用读写器和粘贴于目标物上的射频标签，利用射频信号将物品相关信息由射频标签传送至读写器。无线射频识别技术主要由电子标签、读写器和数据管理系统组成：电子标签内有记载唯一识别码的芯片和接收与传送信号的天线；读写器的作用主要是写入和读取电子标签的信息，可设计为手持式或固定式；数据管理系统的主要作用是存储和管理读写器读出的信息，同时也可以控制电子标签。其基本原理是基于电磁理论，利用无线射频信号在读取传输设备和发射装置（RFID 标签）之间进行数据传输，读取传输设备在接收信息、解码后，传输至信息处理设备进行数据加工处理。与条码技术相比，射频技术具有标签使用寿命长、读取速度快、信息存储量大、自动化程度高等特点。在冷链追溯中，将 RFID 技术与条码技术、网络技术、传感技术等配合使用，对食品进行有效标识，实现信息采集和传输，能够有效地提高信息处理的效率，为全链条的追溯提供了可行性。

七、区块链追溯技术

区块链追溯技术是最近才引起食品安全领域研究人员关注的一项新技术，它实际上是一个分散的信息系统，在许多计算机之间共享信息，并且新信息写入系统后不能删除或更改。区块链的本质是一个数据存储系统，这一系统可以使用密码技术在系统中任意数量的节点创建块，每个块包含一段时间内系统中的所有事务数据，它可以创建数字指纹，用于验证信息的有效性并与下一个块连接。区块链技术最开始使用于比特币，用来追踪资金的来源和去向。随着区块链技术的不断成熟发展，以及该技术所有数据呈现出公开透明的特点，研究人员开始将区块链追溯技术引入食品安全管理和问题溯源。区块链追溯技术的去中心化、开放透明和不可随意更改等特性，能够轻易地让消费者对这一追溯技术建立信任基础，从而以较低的成本和较高的效率改善目前在食品质量安全中存在的消费者信任度低的问题。

八、数据库技术

良好的物流管理信息系统离不开高质量的数据库，物流追溯实现的基础是物流信息数字化，要实现整个供应链的可追溯性，必须借助信息数据库。对于食品冷链而言，信息数据要经历获取、处理和存储，因此数据库是食品冷链质量可追溯的重要支撑。在食品冷链物流追溯系统的设计中，可以采用目前应用比较广泛的关系型数据库，通过建立实体与实体之间的联系来实现对物流信息数据的管理；可结合标签技术，通过读取与数据库相连的标签，获取相关产品信息或将产品信息写入数据库，利用标签信息就可对冷链物流的全过程进行跟踪。

九、无线传感器网络

无线传感器网络（Wireless Sensor Networks，WSN）是由大量静止或移动的传感器，以自组织和多跳的方式构成的无线网络，在网络覆盖地理区域内，以协作的方式感知、采集、处理和传输被感知对象的信息，并最终把这些信息发送给信息终端。伴随着无线传感器网络技术的迅猛发展，欧美等发达国家逐步认识到无线传感器网络在冷链物流中的重要作用。无线传感器网络作为一种全新的信息获取技术，凭借其低功耗、低成本、高可靠性等特点，已广泛应用于冷冻储藏、冷藏运输中温度监控等领域。由于无线传感器网络采用微型传感器节点组成的传感器网络，且采用对等式节点拓扑布置传感器网络，因此，要在较集中的监测区域内布置传感器网络，然后通过网关与控制中心进行通信。目前来看将RFID技术与传感器网络技术相结合将会是未来发展的一个趋势。

十、物联网技术

物联网技术（Internet of Things，IoT）起源于传媒领域，是信息科技产业的第三次革命。物联网是指通过信息传感设备，按约定的协议，将任何物体与网络相连接，物体通过信息传播媒介进行信息交换和通信，以实现智能化识别、定位、跟踪、监管等功能。作为现代互联网信息技术发展的重要组成部分，其核心基础就是互联网，是在互联网基础上延伸扩展出来的一种新兴网络。通过利用各类有线、无线网络将物体信息进行高效传输。为了充分保障数据信息在网络传递过程中的安全可靠性，物联网技术必须能够适应各类异构网络，同时还需要科学遵循相关的网络协议。在冷链运输过程中存在多种会对商品品质造成影响的不定因素，而物联网技术的介入会有效地监控、稳定这些因素的变化。物联网在冷链产业中的运用将促进运输的智能化、物流可视化及信息透明化，使冷链创造更多的价值。冷链产业中的生产商、物流商、销售商、消费者通过可接入互联网的各种终端，随时随地获知易腐货物状况，享受物联网技术带来的安全性和及时性等方面的变革。

案例分析

案例一：北京麦当劳食品冷链物流管理分析

麦当劳对其食品冷链物流采取业务外包（夏晖公司）的方式进行管理，在全球范围内通过制定一整套严格的标准实现对整个流程的控制和跟踪。

(1) 麦当劳冷链物流的标准化。麦当劳对其所有的餐厅实行统一的标准化管理，从对员工的要求到对店长的要求（人员管理），从对食品制作的要求到对食品运输的要求，麦当劳自始至终地执行着一整套的标准化管理（规范管理）。麦当劳的冷链物流标准涵盖了温度记录与跟踪、温度设备控制、商品验收、温度监控点设定、运作系统的建立等领域（全领域标准化）。即便是在手工劳动的微小环节，也有标准把关。在中国，麦当劳还在考虑应用一些国家制定的物流业服务标准和技术标准（协同融合），以便把工作细化到各个节点，进而对整个流程实施控制和跟踪（过程控制及可追溯）。目前，麦当劳正在积极引入一套由美国食品物流协会开发的认证体系，并希望把这种适用于美国航天员的食品标准，逐步扩展到整个食品行业。

(2) 麦当劳与夏晖公司的战略合作伙伴关系建立于1974年。为了满足麦当劳冷链物流的要求，夏晖公司在北京投资5500多万元人民币，建立了一个占地面积达12000平方米、拥有世界领先技术的多温度食品分发物流中心（核心环节），配备专业的三温度（冷冻、冷藏、常温）运输车辆。物流中心内设有冷藏库、冷冻库及干货库，各个库区都有极其严格的温度、湿度要求，从而保证产品的品质。其中干货库容量为2000吨，里面存放麦当劳餐厅用的各种纸杯、包装盒和包装袋等不必冷藏冷冻的货物；冻库容量为1100吨，设定温度为−18℃，用于储存派、薯条、肉饼等冷冻食品；冷藏库容量超过300吨，设定温度为1℃～4℃，用于储存生菜、鸡蛋等需要冷藏的食品。冷藏和常温仓库设备都是从美国进口的，设计细致而精心，能最大限度地保鲜。在干货库、冷藏库、冷藏库和冷冻库之间，均有一个隔离带，用自动门控制，以防止干货库的热气和冷库的冷气互相干扰。干货库中还设计了专用卸货平台，使运输车在装卸货物时能恰好封住对外开放的门，从而防止外面的灰尘进入库房。该物流中心配有先进的装卸、储存、冷藏设施，有温度控制运输车40余辆，还配有电脑调控设施用以控制温度，检查每一批进货的温度。麦当劳利用该物流中心，完成了订货、储存、运输及分拨等一系列工作，为麦当劳餐厅的食品供应提供了最佳保证。设立至今，麦当劳的近60家供应商的商品都是通过该物流体系分发到各个门店，夏晖公司已向北京的麦当劳餐厅运送货物近1000万箱。麦当劳会要求供应商提供详细的财务数据，包括生产用料、人员工资等（上下游合作资讯对等），信息对双方而言都是公开的。

(3) 对于夏晖公司来说，在执行麦当劳标准的同时，自己也在不断地研究冷链配送的管理，保持着良好行业操作规范，并主动地将HACCP管理体系应用于冷链物流。在与麦当劳合作的30多年之中，夏晖公司在每一次的进货出货过程中都严格地执行着HACCP管理体系，达到了很高的产品合格率，既保持着良好的食品质量控制，又保持了良好的合作关系。

案例二：中央厨房模式下冷链物流管理分析——上海清美绿色食品有限公司中央厨房

上海清美绿色食品有限公司（以下简称“清美公司”）中央厨房隶属清美公司生产二厂，2011年建成投产，厂房面积共计70000平方米。中央厨房主要生产冷藏米面制品，共计10大类100余种产品，目前各大类生产加工数量稳健增长，其中主要加工品种包括：包子馒头超过60万只/天，面条超过30吨/天，油条超过20万根/天。日均耗用大米10吨、面粉50吨、各类蔬菜10吨、各类肉品5吨，以及上百种原辅物料，拉动了相关产业发展。同时中央厨房吸纳各类就业岗位400余人，并在实际生产过程中，培养了一大批生鲜行业工业化生产的技术与管理人员。

清美公司经过细致考察甄选，从日本、德国等引进大部分设备（质量保障），并自主研发各类应用于中央厨房的过程管理。目前主要生产设备包括：12吨/日加工能力的面条生产线3条，5吨/日加工能力的面皮生产线2条，6万只/日加工能力的包子生产包装线12条，8万杯/日加工能力的全自动灌装机1台，3千根/日加工能力的自动油炸机12台，全自动炊饭线1条，真空冷却机2台，各类蔬菜肉品清洗切分设备16台，各类加热调理锅20台，气调包装机2台，米饭盒饭封装包装流水线2条，等等，设备累计投资超过5000万元。中央厨房生产加工环境按照产品特性和国家标准来建设，部分加工区域按照产品需要可达到10万级洁净度。2016年清美公司积极响应“土豆主粮化战略”，成为上海市土豆主粮化主推企业之一，在土豆主粮化项目的推进过程中，中央厨房也积累了丰富经验。

清美公司已在长三角地区建立品牌专卖店3000多家、超市品牌专柜4000多家，形成了密集的豆面制品专卖网络。2011年清美公司开发清美面点早餐连锁模式，目前有店面400多家，迅速成长为上海市政府实事工程项目——早餐工程的战略合作伙伴。2015年，清美公司开启品上生活中心菜场模式，现已开设菜场20家，预计将达到65家。

清美公司建有食品全程冷链与配送系统，自建强大的冷链物流配送中心，拥有专用食品冷库10000多平方米、食品级冷藏车200辆，达到中型生鲜物流配送公司的规模和实力。清美公司已投入30多万元建立了全时GPS定位监管系统，实现了对行车线路、车厢温度、运行状态的实时监控和分析，便于优化线路、精确温控、减少油耗和产品损耗，在保证中央厨房生产出的食品质量安全的同时，最大限度地降低碳排放。另外，清美公司的每个销售终端，均配备有专门的低温冷柜，实现了“从中央厨房到市场”的全程冷链无缝连接，极大地保证了商品的食品安全。

案例三：冷链追溯系统在猪肉食品厂的应用

肉类在食品中占据重要位置，在相关供应链中应用冷链追溯系统对于确保肉类食品安全具有重要意义。以某猪肉食品厂为例，具体的应用流程为：在养殖源头，牲畜出生时植入一个电子耳标，将牲畜信息通过互联网上传到数据库中。

在屠宰环节，当牲畜被运送到屠宰场时，每头牲畜都在离开卡车时接受扫描，其信息随即上传到屠宰场的追溯系统数据库中。之后，牲畜按照屠宰场要求被分别归入不同的待宰圈。屠宰场的到货信息可以上传到数据库中，表示该牲畜已经被屠宰场接收。在此阶段，可以收集的信息包括：操作员编号、销售员姓名、寄养场名称、待宰圈编号、畜种、品种、洁净程度与疑病体、卡车编号等。屠宰箱装有射频耳标读取器和触摸终端设备。牲畜在这一环节将被分配一个生产线编号和一个畜体编号，这些编号将伴随整个生产过程并用于日后追溯。如果动物带有射频耳标，在这一环节将予以录入；或者使用激光码，在检验检疫环节进行激光灼刻，具体信息包括检疫合格字样以及检疫具体时间，匹配带有编码的消费小票，即可更安全便捷地实现追溯。在加工阶段，屠宰加工信息被及时写入标签，在冷冻评估阶段，冷冻评估员通过射频读取器扫描条形码并输入脂肪厚度、颜色、纹理、密实度等信息。装箱称重工作站的工作人员打印装箱标签，标明箱内所装产品，这些信息同时传递到数据库，标签上的内容包括箱号、生产日期、生产线编号等。在物流环节，订单传递到运输部门，装箱产品随即接受射频扫描，信息同步录入数据库。当所有产品扫描完毕，运输过程完成之后，系统会生成运输报告，它会显示所运输产品的概要信息和详细信息。最后的终端消费环节，肉品在卖场储藏、销售的详细信息被存入卖场数据库，通过多媒体查询终端(借助带有编码的小票或标签)，消费者可以方便地查询肉品的整个供应链信息，实现全程追溯。

综上分析，在消费者购买之前，保鲜食品各环节的安全至关重要，其质量监控涉及采购、生产加工、包装、储存、送货等一系列环节，实现食品冷链物流的全程追溯是食品安全的重要保障。集成条码、RFID、传感等技术，以标签为载体，围绕食品冷链物流构建食品冷链追溯系统，进而建成覆盖整个冷链的食品安全查询和监管体系，为冷链监管部门、各节点企业、消费者提供系统、可靠、透明的食品安全保障。在后续的系统建设、运行和维护中，RFID 标签的成本、识读的便利性和物联网技术的应用问题需要重点研究。

练习与思考

1. 冷链商品质量包含什么要素？
2. 为什么说冷链商品质量的核心关键参数是温度？请举例说明。
3. 冷链商品有哪些风险？如何识别并控制？
4. 水产品的鲜度等级及评价方法有哪些？请举例。
5. 简述冷链商品的质量追溯系统概念和方法。有什么现实意义？
6. 图示一个产品的冷链系统，分析其质量安全的关键环节。

参考文献

[1] 陈华．食品质量溯源系统的现状及发展建议［J］．湖南农业科学，2010(21)：87—89.

[2] 程文．农产品冷链物流中物联网应用体系的构建［J］．物流技术，2017，36(5)：133—138.

[3] 傅泽田，张小栓，张领先，等．生鲜农产品质量安全可追溯系统研究［M］．北京：中国农业大学出版社，2012.

[4] 管彬彬，陈彬，程晓宏．水产品新鲜度表征和评价方法研究综述［J］．福建分析测试，2019，28 (3)：15—21.

[5] 张秀玲．果蔬采后生理与贮运学［M］．北京：化学工业出版社，2011.

［6］姜方桃，杜新征，刘梦云．我国农产品供应链质量安全追溯体系构建研究［J］．合作经济与科技，2015（23）：65—67.

［7］李红，赵珊珊．果蔬冷链物流存在的问题、原因及解决方案［J］．新疆财经，2018（5）：60—66.

［8］李小青，杨泽坤．基于质量安全的农产品供应链社会责任协同管理研究［J］．燕山大学学报（哲学社会科学版），2011，12（1）：108—111.

［9］李小爽，杜诗咏，孔鑫越，等．花卉冷链溯源探析［J］．中国自动识别技术，2018（6）：73—76.

［10］李延山．生鲜乳质量安全控制综合技术指南［M］．沈阳：辽宁大学出版社，2018.

第五章　冷链商品保鲜原理与方法

学习目标

1. 掌握低温贮藏保鲜原理
2. 掌握食品冷却与冷藏方法
3. 掌握食品冻结及冷藏方案
4. 掌握低温保鲜技术在食品保鲜中的应用

第一节　低温保鲜原理

一、低温保鲜概述

目前，随着科学技术的进步和经济的发展，人们对食物要求越来越高，人们的饮食已从温饱型向营养型转变，对食品的需求不但追求数量，而且关心质量、花色、品种，经济、实惠、方便的食品必将成为消费者选择的对象。低温贮藏食品越来越多，它在人们的生活中占据越来越重要的地位，冻鸡、冻鸭、速冻蔬菜等低温贮藏食品随处可见，深受消费者的欢迎。

食品低温贮藏就是利用低温技术将食品温度降低，并维持在低温状态以阻止食品腐败变质，延长食品保存期。低温保藏不仅可以用于新鲜食品的贮藏，也可以用于食品加工品、半成品的贮藏。

低温保藏食品的原理是：在温度较低的范围内，当温度高于食品的冰点时，食品中微生物的生长速率减缓，低于食品的冰点时，一般微生物都停止生长。

食品的变质过程非常复杂，动物性食品变质过程与植物性食品变质过程在性质上有很大差别，低温贮藏保鲜原理也有很大的不同。

1. 动物性食品低温贮藏保鲜原理

动物性食品变质主要是由微生物的生命活动和动物性食品中的酶所进行的生物化学反应造成的。如畜、禽、鱼等动物类食品，在贮藏时，它们的生物体与构成它们的细胞都已死亡，不能控制引起食品变质的酶的作用，也不能抵抗引起食品腐败的微生物的作用，对细菌的抵抗力很弱，一旦被细菌感染，就会造成食品的腐败。微生物的繁殖以及酶的作用只能在一定的温度和水分条件下进行，这个温度范围的下限称为生物学零度。如果环境不适宜，微生物就会停止繁殖，甚至死亡，酶也会丧失催化能力，甚至被破坏。在10℃以下，一般的腐败菌和病原菌的发育就被显著地抑制了。低温对微生物的生存、发育、繁殖有很大影响，而微生物又对低温有较强的抵抗力。当食品在低温下冻结时，冰结晶使微生物丧失活力而不能繁殖，酶的反应受到严重抑制，生物体内的化学变化就会变慢，食品就可以长时间贮藏，维持新鲜状态而不变质。另外，氧化等反应速度也与温度有关，温度降低，化学反应速度显著减慢。

2. 植物性食品低温贮藏保鲜原理

植物性食品变质的主要原因是呼吸作用。水果、蔬菜采摘后虽然不再继续生长，但它仍是一个有生命的有机体，并具有呼吸作用。呼吸中的氧化作用可把微生物分泌的水解酶氧化而变成无害物质，使水果、蔬菜的细胞不受毒害，从而阻止微生物的侵入。但水果、蔬菜作为活体却不能像采摘前一样从母株上得到水分和其他营养物质，只能消耗自身的营养成分，这样就会逐渐衰老而变成死体。植物性食品变质过程的主要矛盾是呼吸作用和耐藏性之间的矛盾。果蔬的耐藏性是指果蔬贮藏期间，果蔬的质量无明显变化，并且其损耗也小。耐藏性并非由果蔬的某一种性状决定，而是果蔬各种物理、化学、生理学、生物化学性质的综合反映。因此，要长期贮藏植物类食品，就必须维持它们的活体状态，同时又要减弱其呼吸作用。低温贮藏是减弱水果和蔬菜类食品呼吸作用的有效方法，并且可延长贮藏期。有氧呼吸是一种强大的生物氧化体系，对果蔬组织细胞具有以下保护作用。

（1）正常呼吸作用中的氧化过程，可以维持果蔬组织中的分解过程与氧化过程的系统平衡，能控制机体内酶的作用，并对引起变质发酵的外界微生物的侵入有一定的抵抗力，因而能有效防止代谢失调所引起的生理障碍。

（2）当果蔬遭受机械损伤和病原微生物浸染时，呼吸作用能激发氧化过程，使受到机械损伤和已被微生物侵入的表皮组织构成新细胞并形成木栓层，从而保护果蔬内层的健康组织；或者产生某些能抑制微生物发育的物质（如酚类物质），起着抗病作用。

（3）呼吸作用激发氧化过程，能够把微生物分泌的水解酶氧化变成无害物质，使果蔬的细胞不受毒害，从而阻止微生物的侵入。

防止果蔬病害，在贮藏中应该注意：对贮藏场所、工具及器材消毒；对要贮藏的果蔬严格挑选、妥善包装；做好温湿度控制和通风换气工作；加强质量检测，剔除染病的果蔬，防止病害的传染。

另外，低温能够减弱果蔬类食品的呼吸作用，延长贮藏期限，但是温度又不能过低，因为过低的温度会引起植物类食品的生理病害，甚至导致植物被冻死。例如，香蕉贮藏温度要求在12℃～13℃，降到12℃以下时，香蕉就会变黑。因此植物类食品的贮藏温度应选择在接近冰点但又不致使植物冻死的温度。植物性食品贮藏不仅与温度有关，还与贮藏间的空气成分有关。不同种类的植物性食品，有各自适宜的气体成分。因此，在降低温度的同时，如能同时调节空气中氧、二氧化碳和氮的比例，便可取得更好的贮藏效果。以上就是植物性食品的低温贮藏原理。

果蔬低温贮藏保鲜产业是果蔬生产的继续，是可持续果蔬产业发展的重要保证，也是我国目前农业产业结构调整中重点发展的产业。这不仅关系到在全国实施的“菜篮子果盘子工程”的成败，还关系到果蔬的品质保持。同时，发展果蔬低温贮藏保鲜产业，对果品和蔬菜的采后增值、保值，农民致富和促进农村的经济发展都具有十分重要的意义。

二、低温对微生物的影响

微生物广泛散布于自然界中，通过空气、水、土壤、手、器皿和设备等渠道进入肉、蛋、鱼、乳、果、蔬等原料和制品。根据微生物适宜生长温度的不同，可将微生物划为三个类型：低温型微生物（嗜冷微生物），中温型微生物（嗜温微生物），高温型微生物（嗜热微生物）。不同微生物生长温度及分布环境如表 5－1 所示。

表 5－1　不同微生物生长温度及分布环境

微生物	最低生长温度	最适生长温度	最高生长温度	分布环境
嗜冷微生物	－5℃～5℃	20℃～30℃	35℃～40℃	地球两极、海洋、冷泉、冷藏食品
嗜温微生物	10℃～15℃	35℃～40℃	40℃～50℃	腐生环境、寄生环境
嗜热微生物	30℃～40℃	55℃～60℃	65℃～70℃	温泉、堆肥、土壤

能在冷藏期间繁殖的微生物大多数属于嗜冷微生物，由于大多数动物性食品（肉、禽、鱼）的嗜冷微生物主要是好氧性的，如果加以包装或在厌氧条件下冷却贮存（装满包装袋、空隙部分抽真空或充二氧化碳、氮气等惰性气体）可显著地延长贮藏期。大多数蔬菜上的嗜冷微生物为细菌和霉菌，而水果上的主要是霉菌和酵母。

微生物和其他生物一样，只能在一定的温度范围内生存、发育和繁殖，这个温度范围的下限称为生物零度。在这个温度之下，微生物呈抑制状态，但不是全部死亡，即使在人工营造的－260℃左右的超低温状态下，依然有活的微生物。一般的腐败菌和病原菌，在 10℃以下，它们的发育就会被抑制。所以低温对微生物的生存、发育、繁殖有很大影响。

（一）低温与微生物的关系

微生物的生长繁殖与物质代谢活动密切相关。温度下降，酶活性也随之下降，物质代谢减缓，微生物的生长繁殖就随之减慢。在正常情况下，微生物细胞内总生化变化是相互协调一致的。但降温时，由于各种生化反应的温度系数不同，破坏了各种反应原本的协调一致性，影响了微生物的生活机能。冷冻时，介质中冰晶体的形成会使细胞内原生质或胶体脱水，使溶质浓度增加促使蛋白质变性。同时冰晶体的形成还会使细胞遭受机械性破坏。任何微生物都有一定的正常生长温度范围。温度越低，它们的活动能力也越弱，所以降低温度就能减缓微生物的生长繁殖速度。当温度低于最低生长温度，微生物就会停止生长甚至死亡。在低温贮藏的实际应用中，影响食品质量的主要是嗜温微生物和嗜冷微生物。

长期处于低温下的微生物能产生新的适应性。这是长期低温培育中自然选育形成的结果。因此，低温只是阻止微生物的繁殖，不能彻底消灭微生物，一旦温度升高，微生物的繁殖也会逐渐恢复。

（二）影响微生物低温致死的因素

1. 温度的高低

在冰点左右，特别在冰点以上，微生物仍然具有一定的生长繁殖能力，虽然只有部分能适应低温的微生物和嗜冷微生物，但最后也会导致食品变质。这就是低温贮藏食品时会出现不耐久藏现象的原因。

当贮藏温度稍低于生长温度或冻结温度时对微生物的威胁性最大，一般为－12℃～－2℃，尤其以－5℃～－2℃最甚，此时微生物的活动就会受到抑制或几乎全部死亡。温度冷却到－25℃～－20℃时，微生物细胞内所有酶的反应几乎全部停止，并且还延缓了细胞内胶质体的变性，因而，此时微生物的死亡速度比在－12℃～－2℃时缓慢得多。当温度降到－30℃～－20℃时，微生物细胞内所有的生化反应和胶体变性几乎全部处于停止状态，使微生物细胞能在较长时间内保持其生命力。以牡蛎为例，其在贮藏过程中细菌数的变化如表 5－2 所示。

表 5－2 牡蛎在贮藏过程中细菌数的变化

贮藏期天数	不同温度下每毫升的细菌数		
	5℃	0℃	－5℃
0	1 600	1 600	1 600
6	6 600	3 600	3 400
17	66 500	4 100	2 100
24	1 660 000	8 900	1 800

2. 降温速度

食品在冻结前，降温速度越快，微生物死亡率越高。这是因为在迅速降温过程中，微生物细胞原本新陈代谢的协调性遭到破坏。

食品冻结后，缓冻可导致微生物大量死亡，而速冻则相反。原因是缓冻时，水分最大冰晶生成区的时间长，量少粒大的冰晶体对微生物细胞产生机械破坏作用，还促进了蛋白质的变性，使微生物死亡率增加；而速冻时，水分通过最大冰晶生成区的时间短，冰晶体量多而小，对微生物细胞的机械破坏作用小，同时温度迅速降低到－18℃以下，能延缓胶质体的变性，微生物的死亡率也会降低。一般情况下，食品速冻过程中微生物的死亡率仅为原来的50％。

3. 过冷状态和结合水分

急速冷却时，如果水分能迅速进入过冷状态，避免结晶并成为固态玻璃质体，使微生物的稳定性提高，那么就有可能避免因介质内水分结冰而造成的破坏。这样的现象在微生物细胞内原生质冻结时就有出现的可能，当它含有大量结合水分时，介质极易进入过冷状态，不再形成冰晶体，这将有利于保持细胞内胶质体的稳定性。和生长细胞相比，细菌和霉菌芽孢中的水分含量比较低，而其中结合水分的含量却比较高，因而它们在低温下的稳定性也就相应地较高。

4. 介质

高水分和低 pH 值的介质会加速微生物的死亡，而糖、盐、蛋白质、胶体、脂肪对微生物有保护作用。

5. 贮藏期

低温贮藏时微生物数量一般会随贮藏期的增加而减少；但贮藏温度越低，减少的量越少，有时甚至没有减少。贮藏初期（也即最初数周内），微生物减少的量最大，其后死亡率下降。一般来说，贮藏一年后微生物死亡数将达原菌数的 60%～90%。

（三）微生物对低温的抵抗力

微生物对低温的抵抗力很强，特别是在形成孢子的情况下，抵抗力更强。微生物对低温的抵抗力因菌种、菌龄、培养基、污染量和冻结等条件差异而有所不同。

不同微生物对低温有不同的抵抗力，有的较强，有的较弱。细菌芽孢和霉菌孢子可在－190℃的情况下存活半年。一般来说，球菌比革兰氏阴性杆菌更具抗冻能力。

三、低温对酶的影响

酶是一种具有催化活性的蛋白质，还是一种扩散的胶体，能促进化学变化的发生而不消耗它自身。任何一种酶都有最适宜温度范围，在此范围内，酶具有最大的活性。

温度对酶的活性影响很大，大多数酶的适应温度在 30℃～40℃，高温使酶蛋白变性，同时使酶钝化；低温只能抑制酶的活性，但不能使酶钝化。一般在－18℃以下，酶的活性才会受到较强的抑制。但是某些脂酶、胰蛋白酶甚至在－29℃时还能起催化作用，产生游离脂肪酸。低温并不能完全抑制酶的活性。商业上一般采用－18℃作为贮藏温度，对于多数的食品来说贮藏数周至数月是完全可行的。由于冷冻或冷藏不能破坏酶活性，冻制品在解冻后酶将重新活跃，从而使食品变质，因此，在冷冻或冷藏前一般采取预煮的方法破坏酶活性，然后再冻制。基质浓度和酶浓度对催化反应速度影响也很大。例如，在食品冻结时，当温度降至－5℃～－1℃时，有时会出现催化反应速度比高温时快的现象，其原因是在这个温度区间，食品中的水分有 80%变成了冰，而未冻结溶液的基质浓度和酶浓度都相应增加。

四、低温对非酶因素的影响

各种非酶因素化学反应的速度，都会随温度下降而降低。食品在冷却贮藏时，由于植物性食品、动物性食品及加工制品的性质不同，组成成分不同，所以发生的变化也不一样，其变化程度与冷却方法、冷却温度、食品的种类、成分等都有关。除了肉类在冷却贮藏过程中的成熟作用外，其他变化均会使食品的品质下降。当然采取一定的措施可以减缓变化速度。比如采用合适的包装，对易于变化的新鲜果蔬及新鲜鱼肉类制品采用冷藏结合气调贮藏等。

五、低温对呼吸作用的影响

（一）低温与呼吸速度

温度是物质分子或原子运动能量的度量，当物质中的热量被除去，物质的动能便减少，其组成物质的分子的运动就会变缓。由于物质生化和化学反应速度主要取决于反应物质分子的碰撞速度，因此，反应呼吸速度取决于温度。

食品的温度每上升10℃，其化学反应速度增加的倍数叫温度系数，用Q_{10}表示：

$$Q_{10}=(Kt+10)/Kt$$

低温保藏的目的就是抑制反应速度，因此，Q_{10}越高，低温保藏的效果就越好。

如表5-3所示。不同水果的Q_{10}有不同的数值，Q_{10}大多数在2和3之间，在0℃～35℃的温度范围内，温度低时Q_{10}增大，呼吸速度减弱，对果蔬的贮藏有利，相反温度在35℃～40℃，呼吸速度反而下降，如果温度还要升高，由于水果中的酶被破坏，呼吸作用将停止。当冷却或冻结的温度接近食品的冻结点时，Q_{10}值会大大增加，达到2～16，甚至更大，这取决于产品的性质、温度的范围和质量变化的类型等。

表5-3　几种水果呼吸速度温度系数

种类	Q_{10}				
	0℃～10℃	11℃～21℃	16.6℃～26.6℃	22.2℃～32.2℃	33.3℃～43.3℃
草莓	3.45	2.10	2.10	—	—
桃子	4.10	3.15	2.25	—	—
柠檬	3.95	1.70	1.95	2.00	—
橘子	3.30	1.80	1.55	1.60	—
葡萄	3.35	2.00	1.45	1.65	2.50

（二）低温与呼吸高峰

果蔬放在低温条件下，呼吸速度减缓，可以推迟有高峰型果蔬的呼吸高峰的到来，并使呼吸高峰降低，所以推迟呼吸高峰的到来是果蔬保藏的重要方法。

在一定的贮藏温度范围内，温度越低，水果、蔬菜的呼吸越弱，贮藏期越长。但过低也会影响正常的生理代谢，造成损伤。因此，在不破坏果蔬正常生理代谢的条件下，尽可能维持较低的贮藏温度，使其呼吸作用降至最低限度。此外，贮藏温度忽高忽低的波动也会刺激果蔬的呼吸作用，增加营养物质消耗，缩短贮藏期。因此，要尽量保持稳定而适宜的低温。

（三）低温与呼吸强度

果蔬的呼吸作用强弱用呼吸强度来表示。呼吸强度大，则果蔬的呼吸作用强；呼吸强度小，则果蔬的呼吸作用弱。影响呼吸强度大小的因素很多，果蔬的种类、品种、生长天数是内因，外界温度、空气成分、机械创伤、微生物侵染是外因。

温度对于果蔬呼吸强度的影响极为显著。在一定范围内，外界环境温度增高，果蔬的呼吸强度也随着增大；反之，温度降低果蔬，呼吸强度减小，从而保证了果蔬的质量、延长了贮藏期。

例如，果蔬种子能进行呼吸作用，果蔬种子的呼吸作用受温度和湿度的影响，不同果蔬种子寿命的长短是不一样的，果蔬种子的贮藏条件，对果蔬种子寿命的长短有着十分明显的影响。贮藏果蔬种子的最适宜条件是干燥、低温和缺氧，在这样的条件下，果蔬种子的呼吸作用最微弱，果蔬种子呼吸作用消耗的有机物最少，也就有可能渡过最长时间的休眠期。如果湿度大、温度高、氧气充足，果蔬种子的呼吸作用强，果蔬种子内贮存的有机养料将会通过果蔬种子的呼吸作用而大量消耗，果蔬种子的贮藏期限也就必然会缩短。

第二节　冷却与预冷

一、冷却与预冷的概念

冷却与预冷是冷藏的前期处理，是一个短时的换热降温过程，冷却与预冷的最终温度须在冰点以上。冷却是将食品的温度降低到接近食品的冰点但不冻结的一种冷加工的方法，是延长食品保藏期的一种被广泛采用的方法。由于水果、蔬菜等植物性食品都是有生命的有机体，在贮藏过程中还在进行呼吸作用，放出呼吸热，使其自身温度升高而加快衰老过程，因此必须通过冷却来除去呼吸热，从而延长其贮藏期。

果蔬采摘时产品温度高，带有大量的田间热，果实呼吸旺盛，持续释放大量的呼吸热，若不及时冷却，将会加速果实成熟和衰老，影响贮运，降低品质，严重时还会造成腐烂。预冷是指采收后的果蔬在贮藏或运输之前从初始温度（25℃～30℃）迅速降到适宜温度的冷却工艺过程。预冷是成功贮藏生鲜产品的关键，也是冷链系统的第一个环节。水果、蔬菜在田间采摘后带有大量田间热，预冷是迅速排除田间热，抑制呼吸作用，保持水果蔬菜的鲜度，延长贮藏期的有效措施。在整个冷链中，不经预冷的果蔬在流通中损失率为25%～30%，而经过预冷的果蔬在流通中损失率为5%～10%。预冷不仅能够保持果蔬品质，减少果蔬的流通损失，而且也能减少下游冷链装备的制冷负荷，节省后期投资，预冷后的果蔬品质较高，果温低，呼吸强度小。

预冷最好在产地进行，而且时间越快越好。预冷不及时或者不彻底，会降低果蔬的鲜度、风味和品质。比如，苹果常温下（20℃）预冷延迟1小时，相当于缩短冷藏条件下（0℃）7～10小时的贮藏寿命；草莓25℃条件下1小时的伤害相当于在1℃条件下一周的伤害；香蕉经过15℃处理3天，贮藏在6℃条件下，比未经过预冷处理的果实延迟3～5天发生冷害。当果品温度为20℃时装车，所需排除的热量为0℃果品的

40～50倍。

马铃薯、洋葱等品种由于收获前生长在地下，收获时容易破皮、碰伤，因此需要在常温下养好伤后再进行冷却贮藏。果蔬类植物性食品的冷却温度不能低于发生冷害的界限温度，否则会使果蔬正常的生理机能受到阻碍，出现冷害。

二、冷却与预冷的作用

冷却的目的是快速排出食品内部的热量，及时抑制食品内的生化反应速度和微生物的繁殖活动，保持食品的良好品质及新鲜度，延长食品的贮藏期，为后续加工提供合适的温度条件。

冷却能抑制微生物的生命活动，抑制酶的生物化学作用，对进行呼吸的新鲜食品来说，能减弱其呼吸作用，从而延长食品的保质期。例如，对水果、蔬菜等植物性食品通常采用冷却保鲜的方法。在冷却温度条件下，水果、蔬菜等食品的呼吸作用减弱，但其活体状态仍能维持很长时间，并保持其新鲜程度，使食品贮藏期限得以延长。如果贮藏温度长期低于0℃，这类食品内的水分将会结冰，植物性食品就会被冻伤甚至冻死。蛋类食品一般也采用冷却贮藏来保鲜。因此大多数水果、蔬菜等植物性食品和鲜蛋的冷库，其库内温度应高于0℃。肉类、禽类等动物性食品，虽然采用冷却保鲜的有效贮藏时间要比冷冻保鲜少很多，但采用冻结贮藏的肉类、禽类等食品冻结后，食用时得先行解冻，增加了工作量，而且食品的营养成分会有一些损失，氨基酸等的含量会减少，其口味也会受到一定影响；而采用冷却保鲜的食品口味较好，并保持了营养成分，更受人们的欢迎，价格也会较高些，因此，动物性食品也常常使用冷却贮藏的保鲜模式。

肉类的冷却是将肉类冷却到冰点以上的温度，一般为0℃～4℃。由于在此温度下，酶的分解作用、微生物的生长繁殖及干耗、氧化作用等均未被充分抑制，因此冷却肉只能贮藏较短的时间。冷却是短期保存肉类的有效手段。对动物性食品（鱼类、肉类）进行冷却有利于抑制分解蛋白质的酶，有利于抑制细菌的生长繁殖，快冷甚至能使部分细菌骤冷休克死亡。冷藏能使肉在低温下成熟，色泽、风味、柔软度变好，提高肉类的商品价值，牛肉尤其如此。冷却肉与冻结肉相比，由于不存在冰晶的物理变化，有利于防止肉质变化和蛋白质变性。

随着我国冷链物流建设的不断完善，预冷装备的性能不断提高，预冷人才队伍的不断扩大，预冷装备的应用将会得到普及，果蔬采后的流通损失也会得到有效控制。预冷是果蔬降温简便有效的方法，具有设备投资少、效率高、作用显著、成本回收快等优点。

三、冷却的方法

冷却的方法可分为自然降温和人工降温。自然降温是利用自然低气温来调节并维持贮藏的温度，在我国北方常用于果蔬贮藏；但是该方法受自然调节的限制，在温暖地区或者高温季节难以应用。人工降温贮藏主要采用机械制冷来创造贮藏低温，这样能够不分寒暑，全年贮藏果蔬，是工业上常用的方法。食品的冷却降温过程一般在冷却间进行，冷却间与冷藏室之间的温度差应保持在最小，这样从冷却间进入冷藏室的食品对冷藏室的温度影响最小，同时对维持冷藏室内的相对湿度也很重要。部分冷却方法及适用范围如表 5-4 所示。

表 5-4　部分冷却方法及适用范围

冷却方法	肉	禽	蛋	鱼	水果	蔬菜	烹调食品
冷风冷却	√	√	√		√	√	√
冷水冷却		√		√	√	√	
碎冰冷却		√		√	√	√	
真空冷却						√	

（一）真空冷却

真空冷却又叫减压冷却，它的原理是水在不同的压力下有不同的沸点，只要降低压力，就可以降低水的沸腾温度，促使食品中的水分蒸发，带走食品自身的热量，从而使食品温度迅速降低。真空冷却中，温度每降低 5℃～6℃失水率为 1%，由于降温的产品各部分几乎是等量失水，所以一般情况下产品不会出现萎蔫现象。水的温度与蒸气压如表 5-5 所示。

表 5-5　水的温度与蒸气压

沸腾温度（℃）	压力（mmHg）	沸腾温度（℃）	压力（mmHg）
100	760.0	5	6.540
60	149.5	1	4.925
40	55.34	−5	3.011
20	17.53	−10	1.948
10	9.205	−30	0.285

真空冷却主要用于叶菜类蔬菜、小果和小浆果类水果，因为它们具有表面积大、内部组织不太密的特点。采用真空预冷较多的果蔬有菠菜、菜心、蘑菇、樱桃等。真空冷却是目前最快的一种冷却方法（20～30min），水分蒸发量也只有 2%～4%，因此不至于影响蔬菜新鲜饱满的外观。

真空冷却过程中，对于易于冷却的产品，应降低真空度，以减少质量损失，提高产品率；而难于冷却的产品，则应尽可能提高真空度，加快预冷速度。真空预冷随产品种类不同，降温速率差异很大，通常在 20～40min 可实现产品的冷却。真空冷却由于是依靠产品中水分蒸发吸热而制冷，因而水分损耗是不可避免的，一般要求果蔬水分损失不超过 3%。为此，要采用一些措施来补偿真空预冷过程中的水分损失，如在冷却前对果蔬预先加湿，或者在真空室内安装喷淋装置。

真空冷却的主要优点是冷却速度快、时间短、品质保持好；不受包装限制，用纸箱、塑料袋或其他材料包装的产品，真空冷却的速度与无包装产品几乎无差别；冷却后的食品贮藏时间长；易于处理散装产品；若事先在食品上喷撒水分，则干耗非常低。缺点是投资高、适用的品种少；会造成果蔬失水；对水果类预冷效果不明显，少量使用时不经济。

（二）冷水冷却

冷水冷却是一种常见的简易冷却方法，是指利用低温水与被冷却的果蔬接触，依靠冷水吸收果蔬田间热的一种预冷方式。常用的冷水冷却方法有浸泡和喷淋两种方式。冷水冷却速度取决于食品的种类、大小、冷却前食品的原始温度、冰块和食品的比例以及冰块的大小等。有的也可以使用干冰，即固态 CO_2，冷却速度是水冰的 1.5 倍，升华成 CO_2 无污染，无残留，且常压下即可汽化，效果好于水冰。

冷水冷却的主要局限性是仅仅适用于耐水性比较强的果蔬，目前在我国主要用于荔枝、甜玉米、胡萝卜等产品的冷却。而不耐水的蔬菜经过冷水预冷后，无论产品表面的浮水是否沥干，一般均会加速腐烂的发生，原因可能是循环使用的冷水中病原菌基数较高或高湿条件适宜病原菌孢子的萌发等。冷水预冷适用于冷却鱼、叶类蔬菜和一些水果，特别是对新鲜度下降较快的水果更适用，比如车厘子在采摘后通过冷水冷却去除田间热。适合冷水冷却的果蔬主要有：胡萝卜、芹菜、菜豆、甜瓜、苹果、柑橘、桃等。

冷水冷却具有效率高、降温速度较快、成本低、适用范围广、可连续作业的特点，并且冷却后果蔬产品不失水、不减重，有利于新鲜度的保持。但是冷水冷却易受微生物的污染，引起果蔬腐烂，同时对包装有着特殊要求，不适宜质地较为紧密的防水性能差的包装，如纸箱。

（三）碎冰冷却

冰是一种很好的冷却介质，它有很强的冷却能力。在与食品接触过程中，冰融化为水要吸收 334.53kJ/kg 的相变潜热，可以使食品迅速冷却，不产生干耗。碎冰价格便宜，无害，易于携带和贮藏。碎冰冷却是利用天然冰、人造冰直接接触产品，降低其温度的措施。碎冰冷却是在产品包装箱内放入冰与水的混合物，通过冰的融化吸收热量，带走产品释放的田间热。该方法操作简单，不需特殊设备，成本低，但预冷效果一般，应用规模小，适用产品范围小，容易使产品发生冷害或冻害。碎冰冷却只适合耐寒耐水的苹果、梨、葡萄、猕猴桃、白菜、葱等果蔬。

碎冰冷却速度影响因素和食品种类、大小、冷却前食品原始温度、冰块和食品的比例、冰块大小等有关。

用来冷却食品的冰分为淡水冰和海水冰两种。一般淡水鱼用淡水冰冷却，海水鱼用海水冰冷却。淡水冰分为机制块冰、管冰、片冰、米粒冰等多种形式，按冰质可分成透明冰和不透明冰。海水冰主要以块冰和片冰为主。随着制冰技术的不断发展，许多作业渔船可带制冰机随制随用，需要注意的是不允许用被污染的海水及港湾内的水来制冰。

冰冷却的特点是：冰无害、便宜；能使冷却表面湿润、有光泽，减少干耗；冷却速度快。这就是冰被广泛地用于冷却、冷藏以及鱼类冷却运输的原因。

一般来说，把产品由35℃降至2℃所需冰的质量为该产品质量的38%。这种冷却方法适用于与冰接触不易产生伤害的产品或需要在田间立即进行预冷的产品，但其降低温度和保持产品品质的程度是有限的，通常作为其他预冷方式的辅助措施。

（四）通风冷库冷却

通风冷库冷却是指将采收后装箱的果蔬快速放入贮藏用冷库，利用冷风机使空气循环流经产品周围，带走热量，使产品降温冷却。当产品降到要求的低温后，移到另一冷库或在同一库内按贮藏要求将产品装袋扎口并进行摆放和堆码。

通风冷库冷却的优点是预冷后可以不搬运，原库贮藏；造价比较便宜，适宜各种果蔬的预冷和保鲜。缺点是冷却速度比较慢；库内产品冷却不均匀；会耗费较多的电力。

（五）自然降温冷却

自然降温冷却是一种最简单的冷却方式，它是将采后的果蔬放置在通风阴凉的地方，让果蔬所带的田间热自然散去。在没有其他合适预冷条件时，自然降温冷却不失为一种良好的补救方法。在夜间或清晨气温最低时候采收，是达到自然降温的有效手段。

四、食品在冷藏中的变化

食品在冷却贮藏时，虽然温度较低，但还是会发生一系列的变化。所有的变化中，除肉类在冷却过程中的成熟外，其他变化均会使食品的品质下降。

（一）水分蒸发

水分蒸发也称干耗，在冷却和冷藏中均会发生。食品在冷却时，不仅食品的温度下降，而且食品中汁液的浓度会有所增加，食品表面水分蒸发，出现干燥现象。当食品中的水分蒸发时会抑制果蔬的呼吸作用、影响果蔬的新陈代谢，不但会造成质量损失，而且会使植物性食品失去新鲜饱满的外观。当减重达到5%时，果蔬会出现明显的凋萎现象，果蔬水分蒸发特性如表5-6所示。肉类食品在冷却贮藏中也会因水分蒸发而发生干耗，同时肉的表面收缩、硬化，形成干燥皮膜，肉色也有变化。鸡蛋在冷却贮藏时，因水分蒸发而造成气室增大，使蛋内组织挤压在一起而造成质量下降。动物性食品在冷却贮藏中因水分蒸发造成的干耗情况如表5-7所示。

表5-6　果蔬水分蒸发特性

水分蒸发特性	果蔬种类
A型（蒸发小）	苹果、橘子、柿子、西瓜、葡萄（欧洲种）、马铃薯、洋葱

续 表

水分蒸发特性	果蔬种类
B型（蒸发中等）	白桃、李子、无花果、番茄、甜瓜、莴苣、萝卜
C型（蒸发大）	樱桃、杨梅、龙须菜、葡萄（美国种）、叶菜类、蘑菇

表5-7　动物性食品在冷却贮藏中因水分蒸发造成的干耗情况

时间	小牛肉	羊肉	猪肉
12小时	2.0	2.0	1.0
24小时	2.5	2.5	2.0
36小时	3.0	3.0	2.5
48小时	3.5	3.5	3.0
14天	4.6	5.0	5.0

为了减少果蔬类食品冷却时的水分蒸发量，要根据它们各自的水分蒸发特性，控制其适宜的湿度、温度及风速。

（二）低温冷害

在冷却贮藏时，有些果蔬的品温虽然在冻结点以上，但当贮藏温度低于某一界限温度时，果蔬正常的新陈代谢受到破坏，使果蔬出现病变，这称为冷害。冷害症状随品种的不同而各不相同，最明显的症状是表皮出现软化斑点和核周围肉质变色，像西瓜表面凹斑、鸭梨的黑心病、马铃薯发甜等都是低温伤害。不同种类水果、蔬菜界限温度及症状如表5-8所示。

表5-8　不同种类水果、蔬菜界限温度及症状

种类	界限温度（℃）	症状
香蕉	11.7～13.8	果皮变黑，催熟不良
西瓜	4.4	凹斑，风味异常
黄瓜	7.2	凹斑，水浸状斑点，腐败
茄子	7.2	表皮变色，腐败
马铃薯	4.4	发甜，褐变
番茄（热）	7.2～10	软化，腐烂
番茄（生）	12.3～13.9	催熟果颜色不好，腐烂

另有一些果蔬，在外观上看不出冷害的症状，但冷藏后再放到常温中，就丧失了正常促进成熟的能力，这也是冷害的一种。例如香蕉，放入低于11.7℃的冷藏室内一段时间，拿出冷藏室后表皮变黑成腐烂状，俗称“见风黑”，而此时生香蕉的成熟能力则已完全失去。一般来讲，产地在热带、亚热带的果蔬容易发生冷害。

（三）变色变味和变质

果蔬的色泽会随着成熟过程而发生变化，如蔬菜的叶绿素和花青素会减少，而胡萝卜素等会增加。肉类在冷藏过程中常会出现变色现象，如红色肉可能变成褐色肉、脂肪由白色变成黄色。肉类的变色往往与自身的氧化作用以及微生物的作用有关。肉的红色变为褐色是由于肉中的肌红蛋白和血红蛋白被氧化生成高铁肌红蛋白和高铁血红蛋白，而脂肪变黄是脂肪水解后产生的脂肪酸被氧化的结果。

有强烈香味或臭味的食品，与其他食品放在一起冷却贮藏，香味或臭味就会传给其他食品。例如，洋葱与苹果放在一起冷藏，洋葱的味道就会传到苹果上去。这样，食品原有的风味就会发生变化，使品质下降。有时，冷藏室内存放过具有强烈气味的物质后，在室内留下的强烈气味会串给接下来放入的食品。如放入洋葱后，虽然洋葱已出库，但其气味会串给随后放入的苹果。要避免上述两种情况，就要求在管理上做到专库专用，或在一种食品出库后严格消毒和除味。另外，冷藏库还具有一些特有的臭味，俗称冷臭，这种冷臭也会串给冷却食品。

（四）后熟作用

水果、蔬菜在收获后仍是有生命的活体。为了运输和贮存上的便利，果蔬一般在收获时尚未完全成熟，因此收获后还有个后熟过程。在冷却贮藏过程中，果蔬的呼吸作用、后熟作用仍在继续进行，体内各种成分也不断发生变化，如淀粉和糖的比例，糖、酸比，维生素的含量等，同时还可以看到颜色、硬度等的变化。

（五）成熟作用

由于动物种类的不同，成熟作用的效果也不同。对猪、家禽等肉质本来就较柔嫩的品种来讲，成熟作用并不十分重要。但是对牛、绵羊、野禽等，成熟作用就十分重要，它对肉质的软化与风味的增加有显著的效果，可以提高它们的商品价值。但成熟作用如果进行得过分，肉质就会进入腐败阶段，一旦进入腐败阶段，肉类的商品价值就会下降甚至完全失去。

（六）脂类的变化

冷却贮藏过程中，食品中所含的油脂会发生水解、脂肪酸的氧化、聚合等复杂的变化，其反应生成的低级醛、酮类物质会使食品的风味变差、味道恶化，使食品出现变色、酸败、发黏等现象。

（七）淀粉老化

普通淀粉大致由20%的直链淀粉和80%的支链淀粉构成，这两种成分形成微小的结晶，这种结晶的淀粉叫β淀粉。淀粉在适当温度下，在水中溶胀分裂形成均匀的糊状溶液，这种作用叫糊化作用。糊化作用实质上是把淀粉分子间的氢键断开，水分子与淀粉形成氢键，形成胶体溶液。糊化的淀粉又称为α淀粉。食品中的淀粉是以α淀粉的形式存在的，但是在接近0℃的低温范围内，糊化了的α淀粉分子又自动排列成序，形成质密的高度晶化不溶性淀粉分子，迅速出现了淀粉的β化，这就是淀粉的老化。老化的淀粉不易为淀粉酶作用，所以也不易被人体消化吸收。

淀粉老化作用的最适宜的温度是 2℃～4℃。例如，面包在冷却贮藏时淀粉迅速老化，味道会就变得很不好吃；又如土豆放在冷藏陈列柜中贮存时，也会有淀粉老化的现象发生。当贮存温度低于－20℃或高于 60℃时，均不会发生淀粉老化现象。因为低于－20℃时，淀粉分子间的水分急速冻结，形成冰结晶，阻碍了氢键形成，所以不会发生淀粉老化的现象。

（八）微生物的增殖

在冷却、冷藏状态下，微生物，特别是低温微生物，它的繁殖和分解作用并没有被充分抑制，只是速度变得缓慢了一些，其总量还是增加的，如果时间较长，就会使食品发生腐烂。去皮操作会剥夺动物的保护层，使动物组织容易受微生物的侵袭。植物组织主要是受霉菌的侵害。微生物的增殖使得食品表面发生黏湿、霉变和腐烂现象。

（九）寒冷收缩

宰后的畜禽肉在短时间内快速冷却，肌肉会显著收缩，以后即使经过成熟过程，肉质也不会十分软化，这种现象叫寒冷收缩。牛、羊肉较严重，禽类肉较轻。一般来说，宰后 10 小时内，肉温降低到 8℃以下，容易发生寒冷收缩现象。但这温度与时间并不固定，成牛与小牛，或者同一头牛不同部位的肉都有差异。例如，成牛肉温低于 8℃，而小牛则肉温低于 4℃。按照过去的概念，肉类宰杀后要迅速冷却，但近年来由于冷却肉的销售量不断扩大，为了避免寒冷收缩的发生，国际上正研究不引起寒冷收缩的冷却方法。

第三节　冷冻与解冻

一、食品冷冻的目的

食品冻结是食品冻藏前的必经阶段，冻结技术对冻藏品质量及其耐藏性有很大的影响。食品的冷冻就是运用现代冻结技术，在尽可能短的时间内，将食品温度降到它的冻结点以下的冻藏温度，使它所含的全部或大部分水分，随着食品内部热量的外散而形成冰晶体，以减少生命活动和生化变化所必需的液态水分，抑制微生物活动，从而保证食品在冷藏过程中的稳定性。

二、冷冻食品的前处理

冷冻食品中的水分冻结产生冰结晶，冰的体积较水大，并且冰结晶较为锋利，会对食品的组织结构造成损伤，使解冻时食品产生汁液流失；冻藏过程中的水分冻结和水分损伤使食品中的溶液增浓，各种反应加剧。因此食品在冻藏前除了采用类似食品冷藏的一般预处理，如挑选、清洗、分割、包装等操作外，往往还需要采取一些特殊的前期处理形式，以减少冻结、冷藏和解冻过程对食品质量的影响。主要采用的前期处理如下。

（一）热烫处理

热烫处理主要针对蔬菜，又称杀青、烫漂、预煮。通过热烫处理使蔬菜等食品内的酶失活变性。常用热水或蒸汽对蔬菜进行热烫，热烫后应注意沥净蔬菜上附着的水分，使蔬菜以较干爽的状态进入冻结环节。

（二）加糖处理

加糖处理主要针对水果。将水果进行必要的切分后渗糖，糖分能使水果中游离水分的含量降低，减少冻结时冰结晶的形成，糖液还可以减少食品和氧的接触，降低氧化作用。渗糖后可以沥干糖液，也可以和糖液一起进行冻结，糖液中加入一定的氧化剂，可以起到增加抗氧化作用的效果。加糖处理也可以用于一些蛋品，如蛋黄粉、蛋清粉和全蛋粉等，加糖有助于蛋白质的保护。

（三）加盐处理

加盐处理主要针对水产品和肉类，类似于盐腌。加入盐分可以减少食品和氧的接触，降低氧化作用。这种处理多用于海产品，如海产鱼卵、海藻等均可经过食盐腌制后进行冻结，食盐对这类食品的风味影响较小。

（四）浓缩处理

浓缩处理主要用于液态食品，如乳、果汁等。液态食品不经浓缩而进行冻结时，会产生大量的冰结晶，使液态的浓度增加，导致蛋白质等物质的变性失稳等。浓缩后液态食品的冻结点降低，冻结时结晶水的分量减少，对胶体物质的影响小，解冻后更容易复原。

（五）加抗氧化剂处理

加抗氧化剂处理主要针对虾蟹等水产品。此类产品在冻结时容易氧化而变色、变味，可以加入水溶性活脂溶性的抗氧化剂，减少水溶性物质（如酪氨酸）或脂肪质的氧化。

（六）冰衣处理

可以在冻结、冷藏食品表面形成一层冰膜，起到包装的作用，这种处理方式被称为包冰衣。净水做的冰衣质脆、易脱落，常用一些增稠物质（如海藻酸钠等）作糊料，提高冰衣在食品表面的附着性和完整性，还可以在冰衣液中加入抗氧化剂或者防腐剂，以提高贮藏的效果。

（七）包装处理

包装处理主要是为了减少食品的氧化、水分蒸发和微生物污染等，通常采用不透气的包装材料。

三、食品冷冻方法

食品的冷冻方法与介质、食品和介质的接触方法以及冷冻设备的类型有关，一般按照冷冻所用的介质及其和食品的接触方式分为空气冻结法、间接接触冻结法和直接接触冻结法。

（一）空气冻结法

空气冻结法指的是在冷冻过程中，冷空气以自然对流或强制对流的方式与食品进行热量交换的冻结方法。由于空气的导热性差，与食品间的换热系数小，因此所需的冻结时间较长。但是，空气资源丰富，无任何毒副作用，所以以空气为介质进行冻结仍是目前应用最广泛的一种冻结方法。

（二）间接接触冻结法

间接接触冻结法指的是把食品放在由制冷剂（或载冷剂）冷却的板、盘、带或其他冷壁上，与冷壁直接接触，但与制冷剂（或载冷剂）间接接触的冻结方法。对于固态食品，可将食品加工为具有平坦表面的形状，使冷壁与食品的一个或两个平面接触；对于液态食品，则用泵送方法使食品通过冷壁热交换器，冻成半融状态。

间接接触冻结法冻结速度快于空气冻结法，食品干耗小，制冷效率高，能耗小，占地面积小，但是不适用于形状不规则、不能挤压及厚度较大的食品。

（三）直接接触冻结法

直接接触冻结法由于要求食品与冻结剂直接接触，所以对冻结剂有一定的限制，特别是与未包装的食品接触时尤其如此。这些限制包括要求无毒、纯净、无异味和异样气体、无外来色泽或漂白剂、不易燃、不易爆等。另外，冻结剂与食品接触后，不应改变食品原有的成分和性质。

四、冻结对食品品质的影响

（一）体积以及物性的变化

冻结后食品的体积一般会增加 8.7%左右，主要取决于物料中水与空气的比例以及含水量的多少。食品物性的变化主要指食品的比热容下降、热传导系数及热扩散系数增加等现象。

（二）水分重新分布

冰结晶的形成还可能造成冻结食品内水分的重新分布，这种现象在缓冻时较为明显。因为缓冻时食品内部各处不是同时冻结，细胞外的水分先冻结，冻结后造成细胞外溶液浓度升高，细胞内外由于浓度差而产生渗透压差，使细胞内的水分向细胞外转移。

（三）冰晶体的危害

一方面，在冻结过程中细胞间隙水分先冻结，细胞内水分的蒸汽压高于冰的蒸汽压，促使细胞内水分向外转移，不断结合到细胞间隙所形成的冰晶体上，细胞间隙的冰晶体越来越大，产生机械性挤压，使细胞发生分离，解冻后不能恢复原来的状态，造成组织变软。

另一方面，植物组织内有大的液泡，水分含量高，缓慢的冻结会形成大的冰晶体，产生较大的“冻结膨胀压”，植物组织细胞壁厚而缺乏弹性，容易被冰晶体刺破或胀破，细胞受到破裂损伤，解冻后组织就会软化流汁。

（四）液体浓缩

液体浓缩主要有溶质结晶或出现沉淀、高浓度溶液中蛋白质变性、pH 值下降等特点。改变胶体溶液的平衡，气体饱和、逸出，冻后产品难以恢复原有的饱满度。

五、食品冷冻技术

（一）超声波冷冻技术

超声波冷冻技术是将功率超声技术和食品冷冻相结合，利用超声波作用改善食品冷冻过程。其潜在的优势在于超声波可以强化冷冻过程传热，促进食品冷冻过程冰结晶，改善食品品质等。超声波作用引发的各种效应，能使边界层减薄。接触面积增大、传热阻滞减弱，有利于提高传热速率，强化传热过程。另外，超声波技术不需要添加任何添加剂来改善食品品质，更符合现代食品工业发展绿色食品的要求。

（二）高压食品冷冻技术

不同压力环境中，形成的冰晶密度不同。在大气压下水冷冻形成的冰晶，即Ⅰ型冰晶，其密度低于液态水的密度；而水在高压冷冻时，可以形成密度比水大的Ⅱ－Ⅴ型冰晶，其结晶构造复杂。高压食品冷冻技术是利用压力的改变控制食品中的水的相变行为。在高压条件下（200MPa～400MPa），将食品冷却到一定的温度，此时水仍不结冰，然后迅速解除压力，这时在食品内部会形成粒度小而均匀的冰晶体，并且冰晶体积不会膨胀，能够减少对食品内部组织的损伤，保持食品原有品质。

（三）冰核细菌和生物冷冻蛋白技术

生物冷冻蛋白单体加速冰核形成的能力（冰核活性）低，当其形成多聚体后，则具有很强的冰核活性，这种蛋白多聚体可以作为水分子冷冻结晶的模板，在略低于 0℃的较高冷冻温度下，诱发和加速水的冷冻过程。能产生这种生物冷冻蛋白的细菌被称为冰核细菌，常见的冰核细菌包括丁香假单胞菌属、欧文氏菌属、黄单胞菌属。

采取在食品物料中直接添加胞外生物冷冻蛋白聚体取代添加冰核细菌的方法在食品冷冻方面也取得了较好的成效。有研究表明，细菌胞外生物冷冻蛋白的活性比整个冰核细胞更高，且所获得的冰晶体为有序的纤维状薄片结构，有效提高了冷冻效率。

（四）CAS 和冰温技术

CAS（Cell Alive System）是一种与以往的冻结系统不同的新型冻结系统。食品在 CAS 中即使冻结，细胞也不至于坏死，解冻后其鲜度可最大限度恢复到冻结前的状态。

CAS由动磁场与静磁场组合，从壁面释放出微小的能量，使食品中的水分子呈细小且均一化状态，然后食品从过冷却状态立即降温到－23℃以下而被冻结。CAS由于最大限度抑制了冻晶膨胀，使食品的细胞组织不被破坏，解冻后能恢复到食品制作时的色、香、味和鲜度，且无液汁流失现象，口感和保水性都能得到较好保持。

六、冻藏食品的解冻

（一）解冻的概念

冻藏食品在消费或加工之前一定要经过解冻过程。解冻是使冻结品融解，恢复到冻前新鲜状态的过程。从某种意义上讲，解冻可视为冻结的逆过程。由于冻藏食品在自然放置下亦会解冻，所以解冻易被人们忽视。

经过大量深入的研究，特别是通过冷冻显微镜的观察，解冻时水向细胞内的渗透速度非常快，在极短的时间内细胞就吸水复原了，即使吸水性能弱的细胞，也只需要几分钟的吸水时间。

解冻对解冻品的质量影响很大。一般来说解冻的最终温度应根据解冻食品的用途决定。用作加工原料的冻品，以解冻到能用刀切断为准，此时的中心温度大约为5℃。解冻介质的温度不宜太高，不能为了提高解冻速度而提高解冻介质的温度。通常解冻温度不宜超过10℃～15℃。

植物性食品如速冻蒜苗、速冻小青豆等，不宜在烹调前进行解冻，而应直接下锅烹调。这个时候烹调过程本身就是一个解冻过程。

（二）解冻的方法

解冻的过程可分为慢速解冻和快速解冻。慢速解冻时蛋白质与高浓度溶质接触时间长，容易产生浓缩危害，而快速解冻有利于防止食品品质的降低。解冻方法分为外部加热法和内部加热法。

1. 外部加热法

（1）空气解冻。

空气解冻又称自然解冻，是一种最简便的解冻方法。该方法是依靠空气把热量传递给冻品，使冻品升温、解冻。空气解冻的速度取决于空气流速、空气温度和食品与空气之间的温差等多种因素。空气解冻可分为间歇式和连续式的两种。

（2）水解冻。

由于水的传热性能比空气好，因此把冻品浸泡在水中解冻时，解冻时间可明显缩短。水解冻适用于带皮或有薄膜包装的食品，如整条鱼、冻全虾等。如果让冻结鱼片、鱼制品等与水直接接触解冻，则营养成分会从切断面渗出溶入水中，水也会从切断面渗入冻品，使食品品质下降，而且切断面还会被水污染。因此冻结鱼片、鱼制品不适宜用水解冻。

水解冻包括静水式解冻、低温流水解冻、低温盐水解冻等方法。

①静水式解冻。静水式解冻是最简单的一种水解冻方法。将冻品放置于装满水的

水槽或容器中，经过一段时间后，冻品就会吸收水中的热量而解冻。由于水温会随着解冻过程的进行而降低，可以得到较低的解冻终温，因此这种解冻方法应根据解冻品的数量控制好水量，水太少时，解冻时间会延长，甚至会达不到解冻要求的终温，水太多时，虽然解冻时间可缩短，但解冻终温高，对食品质量不利。静水式解冻方法虽然解冻时间较长，但设备简单、操作方便、费用低廉。

②低温流水解冻。流水解冻可缩短解冻时间，减少微生物的繁殖数量。

③低温盐水解冻。对鲷鱼、乌贼鱼等海水鱼类来说，为防止解冻时其鱼皮褪色，常用低温盐水解冻。盐水浓度一般为 2%～3%，水温不超过 20℃，盐水流速为 1～3m/s。

(3) 接触式解冻装置。

接触式解冻装置与平板冻结装置相类似，板与板之间放置冻结品，上、下两板由油压泵、油压槽及油压筒组成的油压系统推动，将冻品压紧。板内通以温度为 20℃～40℃的流动水，板与冻品之间借助导热方式传递热量，使温水的热量通过平板传导给冻品，使冻品升温解冻。接触式解冻装置主要适用于冷冻鱼糜、鱼片等平板状冻品的解冻。

(4) 碎冰解冻。

在气温高时解冻大型鱼，由于需较长时间，外层解冻好的部位暴露在高温下会很快腐败变质，常需放置碎冰加以保护。

(5) 水蒸气凝结解冻装置。

水蒸气凝结解冻也被称为真空解冻或减压水蒸气解冻，其原理是在真空状态下压力不同，水的沸点不同。水在低温下沸腾，沸腾时形成的水蒸气遇到更低温度的冻品就在其表面凝结成水珠。蒸汽凝结成水珠时放出凝结热，这部分热量被冷冻品吸收，使冷冻品温度升高而解冻。相比空气解冻法，这种方法的效率能提高 2～3 倍，解冻时间显著缩短，解冻后产品质量明显提高。

2. 内部加热法

(1) 低频电流解冻。

食品具有一定的导电性。当食品通过电流时，就会产生热量，低频电流解冻就是利用这种热量使冻品升温解冻。

(2) 高频电流解冻。

高频电流解冻使用的是 50MHz 或 60MHz 频率的电流。如果把频率提高到 300～3000MHz，那么发热量就会比电阻型多得多，此时冻品的发热是在表面和内部同时进行的。高频、微波的发热是由于电磁波对冻品中的高分子和低分子的极性基团起作用，让极性分子正负电荷重心不重合，在电磁场中呈现一定的排列次序，在高频率变化的电磁场中使极性分子不断改变排列方向，变化时分子之间进行旋转、振动、相互碰撞和摩擦，产生热量。

(3) 微波解冻。

微波解冻是利用波长在 1mm～2.54cm 的电磁波间歇照射食品，使食品中的介电物质发生剧烈震动产生热量而进行解冻。微波解冻的特点是解冻快、不容易受微生物的污染、营养成分损失少。其缺点是解热不均匀，不适合进行完全解冻。

（4）高压解冻。

当对冻品加以高压时，一部分冰因温度剧降而放出湿热，并转化为另一部分冰融解所需的潜热，使之融化。该过程无须外界热量，所以融解速度快。另外，由于高压冰融解热的减少，导温系数增大，使传热速度加快，并且压力可以瞬间均匀传递到冻品内部，内外可同时快速解冻。相关试验表明，直径 100mm、长 200mm 的冰块在 10℃的水中常压静置解冻需要 80min，加至 120MPa 需要 20min，加压到 200MPa 解冻只需要 11.5min。高压解冻可以避免解冻造成的食品热变性，同时避免了食品解冻时在最大冰晶带停留时间过长。高压还有杀菌作用，解冻后汁液流失少，色泽、硬度等指标均较好。

第四节 货架期预测方法

一、货架期定义

目前在世界范围内，关于食品货架期的定义还没有统一的表述。多数认为，食品货架期仅仅取决于食品的质量，而与安全问题无关，作为食品，其前提条件必须是安全的，在安全框架内确定货架期的时间节点；另一种说法是，影响食品安全的因素也是一个渐进过程（如腐败或者致病微生物生长过程、包装材料中有害物质的释放过程、某种毒素反应与形成过程等），同质量因素一样，对货架期具有同样的影响作用。20 世纪 70 年代，美国食品工艺师协会（Institute of Food Technologists，IFT）曾定义食品货架期为：食品从生产出来之日起，至食品营养、风味、质构和外观等指标仍处于能够满足消费者要求的某零售之日止，该期间为食品货架期。很明显，该定义仅仅考虑了食品的质量因素。

我们可以认为货架期是指食品的所有主要特性可以被消费者接受且满足其质量要求的时间长度。货架期的时间包括食品变成无法接受之前停留在零售商和消费者手中的总时间。食品货架期是一个与食品安全、感官特性、物理、化学、微生物、功能特性、贮藏条件多个因素相关联的时间尺度。该尺度长短与评判方法和评判人密切相关，在实际操作中主要取决于食品制造商和消费者。

1. 食品制造商

食品制造商对于自己生产的产品质量比较清楚，在原料、铺配料、加工工艺、生产管理、配送环境等多个环节具有较强的控制能力。优质的原料、先进的加工工艺和严格的生产与配送管理是获得较长货架期的前提条件。食品制造商往往通过市场质量调查和实验室模拟实验两种方法确定货架期，市场质量调查主要根据消费者对产品质量的认可程度，以感官评价为主进行评定，市场质量调查也包括企业对产品质量的跟踪取样，以理化分析为主进行评定。实验模拟往往在产品研发阶段进行，主要以一定的生产条件和流通环境为背景，采用生物学、化学、物理、微生物学等理论分析，选择能够反映产品质量的营养指标和卫生指标进行模拟评定，并建立相关的质量标示性指标和微生物数量变化模型。实验室模拟条件往往与实际流通环境差别较大，因此，实验模拟结果仅作为实际生产流通的参考值。

食品制造商要在产品包装上标明主要营养物质含量以及生产日期、保质期等信息，且必须保证消费者在此保质期之前消费该产品，其营养物质含量必须大于或者等于包装标示的含量。同时，制造商也必须保证该产品在保质期内的卫生安全，因此食品货架期除了保证产品质量外，还必须保证食用安全，也就是说食品货架期应该小于或者等于两者中（质量和安全）期限最短者。食品制造商为了避免产品出现质量和安全问题，往往采用预留安全边际较大的做法。例如，在包装上标明“最好×年×月×日前食用”“最佳食用期”“开封后一次性消费完”等字样。

2. 消费者

消费者对货架期的理解主要取决于感官嗜好性，其次是营养指标。产品包装上的货架期或者保质期是消费者选择该产品的主要依据，但不是唯一的依据。消费者往往根据自身的经验和消费嗜好，对产品的质量有一个综合的判断。所以尽管产品是安全的，也是营养的，但是能否被消费者接受才是最关键的。因此，在货架期研究方面，由消费者或者准消费者（感官评价人员）对货架期进行感官判断是不可或缺的环节。选择出现25%的消费者开始不看好某种产品的时候作为该产品的货架期，还是选择出现50%的消费者开始不看好产品的时候作为货架期，关系到制造商和零售商的经济效益，影响产品的销售量、召回量和市场风险。目前，多数制造商选择以25%的消费者开始不看好某种产品的时候作为该产品的货架期，当然也有个别企业或者对个别产品甚至选择10%的消费者开始不看好产品的时候作为货架期。选择的比例越低或者说要求的货架期越严格，带来的资源浪费问题也越突出，这是一个需要科学平衡社会效益和经济效益的问题。

二、食品货架期影响因素

有许多因素可以影响食品的货架期，这些因素包括内在因素和外在因素。内在因素有：水分活度、pH值和总酸度、酸的类型、氧化还原电势、有效含氧量、菌落总数、在食品配方中是否使用防腐剂等。外在因素有：在贮藏和分配过程中的相对湿度、温度、微生物控制、在加工过程中的时间温度曲线关系、包装过程中的气体成分、消费者的处理操作和热处理的顺序等。

食品货架期的影响因素主要有以下几类。

1. 微生物的影响

引起食物变质的微生物包括细菌、霉菌和酵母菌。水分含量越高、营养物质越丰富的食物环境，越适合细菌的生长，如果汁、牛奶、蔬果等。细菌的繁殖以二分裂方式进行。细菌在恶劣的环境下会形成一种抗逆性很强的休眠体——芽孢。企业在生产过程中把细菌杀死了，但是芽孢还存在于食物中，遇到合适的环境，细菌会继续滋生。在 pH 值比较低的食物环境中，霉菌和酵母菌是引起食物变质的主要因素。霉菌的生长是菌丝体的延长，有时会形成孢子。酵母菌是出芽生殖或者有性繁殖，条件恶劣的时候，两个酵母菌会合成抗逆性较强的二倍体，遇到合适的环境，会变成单倍体。

影响这些细菌生长的因素包括内在因素和外在因素。内在因素指的是水活动、pH 值、氧气含量、营养成分和防腐剂等；外在因素指的是温度、时间、湿度、背景微生物的负载量、包装形式等。

2. 物理条件的影响

在对食物品质产生影响的物理条件中，水分迁移是一个比较大的影响因素。由于水分的丢失，引起的一些变化可以很容易地被观察到。比如，干面包片、饼干等脆性食品会因外界环境的水分迁移而失去它们的脆性；沙拉食品同样可以由于水分从蔬菜到拌料的迁移作用而发生品质改变。冷冻食品贮藏中发生的干耗也是由于在冻结食品时，食品中水分从表面蒸发，造成食品质量减少。在包装食品中，一些渗透变化可以随着时间的延长而导致外界气体和水分渗入包装材料内，从而改变包装内部的气体成分和相对湿度，引起食品的化学变化和微生物变化。另外，包装材料的化学物质也可迁移到食品表面，从而引起食品的污染。以上的这些情况都会对食品的货架期产生严重的不良影响，使食品的保质期缩短。

3. 化学条件的影响

许多变质会随着食品内部化学反应的加剧而发生。食品的脂肪经常发生一些反应机理非常复杂的反应，如水解、脂肪酸的氧化、聚合等，其反应生成的低级醛、酮类物质会使食品的风味变差、味道恶化，使食品出现变色、酸败、发黏等现象。在食品贮藏过程中，酶的活动也可以改变食品的性质，导致其保质期的改变；一些非酶反应可以导致食品发生褐变；当瓶装牛奶长时间暴露在阳光下会导致脂肪氧化和蛋白质破坏；光线的照射也可破坏某些维生素，特别是核黄素、维生素 A、维生素 C，而且还能使某些食品中的天然色素褪色，改变它们的色泽。

化学因素包括脂肪氧化、水解、褐变、维生素分解、水分变化。脂肪氧化是除微生物之外引起食物变质的最重要原因之一，氧化过程中会产生相应的一级、二级产物使食物中的营养成分流失，形成有颜色物质，导致食物气味变化。如果人们没有注意到规定的货架期，而食用了脂肪氧化后的食品，将会对健康造成危害。食品中脂肪的构成情况，外界氧气的情况、感光物情况，都会影响脂肪的氧化作用。企业需要通过过氧化值测试、硫代巴比妥酸测试、游离脂肪酸测试的方式从脂肪氧化和脂肪水解这两方面对食物进行监控。蛋白质氧化是由于在产品里面的氧肌肉蛋白被氧化掉了，产生了高铁肌肉蛋白，使产品发生了颜色改变。对于糖分来说，最常见的反应是在酸和水解酶的作用下分解淀粉等寡糖或多糖的反应。维生素降解则指的是维生素在外界氧气、水、光线、pH 值和时间的因素影响下进行了分解。

4. 温度变化产生的影响

温度的变化也会导致食品变质。在食品的适宜温度范围内，温度每升高 10℃，化学反应速率可提高约1倍。过度受热会使蛋白质变性，破坏乳状液和维生素，使食品变干。未加控制的低温也会使食品变质，如引起果蔬的冻害。冻结也会导致液体食品的变质，如果将牛奶冻结，乳状液即受到破坏，脂肪就会分离出来，还会使牛乳蛋白质变性凝固。另外，在冻结食品时，温度的波动会使食品内部的冰晶发生变化，从而缩短保质期。

5. 产品的敏感性

产品因具有受各种因素影响而变质的特性，不同产品区别较大。这与包装材料保护性也有很大的关系。

6. 包装材料

物质水分透过包装材料的渗透量随尺寸平方数（面积）的增大而增大，而与吸收渗透物量有关的产品体积则是随尺寸立方数的增加而增加。所以，在其他条件相同情况下，对包装材料阻隔性的要求随着产品与包装尺寸的增大而降低。

不同的包装材料，其透气性、密封性、透光性、阻湿性等都不同，从而影响产品的货架期。包装材料不同，其性能也不同。尼龙具有较好的阻氧性，但吸水性强，透湿率大，吸水后使其气密性急剧下降；纸质材料透气性强，但是防潮防湿能力差；气密性不良，对蒸汽的透过率较大；BOPP（双向拉伸聚丙烯薄膜）、CPP（未拉伸聚丙烯薄膜）和BOPET（双向拉伸聚酯薄膜）都具良好的防潮抗水性。

7. 产品质量合格的判别标准

对于各种产品的变质问题，需要按类型确定合格的判别标准。合格品的判别标准又必须以产品中某些关键成分为依据。

三、食品货架期确定方法

食品货架期主要以感官评价、物理测试、化学测试、微生物测试等技术手段和检测方法来确定。物理测试中如果想了解产品的水分散失情况和质地变化情况，则需要通过仪器对食品的黏度、硬度、脆度和咬力来进行测量。微生物方法一般是针对细菌、酵母菌、霉菌来进行测试。有的企业则需要通过在食物中加入指定微生物的方式测试其他不常见微生物引起食物腐败的现象和安全风险，从而对货架期进行评估。

1. 确定货架期的直接方法

（1）感官判定。这是对产品进行综合感官评定的结果。经过特定训练的人员定期对产品的外观、质地、风味、口感、可接受程度等各方面进行评价，通过与产品的标准对比来判定货架期。

（2）物理方法。最常见的是物理方法通过测试产品的黏度、硬度、脆度、咬力等来判断产品是否达到标准。

（3）化学方法。化学方法测定食品货架期主要有化学腐败法和维生素降解法。化学腐败法是利用FFA（游离脂肪酸）、TBARS（脂质过氧化）等，对产品的酸败状况进行一个比较综合的检测，从而判定产品的货架期。维生素降解法是利用检测食品维生素的含量的方法判断其对货架期的影响。

（4）微生物方法。微生物方法是通过霉菌、酵母菌、细菌、乳酸菌等微生物引起产品酸败的状况来对产品进行检测，确定病原微生物或者腐败菌能否生长。比如让一些相应的微生物进入产品中，对微生物的生长进行监控。

2. 动力学模型预测食品货架期

该货架期预测的方法是将试验建立在食品品质变化模型的基础上，由食品体系中所发生的不同变质反应的动力学模型公式来预测食品货架期。

（1）水汽敏感型食品货架期的预测。水是食品中各种生化反应及微生物生长繁殖的必要条件之一，影响着食品中各种腐败反应的速率。包装材料具有水蒸气透过性，食品在被包装后水分含量的变化会影响各类腐败反应的速率，从而影响产品货架期。

（2）氧气敏感型食品货架期的预测。氧气直接影响着食品的货架期，食品中微生物的生长、新鲜肉和熏制肉的色变、脂肪氧化酸败、果蔬的衰败等均与氧气有关。密封包装中（如金属罐和玻璃容器），影响氧化反应的主要是包装时内部残留的总氧量；在有一定透气性的包装中（如塑料包装），引起氧化反应的有包装时内部残存的含氧量和贮藏期间透过包装材料渗入的氧气。

（3）受温度影响食品货架期的预测。温度是决定食品货架期的主要因素之一，温度影响着食品贮藏期间各种反应的进程，如果已知引起食品货架期终止的主要品质变化反应，那么就可以利用反应速率和温度的关系预测出在某温度下该食品的货架期。

四、延长食品货架期的措施

1. 气调包装

气调包装是延长食品货架期的方法之一。在气调包装过程中，产品被包装在与空气不同的气体环境中，主要是通过减少保质期内产品与氧气的接触来延长产品的保质期。气调包装过程中，在装入食品后，未封口之前，首先是抽真空，尽可能除去氧气，然后灌入氮气、二氧化碳或其他气体。氮气主要起到消毒作用，减少氧化作用，同时也起到稳定包装、抑制细菌和真菌的作用。对于新鲜水果和蔬菜，气调包装中的氧气含量在1%～5%是安全的，但对于薯片、熟肉制品等高油脂食品，氧气的含量必须低于1%。

2. 加热灭菌

利用高温来杀死微生物（超过最高生长温度）是延长食品货架期的另一种常用方法。当高温作用于微生物时，首先引起细胞内生理生化反应速率加快，机体内对温度敏感的物质，如蛋白质、核酸等，随着温度的增高而遭到不可逆的破坏，进而导致细胞内原生质体的变化、酶结构的破坏，从而使细胞失去了生活机能上的协调，停止了生长发育。随着高温的继续作用，细胞内原生质便发生凝固，酶结构完全破坏，活动消失，生化反应停止，渗透交换等新陈代谢活动消失，细胞死亡。

3. 冷藏冷冻法

冷藏冷冻是以制冷技术为手段，使食品从原料捕获、加工、运输、贮藏到销售流通的整个过程中，始终保持适宜的低温条件，以最大限度地保持食品原有品质，减少损耗，延长食品的货架期。

4. 干制

干制是指在自然或者人工控制的条件下促使食品中的水分蒸发，脱出一定水分，将可溶性固状物的浓度提高到微生物难以利用的程度。干制的食品包括蔬菜制品、果干制品、干鱼、干燥肉、谷类制品、蛋类制品等。食品当中果蔬产品的干制在我国历史悠久、源远流长，在古代人们就利用日晒进行自然干制，大大延长了果蔬的保藏期限。

5. 建立良好规范的生产体系

建立从采购、库存管理到生产的科学严格的管理体系，有效控制产品中微生物的生存条件，从而降低微生物的繁殖，达到产品保质保鲜的目的。

严格控制原辅材料和包装材料的卫生和质量，对原辅材料验收检验程序严格把关，制定严格的供货商评审制度。

库房要求卫生清洁，货物摆放排列整齐有序，不得与地面直接接触，并有明显的货物品名、等级标志；无虫蛀鼠害，原料存放库和成品库要达到规定的温度和湿度范围；辅料和包装物料存放库必须通风、阴凉、干燥，特殊品种还必须控制库温。

在生产过程中，原材料原有的包装和存放条件都发生了很大变化，微生物二次污染的机会大大提高，制订相应的管理措施，在环境、人员、生产设施、材料和操作工艺上加强管理，控制产品的二次污染。

第五节 主要保鲜技术

目前国内外在果蔬保鲜领域采用的保鲜手段主要有物理和化学两大类，每一类衍生的新技术很多，各自依托不同的保鲜原理。各种保鲜手段的侧重点不同，但都是通过对保鲜品质起关键作用的三大要素进行调控：一是控制其衰老进程，一般通过对呼吸作用的控制来实现；二是控制微生物，主要通过对腐败菌的控制来实现；三是控制内部水分蒸发，主要通过对环境相对湿度的控制和细胞间水分的结构化来实现。当前主要的保鲜技术主要有：临界低温高湿保鲜、细胞间水分结构化气调保鲜、臭氧气调保鲜、低剂量辐射预处理保鲜及紫外线保鲜、涂膜保鲜、高压保鲜、低压保鲜、基因工程保鲜、细胞膨压调控保鲜、气调保鲜等。

一、临界低温高湿保鲜

临界低温高湿保鲜是在食品冷害点温度以上 0.5℃～1℃和相对湿度为 90%～98%的环境中贮藏保鲜食品的方法。临界点低温高湿贮藏的保鲜作用体现在两个方面：第一，水果在不发生冷害的前提下，采用尽量低的温度控制果蔬在保鲜期限内的呼吸强度，使某些易腐烂的水果达到休眠状态；第二，采用相对湿度高的环境有效降低水果水分蒸发，减少失重。从原理上说，临界低温高湿保鲜既可防止水果在保鲜期内腐烂变质，又可以抑制水果的衰老，是一种较理想的保鲜手段。

二、低剂量辐射预处理保鲜及紫外线保鲜

低剂量辐射预处理保鲜主要利用钴－60、铯－137 发射的γ射线以及加速电子、X 射线穿透有机体，使其中的水和其他物质发生电离生成游离基或离子，对散装或预包装的水果起到杀虫、杀菌、防霉、调节生理生化等效果。该方法可以替代乙烯、二溴化物、溴甲烷以及环氧乙烷等化学试剂。新鲜水果的辐射处理选用相对低的剂量，否则容易使水果变软并损失大量的营养成分。草莓是低剂量辐射预处理保鲜中有代表性的例子，草莓以 2.0～2.5 kGy 剂量辐射预处理，可以抑制腐败，延长货架期，并且保持原有的质构和风味。樱桃、越橘均可以通过低剂量辐射来达到延长货架期、提高贮藏质量的目的。辐射剂量还与水果的成熟度有关，杧果（3/4 成熟度）在室温下贮藏的最适宜辐射剂量为 0.75 kGy。低剂量辐射预处理保鲜可以和其他技术复合使用，如与冷冻、漂烫等技术相结合可以减少辐射保鲜所要求的辐射剂量。通过热水浸渍或蒸汽（温度为 50℃～55℃）加热 5min，可以产生更好的保鲜效果，这项技术广泛应用在对柑橘、桃子、樱桃的保鲜中。

紫外线保鲜技术具有安全、环境友好、高效等特点。紫外线保鲜技术在葡萄、金橘和番木瓜中的应用结果表明，复合技术可以避免使用高剂量的紫外线或γ射线，而且保鲜效果显著。

低剂量辐射在食品工业中主要应用于以下几个方面。

（1）禽畜肉蛋和水产品：新鲜禽畜肉等腐败变质的主要推手是酶及腐败微生物，通过辐射可杀灭相关的细菌。

（2）果蔬类食品：可以防止果蔬类食品受微生物的腐败作用影响，具有杀虫、延缓后熟、抑芽的作用。

（3）谷物制品：主要目的是防止谷物受虫害。

（4）酒类：辐射能够促进酒类的陈化，改善酒的风味与营养。

三、涂膜保鲜

涂膜保鲜技术就是在果实表面涂上一层高分子的液态膜，干燥后形成一层很均匀的膜，可以阻止果实与空气进行气体交换，从而降低了果实的呼吸作用，改善了果实的硬度和新鲜饱满程度，并减少因病原菌侵染而造成的腐烂。

涂膜保鲜方法是将涂膜保鲜材料通过包裹、浸渍等方法覆盖在食品表面或食品内部异质界面上，阻气、阻湿，隔阻外界环境的有害影响，抑制呼吸，延缓后熟衰老，抑制表面微生物的生长，提高贮藏质量，从而达到食品保鲜、延长其货架期的目的。

目前，广泛应用于水果保鲜的涂膜材料有糖类、蛋白质、聚乙烯醇、单甘酯，以及多糖、蛋白质和脂类组成的复合膜。

（1）果蜡：它是最早使用的果蔬保鲜剂，是一种含蜡的水溶性乳液，喷涂在果实的表面。干燥后，在果皮表面固化形成薄膜。经过打蜡的水果，色泽鲜艳，外表光洁

美观，且保鲜效果好。

（2）可食用膜：它是采用天然高分子材料，经过一定的处理后在果皮表面形成的一层透明光洁的膜。它具有较好的透气性、阻水性，具有无色、无味、无毒的优点。

（3）纤维素膜：具有良好的成膜性，但对于气体的渗透阻隔性不佳。通常要加入脂肪酸、甘油、蛋白质以改善性能。

涂膜保鲜技术广泛应用于苹果、柑橘、桃子、杧果和李子的保鲜，可使果蔬的保鲜期长达200天以上。

四、高压保鲜

高压保鲜的原理是在贮存物上方施加一个小的由外向内的压力，使贮存物外部大气压高于其内部蒸汽压，形成一个足够的、从外向内的正压差，一般压力为2500～4000个大气压，这样的正压可以阻止水果水分和营养物质向外扩散，减缓呼吸速度和成熟速度，从而能提高鲜味，有效地延长果实的贮藏期。

高压保鲜技术的抗菌效果与水果中的微生物类型以及水果中的天然成分有关，一些浆果中的有机酸有助于提高高压保鲜技术的效果。此外，高压保鲜技术与冷藏技术结合使用效果更佳，例如，可使葡萄5℃下保存5个月，草莓在8℃下保存30天。

五、低压保鲜

低压保鲜是采用真空泵将贮藏室或仓库里的大部分空气抽掉，控制在100mm汞柱以下（最好为10～20mm汞柱）的低压环境里，用增湿器调节相对湿度使之保持在90%左右。在这种低压环境中，水果的催化过程维持在最低水平，因而有利于水果的长期保鲜贮存，一般贮藏200天的果蔬其损失率只有3%～5%，是目前大批量贮存和运输水果时采用较多的方法。目前英、美、德、法等一些国家已研制出了具有标准规格的低压集装箱，广泛应用于果蔬长途运输中。低压保鲜是一种新兴的果蔬贮存法，有很好的保鲜效果，且具有管理方便、操作简单、成本低等优点。

六、基因工程保鲜

基因工程保鲜技术主要是通过减少水果生理成熟期间乙烯的生成以及延缓水果在后期成熟过程中的软化来达到保鲜的目的。

乙烯具有促进果蔬老化和成熟的作用，苹果、桃子、香蕉、番茄等有呼吸高峰期的水果在成熟过程中会自动促进乙烯的释放，要使果蔬达到保鲜的目的，就必须去除乙烯，从而延缓果实的成熟。能够抑制ACC合成酶的转基因番茄，其货架期能够延长30～40天。新加坡国立大学的研究人员已经成功地修改了植物体内产生乙烯气体的基因，基因被修改后，水果只产生通常状态下10%的乙烯气体。延缓水果的软化可以通过抑制聚半乳糖醛酸酶、果胶酶等降解组织细胞完整性的酶基因来实现。因此，利用DNA的重组和操作技术来抑制成熟基因，可以推迟水果成熟衰老，延长保鲜期。

科学家经过筛选研究，分离出一种“NH－3菌株”，这种菌株能够制成乙烯去除剂“NH－T”物质，可防止葡萄在贮存中发生变褐、松散、掉粒，对番茄、辣椒起到防止失水、变色和变松软的作用，且有明显的保鲜作用。

七、细胞膨压调控保鲜

通过温度、相对湿度、表面控制程度、通风气流速度等有关的热动力学特性调控技术以及相应的组织膨压变化的测试技术，可维持水果细胞膨压的完好，实现其质构的调控保鲜。

八、气调保鲜

1. 气调保鲜的概念

气调保鲜是改变贮藏环境中的气体成分（通常增加 CO_2 浓度和降低 CO_2 浓度）来延长果蔬、食品贮藏寿命和货架期的一种保鲜技术。气调贮藏是在传统的冷藏保鲜基础上发展起来的现代化保鲜技术，被认为是当今储存水果效果最好的贮藏方式。

早在 1933 年，美国就建立了世界上第一座商业模式化的气调库，目前气调贮藏已经是发达国家果蔬贮藏的主流方式。美国和以色列的柑橘 50%以上是气调保鲜，新西兰的苹果和猕猴桃气调贮藏量能力为总产量的 30%以下，英国的气调贮藏量为 22.3 万吨；其他国家，如法国、意大利以及荷兰等国家气调苹果均达到总储量的50%～70%。

气调贮藏的分类如下。

（1）自发气调：利用新鲜果蔬自身的呼吸作用降低贮藏环境中的 O_2 浓度，同时提高 CO_2 浓度，如塑料薄膜保鲜袋、硅窗气调保鲜袋等。

（2）人工气调：根据产品的需要人为地调节贮藏环境中各气体成分的浓度并保持稳定，如气调贮藏库。

2. 气调贮藏保鲜对食品的影响

（1）气调对代谢的影响。高 CO_2 浓度和低 O_2 浓度会抑制呼吸作用和其他的代谢作用，延缓果蔬成熟和衰老，保持品质。低 O_2 浓度可以抑制乙烯的生物合成，高 CO_2 浓度会减轻果蔬对乙烯的敏感性，减弱乙烯的生物作用。

（2）气调对食品成分的影响。低 O_2 浓度可以减弱或抑制脂肪氧化酸败，减少脂溶性维生素的损失。低 O_2 可以抑制维生素 C、谷胱甘肽、半胱氨酸等的氧化，保持营养价值。

（3）气调对病害的影响。微生物在 O_2 环境下生长繁殖受到抑制，适宜的低 O_2 和高 CO_2 浓度可抑制果蔬生理病害和病理性病害，同时提高 CO_2 浓度和降低 O_2 浓度能抑制成熟和衰老，因而也提高了果蔬的抗病能力。

3. 气调保鲜贮藏的优点

与通用的常规贮藏和冷藏相比，气调保鲜贮藏的优点如下。

（1）通过气调保鲜贮藏的食品不会结冰，能保留食品原有的新鲜度和风味，营养不会丢失，且安全环保，无污染。

（2）在相同的保鲜品质和温度条件下，气调保鲜贮藏库的保鲜时间是冷库的 3～5

倍，有些食品甚至可达数十倍，这是冷库所无法比拟的，比如，气调保鲜苹果的贮藏期至少是冷藏的两倍，低氧气调贮藏 6 个月的新红星苹果仍色泽鲜艳、风味纯正、汁多肉脆，而冷藏条件下的 3 个月就发绵。

（3）气调保鲜贮藏库运行温度在 0℃～12℃，比普通低温冷库（运行温度－25℃～18℃）高 18℃～37℃，在相同的保鲜时间内，气调保鲜贮藏库的电耗远远小于普通冷库。

（4）气调保鲜贮藏库采用惰性气体隔离空气，可以有效抑制食品细胞的呼吸作用，不仅延长了保鲜时间，而且延长了食品出库后的货架期。

（5）气调保鲜贮藏库采用了气体成分和浓度调节控制技术，不仅可以有效抑制乙烯等催熟成分的生成和作用，而且具有降氧、调炭、抑菌、消除农药毒副作用的功能。

（6）气调保鲜贮藏库采用了加湿技术，可以保持食品自身的水分，使食品的色泽、质地保持不改变，保留了食品原有的品质；气调保鲜的损耗率低，能从“冷藏保鲜”的 10％左右降到 5％以内。

（7）气调保鲜贮藏是最安全、最纯粹的物理保鲜技术。气调保鲜贮藏库采用了现代化机电控制技术，将先进的自动化控制设备及网络传输技术与传统机电产品相结合，使系统具有了可靠性、经济性、合理性、先进性及远程控制性能的特征，将会很快成为现代食品保鲜贮藏的主流技术。

4. 气调保鲜贮藏的缺点

（1）不同品种的果蔬需单独存放。

（2）O_2浓度过低、CO_2浓度过高时易发生中毒现象。

（3）适用于气调贮藏的果蔬品种有限。

（4）有“残效现象”，即产品从气调库取出后产生的非乙烯挥发性物质比正常产生的少，缺少香气。

（5）投资费用高，气调保鲜库的建造成本通常是冷库成本的 1.5～3 倍。

5. 气调保鲜的技术

气调保鲜技术主要包括四个方面：小温差制冷技术、超低氧控制技术、气调贮藏技术、动态气调贮藏技术。

（1）小温差制冷技术。在果品冷藏贮藏中，随着库内温度降低，库中空气相对湿度也随之降低，导致果品干耗严重，品质降低。果蔬贮藏中既要降低温度，又要保持较高的相对湿度，这是果蔬贮藏中的一个技术难题。小温差制冷技术是在同样低温条件下，通过增大蒸发面积，降低库内温度与蒸发温度差值来实现库内保持低温高湿环境的一种技术。通过小温差制冷技术，可以实现库内相对湿度达 90％以上，从而保证果品品质，减小干耗带来的损失。

（2）超低氧控制技术。对于果蔬贮藏，温控是第一位，氧气和二氧化碳控制是第二位。超低氧是指在不会对果蔬造成低氧伤害的前提下，进一步降低贮藏环境中的氧气，能够更好地抑制果实的呼吸作用，延缓果蔬的后熟、衰老。近些年来氧气控制技术不断进步，20 世纪 80 年代氧气含量可控制在 3％左右，20 世纪 90 年代达到 1.5％，

21世纪初，库内氧气含量可控制在1%，目前超低氧控制技术能将氧气的含量控制到0.2%～0.5%，甚至0.1%。

(3) 气调贮藏技术。气调贮藏技术涉及各个方面，不同的果品有不同的特性，需要不同的贮藏标准。比如，樱桃的贮藏温度0℃～0.5℃，CO_2浓度10%～15%，O_2浓度5%；猕猴桃贮藏最佳温度0℃（最高冰点为－1.5℃），最佳相对湿度90%～95%，猕猴桃对乙烯及其敏感，亿分之0.5到亿分之一的乙烯就会导致猕猴桃果子变软。

(4) 动态气调贮藏技术。动态气调贮藏技术是指在不同的贮藏时期控制不同的气体指标，以适应果实从健康向衰老不断变化的过程中对气体成分适应性也在不断变化的特点，从而有效地延缓代谢过程、延长保鲜时间。

气调保鲜贮藏并不是简单地改变贮藏环境的气体成分，而是包括温控、增湿、气密、通风、脱除有害气体和遥测遥控在内的多项技术的有机体，它们互相配合、互相补充、缺一不可，这样才能达到各种参数的最佳控制指标和最佳贮藏效果。气调贮藏并非万能，它只能创造一个人为的环境尽量保持果蔬产品的原有品质，但不能将劣果变优。由于气调贮藏技术的科技含量高、贮藏效果好，因而它的贮藏成本也比普通冷藏高，所以用气调贮藏的果蔬产品，对其产品质量的要求也就更加严格，劣质品或某些不适合气调贮藏的品种，即使经过气调贮藏技术的处理，也不能达到优质，更不会出现优价。气调贮藏技术是一种高投入、高产出、高回报的高新技术，同时它对果蔬产品的采前处理管理和产品质量也提出了更高的要求。

案例分析

蓝莓的贮藏保鲜

蓝莓是温带地区生长的灌木小浆果，也是水果中易腐烂的产品之一。因此其保鲜是一个系统工程，包括采收时机和方法，采后处理（如预冷、杀菌、抗衰老处理）、贮藏、运输和销售的管理控制。

1. 蓝莓的采收

一般在果实全部转为蓝黑色后的3～7天进行采收，适宜采收成熟度为八成熟，具体时间则需根据品种的不同而确定，有条件的话可对果实的糖度、酸度进行测定，综合判断采收时间。过早采收则果实小，风味差，影响果实的品质；但也不能过晚，尤其是鲜果远销，过晚采收会降低其贮藏性能。由于蓝莓果实成熟正值盛夏时节，注意不要在雨中或雨后马上进行采收，因为这样采摘的果实含水量特别高，会增加果实霉烂的概率。另外，蓝莓的采摘可用人工，也可用机械采收器。

2. 蓝莓的分级挑选

蓝莓本身容易破损，采收后应及时且快速地进行分级挑选。分级指标一般为成熟度和软硬程度。要剔除烂果和病虫害果，即使是轻微损伤也不能要。

3. 蓝莓的预冷

蓝莓预冷最好将分级挑选好的蓝莓利用冷风进行预冷处理（除去田间热，降低呼吸强度，避免造成积热和烂果），直至果实实际温度降至7℃以下，转入冷库贮藏，温度为0℃～5℃，湿度为90%～95%。

分级挑选时间最好不超过2小时并马上进行预冷处理。由于冷风预冷容易使果实表面失水，所以应该在冷库中增加加湿设备，或地面充水加湿。

4. 蓝莓的运输

蓝莓的适宜保鲜温度为－0.5℃～0.5℃，相对湿度为90%～95%。最好用冷链运输，要避免温度波动。

5. 蓝莓的采后生理病害

蓝莓的采后生理病害包括：失水萎蔫、果实软化、气体伤害、冻害等。

(1) 失水萎蔫：由于蓝莓很容易蒸腾失水，贮运和处理的环境湿度太低会导致果实失水萎蔫。所以保持90%～95%的高湿环境十分必要。

(2) 果实软化：衰老引起果肉细胞内原果胶降解，进而发生果实软化。采后及时预冷和保持适宜且稳定的贮藏温度是防止软化的首要条件。气调处理对减缓果实的衰老软化有显著作用。

(3) 气体伤害：虽然气调贮藏可延缓果实的衰老，但不良的气体成分也会导致果实出现生理伤害，加速果实的衰败。对于蓝莓，当氧气浓度低于2%、二氧化碳浓度大于25%时，就会使果实变味、果肉褐变，这些果实在环境温度达到常温时就会快速腐烂。

(4) 冻害：根据果肉可溶性固形物含量的不同，蓝莓的冰点温度为－0.8℃～1.2℃。贮运温度低于冰点温度，果实就会发生冻害，导致风味劣变、解冻后果实软化和迅速腐烂。

6. 蓝莓的侵染性病害

(1) 灰霉病：是由灰葡萄孢霉菌引起的病害。这种病菌的传染性极强，不但对果皮有损伤的果实进行侵害使其发病，还会穿透健康的果实外皮。所以一旦发病，就会对邻近的健康果实造成侵染，形成“窝烂”。这种病菌在0℃的低温下也会缓慢地生长繁殖。因此，控制灰霉病对于蓝莓贮藏保鲜而言是至关重要的。

(2) 根霉病：是由霉菌引起的病害。这种病菌的孢子通常飘浮在空气中，在条件适宜时很容易发病。由于病菌在低于5℃的环境下不能生长，因此，对于及时预冷到适宜贮藏温度的蓝莓来说，不会造成危害。发病严重的往往是未经预冷或预冷未达到5℃以下的果实。

练习与思考

一、选择题

1. 良好的（　　）是气调贮藏的首要条件。

A. 温度　　B. 气密性　　C. 湿度　　D. 防腐剂的使用

2. 对于中温微生物，如大多数腐败菌，最适宜的繁殖温度为（　　）。

A. 25℃～37℃　　B. 5℃～10℃　　C. 15℃～20℃　　D. 40℃～50℃

二、填空题

1. 气调贮藏按认为控制气体种类的多少可分为______、______和______三种情况。

2. 动物性食品变质的主要原因是______和______的作用。

3. 植物性食品变质的主要原因是______。

4. 食品的冷却方法有______、______、______、______等。

三、简答题

1. 气调贮藏的特点有哪些？

2. 简述食品在冻结、冻藏过程中的变化。

参考文献

[1] 章建浩. 生鲜食品贮藏保鲜包装技术 [M]. 北京：化学工业出版社，2009.

[2] 沈月新. 食品保鲜贮藏手册 [M]. 上海：上海科学技术出版社，2006.

[3] 于海杰. 食品贮藏保鲜技术 [M]. 3 版. 武汉：武汉理工大学出版社，2021.

[4] 郑永华. 食品贮藏保鲜 [M]. 北京：中国质检出版社，2006.

[5] 蒋巧俊. 食品贮藏保鲜 [M]. 北京：北京师范大学出版社，2015.

第六章　水果冷链管理

学习目标

1. 了解影响水果质量的各类因素
2. 了解不同种类水果的贮运条件
3. 了解水果冷链质量风险管理体系的主要内容

第一节　影响水果质量的主要因素

水果的栽培区域和生产范围较广，市场的消费量大，国际上对水果质量的认识以及相关研究也较为深入。随着水果市场全球化进程加快，提高水果质量也成为世界各国提升竞争力和拓展市场的重要手段之一。因此，水果质量问题开始引起人们的广泛关注。水果质量常常涉及销售质量、食用质量、运输质量、生食质量，营养价值以及内部和外观品质等，为进一步探究影响水果质量的因素，接下来从衡量水果质量的指标和影响其质量的因素出发进行分析。

一、衡量水果质量的指标

水果质量的好坏，直接影响着果品的商品价值，按照国际通行准则，保证果实完好、无腐烂、无损伤，洁净、不受外来物的污染，并达到一定的成熟度，是水果进入市场的最基本要求。对于水果质量的评价指标主要有外观质量（大小、色泽）、成熟度、质地、风味、营养品质。

（一）果实大小

果实大小和果形指数对果实的外观品质以及分级非常重要，它直接影响消费者的选择。描述果实大小的指标主要是单果重和体积。果形指数是指果实纵径与横径的比值。比如在苹果中，通常果形指数 0.6～0.8 的苹果为扁圆形，果形指数 0.8～0.9 的为圆形或近圆形，果形指数 0.9～1.0 的为椭圆形或圆锥形，果形指数 1.0 以上的为长圆形。在“霞多丽”葡萄中，果粒大小直接影响其品质和葡萄酒的质量，小果粒的葡萄综合品质较高，其所酿葡萄酒品质好。因为与葡萄酒品质紧密相关的物质主要存在于果皮中，大粒葡萄果肉对果皮中的物质有稀释作用，会导致其葡萄酒品质下降。

（二）果实色泽

果实的色泽从侧面可以反映品质的好坏，也是消费者容易感知和判断的果实品质特质。色泽主要是各类色素的综合反映，苹果、桃、葡萄等果实的果皮色素主要有花青素、类胡萝卜素、叶绿素等，但花青苷是决定此类果实的主要色素，同时，类胡萝卜素、叶绿素等也参与果实色泽的形成。红色苹果果皮着色由花青苷积累的多少和分布状况所决定，一般花青苷积累越多，果实着色越好。类胡萝卜素可以防止光氧化损伤并有助于光合作用过程中的光捕获，它在果实中累积到一定浓度而呈色。柑橘果实含有的类胡萝卜素含量最多，柑橘果皮是类胡萝卜素的主要贮藏部位，其果实颜色因类胡萝卜素的积累量及组成比例不同，最终呈现出不同的色泽。

（三）果实成熟度

果实成熟度决定果实的品质，果实成熟度可分为 3 类：可采成熟度、食用成熟度、生理成熟度。处于可采成熟度时的果实大小已定，但还未完全成熟，果实肉质硬，需经过一定时期的后熟作用，适于贮运。处于食用成熟度时的果实已经成熟，已经具有该品种应有的色、香、味，此时的营养价值和风味最好，适于当地销售，不宜长途运输或长期贮藏。处于生理成熟度时的果实在生理上已达充分成熟的阶段，果实肉质松软，种子充分成熟，此时的化学成分水解作用加强，果实变得淡而无味，营养价值降低，不宜食用更不能贮运。

（四）果实质地

果实的质地表现为食用时感觉到的脆、绵、硬等，果实质地与细胞结构有关，它们与品质密切相关，是评价果实的重要指标。在生长发育的不同阶段、果实的质地会有很大变化，因此质地也是判断果实成熟度、确定采收期的重要参考依据。硬度作为判断果实质地的指标，是果实质地的综合体现。决定果实硬度的因素是细胞间的结合力，细胞间的结合力受果胶的影响，随着果实的成熟，可溶性果胶增多，原果胶减少。有的果实是原果胶减少，使原果胶与总果胶之比下降，果实细胞间失去结合力，果肉变软。与细胞壁降解相关的酶类与果实硬度也息息相关，比如原果胶酶可使原果胶与纤维素分离。另外果实在采后过程中，细胞结构也会发生变化，纤维素微纤维之间或这些微纤维与基质多糖之间的相互作用被破坏，从而影响果实的硬度。据报道苹果中测定的硬品种比软品种在采收时纤维素高，经过贮藏后，硬度都有下降。

（五）果实风味

果实产品因为其独特的风味而备受消费者的青睐。构成果实的基本风味主要有香、甜、酸、苦、辣、涩、鲜等。醇、酯、醛、酮和萜类等化合物是构成果实香味的主要物质，大多是挥发性物质，且有芳香物质，正是此类物质赋予了果实特定的香味。桃果实中已鉴定出近百种芳香物质，有的气味浓郁，有的气味清淡，有的甚至无味，只有它们聚成一个整体时，才具有桃果实的芳香特征。苹果中已鉴定出 300 多种香气化合物。糖及其衍生物糖醇类物质是构成水果甜味的主要物质，一些氨基酸、胺等非糖物质也具有甜味。蔗糖、果糖、葡萄糖是水果中的主要糖类物质。大多数水果的含糖量在7%～18%，不同的生长、发育阶段的水果，其含糖量也各不相同。

果实的酸味主要来自一些有机酸，其中柠檬酸、苹果酸和酒石酸在水果中含量较高。有的有机酸还参与三羧酸循环，其作为呼吸底物被消耗，使果实的含酸量下降，糖酸比提高，果实风味变甜，食用品质与贮运性能也下降。果实中的苦味主要来自一些糖苷类物质，当苦味与酸甜等味组合时，会形成特定的风味。果实的鲜味物质主要来自具有鲜味的氨基酸、酰胺和肽，这种物质在梨、桃、葡萄、柿子、番茄中含量较为丰富。果实的涩味主要来自单宁物质，当单宁含量达0.25%左右时可感到明显的涩味，当达到1%～2%时就会产生强烈的涩味。

（六）果实营养

水果中所含的维生素、矿物质和膳食纤维是人体的主要营养来源。人体所需维生素C的98%、维生素A的57%左右来自果实，果实中矿物质的80%是人体生长发育所必需的钾、钠、钙元素。有的果实还含有大量淀粉、糖和蛋白质等维持人体正常生命活动所必需的营养物质。维生素是维持人体正常生命活动不可缺少的营养物质，它们通常以辅酶或辅因子的形式参与代谢。维生素缺乏会引起人体代谢失调，诱发生理病变。果实中含有与人体最为密切的维生素C和类胡萝卜素。

矿物质是人体结构的重要组成组分，是维持体液渗透压和pH不可或缺的物质，同时许多矿物离子还直接或间接地参与体内的生化反应。人体中缺乏某些矿物元素时，会造成营养缺乏。矿物质在果蔬中分布广泛，约占果蔬干重的1%～5%。苹果中的钾元素占其矿物质总量的50%以上，它进入人体后，可与呼吸释放的HCO_3^-结合，中和血液pH，使血浆中的pH增大。淀粉作为人类膳食的重要营养物质，在某些未熟的果实如香蕉、苹果中存在，富含淀粉的果实，其耐贮性强，只有在果实后熟期间，淀粉才水解为低聚糖和单糖。但淀粉不断消耗，最终致使果实品质下降，因此淀粉的含量与果实的品质及耐贮性密切相关。

二、影响水果质量的因素

果实生产涉及产前、产中和产后等环节，水果质量也受到许多因素的影响。实际生产中，产地生长环境条件、栽培管理技术措施、采收及贮运条件等的差异，对果实质量都会造成不同程度的影响，主要归纳为以下几个方面。

（一）栽培条件与水果质量

1. 温度

温度是影响果树正常生命活动的因素之一，果树生命活动正常才能保证果品质量，而温度影响果树生长发育快慢，故影响水果质量。果树在一年中经过萌芽、生长、开花、结果、落叶、休眠等生命过程，适应温度的周期性变化。温度的周期性若有变化，会破坏果树生命活动的正常进行。在适宜的环境下，引起果树萌芽的平均温度称为生物学有效温度的起点，此温度过高过低，都会对果树的生长结果产生不良影响。若温度过高，果实成熟不一致，果形小，香气及耐贮性降低，或者导致果实在树上萎蔫；若温度过低，酶活性受到影响，合成养分过程缓慢，生长延迟，导致果树结果不正常。

不同果树对温度的要求是不同的。比如龙眼、香蕉、柑橘类水果等所需温度高，而苹果、枣、李、梨、石榴等则较低，草莓、树莓、猕猴桃等所需温度最低。同一树种的不同品种，在生长发育期对温度的要求也不同。温度过高或过低皆会使果树受到伤害。如生长期温度达到30℃～35℃，一般落叶果树的全部生理过程会受到抑制；热带及亚热带果树较耐高温，但若温度过高，会造成严重影响；果树在生长期对低温较敏感，比如苹果胚在0℃～1℃会停止发育。

温度与果树生长发育有密切关系，调节温度使之符合果树生长发育的需要是一项重要的措施。因为适宜的温度有利于养分积累和果实的成熟，促进果树健康生长，增强果树的抗病性和抗逆性，提高果实产量和质量。

2. 水分

水分是植物细胞重要的组成部分，果树中的水占比约40%～70%。水分也是果树吸收和转运营养物质的媒介，而且能维持细胞形态，维持果树的蒸腾作用以及光合作用等，在果树生命活动中起着不可或缺的作用。因此，及时供给果树水分是使果实高产和高质的重要措施之一。

果树所需的水分主要通过土壤吸收，而消耗水分主要通过蒸腾作用，而蒸腾又是植物体内水分向上运输的主要动力之一，蒸腾越多，根部吸收水分越多，从而保证果树正常生长。若土壤持水力降低，根部便不能充分吸收水分，会造成果树干旱。果树在一年中各时段对水分的需求是不相同的，在新枝条旺盛生长和果实膨大时需水量最多，对水的反应敏感，若水量不足，会减缓生长速度，严重时停止生长。但水分也不宜过多，否则对果树有很大的伤害，空气湿度大时，果实的真菌病加剧，果皮有锈斑，有时会出现裂果；花期湿度大时，影响授粉受精；秋季多雨会导致果树上的果实营养物质积累少，组织发育不良；水分过多时，还容易造成涝害，产生落叶及烂根。

不同果树对水分的需求不同，有的喜湿，有的耐旱，为了充分满足果树对水分的需求，要考虑当地的气候条件（如降雨量）。如苹果等果树要求年降雨量要达到450～600毫米，才可能获得高产。总之，合理调节果树与水分间的关系，是果树进行生命活动和获得高质量果实的重要保障。

3. 光照

光照是果树进行光合作用合成有机养分不可或缺的因素，光照时间长短变化可刺激果树改变新陈代谢强度。在白天日光照射下，果树大量制造有机物质，黑夜则会加强果树的物质积累、转化和生长等活动，昼夜交替使果树的生命活动发生变化。果树品种不同，对光的需求也不同，一般来说，大多数果树是喜光植物，而长期生长在林中的果树，如猕猴桃、凤梨等有较大的耐阴性，对光的要求较低。果树在不同生长期对光的需求也不同，果树休眠期对光的需求较少。

光照强度与果树的生长和结果关系密切。充足的光照可加强果树生命活动，使枝叶生长茂盛，花芽正常分化，增加果实产量，提高果实品质，增加含糖量，使果实着色良好。但光照强度剧烈，对果树生长不利，如烈日直射会引起果实组织坏死或树干表皮干瘪凹陷，同时破坏细胞原生质和叶绿素，加强果树的蒸腾作用，引起枝叶气孔关闭，从而削弱光合作用。

一般果树树冠外部的枝条光照充分，结果也较多；树冠内部枝条光照较少，枝条生长不良，开花和结果均少。如苹果果树内部果实成熟前需要着色，此时果树内部光照不充足，需要铺设反光膜以促进果实全面着色、增糖，又可以提高果树光合作用。要有效利用光照，需合理密植和修剪枝叶，以促进果树的生长，达到增产。

4. 土壤

土壤是果树生长的基础，也是果树获得所需营养的来源。土壤温度、土壤水分、土壤空气、土壤酸碱度、土壤厚度和质地、土壤养分等对果树有不同程度的影响。土壤温度直接影响果树根部活动，当土温达到 30℃～35℃时，柑橘类果树的光合作用受到严重破坏；当土温高达 50℃时，果树细根枯死，粗根发生伤害；而土温低于－3℃时，苹果的新生根发生冻害。因此我国北部严寒地区利用根际覆土和积雪保护根系。

土壤适宜含水量有利于根部活动，当土壤水分不足时，会引起根死亡。一般土壤表层容易干旱，根部活动常常受到阻碍；土壤深层水分含量较为稳定，根部受到的影响较小。根部吸收水分需在土壤溶液浓度低于细胞液浓度时进行。土壤含水分多，则土壤溶液浓度低，可增强根系吸收水分；土壤溶液浓度过高，不但影响吸收，还影响新根的产生。

果树根系需在通气条件下才能进行正常生命活动，一般在不少于 10％氧气的环境中才能正常生长，不少于 12％的情况下才能分生新根，土壤空气中的二氧化碳若增加至37％～65％，根即停止生长。土壤空气条件恶化，不但使根的生长和吸收停止，抗性减弱，甚至使果树死亡；土壤通气不良，会形成有毒物质，毒害根部。果树对土壤酸碱度有一定的适应范围，不同酸碱度也影响根的吸收作用，酸性土壤有利于果树硝态氮的吸收，中性土壤和微碱性土壤有利于果树氨态氮的吸收，因此施肥需因地制宜。

根系在土壤中分布越深，越能稳定吸收水分及养料，使果树发育旺盛，寿命延长，抵抗力增加。而土壤的厚度可影响根系分布的深度，根系浅，易遭受风害和旱害。根系分布深浅与土壤质地也有一定关系，比如苹果在沙土中分布较深，在黏性土壤中分布较浅，还常引起地下积水。果树生长需要钙、钾、磷等主要元素和锌、铜等微量元素，主要从土壤中吸收。任何一种元素缺乏或过多时，果树生长均不正常。

5. 地势

地势是指地形起伏的高低与险峻的态势。地形是选择果树树种、品种及决定其栽培技术等的重要依据，比如海拔高度、坡度及坡向等。海拔高度越高，温度越低，雨量分布增加，而到一定海拔高度又逐渐减少。山坡所受的太阳光照射热量不同，一般南坡较热，北坡较冷；海拔高度高，辐射强度也大，但温度却低；空气流动常形成山风和谷风，由于地面吸热散热影响空气昼夜交换，在山上昼夜温差增大，夜间温度有递增现象，在较高地带往往较为暖和，低洼地带则因冷空气下降而较为寒冷。

由于雨量、光照、土壤随着海拔高度而发生变化，果树的类型分布也出现明显的分层现象。比如在海拔较低处一般为喜温果树，如龙眼、柑橘等；在海拔五百米以上地带，分布桃、李、苹果等；海拔再高时，仅分布耐寒的山葡萄和野樱桃。随着海拔的升高，果树的生长期缩短，树干生长缓慢，年轮狭窄，侧枝数目增加、树冠紧密，树体缩小；又因为光照辐射强，保护组织发达；昼夜温差大，果实含糖量、含酸量和几种维生素含量也相应增加，耐贮运性也增加，着色鲜丽，品质优良，经济价值高。由此说明，在一定程度内海拔高度的增加对果树的生长和结果是有利的，但达到一定高度后，由于果树生长期内的热量不足，落叶相对提早，果实来不及成熟，生长停止早。

（二）栽培管理与水果质量

1. 合理施肥及使用农药

营养是果树生长及结果的物质基础，施肥就是供给果树生长发育所必需的营养元素，并不断改善土壤的理化性状，给果树生长发育创造良好条件。果树在其生长过程中需要多种营养元素，科学施肥是保证果树高产、稳产、优质的重要措施。果树在不同发育阶段，其营养要求也不同，比如幼树阶段果树以营养生长为主，主要任务是完成树冠及根系骨架的发育，此时氮肥应提供充足营养以保证树体正常生长。此外，还需补充钾肥和磷肥，以促进枝条成熟，安全越冬。山地、沙地和盐碱地的果园，增施有机肥料，可以改善土壤理化性质，提高土壤肥力，是保证果树高产、稳产、优质的主要措施。

农药的使用是为了消灭对人类和植物造成危害的病虫害，在果树增产等方面起着重要作用。农药的使用会对大气产生不利影响，其可从土壤表面、果树表面等多种渠道进入大气，一部分由于蒸汽凝结重新进入土壤和水体，另一部分发生光分解。过度使用农药还会使果实有农药残留，为保障水果的质量安全，需合理使用农药，保护环境。

2. 果实管理

（1）大小形状。

为获得大小标准和果形端正的优质果实，要根据不同树种果实发育的特点，满足其对营养物质的需求。果实发育前期主要是细胞分裂，所需营养物质来源于树体内贮藏的养分。因此，提高树体营养水平，增加树体的肥料供应，可增加细胞分裂数目。在果实发育中后期，主要是果实的细胞体积和细胞间隙增大，所需营养物质以碳水化合物为主，因此维持好树体结构和光照条件，有利于促进果实膨大和提高果实的内在品质质量。

可通过人工辅助授粉提高果实坐果率，有利于增大果实和端正果形。授粉的果实受精良好，促进子房的发育和激素的合成，增加幼果在树体中的竞争力，果实发育快，单果重增加；还会增加果实中种子形成数量，并使种子在各心室均匀分布，使果实发育均匀端正，减少和防止果实畸形。果树的留果量对果实个体发育影响也较大，若果量过多，会使单果重降低，畸形果增加。应合理疏花疏果，维持良好的营养水平，以满足果实的发育为准。

(2) 色泽和光洁度。

果实颜色是评价水果外观品质质量的重要指标之一。果实色泽发育是一系列复杂的生理代谢过程，受到很多因素影响，比如光照、温度、水分以及酶活性等。为保持良好的色泽，需创造良好的树体条件，适宜的叶果比，有利于果实中糖分的积累，可增进果实着色。果实套袋是目前广泛使用的技术措施，用于提高果实品质。因为套袋可改善果实色泽和光洁度，还可减少果面污染和农药残留，预防病虫和鸟类的危害，避免枝叶擦伤。苹果可通过摘叶、转果、树下铺反光膜等促进果实着色。果实受外界条件影响或管理不当，容易导致果实表面粗糙、形成锈斑、微裂，影响果实外观，进而影响果实质量。可通过喷施果面保护剂、合理施用农药，果实套袋、洗果等措施保持果面洁净，减少锈斑。

(三) 果实采收及采后商品化管理

1. 果实采收

果实采收是连接生产和市场的重要环节，此环节的主要任务是保持采后水果的营养品质和数量，减少质量和数量的损失。采收也是预冷贮藏保鲜开始的第一个环节。水果的采收和成熟度，与其产量、品质及耐贮运性有密切关系。为保证水果采收质量和产量，需考虑水果种类、品种、商品要求以及销售点，掌握适当的采收成熟度及采收技术。采收过早，不仅水果的大小和重量达不到标准，而且风味、品质和色泽也不好；采收过晚，则产品已经成熟衰老，不耐贮藏和运输。

采收成熟度可决定采后水果的品质。未成熟的果实果皮中有大量的叶绿素，成熟时果皮具有特有的底色（如花青素）。成熟水果的离层易脱落，当离层形成时采收品质最好，不及时采收会造成大量落果。水果品质和成熟度的标志可用营养成分（可溶性固形物、有机酸含量等）衡量，比如糖酸比可以衡量果实风味。一般未成熟的水果硬度较大，达到一定成熟度后才会变得柔软多汁，掌握适当硬度，在达到最佳质地时采收，对保持水果质量有一定作用。

在确定水果的采收时间、采收成熟度和方法时，应考虑水果的采后用途、本身特点、贮藏时间长短、贮藏方法和设备条件、运输距离、销售期长短等。若本地销售，可适当晚采收，而对于远地销售，需长距离运输的水果，则应适当早采收。有些呼吸高峰的果实应在达到生理成熟和呼吸跃变前采收，比如苹果。采收工作也需经过培训的工人来进行，可减小机械损伤，保证水果质量，避免造成不必要的损失。

2. 预冷及包装

预冷是将新鲜采收的水果在运输、贮藏或加工前，迅速除去田间热，冷却到预定温度的过程。适当的预冷可以降低腐烂和保持采前新鲜度及品质。在高温下延长果实从采收到预冷的时间会使水果腐烂，及时将果实预冷到所需温度，可以抑制腐败微生物的生长，抑制酶活性和呼吸作用，控制水分损失和减少果实释放的乙烯。

水果包装前需对其进行分级，剔除有机械伤、有病虫危害、外观畸形等不符合商品要求的水果，使挑选后的水果在品质、色泽、大小、成熟度等方面基本一致，便于在运输和贮藏时进行管理，有利于减少损耗。分级后利用适当的材料包裹或装盛，以保护水果，提高其商品价值，是水果商品化的重要环节。合适的包装可以减少水果的呼吸消耗和水分散失，减少因相互摩擦、碰撞、挤压所造成的损伤，减少病害的蔓延传染，保持果实质量和增加美观。

（四）其他采后商品化处理

1. 涂膜

涂膜是通过浸渍、涂刷、喷洒等方式在水果表面覆盖上一层薄膜，使其起到调节生理、保护组织的作用。此法是提高水果质量的重要措施之一。涂膜处理可进一步加强对水果的保护作用，使水果长时间保持良好品质。涂膜可降低水果的蒸腾作用，减少失水，保持果实新鲜度；增强果实表面的光泽，美化外观，提高果品质量；抑制果实呼吸，减轻冷害，发挥气调作用，减少生理病害的发生；减少腐烂，抑制病菌侵入。

2. 催熟和脱涩

果实在采收时成熟度不一致，为使水果以最佳食用成熟度和风味品质提前上市，需对其进行人工处理，促进其后熟。比如香蕉、猕猴桃、菠萝等，在果实未成熟前就已采收，此时果肉坚硬、果实青绿、风味欠佳，如果自然成熟，所需时间较长，可采用人工催熟的方法。一般使用乙烯在适宜的温度、湿度条件下促进果实成熟。因为一些水果含有较多的单宁物质，成熟时有强烈的涩味而不能食用，若食用，果肉细胞中的单宁物质流出，与口腔中的黏膜蛋白质结合，会产生收敛性涩味，因此必须经过脱涩后才可上市。

3. 愈伤

采收过程中很容易对水果造成机械损害，造成的很小创伤就会使微生物侵入从而引起腐烂，因此这些水果必须经过愈伤才能延长其贮藏期。通过愈伤处理，可以使采收时产生的创伤表层愈合，在伤口处形成新的细胞保护组织木栓层，有效阻止病菌的侵染危害。水果愈伤要求一定的温度、湿度和通气条件，其中温度对愈伤的影响较大。适宜温度下，伤口愈合快，愈合面平整；低温下伤口愈合缓慢，愈伤时间延长；温度过高促使伤口部位迅速失水，组织干缩影响伤口愈合。柑橘果实采收后，在30℃～35℃、90％～95％的相对湿度下放置2天，有助于碰伤、刮伤、指甲伤的愈合，防止青霉、绿霉孢子入侵。

（五）水果的冷链运输

水果采收后，为实现异地销售，运输成为不可或缺的环节。运输过程中应根据产品的特性，满足其所需要的条件，以减少水果的损失。

1. 运输基本要求

（1）快速性。

果实采摘后仍是活的有机体，时刻进行着新陈代谢，不断消耗体内的营养物质，散发出热量，品质下降快。因此整个装卸及运输过程消耗时间越长，对果实的品质影响越大。

(2) 轻装轻卸。

绝大多数水果含水量高达80%，装卸的合理与否直接影响着水果运输的质量。装卸粗放，水果极易受伤，导致腐烂，因此装卸过程一定要做到轻缓。有的水果不耐压，比如草莓、葡萄等，最多装两层运输。

(3) 防热、防冻、防污染。

温度是水果运输的关键条件之一，温度过高，会加快果实的腐败变质，果实品质下降；温度过低，则使产品易产生冻害和冷害，因此要保持适宜的温度。运输过程中温度的波动会使果实表面结露，同时还需注意卫生，防止此过程中果实被污染。

2. 运输条件

(1) 温度。

适宜的低温运输对保持水果新鲜和品质，以及降低运输中的损耗非常重要。低温运输中，制冷设备可以相对稳定地保证运输工具内果实温度，需注意堆放方式，堆放过密会影响车厢内冷气循环，造成车厢上下部位的温差较大。

(2) 湿度。

高湿空气会使水分凝结在水果表面，引起霉菌生长；若湿度过低、空气过干，则会导致果实过度脱水。运输的相对湿度可根据水果贮藏的适宜湿度选择。一般情况下，保持水果的品质需较高的湿度条件。

(3) 空气成分。

低温运输时，运输工具内二氧化碳浓度明显偏高，氧气浓度偏低，若运输时间短，影响不大；运输时间长，则需进行换气，否则会对水果的品质质量造成影响。

第二节　水果贮运条件

在水果冷链运输过程中，除水果自身特性、成熟度、完整度等自身条件对其感官品质、营养品质的影响外，水果贮运的环境条件也至关重要。而且，不同水果由于其自身属性的不同，其适宜的环境条件也就不同，这些环境条件包括温度、湿度、气体组成等。因此，应针对不同类型的水果选择正确的贮运条件。本节将介绍不同类型水果的适宜贮运条件。

一、温度

温度是影响水果在贮运过程中品质的重要因素，控制温度也是我们日常保藏水果的最简单、最有效的方式，冷链中的“冷”字也是强调食品从农田到餐桌全过程中适宜温度的重要性。温度与水果的呼吸代谢速度、蒸腾失水现象、乙烯的代谢与呼吸跃变、外观品质以及引起水果腐败的微生物生长密切相关。适宜的温度条件可以降低水果的代谢速率，从而减缓其衰老、水分的损失以及质地的软化，这也会有效防止病原体微生物的入侵和滋生。总体来说，水果的贮运温度越低，其贮藏期也越长，对于品质的保持也越有利，但温度一定要高于水果的冷害温度，低于冷害温度会使果实出现冷害甚至结冰导致组织细胞脱水，细胞皱缩，原生质发生不可逆变性，细胞膜受损，组织细胞被破坏，引发冻害。另外，对于一些产自亚热带、热带的水果而言，如香蕉、杧果、木瓜等，其对低温环境相当敏感，长期暴露于低温环境中会造成冷害。因此，储运不同类型的水果应选择适宜的温度来保持水果品质，分类运输，提高效率，防止冷害。

（一）低温贮运

适合低温贮运的水果主要产自寒带和温带地区，包括苹果、杏、李、桃、葡萄、橘、梨、西瓜、樱桃等，这些水果的储运温度在0℃～4℃，其冻结温度均在0℃左右，低温贮运既保证水果不会出现冷害，维持正常的组织状态和外观，也抑制了水果内各种代谢酶的活性，将生理活性降低到最低，以延缓水果的成熟、衰老，从而维持水果的品质。另外，引起水果腐败变质的微生物主要为细菌、霉菌、酵母菌等，细菌的适宜生长温度为30℃～37℃，霉菌、酵母菌的适宜生长温度为25℃～30℃，0℃～4℃的低温可以有效地抑制这些微生物的活性，防止水果在贮运过程中腐败变质。

（二）低温冷害水果贮运

一些主要产自亚热带、热带的水果，如香蕉、杧果、柠檬、菠萝、木瓜、荔枝等，低温会破坏其正常代谢，长时间暴露于低温环境中会引发冷害。冷害会造成果实组织损伤，症状通常在由低温环境转移到温暖环境时才会显现出来，常见症状包括果皮上出现褐色腐蚀斑、果实内部发生明显褐变、组织水渍化等，未成熟的水果若遭遇冷害，或无法成熟，或成熟不均匀，并且会迅速腐烂，产生异味，无法食用。这类水果的贮运温度一定要在发生冷害的临界温度以上，范围通常在10℃～15℃，既能够降低水果自身代谢活动，也会避免冷害的发生，保持水果的感官品质和营养物质。

二、湿度

水果中含有大量的水分，大多数的水果水分含量在80%～90%，水分对于水果十分重要，不但影响水果的品质，还与其贮运期的长短密切相关。采摘后的水果与植株分离，无法继续获得水分供应，自身的生理代谢以及蒸腾作用会不断消耗水分，水分的减少会导致水果萎蔫、皱缩、失重，降低水果的耐储性和抗病性，丧失食用价值；同时，重量的损失也降低了水果带来的经济效益。因此，降低水果的蒸腾作用、控制失水速度到最低限度，以避免水果萎蔫和重量减轻在贮运过程中尤为重要。控制方法主要为调控环境湿度、涂膜和包装。

（一）环境湿度调控

水蒸气同其他气体一样，由高浓度处向低浓度处扩散。通常情况下，我们认为水果内的相对湿度为100%，而外界环境的相对湿度通常较低，在30%～80%的范围内，储藏空间的空气尤为干燥，因此，水果中的水分会通过蒸腾作用流失，空气越干燥，水果失水率也就越高。

另外，水果的蒸腾作用和空气持水能力也与环境温度有关。外界温度越高，相对湿度越低，水果的蒸腾作用越剧烈，失水率越高；同时，空气中的持水能力也会随着温度的升高而加强，空气在温度为10℃、相对湿度为90%时的含水量较温度为0℃、相对湿度为90%时的含水量更高，在这两种温度、湿度条件下的贮藏环境中贮藏水果，前者中水果的失水率为后者的2倍。因此，环境温度除上述对水果品质的影响外，还会加速果实水分的散失，并通过加强空气持水能力加剧这一现象。

对于大多数水果来说，当水分流失在3%～6%时就会对水果品质造成影响，比如水果表皮的萎蔫。在水果贮运过程中，控温的同时，环境的相对湿度一般控制在85%～95%，不同种类水果略有差异，有时也会根据特定情况将环境相对湿度提高到95%以上。

但是，相对湿度也不是越高越好，若冷藏环境相对湿度超过饱和点，水果表面会出现“结雾”现象，这就是所谓的“发汗”。水蒸气在水果表面液化为水滴，这同样对水果保存非常不利，还易造成微生物污染，对于有机械损伤的果实，伤口处聚集水分会加剧果实腐烂。为防止此类现象发生，应保持贮运环境温度恒定并对水果进行预冷处理，防止水果与环境温差过大，同时水果的堆放也不宜过多过密。

（二）涂膜

对水果进行涂膜处理既可以取得良好的保鲜效果，也可以提高水果的外观品质。涂膜可以适当地堵住水果表面的气孔，既可以抑制水果的气体交换、呼吸作用，也可以减少水分的散失，在短期贮运过程中可以对湿度的调控起到非常好的辅助作用。常用的果品涂膜有石蜡、虫胶、淀粉膜、蔗糖酯、壳聚糖、一些保鲜剂等。

（三）包装

除调控环境湿度外，适宜的包装也可以对水果起到一定的保护作用，还可增加档次和商品价值。合格的包装容器要求冷气可以有效地透入包装内；包装的水蒸气渗透性与产品需求一致，防止因过度潮湿引起水果腐败变质，也避免因过热造成局部干燥引起水果失水。在水果流通过程中，瓦楞纸板用于外包装既可起到很好的支持、缓冲作用，防止水果受到机械损伤，也有很好的透气性，配合以热固性、热塑性塑料和一些复合包装材料等作为内包装或单果包装，有着广泛应用。

三、气体组成

除了温度和湿度外，环境中的气体也对水果的贮运保藏效果有着重要的影响。水果在采收后仍会进行呼吸代谢，消耗氧气、产生二氧化碳以及其他代谢物，如乙烯。这些气体释放到环境中会改变原有的空气成分组成，不同的气体组成会对水果的成熟、衰老产生很大的影响。

根据在成熟和后熟阶段的呼吸形态和乙烯释放量，可将水果分为呼吸跃变型水果和非呼吸跃变型水果。呼吸跃变型水果在成熟时会伴有呼吸强度和乙烯生成量大量的提升，会出现呼吸跃变的高峰，呼吸强度提升意味着二氧化碳生成量的增加，这个呼吸跃变期也是水果由成熟转向后熟的转折期；而非呼吸跃变型水果在成熟时呼吸强度和乙烯生成量仍会保持在较低水平，不会产生大幅提升和呼吸跃变高峰。典型的呼吸跃变型水果有苹果、香蕉、桃、番茄、木瓜、榴莲等；非呼吸跃变型水果有柑橘、柠檬、草莓、葡萄、西瓜、石榴等。

乙烯是一种植物激素，具有促进植物生长、成熟和老化的作用，会在植物成熟期大量合成，也被称为“成熟激素”。所有水果在生长过程中都会产生一定量的乙烯，而在成熟期，呼吸跃变型水果较非呼吸跃变型水果具有更大的乙烯生成量。环境中的乙烯也会促进水果的成熟、衰老，从而降低水果的耐储性。因此也建议在水果储运过程中将会产生大量乙烯的呼吸跃变型水果同对乙烯敏感的水果分开储运，例如，正处在成熟期的桃、李、猕猴桃、苹果、梨等会产生大量的乙烯，而未成熟的香蕉、猕猴桃、西瓜等均对乙烯高度敏感。

当环境中有充足的氧气，就会催化水果的呼吸作用，从而促进它的成熟；另一方面，环境中存在水果释放的乙烯，同样会加速水果的成熟、衰老。因此，为减缓水果在储运过程中过快成熟、提高耐储性，应使环境中保持合适的二氧化碳及氧气比例，并控制水果生理作用产生的乙烯。但不可一味地提升二氧化碳的浓度，二氧化碳含量过高、氧气含量过低会加剧水果的无氧呼吸，加速果实内有机质的消耗，产生乙醇、乙醛等有害物质，导致水果产生异味，发生褐变，并导致水果无法正常后熟甚至腐败变质。所以，应适当地控制氧气和二氧化碳的比例，既可抑制呼吸作用，又不干扰正常的代谢。另外，低氧气高二氧化碳亦可抑制腐败微生物的生长，在温度1℃、氧气5%、二氧化碳10%和氧气8%、二氧化碳10%的条件能够有效地抑制好氧菌、嗜冷菌、假单胞菌属、酵母菌和霉菌的生长。

在水果储运过程中，气调储藏可以有效地通过调节环境气体组成来达到保鲜效果。现代化的气调储藏是在自发气调储藏的基础上发展而来的，通过在冷藏库和冷藏运输工具中安装气调机来实现对气体成分的调节，通过增加环境的二氧化碳、氮气使储藏环境的氧含量由21%降至3%，而二氧化碳由0.03%增加到2%以上，氮气主要起填充作用，也有利用一氧化碳（CO）、氧化氮（N_2O）、二氧化硫（SO_2）以及氩气（Ar）、氦气（He）等稀有气体进行气调储藏试验的少量研究报道。不同储运情况下不同水果会有不同的气体组成需求。除气调储藏外，减压储藏也可以起到减少不利储藏气体的作用，通过抽取空间中部分气体，补充氧气以维持水果正常代谢活动，保证减压来达到保鲜目的，但该方法对设备要求较高。对于乙烯的去除，通常是通过空气流通实现的，当水果的呼吸作用被有效限制后，乙烯的代谢产生速度也会下降；另外，在储运过程中也通常会协同使用乙烯吸收剂或使用1-MCP等化学物质抑制乙烯的生成。

四、水果贮运实例

水果在采摘后作为一个活的生命体，其保藏情况受温度、湿度、氧气、二氧化碳、乙烯等环境因素的综合影响，这些因素之间存在协同或拮抗的作用，对于不同品种的水果而言，适应的贮运环境条件不同，下面将以几种具体水果为例，介绍其贮运条件。

（一）苹果

苹果属蔷薇科苹果属植物，喜低温干燥的温带气候，中国是世界上苹果产量最大的国家，陕西、山东、河南、河北、山西、甘肃、辽宁是我国苹果的主要产区。一般年平均温度在 7.5℃～14℃的地区可以栽培苹果，生长季节（4—8 月）平均气温为 12℃～18℃，冬季需保持在 7.2℃以下低温 1200～1500 小时，才能顺利通过自然休眠，否则会影响第二年春季的发芽。主要的苹果品种有富士、嘎啦、元帅、秦冠、金冠、寒富、国光、华冠、乔纳金、藤木一号、红玉等。

1. 贮运特性

苹果属于呼吸跃变型水果，通常在完全成熟前采收，既能保证风味，也能保证较长的储藏期。乙烯的产生速率在不同品种间有很大的差异，一般早熟品种有较高的乙烯产生速率，成熟较快；而晚熟品种乙烯的产生速率较低，成熟速度较慢。温度是苹果在贮运过程中的关键因素，果实的呼吸速率直接受温度的影响，5℃、10℃、20℃下的呼吸速率约为 0℃的 2 倍、4 倍、8 倍，当贮藏温度低于 10℃时，呼吸跃变会受到显著抑制；当温度低于冰点时，苹果会遭受冻害而降低品质。不同品种的苹果对于二氧化碳的敏感度不同，富士、布瑞本和澳洲青苹属于不耐二氧化碳的苹果品种，这些不耐二氧化碳的苹果品种果实更易发生内部褐变；红元帅、嘎啦和金冠是能忍受高二氧化碳的苹果品种，气体成分的快速降氧对保持其硬度和酸度非常有利。

2. 适宜的贮运条件

生产上主要是通过低温贮运和气调储藏技术来实现对果实乙烯的控制，从而延长贮藏期，果实经快速预冷及在临近该品种果实冰点的低温下保藏能保持良好的品质 3～6 个月。多数苹果品种的果实对低温不敏感，贮运温度在 0℃±1℃；对低温较敏感的品种，如蜜脆，应在 2℃～4℃条件下储存运输。适宜的相对湿度为 90%～95%以防止苹果失水皱缩，温度在 1℃时比在 0℃时更容易维持 90%以上的相对湿度，这也是在选择储运温度时的重要参考因素。苹果的气调储藏的气体成分要求一般为氧气 1.5%～3.0%、二氧化碳 1%～3%。不同品种苹果的贮运条件略有不同。比如，富士苹果在温度 0℃±0.5℃、二氧化碳 2%、氧气 5%的条件下可保持最佳品质，降低氧气比例至 1%～3%也是较适宜的气调指标。

（二）香蕉

香蕉属芭蕉科芭蕉属植物，喜湿热气候，在热带地区广泛种植，中国香蕉种植区主要分布在广东、广西、福建、台湾、云南和海南，香蕉是华南地区产量最大的水果之一。生长温度为 20℃～35℃，最适宜为 24℃～32℃，最低不宜低于 15.5℃，香蕉怕低温、忌霜雪，抑制生长的临界温度为 10℃。主要品种有齐尾、仙人蕉、威廉斯、大种高把、高脚顿地雷、矮脚顿地雷、广东香蕉 1 号、广东香蕉 2 号、美蕉、西贡蕉、天宝蕉、畦头大蕉、高州矮香蕉、广西矮香蕉、河口高把香蕉等。

1. 贮运特性

香蕉属于典型的呼吸跃变型水果，通常在未成熟时采收，在常温下即可自然成熟或经催熟后上市。在后熟过程中，香蕉的乙烯释放高峰先于呼吸高峰出现，这将进一步加速呼吸高峰的到来和乙烯进一步的释放；另外，机械伤害和微生物的侵害均会促进香蕉的成熟、老化，从而降低香蕉的耐储性；同时，香蕉对低温十分敏感，容易发生冷害降低香蕉品质。香蕉虽可周年生产、四季供应，但由于其特性致使香蕉的储运难度加大。

香蕉在贮运过程中既怕高温，也怕低温。当温度达到 28℃以上时，会抑制香蕉果皮叶绿素的降解，无法正常由绿转黄，也就是“青皮熟”；当温度低于 11℃时，会造成香蕉的冷害，果皮褐变严重，甚至变成褐色，产生不良气味，腐烂速度加快；0℃以下低温则会导致冻害。当处于低湿环境时，香蕉的呼吸跃变会提早到来，促进香蕉成熟、着色、软化，不利于保藏。

2. 适宜的贮运条件

温度是贮运过程需要控制的重要因素，11℃～13℃的低温可以有效控制呼吸作用及乙烯的产生，环境相对湿度控制在 90%以上，并伴以气调储藏，在氧气 12%、二氧化碳 4%的气体条件下多酚氧化酶和苯丙氨酸酶的活性已受到抑制，在氧气 2%～8%、二氧化碳 2%～5%的气体条件下可达到较好保藏效果。另外，自发性气调包装也在香蕉储运过程中被大量应用，用于包装香蕉的聚乙烯薄膜袋对二氧化碳和氧气有不同的通透性，可以以此来延长香蕉的贮藏寿命。不同品种的香蕉对于储运条件的选择存在一定差异。

（三）柑橘

柑橘属芸香科下属植物，喜温暖湿润气候，在我国南方各省普遍种植，我国是柑橘的重要产地之一，已有 4000 多年的栽种历史。柑橘，是橘、柑、橙、金柑、柚、枳等的总称。

1. 贮运特性

柑橘属典型的非呼吸跃变型水果，成熟时间相对较长，无明显的呼吸强度提升。在储存过程中，由于自身的呼吸作用，糖和酸被消耗逐渐减少；水分主要通过橘皮皮孔散失，成熟的柑橘橘皮蜡质对于水分有一定的保护作用，相比而言未成熟的青橘水分更易散失。不同品种柑橘储运条件相差较大，柠檬、葡萄柚对低温极敏感，柑橘类、甜橙类较耐低温。由于柑橘无明显呼吸高峰，一般认为气调贮藏对于柑橘保藏无明显作用，因此在柑橘贮运过程中更多关注温度、湿度对于柑橘的影响。

2. 适宜的贮运条件

由于柑橘类水果品种较多，不同品种对于贮运的要求不同。目前，根据不同地区以及贮藏期要求，柑橘贮运方式主要有常温贮运和低温贮运。对于短期贮存的运输通常采用常温运输的方式。为更好保证柑橘品质以及满足长期储存的要求，对于不耐寒的柠檬和葡萄柚，环境温度需控制在 10℃～15℃范围内；宽皮橘类适宜的贮运温度为 4℃～10℃，个别品种如椪柑，适宜的贮运温度为 10℃～12℃；而甜橙类通常较耐低温，贮运温度为1℃～5℃；琯溪蜜柚在温度4℃、相对湿度90%、二氧化碳3%、氧气10%的低温气调贮藏条件下具有较好的保鲜效果。防止柑橘失水是柑橘贮运的关键，通常在柑橘采摘后进行打蜡、涂膜处理，适当堵塞柑橘皮皮孔，单果包装，可以有效地防止水分的散失，对于甜橙类则通常将环境相对湿度控制在90%～95%，宽皮橘类较低，为85%～90%，柠檬在80%～90%。气调储藏对于柑橘类保鲜效果不明显，实际应用较少，在贮运过程中注意通风换气即可。

(四）杧果

杧果属漆树科杧果属植物，享有“热带果王”的美誉，喜温暖，广泛种植于亚热带、热带地区，云南、广西、广东、福建、台湾为我国杧果的主产地。最适生长温度为25℃～30℃，低于20℃生长缓慢，低于10℃叶片、花序会停止生长，近成熟的果实会受寒害。营养价值极为丰富，其中维生素A含量为所有水果之首。

1. 贮运特性

杧果属呼吸跃变型水果，采后呼吸代谢旺盛，成熟到一定时期会产生呼吸跃变，呼吸强度和乙烯产生量会大幅上升，度过呼吸跃变期后下降，这段时间杧果品质会发生显著变化，逐渐走向老化，耐储性、抗病性显著下降。杧果对对低温极其敏感，不同品种的杧果低温耐受度也不同。未成熟的阿方索杧果直接存放在10℃的环境30天会出现冷害症状；在27℃～32℃的室温下储存至成熟的阿方索杧果转移到7℃～10℃的环境下3～4天，果皮就会发生严重的褐变。通常，当温度低于8℃～10℃时杧果易遭受冷害，表皮出现褐色斑点，果肉褐变，组织软腐，产生不良气味，品质降低；温度过高则会加速杧果成熟、变黄、腐烂，使其不易储藏。对于呼吸跃变型水果，适当提高环境气体中二氧化碳比例、下调氧气比例，有助于抑制其呼吸作用，从而延长贮藏期。

2. 适宜的贮运条件

控制温度是杧果贮运的关键，既要防止冷害的发生，又要防止因环境温度过热使果实成熟从而降低了杧果的耐储性。通常杧果的适宜储运温度为10℃～13℃，是防止冷害发生和抑制呼吸作用的极限温度，在该温度下可保证大多数品种杧果有1个月以上的贮藏期。环境相对湿度通常为85%～95%。在贮运过程中，气调储藏也具有很好的保藏效果，对于大多数品种杧果来说，氧气2%～5%、二氧化碳1%～5%的条件下有很好的储藏效果。鸡蛋杧在最佳贮运温度为10℃～11℃、氧气2%～4%、二氧化碳5%～6%的贮运条件下，贮藏期可达到50天。另外，要注意对于乙烯的处理，在贮运时应配合使用乙烯吸附剂，并注意通风换气。对于不同种类的杧果，在贮存条件的选择上略有不同。

第三节　水果冷链质量风险管理

由于具有区域性、季节性和易腐性等独特性质，采后的新鲜水果的销售时间和销售范围受到很大限制，适宜的贮运保鲜技术能有效地抑制果蔬的呼吸和蒸发等生理活动，减缓其生命进程，又不会导致果蔬生理代谢紊乱，同时抑制有害微生物的生长繁殖。但是，整个水果冷链体系包括采收、加工、贮藏、运输、销售等多个低温控制环节，涉及众多质量风险因素，这些复杂的质量风险因素往往会引发水果产品在冷链中的损耗问题、品质问题和安全问题。因此，对水果冷链体系进行科学有效的质量风险管理，对于促进水果产业健康可持续发展具有重要意义。

质量风险管理是指在产品的整个生命周期中，通过系统的管理将已知风险可能造成的损失最小化。而水果冷链质量风险管理即在特定的水果冷链体系中，将其所涉及的各种风险因素可能造成的水果质量问题降至最低的管理系统，其通常包括以下几个过程：质量风险识别、质量风险评估、质量风险控制、质量风险监督、质量风险管理效果评价。下面将以水果冷链作为分析对象，对这几个过程进行详细的阐述。

一、水果冷链质量风险识别

质量风险识别是指根据产品所处的具体环境，利用一定的方法分析出环境中潜在的质量风险因素，这是质量风险管理的第一步。水果冷链是包含采收、加工、贮藏、运输、销售等低温控制环节的链式流程体系，而每一个环节又涉及众多风险因素，因此接下来运用流程分析法对水果冷链的每一个环节进行质量风险识别。

（一）水果采收环节质量风险识别

水果采收环节是指利用一定的技术方法，将水果从田间采摘后运回收购方加工基地的过程，是冷链的初始环节。在这个环节中可能涉及的各类质量风险因素下面将逐一进行分析。

1. 水果质量不合格

水果供应方种植区域选择不合理，存在环境污染、土壤结构不合理的问题，或种植管理不善，导致水果在采前就已经出现发育不良、有病虫害或机械损伤的情况，在冷链的初始环节出现质量不合格的问题，并且病果、伤果在接下来的冷链环节中会进一步扩散病害和释放大量乙烯，导致其他水果染病和过早成熟，造成更大范围的水果损耗。各类农药、激素、育种技术运用不合理会导致水果农药残留超标和有毒物质积累等安全问题。

2. 水果采收成熟度不合理

进入冷链体系的水果全程都处于低温环境下，但果实在不适宜的低温下则易发生细胞膜由液晶态到固胶态的变化、细胞膜透性增大、呼吸代谢紊乱、乙烯代谢失常、原生质流动减缓、氧化磷酸化解耦连、能量供给不足、物质分配率降低等生理紊乱现象，进而表现为果实表面凹陷、果皮及内部果肉褐变、果实不能正常后熟等各种冷害症状。而水果的抗冷性与其自身成熟度密切相关，一般来说，成熟度越高，冷害临界温度越低，例如绿熟期番茄的冷害临界温度为13℃，而红熟期番茄的冷害临界温度为7℃。但也有研究表明，部分水果成熟度越高越容易发生冷害，例如在1℃的低温贮藏条件下，成熟度高的香瓜梨果实比成熟度低的香瓜梨果实更易出现冷害症状。因此，如若在采收时对水果的采收成熟度控制不合理，则在冷链中水果易发生冷害现象。

3. 采收时间和方式不合理

如在炎热的中午进行采收会导致果实的失水加快，从而降低水果品质并加速果实的衰老，又如在阴雨天或早晨露水未干时进行采收，果面会由于过于湿润而易破损并受到病菌侵染。

水果采收方式分为人工采收和机械采收。人工采收可能由于采收方式不当、操作失误等造成果实机械伤，例如对苹果等果蒂坚硬的水果进行采收时，果蒂如果留得太长，装箱时果实之间容易发生刺伤，但若采收时没有保留任何果蒂，病原菌则容易从果蒂伤口处侵入果实，造成果实病害。机械采收时如果出现采收设备与水果种类不匹配、采收设备工作参数设置不合理等现象导致果实与地面撞击，则容易使得果实产生机械伤。

4. 预冷条件不合理

水果采收后需要装箱返运回收购方的加工基地，而水果在采收后品温高，呼吸旺盛，带有大量的田间热的同时又持续释放大量呼吸热，如果在采后和返运途中不及时进行预冷处理，大量热量无法散出将会加速果实的成熟和衰老，严重影响果实品质以及后续的加工和贮运过程。而如果预冷温度不合适，又会造成预冷效果不足或发生果实冷害的情况。

5. 病原菌侵染

树体或植株往往可产生一些抗性物质保护果实，而采后果实由于处于离体状态，无法得到这些抗性物质的保护，且被切断了所有的养分供给，生理代谢减缓，因而此时的果实对外界环境的抗性显著下降，在这个阶段很容易受到病原菌的侵染，从而造成果实损耗。

（二）水果加工环节质量风险识别

水果加工环节是对采运回来的水果进行预冷、清洗、药剂处理、分级、包装。在这个环节中可能涉及的各类质量风险因素如下。

1. 员工操作不规范

例如在预冷、清洗、药剂处理、分级、包装等加工工序中，因员工作业时没有轻拿轻放、加工环境消毒不到位、保鲜药剂种类违反法律法规、药剂浓度应用过高或处理时间过长等导致果实出现药害而造成水果损耗和安全问题。

2. 预冷设备故障或预冷条件不合适

采运回来的水果需进一步的预冷才能进行后续的清洗、药剂处理、分级、包装等工序，若此时预冷设备发生故障，无法正常预冷或预冷温度过低，则会导致大量水果因无法散出多余的田间热而加速衰老腐烂或诱发果实冷害。

3. 加工环境不合适

不同种类的水果对加工环境的要求不同，而如果当前加工环境的温湿度不适宜于当前水果的加工，则会使得水果品质下降，对水果后续贮运、销售造成不良影响。

4. 包装不合理

适宜的包装能够减少机械伤害和水分蒸发，在一定程度上维持水果的品质。但是不合理的包装材料和不良的包装方式反而会加速水果的腐烂。例如，用保鲜膜封装香蕉和番茄不利于乙烯的扩散，反而会加速香蕉和番茄的衰老进程，而用一些含有有害物质的包装材料则会给消费者埋下安全隐患。

（三）水果贮藏环节质量风险识别

水果在加工完成进入市场前，通常需要经历一个低温贮藏环节以延长水果的保藏期，满足市场全年供给的需要。在这个环节中可能涉及的各类质量风险因素下面将进行逐一分析。

1. 员工操作不规范

员工在水果入库或出库时操作不当，没有做到轻拿轻放，造成了水果的挤压、碰撞，导致水果出现机械损伤，以及员工在进行冷库消毒工作时出现不规范操作也会导致水果出现污染和病害。

2. 贮藏环境温度控制不当

不同种类的水果对低温的耐受程度不同，如香蕉的冷害临界温度为13℃，西瓜的冷害临界温度为10℃，厚皮甜瓜的冷害临界温度为5℃，而苹果、梨、桃、杏的冷害临界温度为0℃左右。此外，水果的同一种类不同品种之间冷害临界温度也存在差异。因此，当贮藏环境的温度不符合当前水果的贮藏要求，如贮藏温度设置不够低，则无法获得良好的低温贮藏保鲜的效果，当贮藏温度设置过低，水果则容易发生冷害甚至冻害。在低温贮藏过程中，如果温控设备发生故障，无法正常制冷，使得温度突然上升，则会对一直处于低温环境下的水果造成不可逆的严重损伤，而且就算由于制冷设备不稳定导致微小的环境温度波动也会使果实呼吸代谢和环境湿度大幅变化，造成果实生理紊乱，品质下降。

3. 贮藏环境湿度控制不当

冷库内湿度条件设置不合理、控湿设备故障或具体控湿方式不合理导致冷库湿度过低或过高。低湿环境会加快水果的水分蒸发速度，降低水果品质，导致水果生理代谢紊乱，使得水果的抗冷能力下降，进而会诱导水果冷害的发生。过高的环境湿度则会使得微生物易于繁殖，导致水果腐烂。

4. 贮藏环境气体条件控制不当

冷库内气体条件设置不合理、气体制备设备故障、堆箱过于密集、冷库密闭性不好等原因导致冷库内气体条件不合适，当冷库中O_2浓度偏高，CO_2浓度偏低时，不利于抑制果实的呼吸损耗和微生物活动，但O_2浓度过低或CO_2浓度过高，会造成果实的无氧呼吸，导致果实内部有毒有害物质积累、果实外观变形、果肉褐变和腐烂等症状，且会增加冷害发生的概率。

5. 冷库水果种类分类存放不当

收购方的冷库可能同时贮藏多种水果，如果分类存放不当，则可能导致贮藏中释放较多乙烯的水果催熟另一种水果，另一方面，如果几种水果的冷害临界温度差距加大，则可能导致其中一种或几种水果出现冷害或保鲜效果不佳。

（四）水果运输环节质量风险识别

经低温贮藏的水果需经过远距离运输送给各地销售商。在这个环节中可能涉及的各类质量风险因素如下。

1. 员工操作不规范

由于运输行驶途中司机操作不当致使车辆行驶不稳甚至发生交通事故，或装卸过程不规范造成水果碰撞、挤压而出现机械损伤，导致水果品质下降和损耗。由于工作人员对运输和装卸设备清洁消毒不到位，导致水果在运输途中发生污染与病害。

2. 运输工具和运输路线选择不当

运输工具不适合当前水果的运输，例如，应该快速运达目的地的水果却选择运输速度慢的运输工具，对销售成熟度有要求的水果与运输工具的运抵速度不匹配等。运输路线过于曲折、堵塞、颠簸，会加大水果在远距离和长时间运输中的损耗。

3. 装载方式不合理

堆垛高度过高或堆垛形式不合理导致水果的压伤。装载过于紧密没有足够的通风空间，导致水果的腐坏。不可混合装载的水果混放在一起，导致不同种类水果之间相互影响，如能产生乙烯的番茄和香蕉容易导致其他水果过早成熟。

4. 运输环境温湿度和气体条件控制不当

运输工具内的制冷设备发生故障导致无法正常制冷或温度发生波动，以及温湿度和气体条件设置不合理，这些都会导致水果在运输途中品质严重下降。

（五）水果销售环节质量风险识别

水果销售环节是水果冷链的最后一环，是指销售商将收购方运达的水果短期贮藏于低温货架，在这期间将水果销售给消费者的过程。在这个环节中可能涉及的各类质量风险因素如下。

1. 员工操作不规范

销售人员没有对冷藏货柜等冷藏设备进行严格消毒，导致水果在货架期间发生污染或病害。销售人员对不可混放的水果在低温货架中随意混合堆放，导致不同水果之间相互影响，提早成熟。销售人员没有及时将运达的水果放入低温货架，导致水果在常温下暴露时间过久，水果品质严重下降，这是由于很多水果在低温条件时并不表现出明显的冷害症状，但从冷藏条件转入常温条件后冷害症状会迅速在果实上体现出来，例如，长期在低温条件下贮藏的荔枝转入常温条件后，果皮褐变非常迅速，通常在1天之内就会失去商品价值。此外，销售人员对运抵的水果没有轻拿轻放，造成果实机械损伤；对冷藏设备温湿度参数设置不合理，导致果实在货架期间没有获得良好的低温保鲜效果，出现冷害等各类生理紊乱，品质下降，损耗增大。

2. 冷藏设备故障

冷藏设备出现故障无法调节到所需的温湿度，以至于出现水果在货架期间无法获得良好的低温保鲜效果，以至于出现品质劣变和食用安全问题。

二、水果冷链质量风险评估

质量风险评估是对识别出的质量风险发生可能性和危害程度进行评估，水果冷链质量风险评估则是针对水果冷链这个主体，通过选取一定的评估方法对识别出的人因风险、机因风险、环境风险等各类质量风险因素进行可能性和危害性的量化评估，这对管理者做出规避和降低各类水果冷链质量风险的应对策略至关重要。常用的评估方法有关联矩阵法、层次分析法、模糊综合评价法、神经网络法、多属性群决策法、失效模式和影响分析法，各种方法有其优缺点及其适用范围，由于评估的实际执行需要专家评价打分和建立各种算法模型，在此不做过多讨论。

三、水果冷链质量风险控制

质量风险控制是对识别出的质量风险因素采取具体的应对措施以降低风险发生的概率并减小其危害性。水果冷链质量风险控制则是针对水果冷链每一环节所涉及风险因素采取相应的控制措施以保证水果在冷链全程的品质和安全性。下面对水果冷链每一环节质量风险因素的控制策略进行阐述。

（一）水果采收环节质量风险控制策略

水果供应商应依照《中华人民共和国农产品质量安全法》《中华人民共和国种子法》《农药合理使用准则》等法律法规合理使用农药化肥和育种技术，可与企业和高校合作获得水果种植材料和施肥、灌溉、整形、疏花疏果、套袋、植物激素应用等各方面的技术支持，科学种植，规范管理，尽可能减少水果在田间的病虫害和机械伤，以提升水果在冷链初始环节的自身质量，这是整个冷链体系质量安全的基本保障。

采收时应遵循适时无伤的原则，应在早晨露水干后的晴天（一般为上午 10 时以前，下午 3 时之后）进行采收，避免果实暴晒失水或过湿腐烂，并根据水果的特性、用途及运销等具体情况，在果实达到最佳成熟度时及时采收。机械采收时，应根据果树植株和果实特性，在尽量保护果树植株和果实的前提下，选择合适的机械采收设备和工作参数。人工采收时，采收人员应受过专门的采收作业培训或具备相关水果的采收经验，不给或尽可能少给果实造成机械损伤，使水果在后续的冷链环节中保持良好的加工性、贮藏性和食用性。

水果采收时应堆放在田间通风处进行初步散热，在返运途中应选择适宜该水果的运输温度及时进行预冷，散除田间热，降低果实的代谢速度。

（二）水果加工环节质量风险控制策略

对员工应加强作业规范性培训，在各加工环节应严格按照作业标准进行操作，认真负责。例如在药剂处理环节，只能使用国家法律法规允许的药剂种类，并严格按照相关规定确定使用剂量，并控制残留量，严禁使用禁用药剂。在贮藏前合理地使用植物生长调节剂和抑菌防腐剂可有效调节果实的生理代谢速率并抑制有害微生物的活动，减少低温贮藏和后续运销过程中病害的发生。

在清洗、药剂处理、分级、包装等加工工序之前，一定要根据采运回来的水果种类选择合适的温度对其进行进一步的预冷，为保障预冷的顺利进行，对预冷设备要进行定期的检查和维护，避免其出现故障。表 6-1 为部分水果的预冷工艺条件。

表 6-1　部分水果的预冷工艺条件

水果名称	冷却室初温（℃）	冷却室终温（℃）	冷却室湿度（%）	初期最高风速（m/s）	末期最高风速（m/s）	食品初温（℃）	食品终温（℃）	冷却时间（h）
菠萝	7.2	3.3	85	1.25	0.75	29.4	4.4	3
桃	4.4	0	85	0.75	1.30	29.4	1.1	24
鳄梨	4.4	0.56	85	1.25	0.45	26.7	3.9	22
李	4.4	0	80	1.25	0.45	26.7	1.1	20
浆果	4.4	0	85	0.75	0.30	26.7	1.1	20
杏	4.4	0	85	0.75	0.30	26.7	0.67	20
苹果	4.4	−1.1	85	0.75	0.30	26.7	0	24
柠檬	15.6	12.8	85	1.25	0.45	23.9	13.9	20
葡萄柚	4.4	0	85	1.25	0.45	23.9	1.1	22
橙	4.4	0	85	1.25	0.45	23.9	0	22
梨	4.4	0	85	0.75	0.30	21.1	1.1	24
葡萄	4.4	0	85	1.25	0.75	21.1	1.1	20
香蕉	21.1	13.3	90～95	0.75	0.45	15.6	13.3	12
青番茄	21.1	10.0	85	0.75	0.45	26.7	11.0	34

由于加工环节也需要一定的时间，为避免水果在加工时期内因对环境不适而产生品质下降的问题，应对加工环境的温湿度进行实时监控，配备控温控湿的专业设备，避免过高或过低的温湿度，使之始终处于适宜水果存放的温湿度范围。

依据水果种类进行合理的包装，首先需要选用合适的包装材料，例如具有保温、保湿、缓冲性能好、绿色环保等优点的瓦楞纸箱，具有一定气调作用的 PE 薄膜，同时具有控温控湿和气调作用的集装箱等。其次应选择合理的包装方式，以减轻水果挤压碰撞导致的机械损伤，并能在一定程度上维持水果品质。例如，香蕉宜采用结实防潮的瓦楞纸箱包装，以防纸箱吸潮变软相互挤压而压坏香蕉。装箱时先在纸箱内垫上一层塑料薄膜袋，高温季节薄膜厚度为 0.03～0.035 毫米，冬季厚度为 0.04 毫米，一般每箱重量为 12～15 千克，约 4～6 梳香蕉。第一梳平放箱底并将果柄靠近箱的一侧，第二梳果柄朝下紧贴第一梳果尾，三四五梳类推，最后一梳果柄插入第一梳果柄前，每梳果实之间垫珍珠棉、海绵纸或光滑的白纸等，最后抽走塑料薄膜袋空气，密封塑料薄膜袋。包装香蕉时不能大力挤压，香蕉果实的高度不能高于包装纸箱的高度。

（三）水果贮藏环节质量风险控制策略

要加强工作人员的作业规范性培训，严格按照贮藏环节的作业标准执行，例如水果产品入库出库要做到轻拿轻放，避免因堆放过于密集影响冷库通风条件或造成水果机械损伤。冷库消毒工作要认真彻底，可以选择熏硫处理或喷40倍的福尔马林液。减少因人员频繁出入冷库而造成的温度波动，避免人为可控因素对水果的各种伤害。

合适的低温一方面可以降低水果的呼吸代谢和蒸腾作用；另一方面会减缓微生物的活动及侵入能力，进而延缓水果的衰老并减少病害的发生。但是不适宜的低温却会导致水果出现冷害等各类生理紊乱现象。而环境湿度对保藏效果也有一定的影响，低湿环境会导致水果水分损失增大，抗冷能力下降，相反高湿环境则有利于保水和提高果实的抗冷能力，但是湿度过高水果又易出现腐败问题。此外，环境中O_2和CO_2含量与果实体内多种酶的活性密切相关，是影响水果采后生理的另一主要环境因素。例如，高O_2低CO_2环境会抑制呼吸链中多种酶活性，从而降低果实的呼吸作用，延缓果实衰老；高CO_2环境会干扰有机酸，从而影响有机酸的氧化脱羧过程，并且部分CO_2会被固定成有机酸，从而起到保护有机酸的作用。但是环境中的O_2和CO_2含量过高或过低又会对水果的贮藏造成不良影响，因此适当降低环境中O_2含量并提高CO_2含量对果蔬的贮运保鲜可起到多方面的积极作用。综上，在低温条件下辅以合适的湿度和气体条件会达到更好的保藏效果。控制贮藏环境温湿度和气体条件，一方面需要可靠稳定的冷藏场所，建议使用机械气调冷藏库，机械气调冷藏库具有较好的气密性，并配备有相关气体制备及气体成分监控设备，可依贮藏要求提供最适宜的环境条件，保鲜效果良好。最好能够配备有备用冷藏库，因为一旦冷藏设备故障导致环境温度升高，一直处于低温下的水果会因为无法适应剧烈的环境温度变化而受到不可逆的严重伤害。此外，冷库和冷藏设备需要定期检查和维护，以维持其正常运转和稳定性。另外，管理者应针对不同种类的水果设定不同的贮藏条件，并做到库存信息的全面监控和及时反馈。表6-2是部分水果的低温贮藏条件。

表6-2　部分水果的低温贮藏条件

水果名称	冷藏温度（℃）	相对湿度（%）
杏	−1.1～0	90～95
梨	−1.1～0	90～95
樱桃	−1.1～0	90～95
桃	−1.1～0	90～95
葡萄	−1.1～0	90～95
李	−1.1～0	90～95

续 表

水果名称	冷藏温度（℃）	相对湿度（%）
橙	0	90
橘子	0	90
杏	−1.1～0	90～95
苹果	−1.1～0	95
熟番茄	7.2～10	90
绿番茄	10	85
香蕉	14.5～15.6	85～90
柠檬	14.5～15.6	85～90
葡萄柚	14.5～15.6	85～90

水果在冷库中应该合理分类存放，尽量避免混合贮藏，冷害临界温度差异过大的水果不应混合存放，在贮藏过程中会产生乙烯的水果不要与其他水果混合存放。

（四）水果运输环节质量风险控制策略

训练和提高运输环节员工的作业规范性。例如选择经验丰富的运输司机以提高运输途中的安全性。在水果装卸时规范作业，轻拿轻放、快装快运，以避免装卸过程中的水果机械损伤和品质变化。在装载时留一定的通风空间，箱与箱之间需要留有一定空隙，且箱与运载工具的侧壁和底部同样需要留有一定间隙，使得冷空气能够充分流动，促进散热保温。对运输工具和装卸设备要消毒彻底，避免水果在运输途中发生污染和病害。

根据所销售水果成熟度的具体要求，选择合适的运输工具和运输路线，运输应力求快捷，减少中转环节。如果利用车辆运输建议使用机械气调冷藏车，它类似于机械气调冷藏库可以调节温湿度和环境气体成分，适用于远距离、长时间的运输任务。

选择合理的装载方式，水果装载时不应堆放过密或过高，并选择合适的堆垛方式避免水果压伤，例如使用品字形、井字形、口对口、“一二三三二一”式的堆垛方式。尽量避免不同水果混合装载，尤其在运输途中易产生乙烯的水果不应与其他水果混合装载。国际制冷学会把市场上的常见水果分成三个可以混装的组，并给出了相应的运输条件标准。

第一组：苹果、杏、浆果、樱桃、无花果（不得与苹果混装）、葡萄、桃、梨、柿、李等。

适宜运输温度 0℃～1.5℃，相对湿度 90%～95%。

第二组：香蕉、番石榴、杧果、薄皮香瓜和蜜瓜、鲜橄榄、木瓜、菠萝、青番茄、粉红番茄、茄子、西瓜。

适宜运输温度 13℃～18℃，相对湿度 85%～95%。

第三组：厚皮甜瓜类、柠檬、荔枝、柑橘等。

适宜运输温度 2.5℃～5℃，相对湿度 90%～95%。

在运输途中控制合适的温湿度和气体条件，且可根据实际情况使用脱氧剂、二氧化碳消除剂、吸潮剂、乙烯消除剂辅助控制运输环境内的气体成分。若运输时间长时，则运输途中的温湿度条件应与贮藏时的适宜条件相一致。表 6－3 为国际制冷学会推荐的部分水果冷链运输温度。

表 6－3 部分水果冷链运输温度

水果名称	运输温度（1～2d）（℃）	运输温度（2～3d）（℃）
苹果	3～10	3～10
蜜柑	4～8	4～8
甜橙	4～10	2～10
柠檬	8～15	8～15
葡萄柚	8～15	8～15
葡萄	0～8	0～8
桃	0～7	0～3
杏	0～3	0～2
李	0～7	0～5
樱桃	15～18	15～18
西洋梨	0～5	0～3
甜瓜	4～10	4～10
草莓	－1～2	－1～2
菠萝	10～12	8～10
香蕉	12～14	12～14
未熟番茄	10～15	10～13
熟番茄	4～8	—

（五）水果销售环节质量风险控制策略

规范销售环节工作人员的作业操作。销售人员应对销售环节的冷藏货架设备进行定期消毒和检查，避免水果在货架期间出现污染、病害的情况。销售人员应该将运抵的水果及时转入低温货架中，避免水果在常温中暴露时间过长导致品质迅速劣变。不可将在贮藏期间易产生乙烯的水果与其他水果混放，避免水果之间相互影响而出现提早成熟、品质下降、货架期缩短的问题。

销售人员应定期检查冷藏货柜的工作运转情况，发现设备故障及时联系修理人员进行维修或更换，避免水果在货架期间由于冷藏故障设备问题而无法得到良好的保鲜效果。

四、水果冷链质量风险监督

质量风险监督是为了确保产品质量达到预定要求，对产品、过程或体系的状态进行连续的监控、记录、分析。水果冷链质量风险监督则是针对水果冷链的每一个环节所涉及的质量风险因素进行监控管理，可分为内部质量风险监督和外部质量风险监督。

（一）内部质量风险监督

水果冷链体系的各参与主体，包括供应方、生产方、销售方都应严格按照良好农业规范（GAP）、危害分析与关键控制点（HACCP）、标准卫生操作程序（SSOP）、食品良好生产规范（GMP）等相关法律法规进行自身规范管理。此外，水果冷链的质量风险监督应覆盖冷链的全过程，并构建水果冷链体系互通的网络信息平台，在冷链任何一个环节出现质量风险，都可通过该平台得到及时有效的信息反馈并能够做出迅速的应对处理。

（二）外部质量风险监督

外部的质量风险监督主要靠政府的质量监管部门来执行，质量监管部门应该不断完善相关法律法规，强化其监管的执行力，因为政府监管的强制性是对企业自身规范和社会公众安全的根本保证。此外，行业监督和社会监督也应该被倡导，发挥其作用，形成严格的企业标准、良性的市场竞争及社会公众监督氛围。

五、水果冷链质量风险管理效果评价

质量风险管理效果评价用以评价质量风险管理过程的有效性，即风险是否规避，或风险发生概率是否控制到可接受的程度，风险所造成的危害是否减小，这些信息的反馈对于管理者及时调整质量风险应对策略具有重要意义。

案例分析

案例一：“每日优鲜”电商平台水果冷链管理分析

每日优鲜是一个以生鲜为主（涵盖水果、蔬菜、海鲜、肉类、乳品等）的O2O电商平台。其在城市建立了“城市分选中心＋社区配送中心”的“2小时送货上门”极速达冷链物流体系。现将该平台的水果冷链管理作为案例进行分析。

每日优鲜在冷链硬件建设上投入了大量资金，这使得每日优鲜的仓库和运输设备较为完善。每日优鲜的冷链物流网络为：水果产区—产地仓—城市区域仓—前置仓—配送员“最后一公里”配送。其中，水果供应方的选择需要首先对产区环境、种植技术等一系列会影响水果质量的因素进行评估，从水果供应源处尽可能保证消费者的食用体验。产地仓设在水果产区的附近，从水果供应方处采购的水果先就近运到产地仓，根据水果种类进行适宜低温的预冷，随后在适宜的低温下迅速运输到城市区域仓进行清洗、分级和包装。之后每一批次的水果会通过机械气调冷藏车（根据所装载水果控制气体条件和温度条件）运输到前置仓。前置仓一般设立在社区、写字楼等人口密集区，覆盖半径为 3 km，内部配备冷藏仓、冷冻仓和常温仓。前置仓的设立最大限度地缩短了水果产品与消费者之间的距离。水果在前置仓进行短暂的低温存放后便由配送员通过加冰泡沫箱等包装运输方式，在最短时间内送到提交订单的消费者手中，完成最后一段距离的配送。

在完整的冷链环节基础上，利用网络信息平台和大数据手段对每一级仓库和冷链运输中的水果进行品质监控和货源调配补给，提升水果的运输效率，最大限度降低水果在仓库暂存和冷链运输阶段的损耗，目前每日优鲜已实现了损耗率低于1%的目标。

每日优鲜的水果冷链从水果货源着手，通过实地考察确定优质水果产区，并通过将各级仓库、冷链运输和大数据平台进行结合，将水果的品质、新鲜度优化至最佳，同时保证冷链运输路线的通畅及配送速率的高效。

然而，每日优鲜的水果冷链同时也存在一个主要问题，即水果产品的质量无法持续保证，虽然对水果的产区进行了较严格的挑选，但是很多水果种植基地的生产无法做到标准化，造成水果产品质量参差不齐，例如，果实大小不均、酸甜度差异较大，甚至可能出现病果、伤果。这就需要每日优鲜与合作果园商议出一个统一的种植标准，加大在果源控制这一环节的投入，例如，同高校或企业合作获得种植材料和品控技术，同时利用网络平台完善对水果种植基地这一环节数据信息的监控与反馈，以确保果源的品质，同时做到更精细的产品分级和质检。

每日优鲜水果冷链管理体系的成功是值得我们学习与借鉴的，冷链的核心要素是低温控制，包括运输途中的低温控制及在仓库暂存中的低温控制，每日优鲜将这些做到了极致，同时每日优鲜的大数据信息平台在各个冷链环节的覆盖也是未来冷链管理的发展趋势，这对于冷链的智能化至关重要。

案例二：杧果长途运输：高校为杧果种植方提供技术指导

杧果种植方的大批杧果需要从海口秀英港通过水路运输到国外某城市港口，杧果种植方要求：在历时一周的水路运输中，尽可能避免杧果的成熟与损耗，使其到达目的城市后还留有一定的销售时间。

高校方：考虑到杧果属于呼吸跃变型果实，如果在杧果成熟后再进行采摘，在长时间的水路运输途中肯定会造成大面积损耗，因此，建议杧果种植方在杧果的绿熟阶段就进行采摘，采摘后要迅速进行预冷，以散除田间热，降低果实的代谢水平。由于低温是有效的果实采后保鲜手段，可减缓果实的生理进程，根据该杧果的品种，建议杧果种植方利用气调冷藏集装箱作为运输载体，并控制运输温度为 12℃，湿度为 85%～90%，氧气浓度 3%，二氧化碳浓度 5%，在避免冷害发生的情况下，起到较好的低温气调保鲜作用，同时在集装箱内放置乙烯吸收剂，以吸收在运输途中杧果释放的乙烯，避免果实之间的相互催熟。由于杧果果实在长途运输中容易发生挤压碰撞，因此，建议杧果种植方用柔软的厚纸材料对单果进行包裹，同时装箱的杧果在集装箱内要呈品字形堆码，并留有一定的空气流通空间，以减轻在运输途中由于果实之间相互挤压而造成的机械损伤，避免局部温度过高和无氧呼吸。同时叮嘱工作人员在杧果采摘和运输的装卸过程中，一定要轻拿轻放，因为本次运输的杧果量非常大，一个损伤的坏果造成的病害传播和乙烯释放可能导致整批杧果受到严重的影响。

七天后，货轮如期到达国外的城市港口，开箱检查时，杧果的表皮依旧呈现绿色，整体上没有软化的迹象，在整个运输途中获得的保鲜效果非常好，为销售阶段留下了充足的时间。纵观高校方给出的建议，覆盖杧果的采摘、预冷、包装、装箱、堆码、运输途中温度和气体条件的控制等冷链中的各个环节，从而最大限度地保证了杧果的品质。由此我们可以得到启示，水果冷链的管理必须覆盖冷链的每一个环节，从采收到加工，再到贮藏及运输，首先要认识到每一个环节可能涉及的质量风险因素，然后采取相应措施尽量规避每一个环节所涉及的质量风险因素，或尽可能降低其带来的风险损害，并且根据水果种类或品种的不同，及时地调整应对方案，以发挥冷链的最大价值。

练习与思考

1. 影响水果质量的采前因素和采后因素分别有哪些？
2. 水果的贮运条件包括哪些？
3. 热带水果和温、寒带水果的贮运条件有何主要差异？
4. 水果冷害的形成原因是什么？
5. 水果冷链主要包括哪些环节？
6. 水果冷链质量风险管理主要包括哪些方面的内容？

参考文献

[1] 陈艳彬．不同品种苹果品质及营养成分分析［J］．长治学院学报，2012，29（5）：72—75.

[2] 王淑贞．水果贮运保鲜技术［M］．北京：金盾出版社，2013.

[3] 束怀瑞．果树栽培生理学［M］．北京：农业出版社，1993.

[4] 朱明月，沈文涛，周鹏．果实成熟软化机理研究进展［J］．分子植物育种，2005，3（3）：421—426.

第七章 蔬菜冷链管理

学习目标

1. 了解蔬菜质量评价指标
2. 了解不同种类蔬菜的储运条件
3. 了解蔬菜冷链质量风险管理体系的主要内容

第一节 蔬菜质量评价指标

我国是蔬菜生产和消费大国，目前全国蔬菜种植面积总量已超过油料作物面积，成为仅次于粮食的第二大农作物。2018 年全国蔬菜（不含瓜果）播种面积约 2.044 亿公顷，产量约 7.035 亿吨，人均占有量约 504.14 千克。

蔬菜的质量评价指标一般包括感官质量评价、理化指标评价和安全卫生评价三个方面。

一、感官质量评价

蔬菜的感官质量包括产品的颜色、光泽、汁液、质地、缺陷和新鲜度等。其中色泽和新鲜度是人们最关心的，它对蔬菜色香味和口感的影响最大，不同蔬菜品种的感官质量指标不尽相同，通用的感官要求如下。

色泽：各品种蔬菜应具有其应有的光泽和颜色；气味：香气正常，无异味，具有该品种蔬菜应有的气味；外观：块状、片状、枝状或该品种蔬菜应有的正常形状；形态：应基本完好，同一品种蔬菜薄厚程度基本一致，且基本无碎屑；杂质：无肉眼可见外来杂质。

1. 叶菜类

感官上要求成熟适度，色泽正，新鲜、清洁；无腐烂、畸形、开裂、黄叶、抽薹、异味、灼伤、冷害、冻害、病虫害及机械伤。要注意，腐烂、异味和病虫害为主要缺陷。保藏温度一般在 0℃～3℃。

2. 根茎类

感官上要求成熟适度，色泽正，新鲜，清洁；无开裂、糠心、分叉、腐烂、异味、冻害、病虫害及机械伤。要注意，腐烂、异味和病虫害为主要缺陷。保藏温度方面，胡萝卜、粗根芹菜、辣根、洋姜、大头菜、树薯、马铃薯、芜菁甘蓝、木薯、各种萝卜、山药等的要求为 0℃～3℃；芋头和炸薯条用的（早熟品种）马铃薯等的要求为 7℃～12℃；姜、甘薯、豆薯和炸土豆片用的早熟品种马铃薯等的要求为 13℃～18℃。

3. 瓜菜类

感官要求成熟适度，色泽正，果形正常，新鲜，果面清洁；无腐烂、畸形、异味、冷害、冻害、病虫害及机械伤。在保藏温度方面，黄瓜、苦瓜、丝瓜、佛手瓜、西葫芦、笋瓜等要求在 6℃～9℃；冬瓜、南瓜等要求在 3℃～6℃。

4. 花菜类

感官上要求成熟适度、紧实，色泽正，新鲜，清洁；无腐烂、散花、畸形、抽茎、异味、开裂、灼伤、冻害、病虫害及机械伤。保藏温度一般在 0℃～3℃。

5. 葱蒜类

感官上要求成熟适度，色泽正，新鲜，果面清洁；无腐烂、畸形、异味、发芽、抽薹、散瓣、冷害、冻害、病虫害及机械伤。保藏温度一般在 0℃～3℃。

6. 菜用豆类

感官上要求粗细均匀，成熟适度，色泽正，豆荚鲜嫩，清洁；无腐烂、异味、冷害、冻害、病虫害及机械伤。保藏温度一般在 2℃～7℃。

7. 水生蔬菜

感官要求成熟适度，色泽正，新鲜，无腐烂、异味。保藏温度一般在 0℃～3℃。

8. 茄果类

感官上要求成熟适度，色泽好，果形好，新鲜，果面清洁；无腐烂、异味、灼伤、冷害、冻害、病虫害及机械伤。要注意，腐烂、异味和病虫害为主要缺陷。在保藏温度方面，青番茄一般在 10℃～15℃；已开始上色的番茄一般在 2℃～6℃；辣椒一般在 1℃～4℃；茄子、日本茄子、甜椒、树番茄等一般在 6℃～9℃。

9. 速冻叶菜类

感官上要求成品的外观平面形状规则、平滑，厚度均一，棱角分明；单冻产品色泽应符合其应有色泽，如鲜绿色、深绿色、白色等，无粘连；块冻产品解冻前应色泽鲜亮，冰衣完整，无混浊黄色冰衣，无晦暗；色泽均匀，无黄枯叶、褐变叶及不正常色泽。

10. 速冻豆类

感官上要求单体散冻，无粘连、结块、冰霜现象；产品一般呈鲜绿色，呈深红色的各品种应有色泽，且色泽均匀，无发黄、褐变及不正常色泽；无虫体及虫蛀伤产品。

11. 速冻块茎类

感官要求单体散冻，无粘连、结块、冰霜、复冻等现象；正常情况下应有色泽；无风干、失水、冰衣脱落等现象；无斑点粒、片、条、块；无畸形粒、块、条。无虫体及虫蛀伤产品。

二、理化指标评价

1. 水分

水分是影响蔬菜新鲜度、脆度和口感的重要成分，与其风味品质也密切相关。新鲜蔬菜含水量为75%～95%。蔬菜水分的作用表现在：①持果蔬生命活动；②通过维持果蔬的膨胀力或刚性，赋予其饱满、新鲜而富有光泽的外观；③为微生物与酶的活动创造有利条件。

2. 糖类

（1）可溶性糖。蔬菜的含糖量反映了其品质。可溶性糖是蔬菜中的主要甜味物质，可溶性糖主要包括葡萄糖、果糖和蔗糖，其次为阿拉伯糖、甘露糖以及山梨醇、甘露醇等。果糖和葡萄糖是还原糖；蔗糖是双糖，其水解产物称为转化糖。果蔬甜味的浓淡与总含糖量有关，也与含糖种类有关，同时还受其他物质（如有机酸、单宁）的影响，在评定果蔬风味时，常用糖酸比来表示。

（2）淀粉。淀粉又称多糖，是葡萄糖聚合物。虽然蔬菜不是人体所需淀粉的主要来源，但某些未熟的果实（如地下根茎菜类）含有大量的淀粉。马铃薯、藕、芋头等的淀粉含量较高，其次是豌豆；其他蔬菜则淀粉含量较少。未成熟的果实含淀粉较多，在后熟时，淀粉转化为糖，含量逐渐降低，使甜味增加，凡是以淀粉形态作为贮存物质的蔬菜种类大都能保持休眠状态，从而有利于贮藏。

（3）果胶。果胶物质主要存在于果实、块茎、块根等植物器官中，蔬菜的种类不同，果胶的含量和性质也不相同。蔬菜中的果胶为低甲氧基果胶。果胶物质以原果胶、果胶和果胶酸三种形式存在于蔬菜组织中。原果胶多存在于未成熟蔬菜的细胞壁的中胶层中，不溶于水，常和纤维素结合，使细胞彼此黏结，让果实呈脆硬的质地。随着蔬菜的成熟，在果胶酶作用下，原果胶分解为果胶，果胶溶于水，黏结作用下降，细胞间的结合力松弛，果实质地变软。成熟的果蔬向过熟期变化时，在果胶酶的作用下，果胶转变为果胶酸，失去黏结性，使果蔬呈软烂状态。

（4）纤维素、半纤维素。纤维素、半纤维素是植物细胞壁的主要构成成分，是植物的骨架物质，起支持作用。蔬菜中纤维素的含量为0.3%～2.3%，半纤维素含量为0.2%～3.1%。纤维素在皮层特别发达，与木质纤维素、栓质、角质、果胶物质等形成复合纤维素，对蔬菜有保护作用，对蔬菜的品质和贮藏有重要意义。纤维素老时产生木质与角质，因而坚硬粗糙，吃起来有多渣、粗老的感觉，影响蔬菜品质。

3. 维生素和矿物质

蔬菜所含的维生素及其前体很多，是人体所需维生素的基本来源，其中以维生素A、维生素C最为重要。

（1）维生素A。新鲜蔬菜含有大量的胡萝卜素，胡萝卜素又称维生素A原。维生素A不溶于水，碱性条件下稳定，在无氧条件下，于120℃下经12h加热无损失。贮存时应注意避光，减少与空气接触。

（2）维生素C。维生素C即抗坏血酸，易溶于水，很不稳定。在酸性条件下比在碱性条件下稳定，要在低氧环境中贮藏，应注意避光，保持低温，减缓维生素C的氧化损失。

(3) 矿物质。蔬菜中含有钙、磷、铁、硫、镁、钾、碘等矿物质，其中，矿物质的80%是钾、钠、钙。人体从蔬菜中摄取的矿物质是保持人体正常生理机能必不可少的物质，这是其他食品难以相比的。

(4) 有机酸。蔬菜中的有机酸含量很少，为0.05%～0.10%，是影响新鲜蔬菜及加工品风味的主要成分。蔬菜中含有多种有机酸，主要有柠檬酸、苹果酸、酒石酸和草酸。在这些有机酸中，酒石酸的酸性最强，并有涩味；其次是苹果酸、柠檬酸。番茄类含柠檬酸较多；草酸普遍存在于各种蔬菜中。

(5) 多酚类和色素。大多数蔬菜含有多酚类化合物、花青素、叶绿素、类胡萝卜素等。

三、卫生质量评价

(1) 农药残留量检测：可采用化学检验和快速检验的方法进行检测。我国已经对部分农药的残留量及检测方法制定了国家标准，应遵照执行。采用化学检验检测农药残留费工费时，因此，在产品流通中常用快速检验法，使生产者和经营者尽快掌握产品的检测情况、消费者及时了解产品的卫生质量。

(2) 重金属等限制性成分含量测定：重金属等限制性物质摄入过多，对人身体健康不利。国家标准对蔬菜中重金属物质的含量作了限制性规定，主要包括砷、汞、铅、铬、镉、氟、铜、锡及亚硝酸盐和硝酸盐等物质，有关这些物质的含量限制及测定方法可以查看相关国家标准。

第二节　蔬菜储运条件

冷库储藏是指在隔热性能良好的库房中，通过机械制冷系统的作用，控制库内的温度和湿度，为蔬菜提供适宜的储藏环境，以达到长期储存的目的。冷库应建造在交通方便、通风良好和地下水位低、排水条件好的地方。冷库多选择建在蔬菜产地，保证产品采收后能尽快入库储藏，以减少运储损失。冷库储藏是目前我国新鲜蔬菜的主要储藏方法。

一、蔬菜商品的仓储条件

1. 冷库应做到隔热和温控性能良好

蔬菜在储藏期间，应严格控制冷库温度，温度过高蔬菜易腐烂，过低易造成冻害。要根据各类蔬菜的临界温度控制程度，不能低于它们的冰点，否则就不能保持蔬菜原有的品质。

(1) 蔬菜入库前提前降低库温，达到要求的温度。入库后要采取逐步降温的方法，因为蔬菜采摘后，还存在一定的热量，如未经冷却直接进入冷库，容易产生病害，达不到保质的目的。

（2）选择适宜的温度检测方法，如计算机多点温度检测、精密水银温度计检测等，尽可能维持库内各个部位的温度均匀一致，防止库内温度的骤然波动。

（3）关于蔬菜的堆垛，不论采取箱装还是筐装，都最好用“骑缝式”的方法，垛与垛、垛与墙、垛与顶之间应有一定距离，垛内外都要有利于冷风流通。

2. 冷库湿度调节很重要

蔬菜中含有大量的水分，在储藏过程中，水分将逐渐蒸发，大部分蔬菜的干耗超过5%时，就会出现枯萎等现象，鲜度明显下降。特别是果菜类，当干耗超过5%以后，就不能再恢复原状。

减少蒸发器与库内的温差，防止过分结霜。使用加湿器、除湿机或利用通风换气控制湿度，也可以采用在地面加水或放冰的方法增加湿度，此时蔬菜产品应使用塑料包装保持湿度。一般应将湿度控制在90%为宜，湿度过高，蔬菜易腐烂。

3. 冷库应做到气密性和气调功能良好

根据蔬菜种类的不同选择适宜的气体指标。不同种类的蔬菜应选择各自适宜的透气透湿性能良好的塑料膜，选择适宜的塑料膜包装及储藏方式，如折口包装、密封包装、针孔膜包装、密封包装、硅窗塑料袋包装以及塑料大帐储藏、硅窗塑料大帐储藏、塑料大帐焦炭分子筛气调储藏等。适当降低空气中的含氧量，提高仓库二氧化碳量会抑制蔬菜的成熟或衰老，延长储藏时间。

4. 防腐保鲜仓库

使用保鲜剂可防止辣椒、菜豆、番茄储藏病害的发生；使用果蔬防腐烟熏剂可防止蒜薹、冬瓜、红薯、大蒜、大葱、马铃薯储藏病害的发生。

主要蔬菜冷库储藏的适宜条件详见表7-1。

表7-1　主要蔬菜冷库储藏的适宜条件（参考值）

种类	温度（℃）	相对湿度（%）	种类	温度（℃）	相对湿度（%）
黄瓜	10～13	95	生姜	13	65
茄子	8～12	90～95	生菜（叶）	0	98～100
大蒜头	0	65～70	蘑菇	0	95
菠菜	0	95～100	洋葱	0	65～70
绿熟番茄	10～12	85～95	青椒	7～13	90～95
红熟番茄	3～8	80～90	胡萝卜	0	98～100
石刁柏	0	95～100	花菜	0	95～98
青花菜	0	95～100	芹菜	0	98～100
大白菜	0	95～100	花椰菜	0	90～95

二、冷库管理

为了达到冷库储藏的预期效果，冷库管理十分重要。管理内容主要有：产品码放要遵循“三离一隙”原则，即离墙、离地面、离天花板以及垛与垛之间要有一定间隙，以利于库内空气循环畅通。

库内应经常通风换气，其时间和频率应按蔬菜的种类、数量和储藏时间的长短而定。对于新陈代谢旺盛的蔬菜或新入库的蔬菜，通风换气的次数要多一些。此外，还应对冷库储藏条件（温度、湿度、气体成分）进行日常检查和调控，一般隔 3～5 天进行一次。

冷库对环境要求比较高，不能等同于普通货物仓库，做好库房标准化的管理很有必要。

（一）仓库的选址

选择生态环境较好、远离公路和工业污染源的地点作为库址。

（二）仓库的环境卫生管理

绿色食品蔬菜必须贮存在专用库中，不得与其他物品混放。原料、半成品、成品要分区存放，避免互相污染。

仓库工作人员应经健康体检合格后方能从事生产工作。仓库工作人员要处理好个卫生，穿戴工作服、工作帽、口罩和工作鞋，洗手消毒后方可进入仓库，不得化妆、佩戴首饰。

仓库地面、墙面应经常清洁，防止积垢，可采用清扫、清水刷洗等方式进行清洁。垃圾和废弃物要及时转移出库，以免造成二次污染。

（三）库房灭菌消毒

产品入库前应对库房进行全面灭菌消毒，常用方法如下。

1. 乳酸

（1）性质：澄清无色或微黄色糖浆液体，无臭，味酸，对细菌、真菌均有杀灭和抑制作用。

（2）用法：将浓度为 80%～90%的乳酸和水等量混合，按每立方米库容 1ml 乳酸的比例，将混合液放入瓷盆内并于电炉上加热，待溶液蒸发完后，关闭电炉。闭门熏蒸 6～24 小时，然后开库使用。

2. 过氧乙酸

（1）性质：无色透明酸性液体，腐蚀性较强，分解后无残留，能快速杀灭细菌和霉菌。

（2）用法：将 20%的过氧乙酸按每立方米库容 5～10ml 液的比例，放入容器内并于电炉上加热，促使其挥发熏蒸；或按比例配成 1%的水溶液喷雾。

因过氧乙酸具有腐蚀性，使用时应注意对机械、冷风机和人体的防护。

3. 漂白粉

(1) 性质：白色或淡黄色粉末，有味，具强腐蚀性，稍能溶于水，在水中易分解产生氧气和氯气。

(2) 用法：将含有效氯25%～30%的漂白粉配成10%的溶液。用上面的清液按每立方米库容40ml的用量进行喷雾。

使用时注意防护。用后库房必须通风换气，及时除味。

4. 福尔马林

(1) 性质：甲醛的水溶液，含甲醛不少于36%，弱酸性，不稳定，长期存放能发生聚合反应，生成多聚甲醛的白色沉淀，但加热后能解聚。杀菌能力很强，尤其对真菌孢子杀伤性强。

(2) 用法：按每立方米库容15ml福尔马林的比例，在福尔马林中放入适量高锰酸钾或生石灰，稍加些水，待发生气体时，将库门紧闭，熏蒸6～12小时，开库通风换气后才可使用库房。

5. 臭氧

(1) 性质：一种气体强氧化剂，既可杀菌灭霉，又可除臭。

(2) 用法：用特制的臭氧发生器放入库房内，闭门，净化空气灭菌。当每立方米库容臭氧浓度达17～20mg时，保持三昼夜即可完全杀灭霉菌及孢子。

6. 高锰酸钾

(1) 性质：黑紫色结晶，是一种强氧化剂，无臭。

(2) 用法：用0.5%溶液喷洒或与福尔马林混合熏蒸灭菌。

(四) 库房温湿度测量

1. 库房温度可以连续或间歇测定

温度的连续测量可用具有直接读数的记录仪来完成，没有记录仪时应定时进行人工观测。

2. 测量温度的仪器

测量温度的仪器精度不得大于0.5℃。

3. 测温点的选择和记录

温度计应放在不受冷凝、异常气流、辐射影响且不受振动和冲击的地方。测温点的多少视库容而定，既要有测果体温度的点，又要有测空气温度的点。每次测量后都应详细记录。

4. 温度计的检验

为使测量度数精确，温度计至少每年要进行一次校正。

5. 湿度测量

测量湿度的仪器精度要求在±5%，测湿点的选择与测温点相同。

(五) 入库量

(1) 根据不同包装容器合理安排货位、堆码形式和高度。货垛排列方式、走向及间隙应力求与库内空气环流方向一致。

(2) 按品种分库、分垛、分等级堆码，为便于货垛空气环流散热降温，有效空间的贮藏密度每立方米不应超过250kg，箱装用托盘堆码允许增加10%～20%的贮存量。

(3) 为便于检查、盘点和管理，垛位不宜过大，入满库后应及时填写货位标签和平面货图。

(4) 货位堆码要求：距墙0.2～0.3m；距冷风机不少于1.5m；距顶0.5～0.6m；垛间距离0.3～0.5m；库内通道宽1.2～1.8m；垛底垫木（石）高度0.1～0.15m。

(六) 库房管理

(1) 蔬菜产品不得与其他物品混放，蔬菜产品不得与水果混放，绿色食品蔬菜不得与普通蔬菜混放。

(2) 库房内废弃物应及时清理，保持储藏环境清洁，不能引入污染。

(3) 控制库存房内温度波动小于2℃，湿度波动小于5%。

(4) 出入库应及时关闭库门，避免引起温度波动。

(5) 有固定的人流、物流通道，避免二次污染。

(6) 贮藏记录要及时填写核对。库房要有专人负责管理，产品出入库要如实填写出、入库单，记录出、入库的品种、批号、数量、日期，以及损失数量。

三、气调储藏

1. 气调储藏的原理

在一定范围内，降低蔬菜储藏环境中氧气浓度，提高二氧化碳浓度，可以大幅降低蔬菜的呼吸强度和氧化作用，减少乙烯的生成量，降低不溶性胶物质的分解速度，延缓后熟衰老进程和叶绿素的分解速度，提高抗坏血酸保存率，并能明显地抑制蔬菜和微生物的代谢活动，延长储藏寿命。

气调储藏必须考虑温度、湿度等因素。仅靠调节气体组成，难以达到预期储藏效果，特别是温度对延缓生物呼吸、减少物质消耗、延长储藏及保鲜期有决定性作用，是其他手段无法替代的。

气调储藏是以改变储藏环境中的气体成分（通常是提高二氧化碳浓度和降低氧气浓度）实现长时间储藏蔬菜的一种方法。气调储藏的保鲜效果比冷库储藏好，气调蔬菜可比机械冷藏蔬菜的寿命增加1倍以上。

2. 气调储藏管理

气调储藏管理在许多方面与机械冷藏相似，包括库房消毒，商品入库后的堆码方式，温度、湿度的调节和控制等，但也存在一些差异。经过预冷的蔬菜应一次入库，以缩短装库时间，尽早达到气调条件。气调储藏过程中要保持库房的密闭状态，一般不进行通风换气。气调储藏期间如出现短时间的高湿状况，则需及时除湿，如使用CaO（氧化钙）吸收等。气调储藏条件下，蔬菜易挥发出有害气体和异味物质，且逐渐积累，故需用空气洗涤设备定期洗涤空气，以保持库内空气清新。

气调储藏的核心是对气体成分的调节，生产中常常针对新鲜蔬菜的生物学特性、温度与湿度的要求决定气调的气体组分，并且在整个储藏过程中将其维持在合理的范围内。此外，冷库内二氧化碳浓度较高、氧气浓度较低，作业时要注意操作人员的安全。表 7 - 2 是部分蔬菜的气调储藏条件。

表 7 - 2 部分蔬菜的气调储藏条件

种类	温度（℃）	氧气（%）	二氧化碳（%）	潜在效益
番茄（绿热）	10～20	3～5	0	好
番茄（红熟）	8～12	3～5	0	好
石刁柏	0～5	—	5～10	好
豆类	5～10	2～3	5～10	尚好
花椰类	0～5	2～5	2～5	尚好
蘑菇	0～5	—	10～15	好
甜玉米	0～5	2～4	10～20	好
洋葱	0～5	1～2	10～20	尚好
卷心菜	0～5	3～5	5～7	好
韭菜	0～5	1～2	3～5	好
芹菜	0～5	2～4	—	尚好
结球莴苣	0～5	2～5	0	好

四、预冷

预冷就是将蔬菜的温度迅速降低到规定温度的操作过程。蔬菜采收以后，带有大量的田间热，加上采收过程的刺激，呼吸作用很旺盛，释放出大量的呼吸热，这样会降低蔬菜的品质。通过快速预冷，可以延缓成熟和衰老的过程，提高耐储性，延长储藏和运输期限。

1. 预冷目的

预冷可以降低呼吸活性，延缓成熟和衰老进程，保持蔬菜品质；减少营养损失和水分损失，延缓果实变质过程；抑制微生物生长，减少病害；快速排出蔬菜采收后带来的田间热，节省运输和储藏中的制冷负荷。为了最大限度地保持蔬菜的生鲜品质和延长货架寿命，预冷最好在产地进行，而且越快越好，预冷不及时或不彻底，都会使预冷的效果大打折扣。

2. 预冷的方法

预冷有自然预冷和机械预冷两种方法。自然预冷的主要缺点是冷却速度慢、冷却时间长。机械预冷能很好地克服自然预冷的缺点。因此，工业生产中主要采用机械预冷的方式，包括风冷却、水冷却、真空预冷等。

（1）风冷却。该方法是在冷库中利用制冷设备产生冷空气，用鼓风机使冷空气强制循环，达到预冷作用。这种方法比自然对流冷却速度快，但需要增加设备投资，加大生产成本。强制通风冷却效果明显，例如，用 82m/min 的－1℃～－0.5℃的冷空气可使结球莴苣的中心部位在 4 小时内从 17℃～20℃降至 2.5℃，而采用自然冷却法则需要 10 小时。

（2）水冷却。水冷却是以水为介质的一种冷却方式，是将果蔬浸在冷水中或者用冷水喷淋，以达到降温的目的。冷却水可用低温水（一般为 0℃～3℃）或自来水，前者冷却效果好，后者费用低。可在冷却水中加入一些防腐药剂，以减少病原微生物的交叉感染。适合用水冷却的蔬菜有胡萝卜、芹菜、甜玉米、网纹甜瓜、菜豆等。

（3）真空预冷。真空预冷是将蔬菜放在真空室内，迅速抽出空气达到一定真空度，使产品体内的水在真空负压下蒸发而达到冷却降温的目的。冷却速度与真空室的压力有关，压力越小水分蒸发越快。真空预冷时，会造成产品少量失水，但由于产品各部分的失水几乎是等量的，故一般不会出现产品萎蔫现象。生菜、菠菜等叶菜最适合用真空预冷。纸箱包装的生菜用真空预冷，在 25～30min 内可以从 21℃下降到 2℃，包心不紧的生菜只需要 15 分钟。还有一些蔬菜，如石刁柏、花椰菜、甘蓝、芹菜、葱、蘑菇和甜玉米等，也可以使用真空预冷。

五、包装

蔬菜极易遭受人工或机械损伤。为了保护蔬菜在运输、储藏、销售中免受损伤，必须对其进行包装。包装可防止微生物二次污染和产品失水，有利于产品保持新鲜度和延长储藏期。

1. 鲜菜包装的要求

（1）应能保持蔬菜储运中适宜的相对湿度。

不同类型的蔬菜在储运过程中要求的相对湿度不同。对需要在相对湿度较高条件下储运的蔬菜（如蒜薹）用薄膜包装是经济实用的首选方式。对于需要在较低相对湿度条件下储运的蔬菜（如洋葱、大蒜）用网袋包装即可。冬瓜、南瓜等用发泡塑料网套进行单体包装。某些叶菜（如韭菜、菠菜）在包装袋内结露后易腐烂，而失水又严重影响其商品质量，因此生产上常采用微孔透湿膜或用非密闭薄膜覆盖的方法加以解决。

（2）应具有良好的透气性和适宜的透气比。

很多蔬菜的呼吸强度比较高，例如，蒜薹采用塑料薄膜小包装进行冷藏时，会发生因缺氧而受到损伤的情况，因此，其包装应具有良好的透气性。目前市场上普通的聚乙烯（PE）膜和无毒聚氯乙烯（PVC）膜，对大多数蔬菜而言几乎都显得透气性不足。在薄膜上打孔可以有效地解决二氧化碳集聚，但二氧化碳的浓度却很难降下来。这就要求包装膜有选择性透气的功能，即适宜的透气比，这种功能是依靠薄膜本身的特性来实现的。

（3）应符合食品安全、卫生和环保要求。

发达国家已制定出标准更高、更完善的绿色包装制度，它涵盖了包装材料、包装方法、废弃物的回收、复用和再生等方面的内容。绿色包装制度可以防止对环境造成污染，有效地解决白色污染问题。

2. 鲜菜的外包装

外包装也叫储运包装，目的是保护商品，便于装卸和运输。鲜菜常用的外包装容器主要有瓦楞纸箱、塑料箱、木箱和塑料网袋等。其中，瓦楞纸箱最理想，它有许多优点：便宜、结实、不损伤内容物、保鲜性能好、易于获得、包装和拆解作业简单、规格统一、便于搬运、有装饰作用、用后易于处理。

3. 鲜菜的内包装

内包装也称零售包装，它要与消费者直接见面，除要求保护商品外还要注意造型美观，能起到促进销售的作用。内包装有：小袋或网袋，由纸、薄膜、棉纱和塑料丝制成；盒或浅盘，由塑料或泡沫塑料、纸板或胶合板制成；篮，有长方形、圆形或扁形，由木条或塑料制成；蜂窝纸，由塑料或纸制成。

对内包装塑料膜的要求是：便宜，不易破裂，作业性能好；具有适宜的透湿性和透气性；接近透明，不易形成水雾，内容物清晰可见；容易密封；在低温下不硬化，强度不下降；化学性稳定；容易获得。

六、适时采收

蔬菜的采收与产品品质和耐储运性能密切相关，应根据蔬菜的种类、品种、特性、生长情况、气候条件、栽培情况、市场情况和采后用途等因素综合考虑，以决定合适的采收期。采收过早或过晚都会造成蔬菜减产和品质降低。采收过早，蔬菜尚未充分成熟，营养物质不丰富，色、香、味及其个体大小和质量达不到标准；采收过晚，风味变淡，品质降低，且不耐储存。采收过早或过晚的蔬菜，出库的好菜率都会大大降低。

（一）采收成熟度的确定

采收时的成熟度是以商业成熟度作为依据的，也就是以风味品质的优劣作为依据。长期储藏的蔬菜，还要以储藏结束时的风味品质及损耗的状况为标准。判断蔬菜成熟度一般采用如下方法。

（1）看表面的色泽。例如，需远途运输或储藏的番茄，应该在绿熟阶段采收；甜椒一般在果皮深绿而有光泽时采收；茄子应在表皮明亮而有光泽时采收。

（2）根据蔬菜坚实度和质地、主要化学物质含量、果梗脱离的难易度、生长期等情况，确定采收期。

（3）一些蔬菜可根据植株生长情况来确定成熟度。例如，洋葱头、生姜等蔬菜，在地上部分枯黄后开始采收，其果实耐藏性强；黄瓜、丝瓜、茄子、菜豆应在种子膨大硬化之前采收，否则组织变硬、纤维化，品质下降；南瓜、冬瓜在果皮硬化、白粉增多时采收，有利于储藏；叶菜类蔬菜则以在食用的最佳阶段采收为宜。

（二）采收过程中应注意的问题

（1）备好采收工具和包装物品。采收时间应选择晴天的早晨，在露水干后进行，避免在雨天和正午采收。

（2）一颗植株上的果实，不可能同时成熟，如番茄、黄瓜、青椒等可分次采收，采后应避免日晒雨淋，并迅速加工成件，运到阴凉场所散热或进入库内储藏。

第三节　蔬菜冷链质量风险管理

蔬菜从产地采收后，只有在初级加工、包装、分拣、储藏、运输、配送以及批发零售等供应链各个环节始终处于适宜的低温环境下（即冷链物流状态），才能最大限度地保证蔬菜的品质和质量安全，减少损耗，将质量安全风险降到最低。蔬菜冷链一旦断裂，即便后期能够恢复最佳储藏温度，其造成的质量损失也是不可逆的，质量安全风险极高。

一、蔬菜冷链质量风险影响因素

蔬菜冷链是指易腐的生鲜蔬菜农产品从产地收购后，经过生产加工、运输、储藏、销售，直到消费者手中，使产品始终保持在适宜的温度条件中，以保证产品质量安全、降低损耗的供应链系统。由于蔬菜易腐，保鲜期短，为了最大限度地保持新鲜程度、营养以及色泽，需要尽可能快速地将其送到消费者手中。同时，蔬菜冷链包含采摘、储藏、加工、运输等环节，保证各环节的质量安全是最核心的问题。另外，蔬菜冷链需要特殊的冷冻或冷藏设备来保证其低温环境，建设投资及运作成本都比较高。

质量风险是指未来发生消极的质量事件的可能性。供应链风险是指在一定的条件下，由风险因素引起的风险事件对供应链造成一定损失的可能性。质量保证是供应链管理中最基本的要求，质量风险是整个供应链中至关重要的风险之一，供应链质量风险是指供应链的各个相关环节所面临的质量风险的总和。

蔬菜冷链质量风险是指蔬菜在冷链传递中因发生不确定性事件而导致对其质量目标造成的影响。不确定性事件可能来自自然灾害等不可控因素，可能来自管理缺失或个人风险行为，可能直接通过人的行为产生质量损害，也可能源自蔬菜冷链设施设备、组织以及其他环境因素。

二、蔬菜冷链质量风险评价原则

蔬菜冷链质量风险评价原则有以下几点。

（1）系统性原则。评价指标应系统地反映蔬菜冷链质量安全风险水平，并且能将各评价指标与系统的总体目标有机统一，组成一个层次分明的整体。不仅要对蔬菜冷链质量安全风险自身结构进行考察，还要在指标中体现出对蔬菜冷链中“人”这一能动因素的适应性及风险行为能力的考察。

(2) 通用性原则。评价指标必须有广泛的适应性，因为蔬菜冷链涉及的品种较多，种植情况差异较大，在具体指标选择上应尽量选取一些共性指标。

(3) 简明性原则。评价指标的大小必须适宜。如果指标过大、指标层次过多、指标过细，一是在设计时比较困难，二是评价时难以把握细小的问题；反之，如果指标过小、层次过少、指标过粗，则不能充分反映蔬菜冷链质量安全风险的水平。因此，指标应简洁明了，各指标之间不应有多重共线性问题。

(4) 灵活性原则。由于市场环境的动态变化，处于冷链不同位置的企业所追逐的目标不同，对于风险的认识水平和要求亦有差别。因此，风险评价指标应具有较好的灵活性，以便使用者能根据实际情况的变化对评价指标进行调整。

三、蔬菜冷链质量风险预警与控制

蔬菜冷链质量风险预警和控制应该包括：预警功能、预警体系结构、预警体系运行流程、风险防范措施和风险控制措施五大部分。

(一) 预警功能

预警体系是指对冷链流通过程中蔬菜可能存在的安全风险进行早期警示和主动防范的过程。通过对蔬菜采收、加工、储运、批发销售过程中的人因、机因、物因、法因、环因等安全隐患进行跟踪分析，建立相应的预测和预报体系，对潜在的蔬菜冷链质量风险及时发出警报、及时预防和控制，减少质量安全风险和损失。预警体系把蔬菜冷链活动视为动态过程，在分析历史数据的基础上，把握发展趋势。通过对蔬菜冷链的分析，预警体系应具有的以下几个基本功能。

1. 监测功能

根据事先设计的质量安全风险预警指标，定期或实时采集数据和信息进行分析，发现异常情况。

2. 诊断功能

根据跟踪检测得到的异常情况，运用一些技术和方法进行判断，确定该异常情况的根源所在。

3. 纠偏功能

针对分析出的病源对症下药，纠正蔬菜冷链运营中的偏差，使之重新回到正轨。

4. 辅助决策功能

通过预警可以及时为冷链各环节高层决策者们提供决策参考信息，有利于进行科学决策。

5. 保障功能

蔬菜冷链质量风险预警体系可以详细系统地记录冷链质量安全危机发生缘由、处理过程以及反馈处理等环节，保障冷链健康发展。

(二) 预警体系结构

蔬菜冷链质量风险预警体系由信息采集系统、风险预警指标系统、预警分析决策系统、风险防范与处置系统四个部分构成。

1. 信息采集系统

作为整个预警体系的基础，信息采集系统主要职责是在蔬菜冷链全程收集采收、加工、运输、贮存以及批发销售等方面的动态信息，保证系统能得到高质量信息，以充分识别风险级别。其主要任务是进行原始信息的采集与初步分析，其中最基础的是蔬菜冷链质量安全风险因素分析和辨析。

2. 风险预警指标系统

预警指标是一系列用于反映蔬菜冷链质量安全风险的指标集合，其主要功能是为评价提供尺度。目前主要有两个视角，一个是完全以供应链全过程为视角，通常包括采收、低温处理加工、包装、储存、运输、配送、上架等环节；另一个则是以蔬菜质量安全风险影响因素为视角，即人因、机因、物因、法因、环因五个系统因素。

3. 预警分析决策系统

预警分析决策系统是整个预警体系的关键与核心部分，其功效直接决定了预警质量的好坏。它利用信息采集系统提供的风险信息资料和预警指标体系，确定出警度级别。该子系统由预警模型和预警专家小组组成。预警模型为了反映风险状况，对采集的指标数据进行统计分析，采用一定技术将数据集转变为风险等级以便于观察采集对象的本质特征，从而得出分析结果；预警专家小组是一支稳定的、具有专业实践经验的专家群体，充分利用专家的经验知识进行预警分析，改善预警模型的局限性，提高预警质量。警情可划分为无警、轻警、重警三个状态，或分为无警、轻警、中警、重警和巨警五个状态。警情确定的科学与否，直接影响预警系统的灵敏程度。如果警度确定的不合理，决策者会在错误时间收到错误预警信息，影响科学决策。预警警度的确定方法主要采用定性分析方法，具体如下。

(1) 访谈法。管理人员可以对一些具有行业背景的专家和技术人员进行访谈。专家和技术人员对于质量安全风险发生状况比较熟悉，可以收集风险的详细信息。访谈法易于组织，便于实施；缺点是观点取决于个人的知识背景和经验积累，有时可能存在个人偏见。虽然缺点很明显，但访谈法仍是获得一手资料和信息的重要手段。随着其他研究方法和工具的流行，访谈法的重要性将不再局限于获取初始资料，也可以挖掘深层次的信息。

(2) 专家会议法。采用专家会议法可以减少个人观点的不可信度。正式的专家小组讨论一般经历个人陈述、围绕陈述要点进行集体讨论等流程，最后达成结论。这种形式不太适合一些不善言辞的专家和技术人员，小组讨论结果也可能更激进、更具风险性。避免负面效益的方法就是采取头脑风暴法。一般专家人数以 8～12 人为宜，另外，要严格规划会议时间，以 2～3 小时为宜。

(3) 德尔菲法。专家会议法的另一个弊端就是任何一个会议都难以避免权威人士意见对其他人员的影响，有些专家可能碍于情面不愿发表相左的意见，也有些专家可能发言滔滔不绝导致偏题。德尔菲法则可以解决这个问题。组织 15～20 名蔬菜冷链行业专家，向所有选定的专家们发出设计好的问卷，收集他们的意见。为保证专家能独立进行判断，全部采取匿名方式。将所有专家第一次意见进行汇总整理，再次分发给同样一批专家，让其比较不同意见，修改自己意见。接下来收集修改后的意见、汇总整理，再次分发，进行第二轮修改。逐轮收集汇总意见并向专家反馈是德尔菲法的关键。以此类推，直到全部专家不再改变自己的意见或者专家的意见趋同。一般德尔菲法要经过三、四轮。

4. 风险防范与处置系统

风险防范与处置系统是预警体系的最后一个阶段，风险防范系统是预防和控制风险，风险处置系统则是解决处理风险。风险防范系统是常态化的监控体系，企业可以根据自身的情况设计监控措施来确保风险发生的低概率。风险处置系统则是根据预警分析决策系统确定的警度级别，针对不同的警情采取不同的消除危机的办法和措施，发布警情、排除警患。

（三）预警体系运行流程

（1）通过蔬菜冷链管理信息系统或随机人工监视等方式对蔬菜冷链运行各个过程的数据信息进行采集和监视。

（2）将数据传给蔬菜冷链风险预警模型分析系统，对数据进行风险识别分析和警情评估分析。

（3）在警情评估分析中，借助警情评估指标体系和评估模型判断警情级别。

（4）在进行定量分析得到警情级别后，再结合预警专家意见和实践经验进行定性分析，对实际影响蔬菜冷链的警情程度做出准确预警。经过警度判别，如果是无警，说明蔬菜冷链处于正常状态，继续采集数据；如果是轻警，预警专家小组要分析产生风险的原因，采取一定的控制方法后继续进行信息监测；如果是重警，说明属于非常紧急的警戒状态，应发出警报。

（5）进入警戒状态后，预警小组根据产生风险的原因，采取协调和控制措施，尽量缓解风险。

前五步形成了蔬菜冷链质量风险预警体系警戒状态的循环。

（6）当警戒状态完全失控，则进入风险危机状态。此时预警小组根据产生危机的原因在预警防范与处置系统中的预警预案中选择方案，如果没有合适的预警预案，专家小组就必须根据实际情况制订新的预案。

（7）在设计预案的基础上，决策者需根据实际情况制定危机处理方案。

（8）根据风险危机处理方案，成立有关组织管理机构和充实应急管理队伍。

（9）根据风险危机处理方案，按步骤展开各种风险处理。

第（6）至第（9）步形成了蔬菜冷链质量安全风险预警体系危机状态的循环。

（四）风险防范措施

1. 加强对人因风险的防范

蔬菜冷链核心企业对人因风险的防范和控制，具体可以从以下几个方面入手：一是加强对冷链高层管理人员质量意识的培育，要让“一把手”们了解质量安全风险的危害，将其上升到战略高度；二是加强质量安全风险管理制度建设，其中组织队伍建设最为重要，在高层领导授权的情况下，可以模仿质量小组，成立蔬菜冷链质量风险管理小组；三是加强基层员工的业务培训和质量安全教育，在形成制度的前提下，定期对员工进行业务培训，加强职业素养，减少风险事故的发生。另外，可以试行质量安全奖励措施、举报制度、协查制度等。

2. 加强对机因风险的防范

蔬菜冷链企业是重资产型企业，主要投资冷库、冷藏车等硬件设施设备和冷链质量追溯系统、温度采集实时系统等软件。对这些硬件、软件进行投资，培养专业人员，建立“最先一公里”和“最后一公里”的全程冷链系统，可以最大限度降低质量风险。同时也要注意，设备投资不是一劳永逸的，需要定期维护、升级，加强专业操作人员的招募和培训，因此，需要从战略上重视。

3. 加强对物因风险的防范

农产品自身存在的农药残留问题是供应链源头需要解决和防范的问题。首先，要加大对蔬菜种植户的引导和技术支持力度，保证企业有充足的原料农产品供应。定期举办科学种植和质量安全管理的培训班，引导农户采用科学的方法种植，减少农药使用。其次，可以在必要时把种植户吸收到企业的管理当中，通过吸引农户入股、聘请质量监督员等形式，使农户真正与生产企业融为一体，调动农户参加管理和生产的积极性，有利于在生产企业与农户之间建立起长期稳定的合作伙伴关系，促进整个蔬菜冷链的长期稳定和发展。除源头之外，加强蔬菜包装材料和技术的研发与应用，也是减少物因风险的有效措施。

4. 加强对法因风险的防范

首先，优化组织流程，减少蔬菜冷链流通过程的监管盲点，加强对蔬菜采收的控制和管理。其次，建立质量追溯体系，蔬菜出现质量问题时，可以通过质量追溯体系找出问题所在。

（1）建立蔬菜冷链追溯过程中的温度监控管理制度，包括环境温度、产品温度、车辆温度及记录情况。要正确选择测温点，冷藏车装有蔬菜时，应在靠近开门处蔬菜的顶部和底部选择样品进行测温；若为长厢体的冷藏车，蔬菜处于制冷环境时，可以从在开门处蔬菜的顶部和底部、蔬菜的顶角、蔬菜的中心、蔬菜前端的中心、蔬菜面端的上角和下角选择样品进行测温。不同品种蔬菜需要选择不同的测温点进行测温，如表面温度、中心温度等，并对产品温度进行记录。

（2）在蔬菜运输或入库前，对蔬菜质量进行抽检并形成质量检验记录，质量检验记录应包括客户及产品的基本信息、数量、批次、生产日期及质量指标等。

（3）在仓储过程中，冷库安全、冷库环境温度的显示及记录、冷库温度报警系统是在冷库的日常管理中较容易出现问题的。如库内特种作业人员不佩戴安全防护用品；冷库环境温度显示不清楚；温度记录仪只能查看温度，不能导出每日的温度数据；温度报警系统不能实时报警并告知相关负责人等。完善的冷库作业指导和程序文件能够加强仓储环节的管理，并帮助提高产品品质的稳定性。

(4) 产品装载前，车辆需要预冷和清洁。车辆在每天运输结束后应对厢体进行清洁消毒并形成有效记录，冷藏对车厢的预冷温度要求为7℃，冷冻对车厢的预冷温度要求为要求最低0℃。车厢预冷温度达到设置温度后，再进行产品装车。出库前的交接记录不仅需要产品的相关信息，车辆的清洁情况、车辆厢体的温度、产品的温度情况同样应该包含在内。车辆上安装温度采集和传输设备，实时采集车辆的货仓温度并传输给监测人员，做到有效保障温度安全。

(5) 车辆运输途中的温度监控情况、运输设备载体上的温度显示情况、车辆定位都是蔬菜冷链控制中较为薄弱的环节。温度采集和传输设备实时监测厢体温度，一旦发现超过设定范围即触发报警系统，报警信息及时推送给指定责任人。利用温控系统等技术手段，还可以展示引发温度变化的原因，如开关门和冷机开关等，温度管理实现远程可视化和系统化。

(6) 定期检测冷藏车性能，温度记录仪必须每年到当地计量部门进行校准验证，对温度进行纠偏，避免因温度偏差使食品出现安全问题。

(7) 不合格品处理。入库前超出产品接受温度的不合格品、分拣过程中破损的不合格品、不符合验收标准的不合格品等各类不合格品需要有明确的处理流程及制度。不合格品记录应包括产品基本信息、不合格原因、处理措施及时间、预防措施等。

(8) 追溯召回管理。每年进行追溯及召回演练，完善追溯和召回程序，纠正所发现问题并提出预防措施，能够帮助企业建立良好的蔬菜冷链追溯体系。

5. 加强对环因风险的防范

首先，蔬菜质量安全是重大民生问题，政府对蔬菜流通过程的质量安全负有重要职责。其次，标准化是提升冷链绩效、减少风险的重要保证，目前新一批冷链行业标准的出台，有利于减少由于标准问题出现的质量安全风险。最后，实施质量体系认证是最好的防范措施，同时也是风险控制的有力武器。

（五）风险控制措施

制定蔬菜的危害分析关键控制体系（HACCP），能够为建立蔬菜冷链的质量追溯体系提供有效的管理手段。HACCP是保证食品安全的预防性技术管理体系，主要应用在食品的安全生产与管理中。HACCP体系的实施有如下七个基本步骤。

1. 对蔬菜冷链过程各环节进行危害分析（Hazard Analysis，HA）

危害分析是指应对所掌握的蔬菜冷链流通中存在的风险进行详细分析，并列明各个显著危害和预防控制措施。

根据物流的基本职能，蔬菜冷链可分为采摘验收、分拣、流通加工、包装、装卸搬运、运输、储存和销售八个作业环节。对每个环节中的潜在危害进行分析，可从生物性、化学性、物理性三个角度分别展开。

(1) 采摘验收。潜在危害主要包括作业环境污染、病毒感染、农药残留；机械损伤，操作不当引入杂质；货物数量不符、品类储存条件不当等。

(2) 分拣。分拣区控温不合理引发蔬菜变质；作业人员及设备携带有害微生物及化学污染物，导致蔬菜污染；表皮有人为或机械损伤，导致蔬菜品质下降。

(3) 流通加工。在蔬菜预加工、分拣清洗、预冷杀菌、烫漂速冻过程中，涉及的危害主要有温湿度、微生物数量不达标，作业时间过长引发变质、变味，工作人员及设备携带有害微生物及化学污染物等。

(4) 包装。采用不符合要求的包装材料会对蔬菜造成污染、危害；不合适的包装方式会使表皮产生人为或机械损伤，损害蔬菜品质。

(5) 装卸搬运。温度控制不当，细菌繁殖加速，蔬菜发生变质，品质下降；操作不当、机械损伤导致杂质进入引起产品污染。

(6) 运输。运输工具内环境卫生不达标导致蔬菜污染；运输环境温湿度失控；堆放不合理导致运输途中货物倾倒、破损及杂质污染。

(7) 储存。蔬菜与其他货物分区不合理，微生物数量不达标；堆放不合理导致货物倾倒、破损及杂质污染；管理员疏忽、偷窃等因素导致货物损失；信息系统不完善，库存管理未能做到先进先出，导致蔬菜过期变质。

(8) 销售。终端收货区温度未达到冷链要求；在销售卖场，促销员不重视货品放置条件，销售环境温度不适宜造成蔬菜变质；卖场清理不及时，部分腐烂货品对邻近蔬菜造成污染；搬运、摆放过程中有挤压等情况，导致蔬菜受损。

通过以上八个作业环节的分析可知，蔬菜冷链在采摘验收、流通加工、运输和储存四个环节中存在着较为显著的潜在危害。

2. 分析蔬菜冷链过程中的关键控制点（Critical Control Point，CCP）

关键控制点是指能有效控制风险的步骤或程序。

(1) 采摘验收。原产地要适合蔬菜生长，附近无污水处理场、放射性工厂及重工业基地，水源地符合国家灌溉水标准。感官特性包括蔬菜的色泽、滋味、气味及组织状态，检查人员需对色泽及气味有较强的敏感性。微生物指标检测主要包括细菌菌落总数、大肠菌群、霉菌、致病菌细菌菌落总数等。以上指标准检测结果应符合相关国家卫生标准，不得检出致病菌与抗生素。

(2) 流通加工。浸泡于盐水中时，盐水浓度在2%左右，时间为20～30min；热水烫漂时温度在95℃～100℃，时间一般在几秒至几分钟；浸泡于糖水中时，糖水的浓度在30%～50%，温度在0℃以下，浸泡时间为8～10h。

(3) 运输。运输过程的温度波动控制在0℃～2℃，整体温湿度的控制要求符合果蔬的储存标准。制定优化运输路线，尽量缩短运输时间。

(4) 储存。储存库内的温度控制在－2℃～15℃，温度波动控制在±0.5℃，相对湿度控制在75%～95%，O_2的体积分数在2%～4%，CO_2的体积分数在6%～8%。

3. 确立各CCP相应预防措施的关键限值（Critical Limits，CL）

CL应该具备合理性、可操作性、适宜性、实效性。

4. 建立监控程序

运用监控结果来调整及保持蔬菜冷链过程始终处于受控状态，应制定有效的监控程序并执行该监控程序，以确保冷链过程符合CL要求。

（1）采摘验收监控对象包括原产地蔬菜的色泽、气味、外观结构、微生物指标，有无农药或重金属残留。控制方法由专人负责，严格履行卫生标准操作规范。监控人员由质管人员、专家组完成；感官指标评价由采摘收购人员完成；农药、重金属残留及微生物含量检测由化验员完成。

（2）流通加工监控对象为盐水浓度、糖水浓度、浸泡时间、浸泡温度，烫漂温度、烫漂时间。监控方法为目测监控时间，温度控制器连续记录。清洗用水须符合国家规定的用水要求。严格按照规定和加工工艺操作要求作业。分批抽样检查。监控频率为全程监控。监控人员包括化验员、加工人员、质检员。

（3）运输监控对象为冷藏保温车内的温湿度。监控方法为目测。监控频率为全程监控。监控人员为运输人员、质检员。

（4）储存监控对象为储存温湿度和氧气、二氧化碳、乙烯的含量。采用冷库储存、机械气调、人工降氧等储存方法，通过仓库外的监控显示设备，线性记录蔬菜的储存状况。监控频率为每天中午和晚上。监控人员包括库房管理人员、库房主管。

5. 建立 CCP 失控时所需采取的纠偏措施（Corrective Actions，CA）

当监控表明，偏离或不符合 CL 时，应采取纠正程序或行动。纠偏措施主要包含两个步骤，一是纠正或消除发生偏离 CL 的原因，重新进行控制并加以记录；二是识别并确定在偏离期间的蔬菜批次和数量，决定如何处理并加以记录。

（1）采摘验收。一旦发现蔬菜内农药、重金属残留超标，应立即停止与该蔬菜供应商合作，对不合格的蔬菜供应商责令改进，改进仍不合格的，索取赔偿金，终止合约。

（2）流通加工。加工温度和时间一旦超过限值，须立即检修设备。适当延长蔬菜浸泡杀菌时间，若再次修正后仍超过限值，则减少该批蔬菜周转时间，尽快出售，短期不可出售时则舍弃。

（3）运输。冷藏车内温度超过限值时，立刻更改为手动控制，并及时检查制冷设备及监控设备是否正常。到配送地点时应对车内蔬菜进行严查，不合格蔬菜一律销毁，严禁流入市场。

（4）储存。冷库内温湿度超过限值时须及时检修以保持冷库气密性。若冷库贮存条件仍不达标，则应尽快出库以延长蔬菜储存期。

6. 建立证明 HACCP 体系正确运转的验证（Verification Procedures，VP）

VP 程序用来确定 HACCP 体系是否按照计划进行运转，或是否需要修改原计划。应用于 HACCP 计划实施前，确保 HACCP 计划实施后能够控制影响果蔬质量的每一种潜在危害。计划执行后 1 年内，进行至少 1 次的验证，验证 HACCP 计划是否能有效控制可能发生的危害。由 HACCP 计划执行小组进行验证并对验证的过程及结果进行记录。当验证表明 HACCP 计划无法有效控制可能发生的危害时，必须重新修订 HACCP 计划。

7. 建立有效的记录保持程序（Record—keeping Procedures，RP）

在 HACCP 体系运行全过程中，技术文件和日常监测需要进行记录，如体系文件、

HACCP小组的活动记录以及HACCP前提条件的执行、监控、检查和纠正记录等。应当保存的文件和记录至少包括：蔬菜冷链HACCP计划书以及支持性文件、产品描述、工艺流程图、HA文件、CCP及CL文件等，包括CCP和SSOP（卫生标准操作程序）记录在内的蔬菜验收记录、包装材料、冷藏时间（温度、湿度）、运输路径、速冷温度、配送人员以及冷库消毒记录。对于批准实施的HACCP体系文件及体系运行各种记录应妥善存档，并明确收集和保存记录各级人员责任。所有文件和记录应定期装订成册，以便验证时使用。

蔬菜冷链质量风险管理体系以风险预防为主，将质量管理的要点从依靠蔬菜最终检验来判断其品质与安全程度的传统方法向加强蔬菜冷链全过程风险预防控制方法转移。通过对蔬菜的生产、收购、低温贮运、低温加工直至低温配送、销售等冷链各环节进行分析，确定各环节存在的潜在危害，对关键控制点进行标识，并采取有效措施来保证蔬菜的质量。一旦出现冷链质量风险问题，可以通过标识进行质量追溯，准确缩小范围，锁定风险发生环节和源头。

案例分析

加拿大农产品冷链物流

加拿大国土面积约为998万平方千米，耕地约6800万公顷，人口仅约3700万，人口和经济中心主要分布于太平洋和大西洋沿岸及靠近美国边境的各大城市中，一般原材料产地距离加工业中心较远，物流业产值占GDP比重的12%，并提供10%左右的就业机会，其农产品冷链物流位居世界先进水平，冷藏运输率达90%，冷链物流损耗仅5%，物流成本不足30%。

加拿大农产品冷链物流萌芽于19世纪末，目前已建立海运、铁路、公路、航空和河运等一体化的综合冷链物流体系，在硬件设施、软件管理、市场化程度、法规政策和人才培养等方面，都积累了许多先进经验。

1. 先进的冷链物流技术水平

农产品冷链物流的核心，即全程温控和实时监控。从田间到餐桌，在整个冷链运输流程中，都采用世界先进的冷链物流技术。

(1) 预冷阶段：预冷是贮运前的降温处理，采用真空预冷或冰温预冷技术，如加拿大花椰菜产地的加工企业Melvin Farms，让果蔬迅速冷却到设定温度，消除田间热，降低呼吸强度，有效延长了保鲜期。

(2) 贮藏阶段：采用自动化冷库技术，包括自动存储、电子数据交换和仓库管理系统等技术，将保鲜期延长2～3倍，并以当今最先进的气调贮藏技术，通过减少环境中的氧气含量，增加二氧化碳和氮气浓度，抑制呼吸作用，通过乙烯阻断剂减少乙烯生成，延缓衰老进程。

(3) 运输和配送阶段：全程使用冷藏车或冷藏箱运输，设有冷却、加温、测温和通风等装置。加拿大最大的第三方物流企业 Thomson Group，除了具有容量大、自动化程度高的冷藏设施，还拥有最先进的强制供电器驱动、自动控温记录仪、卫星监控“三段式”冷藏运输车，可同时运送三种不同温度要求的货物。

(4) 零售与消费阶段：冷链流通最后一个环节。加拿大的超市大都配备了带定时喷水装置的壁式风幕柜、低温展示柜和空调系统等设备。人们每周开车到超市购买冷链商品，然后直接放进自家的冰箱。

2. 完善的冷链物流标准和认证制度

在农产品冷链物流各环节，加拿大都制定了科学规范的标准，除采用 GAP（良好农业规范）、GMP（良好操作规范）、ISO（国际标准化组织）外，还有冷藏温度、运输操作、包装材料规格、品质检验等标准。如禽类加工环境应低于 10℃，冷藏与运输不能高于 4℃；蔬菜冷链物流建立 6 个质量检验通用模型，在全国推广。

加拿大设立食品安全监管局（CFIA），实施严格专业认证体系和市场准入制度。制定食品安全监督计划（FSEP），采用 HACCP 体系，监控肉、禽、乳、蛋、果蔬等生产加工企业生产过程，包括农药残留、卫生、温度、容器和包装等。规划实施以来，已有 327 个食品企业得到认证。此外，CFIA 还对联邦农业联合会的“加拿大农场生产食品安全计划”（COFFSP）提供科技支持。通过政府和产业界合作，使生产者实施与 HACCP 体系一致的安全举措。目前共认证了 2500 个有机农场，150 家有机食品加工企业，46 个有机产品认证机构。CFIA 的两个计划实施后，基本实现了从农场到餐桌的全程管控。

3. 国际市场化的多式联运物流网络

在宏观政策和市场机制下，加拿大农产品冷链物流实行外包模式，市场化程度很高。第三方物流企业大多为国际多式联运经营人，从全球化角度来进行管理和配置资源，既提供运输、仓储等功能性服务，又为客户提供咨询、信息和管理服务等一体化解决方案；物流效率高，成本低，已形成海运、铁路、公路民航和河运等多式联运体系。加拿大有三大冷链运输走廊：一是东海岸运输走廊，以蒙特利尔和哈利法克斯两大港口为主，旨在维持泛大西洋诸国的海运贸易；二是西海岸运输走廊，以温哥华为核心，多与亚太国家进行经贸往来；三是南北运输走廊，以五大湖地区为中心，铁路加公路，处理与美国的相关贸易。另外，还有东西运输网络，位于东西海岸之间，包括沿美加边境的铁路和高速公路网络以及圣劳伦斯水道系统。

冷链物流模式，亦呈现多元化。既有产地加工企业模式：以国家铁路公司（CN）和最大产地加工企业 Melvin Farms 为主体；也有批发市场与配送中心模式：由北美最大农产品批发市场 OFTB 与最大配送中心 Sobeys 组成；还有第三方物流模式，如 Thomson Group 独立运作等。

4. 智能化的冷链物流信息管理系统

农产品冷链物流信息系统，包括仓库管理系统、运输管理系统、电子数据交换、全球定位和全程温度监控系统、质量安全可追溯系统等，做到了信息化、自动化和智能化。一是对农产品安全问题，实现信息可追溯；二是通过 POS、EDI、GPS 等先进信息技术，建立统一标准的数据管理和交换系统，动态监测，了解货物信息；三是针对冷藏货物数量、储存地点、交货时间、补货等建立管理信息系统，提高效率，降低成本和风险。从生产、加工、储藏、包装、运输和销售，实现从土地到餐桌的无缝对接。物流、商流和信息流三流合一。

5. 有力的国家政策法规和人才支持

首先通过制定相关法律法规和标准、政府资金扶持、有关部门检查监督等，促进并规范冷链物流行业。1987 年放松对运输业的管制，引入市场竞争机制。1990 年进一步下放港口和内河运输经营权，对国家铁路公司进行改制，发放扶持补贴，赢利率由 3%升至 30%。

其次发挥行业协会作用。各类物流协会和农业协会充当政府与企业的桥梁：一是协助政府落实各项法规政策。二是向企业提供服务。例如，加拿大卡车协会，由运输企业、产地加工企业、批发分销市场以及配送中心等组成，负责协助 CFIA 制定冷链物流标准及行业规范，协调行业主体关系，提供技术咨询和培训等。三是培育专业人才。加拿大注重完善人才培育体系。例如，加拿大名校麦吉尔大学和约克大学的物流专业合作，共同培养国际稀缺复合型人才；政府资助加拿大供应链理事会，开发人力资源。

（资料来源：周路．中国与加拿大两国农产品冷链物流的比较分析 [J]．对外经贸实务，2015.）

练习与思考

1. 蔬菜的质量评价指标一般包括哪几个方面？
2. 蔬菜的感官质量一般包括哪些方面？
3. 蔬菜的理化指标有哪些？
4. 蔬菜卫生质量评价一般包括哪些方面？
5. 蔬菜的仓储条件都有哪些？
6. 蔬菜库房灭菌消毒常用方法有哪些？
7. 库房管理的注意事项有哪些？
8. 气调储藏与机械储藏的异同是什么？
9. 预冷的常用方法有哪些？
10. 蔬菜包装的特殊要求有哪些？
11. 蔬菜采收过程中应注意哪些问题？
12. 蔬菜冷链质量风险影响因素有哪些？
13. 蔬菜冷链质量风险评价原则有哪些？
14. 蔬菜冷链质量风险预警和控制主要包括哪些部分？
15. 蔬菜危害分析关键控制体系 HACCP 实施的七个基本步骤是什么？

16. 蔬菜冷链过程中的关键控制点主要有哪几个?

参考文献

［1］谢如鹤，刘广海．冷链物流［M］．武汉：华中科技大学出版社，2017.

［2］姜文利，刘金光，孙艳，等．低温加湿保鲜对叶菜类蔬菜贮藏品质的影响［J］．保鲜与加工，2018，18（4）：43－48.

［3］李萍，王若伊，林顿，等．果蔬运输振动损伤及其减振包装设计［J］．食品工业科技，2013，34（5）：353－357.

第八章　肉类商品冷链管理

学习目标

1. 了解影响肉类商品质量的主要因素
2. 了解肉类商品储存和运输的条件
3. 了解肉类商品冷链质量管理的方法选择

冷藏或冷冻是肉类生产和消费中抑制微生物生长繁殖的重要手段之一。肉类冷链的作用是使肉类在屠宰、分割加工、包装、储藏、运输、销售，直至最终消费过程中，使肉保持在0℃～4℃的冷冻条件或－30℃～－20℃的冷冻条件之中。包括车间冷却、冷藏间储存、冷藏车运输、批发或零售等中间周转冷库或冰柜临时储存，以及家庭冰箱贮存等全程温度控制系统。本章将对肉类商品如何进行冷链管理进行讨论。

第一节　影响肉类商品质量的主要因素

肉类营养价值丰富，是人类食品蛋白的重要来源，含有人体必需的所有氨基酸、钙、磷、铁及维生素等成分。肉类商品品质直接反映动物生前的各种生活状态，包括选种、育种、饲养、生长时间、运输、屠宰加工等。肉类商品质量是由诸多因素相互作用的结果。

影响肉类产品品质的因素主要包括三个方面：遗传、营养、环境。

一、肉类商品分类

把肉理解为胴体，即家畜屠宰后除去血液、头、蹄、内脏后的肉尸，俗称白条肉。它包括肌肉组织、脂肪组织、结缔组织和骨组织。一般把肉类商品分为新鲜畜禽肉、冷却畜禽肉、冷冻畜禽肉、冷却加工腌制畜禽肉、冷冻加工腌制畜禽肉。

新鲜畜禽肉是指在肉品工业生产中，刚屠宰后不久、体温还没有完全散失的肉。

冷却畜禽肉是指经过一段时间的冷处理，使肉保持低温（0℃～4℃）、处于不冻结的状态。经过这种冷处理的畜禽肉称为冷却畜禽肉。

冷冻畜禽肉是指经低温冻结（－23℃～－15℃）处理后的畜禽肉。

冷却加工腌制畜禽肉是指以畜禽肉等为主要原料，经分割、切片/条或搅碎、斩拌、乳化等制作工序，添加或不添加果蔬等辅料和调味料，冷却及包装后，制成的需冷藏贮存的预制肉类食品，如鱼香肉丝等菜肴式肉制品。

冷冻加工腌制畜禽肉以畜禽肉等为主要原料，经分割、切片/条或搅碎、斩拌、乳化等制作工序，调制或不调制，并经速冻或冷冻工艺制成的肉类食品，包括鱼糜制品、裹面肉制品和乳化肉制品等，如鱼丸、肉丸和肉串等。

二、影响肉类商品的主要因素

（一）能量、蛋白质水平

能量、蛋白质水平影响畜禽脂肪沉积，直接影响肉质。畜禽脂肪沉积来源于饲料和由肝脏合成的脂肪。脂肪沉积包括脂肪细胞素体脂增加和脂肪容积的扩大。腹脂随饲料粗蛋白水平的升高而降低，随饲料代谢能的升高而升高。研究表明：高能蛋白比饲粮更能促进肉鸡脂肪沉积，使腹脂率显著提高。日粮氨基酸的平衡状况对肉质也有影响，日粮缺乏赖氨酸可显著降低蛋白质的沉积速度，从而影响胴体蛋白质含量。

（二）脂肪及其来源

大量研究显示，不同来源的脂肪对畜禽体脂的组成有很大影响。给肉鸡日粮中添加玉米胚芽油，可使肉鸡肌组织中不饱和脂肪酸比例升高，而使饱和脂肪酸含量下降；日粮中添加葵花籽油、亚麻油和鱼油，会使腹脂中不饱和脂肪酸含量升高，而添加牛油则起相反作用。由于以上各种植物油和鱼油的饱和度很低，可见低饱和度油脂可增加胴体不饱和脂肪酸的含量。

（三）维生素

维生素 E 主要通过它的抗氧化作用实现对肉禽产品品质的改善。维生素 E 的改善作用主要有：改善肉色，延缓宰后失色；减少滴水损失，影响肉的风味；对禽肉的储存也有影响。饲料中其他维生素（维生素 A、维生素 D、烟酸、泛酸、吡哆醇、生物素、叶酸、胆碱、维生素 C）均直接或间接地对肉品质产生不同程度的影响。例如，维生素 C 具有抗氧化性，可防止脂肪氧化，并且有缓解屠宰应激的作用。

（四）矿物元素

一些常量矿物元素对肉质也有影响。镁可提高肌肉的初始 pH 值，降低糖酵分解速度，减缓 pH 值下降，从而延缓应激，提高肉质。孙克年等在 1974 年向肉鹅精料中添加了 0.5%硫酸钠，使肉质得到改善。而英国 ICI（英国帝国化学工业集团）的科技人员在肉鸡饲料中添加了碳酸氢钠（1.5kg/t），结果发现，胴体质量提高，肉质酸味消除，新鲜可口，并明显降低了肉鸡体内含脂率，从而了肉鸡胴体等级。由于有机砷饲料添加剂具有增强同化作用和兴奋神经系统、活跃造血机能的功效，因而可以促进红细胞和血红素的新生，改进机体色素的形成，使肉鸡皮肤红润、羽毛光亮、胴体有光泽，从而提高肉鸡品质评级。提高饲料中铜和铁的添加量，可增强肌肉中超氧化物歧化酶的活性，减少自由基对肉品质的损害，从而改善肉质。但是，高铜日粮会因过度增加脱饱和酶的活性而造成胴体变软，而且动物长期采食高铜日粮还会导致铜在肝、肾中富集，使其食用价值下降，甚至对人体造成危害。日粮中添加 10mg/kg 无机锗或 40mg/kg 有机锗均能明显改善胴体性状，有利于提高屠宰率和胸肌产量，且有机锗优于无机锗。另外，日粮中添加锗可显著降低蛋鸡血清胆固醇含量。添加矾可抑制肝脏内胆固醇的合成，并降低肝脏内磷脂和胆固醇的含量。

（五）非常规饲料或添加剂

在肉鸡饲料中添加甜菜碱能有效减少胴体脂肪，并能使肉的鲜味物质——肌苷酸的含量增加，有利于改善肉的风味；并且甜菜碱还有降低肝重和肝脂肪含量的作用。肉碱主要通过降低腹脂率来影响肉质，研究发现，在肉鸡日粮中添加肉碱，腹腔内脂肪含量较对照组下降 10%～20%。在肉鸡饲料中添加肉碱使腹脂率下降，并能抑制脂肪代谢异常引起的脂肪肝。天然着色剂效果也很好，日粮中添加金菊、万寿菊、柿子皮、胡萝卜等富含胡萝卜素的成分，均可改善肉禽皮肤颜色。日粮添加螺旋藻可以改善肉鸡肌肉的颜色。用大蒜、辣椒、肉豆蔻、胡椒、丁香、生姜等香辛料饲喂肉鸡可改善鸡肉质量，使鸡肉香味变浓；用松针粉饲喂肉鸡，鸡肉鲜嫩可口；添加守宫叶粉可降低肉鸡腹部和肝脏脂肪的沉积。壳聚糖是近年来开发的一种新型饲料添加剂，试验表明，肉鸡饲料中添加壳聚糖能减少脂肪的吸收而降低腹脂率，但不影响生长，同时，还能降低血清胆固醇以及腿肌、胸肌中的胆固醇含量。

第二节　肉类商品储运条件

一、肉类商品保藏措施

肉类食品的腐败变质主要是因为肉中的酶以及微生物的作用，是由蛋白质分解以及脂肪氧化而引起的。肉类保鲜就是针对这几个腐败因素，采用不同的方法及方法组合，杀死腐败微生物或抑制其在肉类食品中的生长和繁殖，并控制脂肪氧化，从而达到延长肉类食品货架期的目的。多年来，各国的研究人员一直都在致力于研究各种有效的肉类食品保鲜技术。研究证明，低温贮藏是控制肉类腐败最有效的手段，除此之外，还要采取以下几个方面的措施。

（一）降低肉类商品的初始菌数

肉类食品的初始菌数对于其货架期有着至关重要的影响。传统食品加工主要采用热杀菌，但食品中热敏成分和营养物质易被破坏，热杀菌会造成褐变反应加剧、挥发性成分损失等。近年来，随着科技进步，国内外研发了一系列物理杀菌技术，它们是一类崭新的冷杀菌技术，运用物理手段，如场（包括电场、磁场）、高压、电子、光等的单一作用或者共同作用，在低温或常温下达到杀菌的目的。据报道，目前先进的物理杀菌技术包括微波、辐照、高压、静电、电子射线、磁场、强光脉冲等。

1. 微波处理

微波杀菌保鲜食品是近年来在国际上发展起来的一项新技术，具有快速、节能，并且对食品的品质影响很小的特点。从应用的角度来说，只有深入研究对象菌在微波加热条件下的死亡特性以及物料在微波加热条件下的温度变化和温度分布等情况，才能制定合理的工艺参数，达到最佳杀菌效果。吴永年、杨玉清等人将微波杀菌综合保鲜技术应用于风鹅、北京烤鸭的保鲜中，微波杀菌综合保鲜技术可使风鹅的保质期达 6 个月以上，完全可以满足生产经营的要求，而不用助剂进行微波杀菌仅能保鲜 10 天，说明微波杀菌增效剂可以极大地提高微波的杀菌效果，延长食品的保质期。

2. 辐照处理

辐照保藏研究已有 40 多年的历史。美国最先把辐照技术应用于肉品保鲜。未经辐照的西式肉类制品货架期只有 3 天，经辐照的西式肉类制品货架期可达 8～12 天。而用经辐照的辅料生产的两式肉类制品的货架期从微生物的角度看，理论上可达 2 年。尽管辐照技术在肉类食品贮藏保鲜中的应用研究取得了很大的进展，但由于辐照可能引起感官品质的变化以及消费者的观念等原因，其应用受到一定程度的限制。

3. 高压处理

近几年日本发明了一种新的保鲜技术，即高压处理技术。将肉类等普通食品经数千个大气压处理后可将细菌杀灭，但肉类等食品仍可保持原有的鲜度和风味。研究表明经高压处理的牛肉细菌数比对照组明显下降。

（二）降低肉类食品的 pH 值

肉类食品的 pH 值也是影响其货架期的一个重要因素，一般随着 pH 值的降低，微生物的生长速度会减慢。当 pH 值＜5 时，除一些特殊微生物（如乳酸杆菌）能繁殖外，其他类微生物均被抑制。国内外不少学者将有机酸应用于肉类食品的保鲜，取得了一定的效果。目前最常用的有机酸是醋酸、丙酸、乙酸、辛酸、乳酸、柠檬酸、山梨酸、苯甲酸等。

（三）气调包装

将气调包装与低温冷藏结合起来延长肉类食品的货架期是近年来国内外研究的热点。气调包装即用阻气性材料将肉类食品密封于一个改变了的气体环境中，从而抑制腐败微生物的生化活性及生长繁殖，达到延长货架期的目的。气调包装的气体成分主要为 O_2、CO_2 及 N_2。O_2 的作用主要是利于鲜肉的发色，CO_2 的作用主要是抑菌，N_2 一般常用作填充气体。最常用的气调包装方法是真空包装、脱氧包装和充气包装。虽然充气包装中气体的组成存在差异，但一般认为 CO_2 不宜超过 40％。

（四）防腐保鲜剂

有机酸及其盐类防腐剂已广泛应用于肉类食品的保鲜。例如，将丙酸钙应用于真空包装鲜牛肉的保鲜，结果表明，丙酸钙对抑菌及延缓蛋白质分解效果明显。国外学者将丙酸钙与乳酸钠结合使用，对抑制细菌生长、减少脂质氧化效果明显。另外，将山梨酸钾、苯甲酸钠、乙酸钠、磷酸盐等用于肉类食品的保鲜也有不少报道，近年来，有人将可食性涂膜应用于肉禽食品的保鲜，也取得了一定效果，应用较多的是酪蛋白、大豆分离蛋白、麦谷蛋白、海藻酸盐等。

（五）生物保鲜剂

目前我国肉制品保鲜中允许使用的生物保鲜剂只有乳酸链球菌素和纳他霉素。康怀彬、张敏等人配制出了“0.5%乳酸链球菌素＋0.5%溶茵酶＋2%乳酸钠＋1%双乙酸钠”的保鲜液，用此保鲜液处理肉制品，再结合真空包装，能使低温禽肉制品在15℃～20℃条件下保鲜。

二、肉类商品储存条件

对新鲜猪肉、牛羊肉等畜肉类进行合理的储存，不同肉类产品存放时要隔离开，防止互相串味，提升贮藏产品的质量，减少损耗。

（一）入库质量要求

（1）车辆情况：检查运输车辆的车厢温度是否达标（0℃～4℃），并查看车厢的卫生状况。

（2）胴体温度：测量胴体温度（以后腿内部为测量点）是否保持在0℃～4℃，可使用针刺式体温计进行测量。

（3）包装要求：整片胴体在车内用吊钩悬挂，分割肉则装在用薄膜垫底的透气塑料筐内，并要避免挤压。

（4）胴体质量：符合新鲜肉的质量要求。

（二）库房准备

（1）入库前进行库房灭菌消毒，并及时通风换气，用紫外线进行辐射杀菌消毒。每平方米库房的空间需要用1W紫外线灯光每昼夜平均照射3小时。

（2）高锰酸钾与甲醛按1∶1的重量比配制混合液，使用量为每百平方米1kg，将药液放入容器中使其自然挥发，密闭库48小时；或在入库前半个月进行消毒，每立方米库房使用10g硫黄粉和1g氯酸钾点燃熏蒸，密闭5天后，通风2～3天备用。

（3）用4%的漂白粉溶液进行喷洒。

（三）入库量

（1）在吊车轨道上的胴体，保持间距3～5cm。轨道负荷每米定额以半胴体计，牛为2～3片（约200kg），猪为3～4片（约200kg），羊为10片（双排150～200kg）。分割肉用挂钩吊起，一个钩不超过15块。

（2）凡不同等级肥度种类的肉类，均应分室冷却，使全库胴体能在相近时间内冷却完毕。如等级相同而体重有显著差别，则应将体重大的挂在靠近排风口位置，使其易于形成干燥膜。

（3）半胴体的肉表面，应迎向排风口，使其易于形成干燥膜。

（4）在平行轨道上，按“品”字形排列，以保证空气的均匀流通。

（5）为便于检查、盘点和管理，垛位不宜过大，入满库后应及时填写货位标签和平面货位图。用纸片写上每一挂肉的入库时间及部位名称，用塑料袋套起来挂在肉上，以便分辨批次。

（四）库房管理

（1）装载应一次进行，越快越好，进货前保持清洁，确保没有其他正在冷却的货物，以免彼此影响。

（2）在整个冷却过程中，尽量少开门，减少人员进出，以维持稳定的冷却温度，减少微生物的污染。

（3）冷却间宜装紫外灯，其功率为平均每平方米 1W，每昼夜连续或间隔照射 5 小时，这样可使空气达到 99%的灭菌效率。

（4）产品冷却过程中，应尽量减少水滴、污血等物的污染，并尽量缩短进入冷却库前的停留时间，整个冷却过程不要超过 24 小时。

（5）肉类冷却终点，以胴体后腿最厚部中心的肉温达 0℃～4℃为标准。

（6）遵循先进先出原则。

（五）适宜冷藏条件

1. 温度

肉的冷藏主要是指通过低温有效地抑制酶和微生物的作用，可分为冷却肉和冷冻肉两种。

（1）冷却肉：主要用于短时间存放的肉品，通常使肉中心温度降低到 0℃～1℃。具体要求是肉在放入冷库前，先将库温降到－4℃左右。肉入库后，保持在－1℃～0℃的温度中。猪肉、牛肉的冷却时间为 24 小时，羊肉为 18 小时。经过冷却的肉，表面会形成一层干膜，从而阻止细菌生长，并减缓水分蒸发，延长保存时间。

（2）冷冻肉：将肉品进行快速、深度冷冻，使肉中大部分水冻结成冰，这种肉称为冷冻肉。冷冻肉比冷却肉更耐储藏。肉的冷冻，一般采用－23℃以下的温度，并在－18℃左右储藏。为提高冷冻肉的质量，使其在解冻后恢复原有的滋味和营养价值，目前均采用速冻法，即将肉放入－40℃的速冻间，使肉温快速降低到－18℃以下，然后移入冷藏库。

（3）肉的冷却和冷冻是在吊挂条件下进行的，所占库位较大。为了延长储存时间，冷冻肉可移入冷藏库堆垛存放。冷藏库的温度要求低于－18℃，肉的中心温度保持在－15℃以下。冷藏时，温度越低，储藏时间越长。

畜禽肉在储存、销售环节的温度控制要求和在规定温度条件下推荐的储存时间如表 8-1 所示。表中所指的冷藏温度应为冻结点以上。

表 8-1　畜禽肉储存、销售温度控制要求和推荐储存时间

类型	储存温度（℃）	销售陈列柜温度（℃）	加工区温度（℃）	推荐储存时间（d）
新鲜畜禽肉	≤4	≤4	≤15	3
冷却畜禽肉	≤4	≤4	≤15	3
冷冻畜禽肉	≤−18	≤−12	≤10	180
冷却加工腌制畜禽肉	≤4	≤4	≤12	30～60
冷冻加工腌制畜禽肉	≤−18	≤−12	≤12	180

2. 湿度

猪肉的温度保持在85%～90%；牛肉在85%～90%；羊肉在85%～90%；兔肉在80%～90%。

三、肉类商品运输条件

运输可以看作动态贮藏，运输过程中产品的震动程度，环境中的温度、湿度、空气成分以及物理损伤（不良操作、超载和堆垛安排不当等）都会对运输效果产生较大影响。

（一）运输基本要求

肉类商品对运输要求较为严格，由于在运输过程中的变化难以预料，因此必须严格管理，尽量满足商品在运输过程中所需要的条件，才能确保运输安全，减少损失。

1. 快装快运

运输只不过是肉类商品流通的一种手段，它的最终目的地是销售市场。一般而言，运输过程中的环境条件是难以控制的，特别是天气的变化和道路的颠簸，极易对其质量造成不良影响。因此，运输的各个环节一定要快，使产品迅速到达目的地。

2. 轻装轻卸

装卸直接影响肉类商品运输的质量，如果装卸粗放，导致包装受到挤压或破损，产品就会受伤，这是目前运输中普遍存在的问题。因此，装卸过程中一定要做到轻装轻卸。

3. 防热防冻

肉类商品对温度都有严格的要求。温度过高会加快产品腐败变质；温度过低，则易冻坏产品。此外，运输过程中温度波动频繁或波动过大都不利于保持产品质量。

（二）运输环境要求

运输可被看作是在特殊环境下的短期贮藏。

1. 温度

运输温度对产品品质起着决定性的影响，因此温度也是运输中最受关注的环境条件之一。现代冷藏运输最大的特点就是对温度的控制。

在冷藏运输中，由于堆垛紧密，冷气循环不好，未经预冷的产品冷却速度通常很慢，且各部分的冷却速度不均匀。所以要达到好的运输质量，在长途运输中，预冷是非常重要的。

从理论上说，肉类商品的运输温度与最适贮藏温度保持一致是最为理想的。但实际上产品的最适冷藏温度大多是由长期贮藏的情况决定的，而运输只相当于短期的冷藏，没必要套用长期冷藏的指标。略高于最适冷藏温度的运输温度对产品品质的影响不大。

白条肉运输温度为20℃左右，冷却肉为0～6℃，冷冻肉为－18℃～－16℃，常温肉制品≤25℃。具体如表8－2所示。

表8－2　　畜禽肉运输温度控制要求　　单位：℃

类型	中长途运输（直达运输）	短途配送（不超过5h）
新鲜畜禽肉	≤4	≤4
冷却畜禽肉	≤4	≤4
冷冻畜禽肉	≤－18	≤－12
冷却加工腌制畜禽肉	≤4	≤4
冷冻加工腌制畜禽肉	≤－18	≤－12

2. 湿度

由于车厢的密封和产品堆垛的高度密集，湿度一般应保持在85％～90％，带包装的除外。

（三）运输注意事项

（1）对车辆装车运行状况执行国家规定：车辆在装车前10～20分钟预冷车厢，厢体温度应达到0℃左右，装车过程中停止制冷机组，装车结束之后重启制冷机组。

（2）运输的产品质量要符合运输标准：没有变质和异味，包装应符合规定，并且新鲜、完整、清洁。运输车辆要清洁、卫生并消毒；制冷系统运行正常。

（3）胴体在车内用吊钩悬挂，不能挂得太严密，间隔保持在10cm左右；分割肉则装在用薄膜垫底的透气塑料筐内，并要避免挤压，保证冷气回流。

（4）应尽力组织快装快运、现卸现提，保证产品的质量。

（5）装运时堆码要注意安全稳当，要有支撑垫条，防止运输中产品移动或倾倒；堆码不能过高，堆与堆之间应留有适当的空间，便于通风。

（6）装运应避免撞击、挤压、跌落等现象，尽量做到快速平稳。

（7）装运应简便快速，尽量缩短交运的时间。

（8）不同种类的肉类商品最好不要混装，防止各自产生的挥发性物质相互干扰，影响运输安全。

（9）杜绝不良操作、超载和堆垛安排不当等引起的商品损坏，操作时一定要轻拿轻放，特别是不允许工人在装卸的过程中站或坐在商品上，对商品产生类似于超载所造成的损伤。

(10) 尽量减少开车门次数，外界温度超出30℃，冷藏车辆在阳光下厢体内温度上升速度约1℃/小时；而车厢开门1次，厢体内温度就会上升约6℃。

(四) 运输冷藏车一般要求

(1) 要根据运输温度要求等不同需求选用冷藏车。冷藏车必须符合产品标准和车辆管理规定，不允许非法改装冷藏车或套用冷藏车。

(2) 挂车宜采用空气悬架装置。非独立式运输用机械制冷机组需要使用底盘发动机的动力，因此底盘必须具备压缩机安装空间和动力保障。

(3) 车厢隔热材料宜选用燃烧性能等级为B2级及以上的隔热材料。车厢内壁材质应无毒、无害、无异味、无污染，且结构易于清洗。厢板宜采用封闭型隔热结构，隔热材料与内外壁板结合紧密。车厢内外壁及主体框架宜采用质轻且坚固的材料。车厢内应设置货物栓固装置。车厢内宜多点检测温度，应有一个测温点设在冷风机或蒸发器回风口，应在驾驶室内或挂车内易观察位置实时显示车厢内温度。最大总质量在3.5吨及以上的冷藏车，宜在车厢右侧设侧门。

(4) 制冷机组在相应冷藏车类别温度下的制冷量，应不小于传热量的1.75倍。制冷机组的温度控制精度不宜大于1.5℃，宜采用与车载GPS共享的数据输出接口。

(5) 城市配送冷藏车所设的后门和侧门，应安装隔离内外空气的装置，宜选用塑料门帘。装备有两个或两个以上货舱的冷藏车，每个货舱应配备独立的温度控制装置。多温冷藏车应选用多温制冷机组。多温冷藏车保温隔板的厚度应不小于50mm。

(6) 肉类商品冷藏车选用，如表8-3所示。

表8-3　肉类商品冷藏车选用

易腐食品名称	温度要求	冷藏车选用
速冻食品 (速冻分割畜禽肉，速冻水产品)	−18℃	FRF、FRC
冷鲜肉类、水产类、蛋类	0℃～4℃	FRA、FRB、FRC、 FRD、FRE、FNA、FND

注：冷藏车标识由3个大写英文字母组成，第1个字母为F，代表机械制冷；第2个字母为R或N，代表车厢隔热性能，对应GB 29753表4中的类别Ⅰ、类别Ⅱ；第3个字母为GB 29753表1中的冷藏车分类。

第三节　肉类商品冷链质量风险管理

进行有效的商品冷链质量风险管理，首先必须确保风险的科学准确性，肉类商品冷链物流具有不同于其他物流系统的诸多特性。可以借助科学合理的风险管理方法来进行肉类商品冷链物流中的产品质量风险管理。

一、国内外肉类商品安全与风险问题

我国肉类产量已经连续20多年稳居世界第一，是世界上较具影响力的肉类生产大国。但是影响肉类食品安全的深层原因仍然存在，食品安全形势依然严峻，环境污染物、农兽药等农业投入品、病原微生物、人畜共患病和食品添加剂对食品安全构成长远威胁。2019年上半年不合格项目类别统计如图8-1所示。

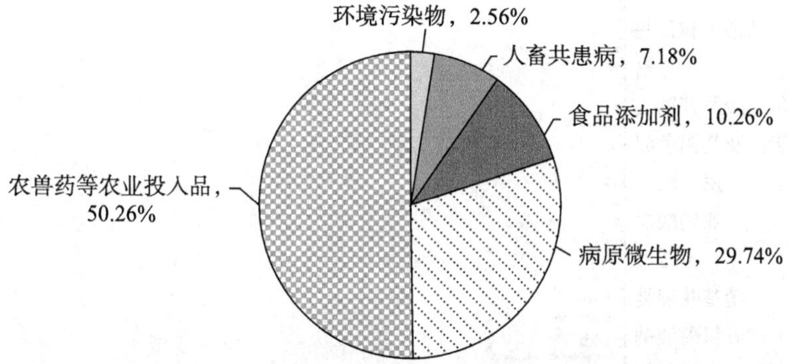

图8-1　2019年上半年不合格项目类别统计

（一）国内现状与问题

1. 养殖环节

（1）滥用瘦肉精、抗生素等导致药物残留超标。我国畜牧养殖业中普遍存在着滥用兽药和饲料添加剂，违法使用违禁或淘汰药物，或不遵守休药期规定及屠宰前用药等现象，造成药物在肉中的残留。

（2）环境污染引起的重金属超标。随着工业经济的发展，环境污染现象日趋严重，食品链中的污染问题也越来越严重，其中重金属是主要的污染物质之一。中国疾病预防中心开展的食品污染物检测发现，我国畜禽肉中存在不同程度的重金属污染问题，以铅和铬污染问题最为突出。2019年上半年的检测中污染物超标的肉及肉制品共计10批次，占不合格总量的2.56%，涉及鲜（冻）肉铅超标，腌腊肉制品和酱卤肉制品中镉超标。2019年上半年肉及肉制品不合格原因统计如图8-2所示。

（3）非法饲喂导致的化学性危害。近年来一些新型饲料和饲料添加剂的应用给肉及肉制品带来了潜在的食品安全隐患。硫酸铜是动物饲料中常用的矿物质添加剂，但食用硫酸铜含量过高的饲料会引起畜禽硫酸铜中毒，并导致重金属在体内蓄积和残留。另外，还存在饲养过程中违法喂食非食用物质（如三聚氰胺）等问题。还有病原微生物引起的食源性疾病，禽流感、朊病毒等还会引起人畜共患病。

2. 屠宰和加工环节

（1）原料肉注水、注胶。原料肉注水是我国屠宰行业长期存在的问题。先向畜体注射阿索本针剂（封闭针），然后将水管插入畜体胃部直接灌水，提高畜体质量。由于注水肉颜色暗淡、肉质松弛，消费者较易辨识，其升级版注胶肉逐渐成为不法分子谋利的新手法。注胶肉利用胶体的保水性和凝固性将水分锁住，使畜禽肉吸水量增加20%以上。注水肉、注胶肉的食品安全风险主要在于使用污水灌注，同时伴随使用阿索本针剂（封闭针）、沙丁胺醇等禁用药物。

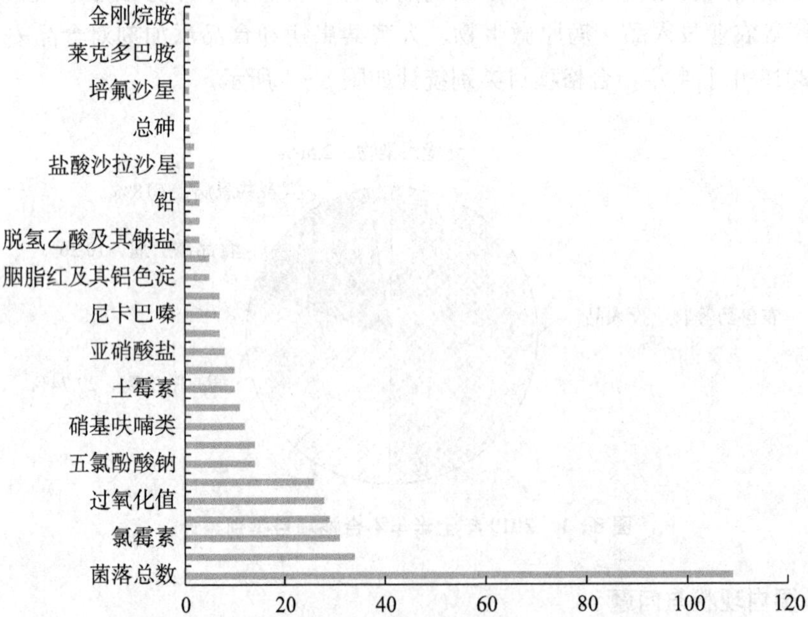

图 8-2　2019 年上半年肉及肉制品不合格原因统计

（2）使用掺假作伪或差、劣、病死等畜禽作为加工原料。为追求非法利益，行业内存在相当数量的掺假作伪或加工差、劣、病死等畜禽的企业。使用皮毛动物（如貉子、狐狸等）假冒其他肉制品，如“酱牛肉”“酱驴肉”，这些皮毛动物重金属含量往往超标，未经检验检疫就流入市场；通过注射牛肉香精、加入色素等方法，用母猪肉冒充其他畜肉；用价格较低的鸡肉、鸭肉通过添加牛油、羊油冒充牛羊肉等。收购病害畜禽，进行制售活动；回收过期肉作为工业生产原料；使用含有致癌物的皮革蛋白粉作为加工原料；使用重金属超标、农药残留的香辛料、辅料等。

（3）超量或超范围使用食品添加剂。为片面追求产品某方面特性，或加工过程中操作不规范，造成超量或超范围使用添加剂，如在肉制品中违法添加合成色素，超量使用亚硝酸盐等防腐剂，以及为掩盖产品真实品质在颜色不正常、变质的肉制品中添加香精和着色剂等。同时存在使用成分不明的复配型添加剂以躲避监管的现象。2009—2015 年国家市场监督管理总局抽查结果显示，肉与肉制品中超量、超范围使用添加剂的情况较为普遍，具体包括日落黄、胭脂红、诱惑红、苋莱红等着色剂超量或超范围使用，以及亚硝酸盐、山梨酸、脱氢乙酸等防腐剂超标。

（4）加工过程产生的化学性危害。传统肉制品和西式发酵肉制品在腌制、腌腊、烟熏、风干、发酵和贮藏等环节产生化学性危害，形成和累积亚硝胺、杂环胺、生物胺、多环芳烃等有害物质。熏腊肉制品中含有大量的亚硝胺类物质，其数量与某些消化系统肿瘤（如食管癌）的发病率相关；烧烤和油炸类肉制品中存在大量杂环胺类物质，杂环胺也具有致癌、致突变性，目前已发现30多种杂环胺类物质；生物胺是一类具有生物活性含氮的低分子质量有机化合物的总称，存在于发酵肉制品中。另外，烟熏、烧烤和煎炸肉制品中还易产生多环芳烃类物质。目前，对这些有害物生成的机理和规律尚不明确，对其采取的质量安全控制措施尚不健全，部分指标未纳入食品安全指标中，易构成潜在的食品安全风险。

(5) 控制措施不当或交叉污染导致的致病菌污染。当前，我国肉类产业朝着现代化、规模化的方向不断发展，生产、流通、消费规模不断扩大，原材料多元化，产销距离远、时差长，为病原微生物的繁殖提供了条件。屠宰和加工中由于质量安全控制措施不到位，交叉污染现象较为普遍，加工装备设施、加工媒介、加工过程、健康畜禽和病畜交叉接触等造成致病菌污染，其中致病性大肠杆菌、金黄色葡萄球菌、沙门氏菌、单核细胞增生李斯特菌、肉毒梭菌等病原微生物是造成食物中毒的主要原因。宰杀刀具、案板、人员手套等随着使用时间的延长，污染程度也越来越严重，如果不注意加强屠宰过程中的定期消毒或彻底消毒，将对肉品造成严重的交叉污染。在2014年的食品安全监督抽检中，除大肠菌群和菌落总数不合格外，还在肉制品中检出致病菌超标，如在熏煮香肠火腿制品中检出金黄色葡萄球菌超标，发酵肉制品中检出单核细胞增生李斯特菌超标。

3. 流通和销售环节

(1) 冷链中断导致产品腐败。随着我国肉类产业的发展，冷鲜肉和低温肉制品逐渐成为市场主导产品。冷鲜肉和低温肉制品需要全程冷链运输，但目前我国冷链体系还不完善，一方面，冷链基础建设覆盖率比较低，2010年大约75%的肉类食品基本还是在没有冷链保证的情况下运销，销往中小城镇和农村市场的肉与肉制品基本还处于常温流通状态；另一方面，现有冷链体系存在着“最后一公里”的难题，在转运、销售等环节存在冷链中断问题，不能确保全程冷链流通。冷链的中断导致冷鲜肉和低温肉制品等需要低温储藏和运输的产品产生腐败，影响肉与肉制品的食品安全。

(2) 运输和贮藏过程中制假贩假、以次充好。肉与肉制品在运输和贮藏过程中，不法经营者为谋求不当利益，存在在流通环节制假贩假、以次充好、令腐败变质食品重新流通等现象，如“福喜”事件。流通环节的制假贩假、以次充好等行为由于操作环境卫生条件差、添加成分不确定，更具危害性。

（二）国外现状与问题

1. 养殖环节饲料二噁英和真菌毒素污染

发达国家大多将饲料生产和使用纳入食品安全监管体系，饲料中主要是二噁英和真菌毒素两类污染物给下游的畜产品食品安全带来隐患。1999年，比利时发生二噁英污染动物饲料的事件，此次事件的原因是运送饲料原料的福格拉公司的油罐被注入了废机油。2011年1月，德国西部北威州的养鸡场也发生了二噁英污染事件。真菌在自然界广泛存在，农作物、食品和饲料中真菌毒素的污染不能完全避免。黄曲霉毒素和镰刀菌毒素等真菌毒素已被联合国粮食及农业组织和世界卫生组织列为自然发生的最危险的食品污染物。

2. 环境污染导致的畜产品重金属污染

欧美等发达国家或地区动物源食品中的重金属残留问题较为普遍。2009 年美国残留监控报告显示，在 276 个奶牛肾脏的监控产品中镉含量全部超过了 10μg/mL，一半产品的铅含量超出了 25μg/mL，肾脏中重金属污染较为严重；2009 年欧盟残留监控报告显示，监控重金属的 10 类动物源产品中全部检出了铅、汞或镉；2009 年澳大利亚动物源残留监控报告显示，重金属污染是监控发现的最主要问题，其中以镉、砷、铅污染问题较为突出，其中镉的检出率最高。

3. 养殖环节人畜共患病带来的食源性疾病威胁

近些年来，大规模的畜禽疫病流行给发达国家的肉类食品消费安全带来了极大的挑战。2000 年 11 月，由于饲料被污染，欧洲国家暴发疯牛病。2001 年英国暴发口蹄疫并肆虐其他欧洲国家，最终导致 400 万牲畜被宰杀，所有社区被隔离。

4. 养殖环节滥用药物导致的药物残留

(1) 激素类药物残留。随着畜牧业的迅速发展，药物添加剂的使用范围和用量不断增加。20 世纪 80 年代，一些发达国家曾广泛将 β—兴奋剂广泛用于猪、牛、羊、禽等食用动物。1990 年西班牙有 135 人因食用含有 β—兴奋剂的牛肉引起中毒而住院，1994 年又发生了类似的中毒事件。2007 年以后我国多次从美国进口的猪肉中检出我国禁用的莱克多巴胺的残留，世界上目前只有美国、加拿大、巴西等 24 个美洲和亚太地区国家允许莱克多巴胺作为兽药使用。

(2) 抗生素药物残留。抗生素残留是困扰发达国家畜禽产品食品安全的重要因素之一。2011 年美国残留监控报告中，美国农业部食品安全检查署对 207449 个动物源性产品样品进行监控，其中计划抽样 20313 个，抗生素、阿维菌素超标分别为 8 个、9 个；检查员自主抽样 187136 个，检出样品 1883 个，其中检出最多为新霉素 (421 个)，其次是四环素 (345 个) 和泰拉霉素 (212 个)。

(3) 消费环节突发性致病菌引起的食源性疾病。食品中的病原微生物污染一直是人类食品安全所面临的难题。在现代食品业生产、流通、消费规模日益增大，原材料日益多元化，产销距离远、时差长等背景下，致病菌对食品的污染给发达国家的食品安全带来巨大冲击。2001 年 11 月，英国西北部超市中熟食含大肠杆菌，造成 40 多人感染，16 人住院。2008 年 10 月，加拿大安大略枫叶公司多伦多分厂的熟肉制品受李斯特菌污染，此次事件几乎波及全加拿大。2009 年 6 月，美国纽约等 7 个州发生烟熏鲑鱼污染事件，主要原因是单增李斯特菌污染。2011 年，美国发生火鸡沙门氏菌中毒事件。

二、肉类商品质量风险特点

对肉类商品进行冷链质量风险管理必须对肉类商品冷链物流中的产品质量风险有

一定的整体认知。

（一）肉类商品冷链质量风险具有传递性

肉类商品物流中的质量风险存在于生产到销售的所有环节，质量风险往往通过非预期的安全事故或质量问题暴露出来，风险在传递过程中会发生变化，出现质量问题的环节不一定是风险的源头所在，冷链物流的节点越复杂，安全风险的形态也就会越复杂。

（二）肉类商品冷链质量风险来源广泛

肉类冷链物流商品质量风险是指肉类冷链物流所有环节所面临的，会对肉类商品造成损失的风险总和。从风险的影响因素出发可知，影响肉类冷链物流中商品质量的风险因素涉及生物、化学、物理等多个方面。这些因素对肉制品品质直接和间接的影响规律是我们对食品进行保护性包装设计的重要依据。

1. 环境因素

对肉类商品而言，环境有内部环境和外部环境之分，外部环境指自然天气变化、道路交通环境等。如出现地震、水灾、高温天气等会造成肉类商品损坏，恶劣的雨雪天气或道路交通拥堵会严重影响果蔬产品的运输配送。内部环境指肉类商品的加工环境、存储环境、销售环境等。由于肉类商品的特殊性，在加工、储存过程中都需保持低温环境，肉类商品放置区域及加工区域的环境卫生情况对肉类商品质量也会有很大程度的影响，需做好整理、整顿、清扫、清洁等现场管理。除此之外，肉类商品对光、湿度、温度也有很高的要求，要严格控制好加工环境、存储环境以及销售环境。

2. 设施设备

肉类冷链物流涉及冷藏车辆、冷库、销售冷柜、质量检测设备、装卸搬运设备、包装材料与包装设备等设施设备和预冷技术、库存管理技术、信息技术等相关技术。若在冷链物流运作过程中，相关设施设备出现故障、包装材料不达标、预冷技术先进性低等情况，则无法实现肉类商品快速制冷的目的，冷链物流的各个节点企业没有建立信息化共享平台，导致无法实现信息共享等，都会影响肉类商品质量。

3. 组织管理

组织管理方面的风险来源于人为操作失误、企业员工缺乏质量风险意识、管理人员管理水平有限等。冷链物流是一个链式低温物流系统，任何一个系统都离不开组织管理，组织管理做不到位，会影响该系统的高效运行，肉类冷链物流工程中的产品质量风险也就越容易产生。

（三）肉类商品冷链质量风险危害显著

肉类商品冷链物流过程中的产品质量风险一旦产生，所造成的危害是非常显著的。一方面，由于肉类商品产生质量风险，导致肉类商品质量无法满足消费者的预期要求，甚至消费者在肉类商品使用过程中会导致人身伤害或财产损失，这种危害可能会延伸至与受伤害消费者相关的社会、组织、家庭等；另一方面，若肉类商品的某些特性不符合相关法律法规或质量标准要求，可能会由此产生对肉类商品生产者的追责风险，给肉类商品生产者带来经济和名誉上的负面影响，肉类商品的销售商也会受到相应的法律处罚。

（四）肉类商品冷链质量风险因素多且难以量化

肉类商品冷链物流包括收购、加工、存储、运输配送和销售等诸多环节，每个环节都涉及人员操作与管理、设备技术应用以及环境等方面。如加工人员操作不符合规范导致产品受损，因肉类商品质量检测设备不适用导致采购回来的部分种类的果蔬产品有农药细菌残留或存在重金属超标，运输路线不合理或运输时间过长等导致商品变质，加工环境的温湿度不达标导致商品变质等。这些涉及管理、设备、技术以及环境等方面的肉类商品质量风险因素，很多都只能做定性分析，很难对商品质量风险做定量化处理。

三、风险识别方法的选取

风险管理是应用风险管理相关理论与方法，结合实践经验、信息资料等对风险进行判定和分析的过程。风险管理需要借助一定的识别技术，根据不同研究对象选取适合的风险管理方法能够大大提高风险管理的准确性和科学性。常用风险管理方法及优缺点分析如表 8-4 所示。

表 8-4　常用风险管理方法及优缺点分析

方法名称	方法描述	优点	缺点	适用条件
头脑风暴法	组织专家会议，借助专家经验，通过调动专家的创造性思维，通过互相交流、启发、补充，共同预测结果	能充分发挥专家的智慧，通过互相交流和启发，产生“思维共振”	主观性强，专家间易相互影响，该方法受专家个人素质和积极性的影响	适用于问题简单、目标明确的情况
德尔菲法	采用匿名方式进行多次征询、归纳专家意见并做背对背交流，逐步使意见趋于一致，能反映群体意见的预测结果	简便易行，科学性和适应性较强	选择专家困难，主观性强，花费时间长、费用高	适用于复杂、缺乏历史数据和资料的情况
情景分析法	根据预测对象发展趋势设计多种可能的未来情景，然后对其可能出现的情况和引发的后果做出预测	充分预测对象发展趋势，提高战略适应能力，实现资源优质配置	操作过程复杂，所需费用较高，耗费时间较长	适用于复杂的、大型的、持续时间较长的情况
访谈法	通过访问或交谈等方式从调研对象处获取信息	具有较强的灵活性、适应性、广泛性	主观性较强，对访谈者依赖程度高，系统规范性较差	适用于问题简单、目标明确的情况

续 表

方法名称	方法描述	优点	缺点	适用条件
流程分析法	按照预测对象内在逻辑联系绘制流程图，针对流程中的主要环节逐个分析预测的方法	具有系统性、全面性、准确性	要求绘制流程图，专业性较高，进行风险管理时需要和流程图相互配合解释使用	适用于复杂的、大型的、分阶段进行的情况
历史事件分析法	对以往风险做进一步的分析并总结经验，进而识别将来可能发生的潜在风险	能充分分析已发生过的风险在此发生的原因以及强度	不适用于很少发生重大风险事件的风险事例分析	适用于风险时间较为普遍的情况
因果分析法	按照事物之间的因果关系，知因测果、倒果查因	应用方便，因果关系直观、醒目、条例分明	对实践经验和个人主观性依赖程度高	适用于复杂、缺乏资料和历史数据的情况
核对表法	将以往类似项目历史资料信息编制成表并进行核对	能充分利用历史经验，简便易行且有效	过于依赖历史资料信息，局限性大	适用于有类似或相关经验且历史资料丰富的情况

四、肉类冷链物流中的质量风险识别

由冷链物流的定义可知冷链物流是一个链式低温物流保障系统，肉类商品冷链物流系统流程如图 8-3 所示。

图 8-3 给出了肉类冷链物流从农户或养殖基地等供应商进行肉类商品养殖屠宰到销售给消费者的全流程，同时反映了肉类商品冷链物流的全程温控、回收与逆向物流等要求。

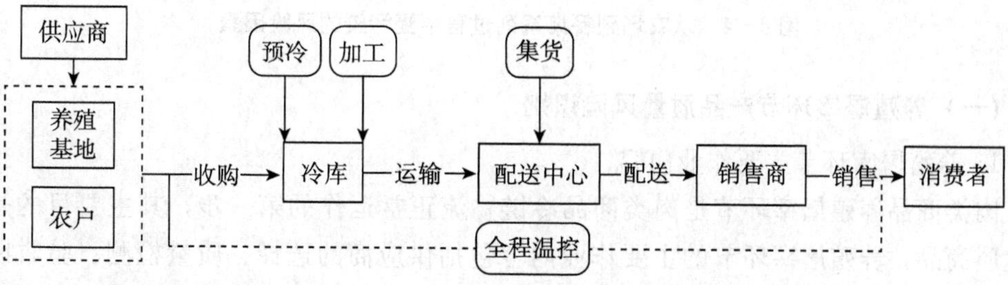

图 8-3 肉类商品冷链物流系统流程

所谓畜禽产品安全即指动物产品无病害、无污染、无残留。病害来源于动物本身染疫；污染来源于饲养、加工、运输和贮存；残留来源于饲喂饲料、药物治疗和环境污染。因此，畜禽产品安全是一个从农场到餐桌，历经生产、加工、贮存、流通、消费的一系列过程。图 8-4 展示了从农场到餐桌系列过程中受污染的风险因素。

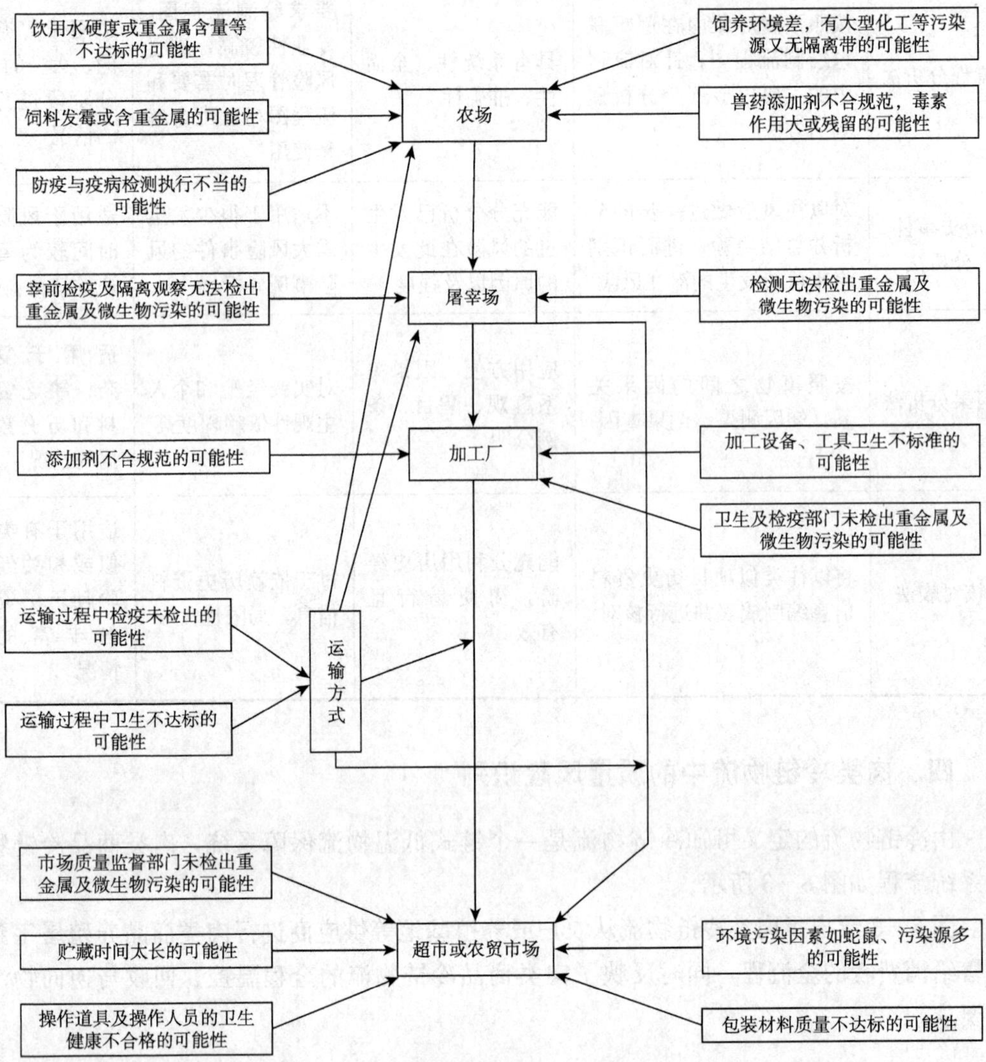

图 8-4　从农场到餐桌系列过程中受污染的风险因素

（一）养殖屠宰环节产品质量风险识别

1. 养殖屠宰环节主要作业内容

肉类商品养殖屠宰环节是肉类商品冷链物流正常运作的第一步，其主要目的是获得优质商品，养殖屠宰环节的主要作业内容包括供应商的选择、质量检测、验收以及预冷措施。

2. 原材料要求

（1）屠宰前的畜禽收购应来自非疫区，并经检疫、检验合格。

（2）检查产地证明、非疫区证明、车辆消毒运输证明，不允许供给违禁药。

（3）检查畜禽健康状况，剔除异常牲畜并做无害化处理；检验审核饲养用药记录表，确认按规定停药，判断牲畜来自非疫区；检查停食、停药时间是否符合要求；待宰过程中进行抽样检查，检验抗生素、兽药残留是否达标。

（4）畜禽车辆进厂前要对车进行消毒，并保证畜禽停食时间＞12 小时，停药时间＞60 天，待宰时间≥100 分钟，磺胺残留＜0.01ppm，克球酚＜0.005ppm，氯霉素＜0.01ppm。

3. 风险因素分析

对主要风险来源进行归纳整理，识别出养殖屠宰环节产品质量风险因素如表 8－5 所示。

表 8－5　养殖屠宰环节产品质量风险因素

主要风险因素	造成风险的主要原因
供应商管理	供货不及时
	货物无从采购
	所供货物农药残留超标
人员作业规范性	操作不符合规范
	人为失误
	设施设备清洗消毒不到位
收购计划合理性	采购量过多或过少
收购相关政策及法规完善度	缺乏肉类收购标准
	政府监管力度不够
质量检测设备先进性	检测不准确
	设备突发故障
	设备陈旧
产后预冷技术	预冷技术使用不当
	预冷不及时

（1）屠宰前检疫及隔离观察无法检出重金属及微生物污染。部分屠宰场因场地或规模限制，监督检疫部门人员缺失，监督不力，导致屠宰场存在宰前无隔离或检疫不当的可能。

（2）胴体检测无法检出重金属及微生物污染。为检测患病或药物残留，会在动物屠宰过程中对动物进行宰前清洗、点红、开肛、剖腹及内脏和片肉处理。过程中可能存在沙门氏菌等微生物感染；监督检疫部门在检测时若出现执法不严或检疫检测技术不足的情况，也会导致胴体无法检出重金属及微生物污染。

（3）受养殖环节影响，高密度养殖及交叉感染，使动物疫情及农药残留问题突出。加之畜禽生产上游企业（如畜禽屠宰企业）大多技术水平和检测能力较差，对药物残留的监管和检验不到位，导致下游深加工企业控制、监管与溯源困难。对于危害残留的检测将是肉制品加工企业原料肉评估风险重点。

（二）加工环节产品质量风险识别

1. 加工环节主要作业内容

加工是指对肉类商品进行一些必要的处理。加工环节的作业内容主要分为挑选、整修、清洗、包装前预冷、分级、防腐和包装。对肉类产品进行挑选、整修、清洗的目的是使其符合肉类商品销售标准。对肉类商品进行包装前预冷、分级、防腐、包装等加工工序是为了方便其运储运输、提升其耐存储性和产后价值。

由于收购一般是大批量进行的，企业无法在收购时对肉类商品做详细的质量检查，只能把握所收购商品的整体质量，因此加工环节的第一步就是挑选工作，挑拣就是将收购回来的肉类商品进行仔细挑选，除去不合格的肉类商品；修整是将挑选之后的肉类商品再进行一些特殊处理；清洗是除去肉类商品上的可见污物等，减少肉类商品表面的病原微生物；包装前预冷是指对经过挑选、清洗、整修过的肉类商品进行预冷，然后再进行分级包装，减少肉类商品的腐烂，保证肉类商品加工之后的配送和销售过程中的产品质量；由于收购回来的肉类商品质量有所差异，只有按照企业规定的质量划分标准对其做进一步的等级划分，使商品标准化，才有利于企业进行按级定价。肉类商品在进行清洗、分级等工序后，还要进行防腐处理，以改善商品外观，提高商品价值，减缓腐烂速度。包装是对肉类商品在进入流通领域之前所做的一种商品化处理，以保证其在冷链物流加工之后的物流过程中的质量安全。

2. 风险因素来源

（1）企业技术：部分食品从业的管理和技术人员职业道德和技术水平欠缺，为追求经济利益，非法使用违禁原材料和食品添加剂；或未按照规程操作，如使用添加剂的计量不准确、混合不均匀等；屠宰加工条件达不到食品安全卫生要求，以及检疫部门未检出重金属或微生物污染。

（2）员工素质：食品企业从业人员的风险管理尚未引起食品企业的高度重视。员工风险主要是食品从业人员文化水品较低，初高中文化居多，甚至在个别地方还存在文盲的现象，对食品安全意识特别差，没有基本的卫生和安全意识。

（3）加工辅料：肉制品加工企业常采用的辅料包括加工辅助原料、食品添加剂、消毒化学用品及食品用包装材料等。由于该类加工型企业经过严格审查且自身管理制度严格，所以其原料的风险追溯具有可控性。但是由于产业发展水平及企业自身素质制约，以及国家法规逐步完善，在对添加剂、新材料等进行安全评估之后，发现目前还无法完全解决辅料风险。肉制品原辅料种类如表 8-6 所示。

表 8-6　　肉制品原辅料种类

序号	分类	原辅料
1	加工辅助原料	淀粉、白糖、鸡蛋、香辛料、食盐、大豆蛋白等

续　表

序号	分类	原辅料
2	食品添加剂	色素、防腐剂等
3	化学用品	消毒剂类、二氧化氯、双氧水等
4	食品包装材料	塑料或复合塑料包装材料

3. 加工环节产品质量风险因素

对加工环节风险来源进行归纳整理，识别出加工环节产品质量风险因素如表 8－7 所示。

表 8－7　　加工环节产品质量风险因素

主要风险因素	造成风险的主要原因
人员作业规范性	操作不符合规范
	人为失误
	设施设备清洗消毒不到位
加工环境温湿度控制	温度过高或过低
	湿度过高或过低
包装前预冷技术	预冷技术差
	预冷不及时
包装材料和包装设备适用性	包装材料污染
加工设备先进性	设备达不到加工要求
	设备发生故障
质量检测设备先进性	检测不准确
	设备出现故障

（三）销售储存环节产品质量风险识别

1. 销售存储环节主要作业内容

肉类商品冷藏存储的主要目的是延长肉类商品的储藏期，解决肉类商品的产销异地问题。存储销售环节设计的主要作业内容包括入库前的货物搬运，入库后的卸货、冷库内换气、冷库温湿度调节、设备清洗消毒以及库存信息管理。

2. 销售存储环节风险因素来源分析

销售储运环节食品的安全风险，主要来源于储存条件，如冷链条件、通风避光、防尘防摔等。由于我国在食品的销售及运输环节与国外发达国家相比，还存在较大的差距，特别是冷链物流及销售卖场环境还不能完全满足食品储存的技术条件。据统计，全年 182 起投诉中仅有 1 起是由于原料中的杂质造成的，其余均为运输中的破损、高温存储等恶劣条件造成的。

管理层面：储存过程中涉及装卸搬运、换气等人工操作，若人员操作不规范或出现操作失误则会导致肉类商品出现损坏；储存过程中所涉及的相关设施设备清洗消毒工作不到位则会导致果蔬细菌感染。工作人员在销售过程中对肉类商品所接触的设施设备的消毒处理不到位则会导致销售的肉类商品出现质量安全问题。

环境层面：加工过程中储存环境的温湿度不适宜会降低肉类质量。

设施设备与技术层面：冷库制冷速度过慢，进入储存区的肉类商品不能快速地处于自身适宜的低温条件，造成肉类商品质量下降；储存过程中所涉及的装卸搬运设备适用性低或出现设备故障等都会导致肉类商品质量风险的产生；冷库通风效果不好也会影响肉类储存质量。没有做好肉类商品的入库、储存、出库全过程质量信息跟踪，导致管理者无法及时准确获得库存信息，从而无法及时对发生的问题进行处理；没有做好肉类商品的分类储存也会影响肉类质量安全。

3. 销售存储环节质量风险分析

对主要风险来源进行归纳整理，识别出销售储存环节产品质量风险因素如表 8 - 8 所示。

表 8 - 8　　销售储存环节产品质量风险因素

主要风险因素	造成风险的主要原因
人员作业规范性	操作不符合规范
	人为失误
	设施设备清洗消毒不到位
冷库通风良好性	存储环境较差
	二氧化碳和乙醛超标
冷库温湿度控制	温度过高或过低
	湿度过高或过低
库存管理技术	库存信息管理不善
	货物集中
	出库顺序不合理

（四）运输配送环节产品质量风险识别

1. 运输配送环节主要作业内容

运输配送环节是冷链物流中连接产销、推动冷链物流畅通运行的重要环节。运输主要是用冷藏车辆将采购之后的肉类商品运达配送中心进行加工、集货与储存；配送是按照超市或其他零售商所需，将肉类商品按所需的种类和数量进行装车，然后按时送达超市或其他零售地。运输与配送环节的主要作业内容包括装卸设备清洗消毒、货物搬运、装车、货物运输、卸货以及运输配送全程的温控和信息追踪。

2. 运输配送环节风险因素来源分析

管理层面：工作人员对运输车辆和装卸搬运设备的清洗消毒工作不到位，导致肉类商品出现二次污染影响其质量安全；驾驶员驾驶技术不佳或疲劳驾驶出现错误操作或发生车祸等会导致肉类商品出现损坏；运输配送过程中工作人员对肉类商品所接触的设施设备的消毒处理不到位，导致肉类商品出现质量安全问题。

环境层面：运输过程中交通的便利性是影响肉类商品质量的一个重要因素，比如公路运输过程中出现道路交通拥堵或者路况差的现象，就会严重影响运输效率，从而造成肉类商品质量下降；肉类商品在运输方面相关法律法规不完善或政府对肉类商品运输过程中的监管力度不够也会影响运输过程中的产品质量安全。

设施设备与技术层面：运输配送过程中所使用的冷藏车厢出现制冷问题，肉类商品就会容易出现低温冻害或高温腐烂变质；若车辆在运输配送途中出现故障则会延迟肉类商品的正常供应，使肉类商品质量下降；没有做好肉类商品在运输配送的全程信息追踪，企业不能及时掌握运输配送动态信息，从而不能及时对运输配送过程中发生的问题进行应对处理，影响肉类商品质量安全；不合理的装载方式易使货物在运输配送途中发生相互碰撞造成肉类商品损坏，或使车厢内空气不流通造成肉类商品腐烂。装卸搬运设备超负荷作业或者设备陈旧导致设备出现故障，造成产品损坏。

3. 运输配送环节质量风险分析

对主要风险来源进行归纳整理，识别出运输配送环节产品质量风险因素如表8-9所示。

表8-9　运输配送环节产品质量风险因素

主要风险因素	造成风险的主要原因
人员作业规范性	装卸搬运操作不符合规范
	人为失误导致货物倾倒
	设施设备清洗消毒不到位
自然天气变化	出现雨雪、风暴等恶劣天气
交通便利性	交通拥堵
运输配送工具故障率	未定期做车辆维护
	驾驶人员错误驾驶
	车辆陈旧
冷藏车厢温控良好性	制冷设备发生故障
	冷藏车厢密封性低
	制冷设备制冷效果差
运输配送全程信息追踪	信息化程度低
运输配送速率	运输配送路线规划不合理
	配送相应速度慢
	车辆调度不合理

续 表

主要风险因素	造成风险的主要原因
装载方式合理性	野蛮作业
	货物集中装载引发交叉感染
装卸搬运设备故障率	设备超负荷作业
	设备陈旧

（五）冷链物流全程产品质量风险清单

根据肉类冷链物流养殖屠宰、加工、销售储存、运输配送四大环节识别出的产品质量风险，采用先整体再局部最后整体的归类方法，构建肉类商品冷链物流全程产品质量风险清单如表 8-10 所示。

表 8-10　肉类商品冷链物流全程产品质量风险清单

冷链物流环节	主要风险因素
养殖屠宰环节	人员作业规范性
	供应商管理
	收购计划合理性
	质量检测设备先进性
	收购相关政策及法规完善度
	产后预冷技术
加工环节	加工设备先进性
	质量检测设备先进性
	包装前预冷技术
	加工环境温湿度控制
	包装材料和包装设备适用性
	人员作业规范性
销售储存环节	冷库通风良好性
	人员作业规范性
	环境温湿度控制
	库存管理技术
运输配送环节	运输配送速率
	冷藏车厢温控良好性
	自然天气变化
	运输配送工具故障率

续 表

冷链物流环节	主要风险因素
运输配送环节	运输配送全程信息追踪
	人员作业规范性
	装载方式合理性
	装卸搬运设备故障率
	交通便利性

五、肉类冷链物流中的质量风险防范

（一）原辅料控制与技术风险的规避

1. 原料检验控制体系的健全

只有利用健康的动物产品和辅料产品才能生产出优质安全的动物性食品；必须建立检验控制体系，健全原料检验采购制度，在原料进入加工环节之前进行检验，防止不合格劣质原辅料流入加工环节。而原材料及产品的检验计划是质量管理的重要环节，如果没有进行严格科学的计划，以及对检验项目的科学分析和排查，产品的安全风险将不能得到有效的控制。每年检验计划的制订，必须以控制食品安全风险为第一要素，根据每年实际情况，制订普查型和专项型的检验计划，确定和实施检控要点，例如，针对上游原料、生产环节和贮存销售三大环节实施有效安全监控，可大大降低食品风险。肉品安全检查项目内容如表 8 - 11 所示。

表 8 - 11　　肉品安全检查项目内容

项目	普检项目	专项项目	临时检验项目
上游原料	微生物	重金属、药物残留	违禁添加物，如瘦肉精等
生产控制	微生物、生产工艺条件	限量食品添加剂，如防腐剂、亚硝酸钠等	违禁添加物及生产环境污染
储存及销售环节	运输条件、储存条件、微生物	—	—

2. 原辅料供应商资质

肉制品加工企业在选择原辅料供应商时，一般要根据自身的质量管理体系，如 ISO 9000、ISO 22000、HACCP 等相关要求对供应商进行评估和审核，大多注重营业执照、卫生许可证、检验报告等相关证件。但是，为了完善食品安全风险机制，目前大型肉制品企业质量管理及风险控制为保证原料质量，根据多年的实际经验，一般选择国内大型供应商（一般要求注册资本在 500 万元以上的大中型企业，或行业排名处于行业前10名及和国内外著名大型企业有合作和供应的业务关系的企业）作为首选供应商。

3. 关键控制点风险控制

加工制造的风险控制主要集中在关键控制点上，其中，最重要的是食品添加剂的规范使用和监管问题。在企业质量管理中，食品添加剂出现的主要问题表现在计量不准确、混合不均匀、使用方法不得当等方面。所以，企业必须将计量器具的内部管理和鉴定作为日常工作长期开展，此外对于微量和限量使用的添加剂必须采用水溶、混合、搅拌等预处理的手段进行控制，确保检测指标的合格。加强食品添加剂每日盘点工作，对亚硝酸盐、防腐剂、色素、磷酸盐等限量使用的添加剂的产量与配料进行每日核对及综合检查，保证产品安全。

4. 技术风险的规避

提高肉制品企业的技术能力是规避食品安全风险的重要环节。在不断进行技术提升和技术改造的同时，应严格按照政府制定的相关规定，要求相应的食品从业技术人员、研发人员必须具备上岗证书，如锅炉工、电工、焊工等特殊行业须持证上岗，以保证食品企业技术水平和管理能力。此外，必须按照国家已经制定的相关标准制定严格的产品标准，按照科学方法和国际惯例标准进行风险评估。同时必须建立企业内部的质量检测部门，包括肉制品原料、半成品、成品的检验，及时发现问题、解决问题，防止不符合产品质量要求的产品流入市场。

（二）管理与营销风险的管理

1. 员工风险管理

员工的风险管理必须作为肉制品企业一个重要环节进行监控和管理，为了防范此类风险的发生，根据企业的管理经验，首先应加强员工入职培训工作以及员工文化水平提高；通过企业的行政管理手段，结合企业工会、基层党组织等加强员工的思想教育，树立食品从业人员的基本道德观念，加强员工福利待遇，提高员工的企业归属感，避免食品安全风险的出现和发生。

2. 风险信息交流

风险信息畅通交流是现代食品安全防范中的一项重要手段，由于肉类食品加工企业主要专注于加工过程的食品安全问题，忽略食品安全的大环境，上游原料及食品添加剂等众多因素都会造成食品的安全问题。所以，企业必须建立专门的信息收集系统，参加各种会议、学术交流、网络浏览查阅等各种工作，最大限度收集有关食品安全的信息，及时分析具有潜在风险的因素，根据企业的实际情况进行临时性的专项检查，排除安全风险。

3. 销售储运风险的减少

销售储运环境食品的安全风险，更多环节取决于加工企业之外。此类风险一是通过企业自身更多切入销售储运环节，并不断提高营销人员管理水平和素养，二是积极建议地方政府以及国家制定更完善的法律、法规来约束经销商和商场销售条件，避免风险的发生。

第四节 中国鲜、冷藏肉行业发展现状

一、鲜、冷藏肉概况

鲜肉，又叫冷却肉、排酸肉、冰鲜肉，准确地说应该叫“冷却排酸肉”，是指严格执行兽医检疫制度，对屠宰后的胴体进行迅速冷却处理，使胴体温度（以后腿肉中心为测量点）在 24 小时内降至 0℃～4℃，并在后续加工、流通和销售过程中始终保持 0℃～4℃范围内的生鲜肉。因为在加工前经过了预冷排酸，使肉完成了“成熟”的过程，所以冷鲜肉看起来比较湿润，摸起来柔软有弹性，加工起来易入味，口感滑腻鲜嫩，冷鲜肉在－2℃～5℃温度下可保存七天。

冷鲜肉就是将刚刚屠宰的胴体，在－20℃的条件下迅速进行冷却处理，使胴体深层温度在 24 小时内降至 0℃～4℃，并在后续的加工、贮藏、运输和销售过程中始终使肉处于冷链控制之下，使酶的活性和大多数微生物的生长繁殖受到抑制，确保了冷鲜肉的安全卫生。而且，冷鲜肉经历了较充分的解僵成熟过程，肉质变得细嫩，滋味变得鲜美。同时，冷鲜肉在冷却环境下表面形成一层干油膜，不仅能够减少肉体内部水分蒸发，使肉质柔软多汁，而且可阻止微生物的侵入和繁殖，延长肉的保藏期限。冷鲜肉的保质期可达一星期以上，而一般热鲜肉的保质期只有 1～2 天。再者，经过冷却“后熟”以后，冷鲜肉肌肉中肌原纤维的连接结构会变得脆弱并断裂成小片断，会使肉的嫩度增加，使肉质得到改善。

二、中国鲜、冷藏肉行业发展现状分析

截至 2018 年，国内生猪存栏量 42817 万头，比 2017 年下降 3%。国内生猪存栏量在 2012 年达到 4.75 亿头，之后就开始呈现逐年下降的态势。国内生猪出栏量 69382 万头，同比下降 1.2%。2018 年前三季度，生猪出栏明显提速：第一、二、三季度，出栏量同比增加 4.36%、3.85%、2.81%。考虑到之前连续八个季度的负增长，以及连续四个季度不足 1%的增长，生猪出栏提速可能意味着需求的阶段性增加。

2012—2014 年，中国肉类产量稳定增长，2014 年中国肉类产量为 8817.9 万吨，同比增长 2.14%。2014 年之后中国肉类产量开始下降，截至 2018 年，中国肉类产量为 8517 万吨，同比下降 1.6%。2012—2018 年中国肉类产量及增长如图 8－5 所示。

2014 年之后，中国鲜、冷藏肉产量呈下降趋势，截至 2018 年，中国鲜、冷藏肉产量为 2729.3 万吨，同比降低 16.15%。2019 年第一季度中国鲜、冷藏肉产量为 718.5 万吨，具体如图 8－6、图 8－7 所示。

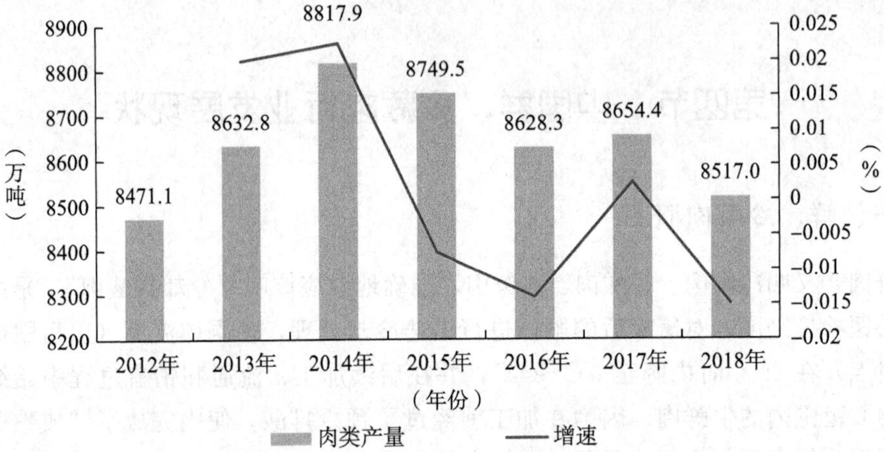

图 8－5 2012—2018 年中国肉类产量及增长

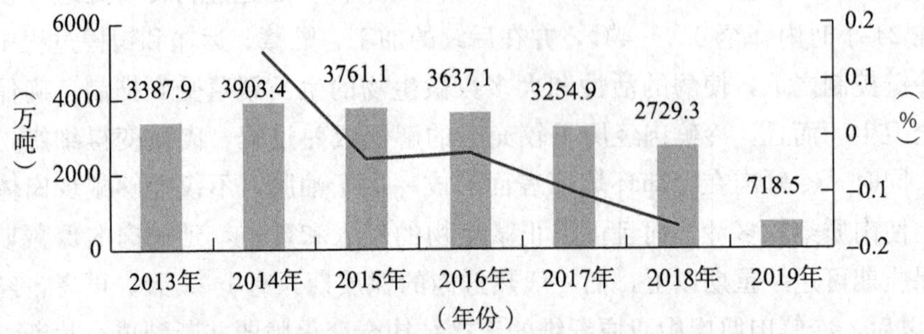

图 8－6 2013—2019 年中国鲜、冷藏肉产量及增长

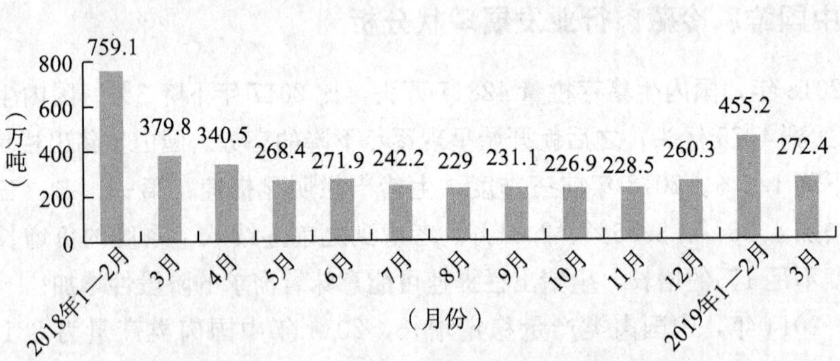

图 8－7 2018—2019 年 3 月中国鲜、冷藏肉产量统计

三、中国鲜、冷藏肉行业十大品牌

双汇集团始创于 1958 年，是率先把冷鲜肉引入中国，以肉类加工为主的国际化大型食品集团、世界知名肉类供应商。双汇在全国 18 个省（区、市）建有 30 多个现代化的肉类加工基地和配套产业，形成了包括养殖、饲料、屠宰、肉制品加工、新材料包装、冷链物流、连锁商业等在内的完善产业链，年产销肉类产品300多万吨，拥有近百万个销售终端。双汇品牌价值606.41亿元。

金锣成立于1994年，是国内知名肉制品供应商，是以生猪屠宰及冷鲜肉生产加工为主的综合性大型企业。拥有以山东、黑龙江、内蒙古、四川等生产基地为主的生猪、肉鸡屠宰及冷鲜肉生产加工线。目前，集团已形成年屠宰加工生猪2000万头、肉鸡2亿只、年产冷鲜肉及冻品等肉制品300万吨的生产能力。

雨润同为国内知名肉制品品牌，拥有多处冷鲜肉、冷冻肉生产及加工基地，主要从事冷鲜肉、冷冻肉，以及以猪肉为主要原材料的低高温肉制品的生产加工。雨润总部位于南京市，拥有多处冷鲜肉、冷冻肉生产基地及深加工肉制品生产基地。公司拥有先进的生产设备和工艺技术，以其独有的技术方法，研制出一系列符合消费者口味的优质产品。

上海爱森肉食品有限公司是光明（食品）集团旗下，上海名牌，是专业化、现代化的养殖加销一体化猪肉食品生产企业。公司拥有1个上海市种猪场、9个生猪生产自营牧场和1座全价饲料加工厂，该加工厂是占地5.1万平方米的具有年屠宰加工70万头生猪生产能力及配套冷链系统的花园式屠宰加工厂。目前，公司已在上海市区及长三角地区开设各类超市门店和专卖店800余家，经销“爱森”牌冷却猪肉。

得利斯公司始创于1989年，是山东省名牌企业，火腿肠十大品牌，是一家以生猪屠宰和冷却肉、低温肉制品、调理食品加工为主的大型食品专营企业。2000年，公司投资2亿元全套引进欧盟设备开展百万头生猪屠宰项目，采用低压脉冲三点击晕、卧式真空采血、立式蒸汽烫毛、纵向横向桑拿按摩、气体火焰瞬间二次灭菌、冷却降温、脱酸排毒24小时等工艺技术，进行“绿色”屠宰加工，使产品达到纯生可食的无菌程度，通过了HACCP认证、欧盟SGS认证及中国香港、新加坡、俄罗斯的出口认证。

众品，即河南众品食业股份有限公司，始创于1993年，肉类行业知名品牌，著名的肉类产业链整合商，是大型冷鲜肉、低温肉制品加工企业。近年来，公司将自身定位于中国生鲜食品产业链服务商，秉承开放共享、创新创业、共生共赢的理念，通过“互联网+”构建现代产业体系，推动企业由过去的加工制造业向现代生产性服务业转型。

科尔沁是一家以肉食品加工为主业，兼营饲料加工、畜牧产品研制开发、生物制药等的多元化企业，其牛肉干尤为有名。公司引进国外生产加工设备及工艺，严格按照欧盟食品卫生标准建立了智能化加工包装流水线，形成了年屠宰200000头肉牛，生产冷鲜、冷冻肉40000吨的规模。

鹏程，北京顺鑫农业股份有限公司，肉制品知名品牌，北京市著名商标，是一家集种猪繁育、生猪养殖、屠宰加工、肉制品深加工、仓储物流于一体的企业。公司以诚信、敬业、创新、高效的企业文化理念，以完整、科学、现代的产业模式，以营养、健康、安全、便捷的产品理念，为中国肉类行业迈向国际化做出了贡献。

高金集团是以生猪养殖、屠宰加工、肉制品精深加工及物流配送、贸易为主的实业集团。公司营销网络体系遍布全国，在北京、上海、广州、深圳等各大城市设有50

多个办事处、数千个猪肉连锁店和专柜。产品远销中国香港、中国澳门、俄罗斯、吉尔吉斯斯坦、澳大利亚、印度尼西亚、新加坡、马来西亚、刚果、菲律宾等二十多个国家和地区。

唐人神成立于1988年，湖南省著名商标，是一家集种苗、饲料、动物保健、肉品加工、连锁销售一条龙经营的大型农业产业化企业。该品牌依靠好的产品质量和优质的服务赢得上广大消费者的赞誉，“饲料一枝花，骆驼富万家”“唐人美食香，美食唐人神”的宣传语传遍大江南北。集团下属40多家子公司，年销售收入40亿元，以平均每年增长30%以上的速度向前发展（见表8-12）。

表8-12　2018—2019年冷鲜肉十大品牌

品牌	创立时间（年）	品牌发源地	线上网店数量
双汇	1958	河南省漯河市	9
金锣	1994	山东省临沂市	3
雨润	1993	江苏省南京市	4
艾森	2001	上海市	3
得利斯	1989	山东省潍坊市	6
品众	1993	河南省许昌市	2
科尔沁	1998	内蒙古自治区通辽市	6
鹏程	1995	北京市	2
高金	1996	四川省遂宁市	2
唐人神	1988	湖南省株洲市	3

四、中国鲜、冷藏肉冷链发展趋势分析

（一）冷链发展布局跟规划问题

冷链发展跟区域的经济水平相关。但是现在局部地区的冷链是非常薄弱的，全国人均水平跟美国相比差异非常大。在中国，冷链的布局情况非常不合理。例如，山东的冷库容量是457.9万吨，青海仅为6.5万吨。在中国热点经济区域，冷库建得非常快。当然，也存在这种情况：明明区域经济只能支撑20万吨的冷库，却非要建50万吨的，于是就形成了区域的恶性竞争。这并不是社会资本的问题，也不是投资人的问题，而是政府主管部门的问题，即规划时没有考虑经济总量的发展，只考虑了人均水平跟国外的差异。

（二）政府补贴项目

首先，冷库造价有高有低，跟同区域的冷库企业相比，会很吃亏；其次，是冷链设备流通的标准化问题，现在的托盘没有流通化和标准化，但是在国外，托盘是可以流通及标准化的。这导致了一个很大的问题——冷库人工成本上升。作为相关行业单

位，冷链在强制性标准方面还要加大力度。

（三）新的制冷技术与设备的推广运用

目前建库成本和设备成本在中国没有门槛，谁都可以来。差价 3～5 倍在市场上很常见，高于 5 倍的就可以建一个高标准的冷库。现在有一项比较先进的技术——新冷酶，对冷链这一块有很大的帮助。这种技术可以用于新鲜冷藏车、冷藏集装箱，经过国家制冷设备检测，节能可达到 50％～80％，非常了不起。同时，通过新建造的冷库能够节能 50％以上，而且碳排放也能节省 50％以上。然而，这些新技术在行业中的推广还不够。

据统计，2019 年 12 月中国鲜、冷藏肉产量约为 236 万吨，同比下降 13％；2019 年 1—12 月中国鲜、冷藏肉产量为 2817.5 万吨，相比 2018 年同期增长了 88.2 万吨（见图 8－8 和图 8－9）。

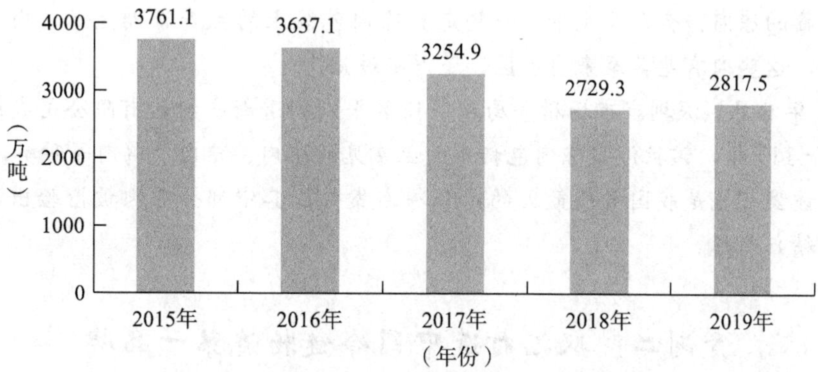

图 8－8　2015—2019 年中国鲜、冷藏肉产量统计

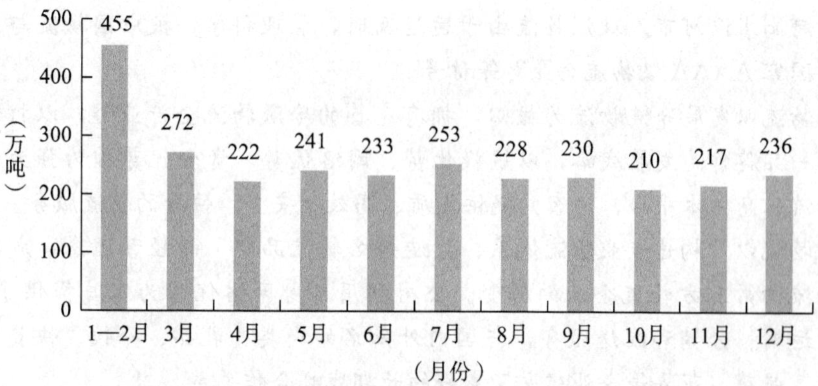

图 8－9　2019 年 1—12 月中国鲜、冷藏肉产量统计

案例分析

案例一：深圳市对“僵尸肉”的查处

随着我国城市化、工业化、现代化建设步伐加快和国民经济持续高速增长，人民生活水平普遍提高，我国食品工业已经成为国民经济中十分重要的独立产业体系，形成了具有一定规模的工业体。同时食品的质量与安全性问题却不断出现，未知的食品危害也不断出现，如前两年曝光的“僵尸肉”事件，让人触目惊心。

“僵尸肉”指冰冻多年销往市场的冻肉，多为走私品，质量安全不能保证。用化学药剂加工调味后变成“卖相”极佳的“美味佳肴”。“僵尸肉”的来源其实多为国外过期战备肉，它是没有经过检验检疫的肉品，如果进食携带禽流感、口蹄疫、疯牛病等细菌、病毒的冻肉，会危及生命。一些走私冻肉包装上的生产日期显示“肉龄”长达三四十年，这些肉有些甚至来自疫区，还严重过期。

2016 年 6 月，深圳市市场稽查局在龙岗区平湖街道新南村某有限公司查获走私的问题冻肉 6117 吨，该批涉案冻肉包括市面上常见的牛肉、猪肉、鸡肉等种类，重达 10 万余吨。该案可能是我国案值最大的走私冻肉案件。其中部分冻肉被检验出莱克多巴胺（瘦肉精）超标。

案例二：双汇打造中国冷链物流第一品牌

2017 年 1 月 10 日前后，春季的年味越来越浓，记者在双汇物流公司采访时看到，双汇物流迎来了一年中最忙碌的季节。该公司成立于 2003 年，注册资金 7000 万元，总部位于河南省漯河市。双汇物流由于运送及时，管理科学，被中国物流与采购联合会授予“国家 AAAA 级物流企业”等称号。

双汇物流以发展冷链物流为核心，拥有完善的冷藏物流全产业链，以打造中国冷链物流第一品牌作为发展战略，以规模优势、网络优势、资金优势作为强大支持，凭借现代物流信息技术平台，为客户提供优质、高效、安全、快捷的物流服务。

双汇物流以“构建专业物流体系、打造知名物流品牌”的经营理念，成功实现了由企业物流向第三方物流企业的转变。公司利用自身网络优势为客户提供了门到门、点到点的运输、分销和配送服务，与国内外知名的肉类、乳品、冷饮、快餐、商业连锁、医药、果蔬、花卉等企业建立了良好的长期战略合作关系。

双汇物流自有冷藏车辆 1420 台、常温运输车辆 205 台；整合社会冷藏车辆 2000 台、常温车辆 800 台，总运能达 12000 吨以上。公司拥有温控仓库资源约 23 万吨，常温、配送库 20 万平方米；6 条铁路专用线，分布在阜新、漯河、金华等地，具有规模化的冷藏货物储存、仓储环节产品加工和分装及冷藏车源调控能力。

双汇物流网络遍及全国各地，在广东、湖北、河南、山东、北京、辽宁、江苏、四川、黑龙江、上海等地投资成立了18家省级区域性冷藏物流公司，同时具有县级以上城市日配物流网络，已经形成了长途运输与区域仓储、配送交织分布的大物流网络格局。双汇冷鲜肉通过双汇物流，及时把新鲜肉品送至全国各地。

此外，双汇物流还利用自身运输及仓储优势为客户提供分拣、加工、仓储、配送服务，主要合作伙伴有百胜餐饮、麦德龙、三全、安井、麦当劳等。

练习与思考

1. 肉类商品是怎么样分类的？
2. 肉类的化学组成是怎么样的？
3. 影响肉类商品的主要因素有哪些？
4. 肉类商品的储存条件有哪些？
5. 肉类商品的运输环境要求是怎么样的？
6. 怎么样识别肉类商品运输配送环节质量风险？

参考文献

[1] 邓汝春．冷链物流运营实务［M］．北京：中国物资出版社，2007.

[2] 王卫，韩青荣．肉类加工工程师培养理论与实践［M］．北京：科学出版社，2016.

[3] 孙振，王济民．中国肉类局部均衡模型及供需预测［M］．北京：中国农业出版社，2019.

[4] 蒋巧俊．食品贮藏保鲜［M］．北京：北京师范大学出版社，2015.

第九章　水产品冷链管理

学习目标

1. 了解水产品特性和影响水产品质量的主要因素
2. 理解鲜活水产品储运方式、影响因素和相关条件
3. 掌握水产品冷链质量风险因素和管理措施

第一节　影响水产品质量的主要因素

一、水产品的定义及分类

水产品是指鱼类、甲壳类、贝壳类、头足类、藻类等鲜品及其加工制品。海洋鱼类有1700多种，淡水鱼类主要有鲢鱼、鳙鱼、青鱼、草鱼、鲤鱼、鲫鱼、鳊鱼等，前四种并称中国“四大家鱼”。海水贝类主要有牡蛎、贻贝等，淡水贝类主要有螺、蚌等。蟹类600多种，虾类360多种，磷虾类42种。藻类主要有27000种，以大型海藻为主。

水产品行业按类别可划分为鲜活品、冷冻品、干制品、腌制品、罐制品、鱼糜及鱼糜制品六大类。其产品主要包括：海水/淡水鱼类、海水/淡水虾类、海水/淡水蟹类、海水/淡水贝类、其他海水/淡水动物、冻海水/淡水鱼类、冻海水/淡水贝类、鱼类干制品、虾类干制品、贝类干制品、藻类干制品、腌制鱼、鱼罐头、其他水产品等。

二、水产品的特性

水产品营养丰富，表皮保护能力差，酶活性较强，身体表面及消化系统含有大量腐败菌。渔业生产季节性强，产量集中，处理不当易导致机械损伤，从而影响水产品保藏。一般来说，水产品具有多样性、易变性、营养性、易腐败性等特性。

（一）种类的多样性

中国水产资源丰富，水产食品原料品种多、分布广。渔获物的种类远比农、畜产品多。水产品加工原料主要是指具有一定经济价值和可供食用的生活于海洋和内陆水域的生物种类，包括海洋和内陆水域的鱼类、甲壳动物、软体动物、棘皮动物、肛肠

动物、两栖动物、爬行动物和藻类等。由此可见，水产加工原料覆盖的范围非常广，不仅有动物，而且有植物，无论是在体积上还是形状上都千差万别，这就是水产加工原料的种类多样性。

（二）组成成分的易变性

水产加工原料多，其化学组成和理化性质常受到栖息环境、种类、性别、大小、季节和产卵等因素的影响而发生变化。水产品营养成分是由水分、蛋白质、脂肪、无机盐、维生素和糖类等组成的。鱼肉中的蛋白质和无机盐含量的变化并不大，但水分和脂肪含量的变化是较大的，而且脂肪含量的变化通常与水分含量的变化成反比关系。

鱼贝肉的一般组成呈现出明显的种族特异性。除个别鱼外，鱼肉蛋白质含量一般在20%左右。水产动物中脂肪含量的多少因种类、年龄、季节及摄食饵料等状况的不同而有差异。如金枪鱼、鲱鱼、鲐鱼、沙丁鱼等上层鱼类，脂肪含量大多高于鲆鱼、鳕鱼、鲽鱼、黄鱼等底层鱼类。前者一般称为脂肪性鱼类，其脂肪含量通常在10%～15%，高时可达20%～30%；后者称为少脂肪鱼类，脂肪含量多在5%以下，鲆鱼、鳕鱼、鲽鱼的脂肪含量在0.5%左右。

即使是同一种类，鱼贝肉的脂肪含量也因渔场、季节、鱼龄、部位等的不同而有显著变化。鱼体的部位不同，脂肪含量也不同。金枪鱼的脂肉（含脂质较多的腹肉）超过20%，但金枪鱼红色肉部分的脂肪含量仅1.4%，部位差异幅度极大。一般年龄大、体重大的鱼类，其肌肉总脂肪的含量高于年龄小、体重小的鱼。暗色肉的脂肪含量高于普通肉的脂肪含量。

（三）水产品的营养性

从氨基酸组成、蛋白质的生物效用来看，鱼贝类蛋白质的营养价值并不逊于鸡蛋、肉类等优质蛋白质。人们在水产食品原料中发现并提取了许多生理活性物质，例如，海洋生物多糖种类繁多，其中许多表现出明显的生理活性。在海洋活性物质研究中，活性多糖的研究是一个重要方面，目前的研究工作多集中在大型海藻类多糖及棘皮动物和贝类动物多糖方面，如卡拉胶、褐藻胶、琼脂、甲壳质、氨基多糖等。甲壳质是虾蟹类等外壳的重要成分，据推测每年甲壳质的生物合成量超过10亿吨，是一种巨大的可再生资源。二十碳五烯酸（EPA）、二十二碳六烯酸（DHA）对人类的健康有着极为重要的生理保健功能。众所周知，EPA、DHA主要来自海洋动物中的油脂，特别是鱼油中含量较高。EPA、DHA的主要生理功能包括：预防心血管疾病、健脑和预防老年性痴呆、预防免疫系统疾病、保护视力、预防癌症。牛磺酸是生物体中的一种含硫氨基酸，对维持人体正常生理功能有很重要的作用，在海洋贝类和鱼类中含量丰富。由于水产食品原料中含有各种各样的生物活性物质，因此就使得水产食品的营养性和功能性具有鲜明的特色。同时水产品中还含有许多未知的有效成分等待人们去研究开发。

（四）水产品的易腐败性

水产品特别容易腐败变质。一方面，水产品自身结构和含有的生物活性物质是容易导致腐败的主要原因，鱼体内附着的细菌、活力很强的酶和各类脂质，都容易导致氨基酸的劣化，使鱼体产生腐败性的臭味，加速了鱼体腐败的进程；另一方面，水产品加工的多样性、复杂性以及保鲜过程的特殊性，容易引起温度、湿度、水质等方面的变化，导致水产品腐败。因此保鲜是水产品加工中最重要的一个环节，有效的保鲜措施可避免鱼贝类被捕获后腐败变质。

三、影响水产品质量的主要因素

影响水产品质量的因素包括生物性因素、化学性因素、物理性因素和生产性因素。

(一) 生物性因素

影响水产品质量的生物性因素主要包括：水产品自身营养因素、微生物因素和毒素成分。水产品流通过程中的微生物污染，主要是指微生物自身及其代谢产物对原料和产品的污染。天然抗营养因子、毒素是水产品在代谢过程中产生的对人类有害的成分，包括水产品过敏原和毒肽。

1. 水产品自身营养因素

鱼贝类肉相对于畜肉来说，个体小、组织疏松、表皮保护能力弱、水分含量高，因此易造成腐败速率的加快。鱼体内含有活力很强的酶，如内脏中的蛋白质分解酶、脂肪分解酶，肌肉中的ATP（腺嘌呤核苷三磷酸）分解酶等。一般来说，鱼贝类的蛋白质比较不稳定并易于变性。在各种蛋白分解酶的作用下，蛋白质分解，游离氨基酸增加，氨基酸和低分子的氯化合物为细菌的生长繁殖创造了条件，加速了鱼体腐败的进程。

鱼贝类的蛋白质和脂质极不稳定，因为鱼贝类是生活于水中的变温动物，其固有特性的形成受生态环境影响。鱼贝类的脂质由于含有大量EPA、DHA等高度不饱和脂肪酸而易于变质，产生酸败，氧化生成的过氧化物及其分解物加快了蛋白质变性和氨基酸的劣化。

2. 微生物因素

(1) 细菌是水产品质量安全的主要影响因素。鱼体在消化系统、体表、鳃丝等处都附有细菌，并且细菌种类繁多。鱼体死后，这些细菌开始向深处渗透，在微生物的作用下，鱼体中的蛋白质、氨基酸及其他含氨物质分解为氨、三甲胺、吲哚、硫化氢、组胺等低级产物，使鱼体产生具有腐败特征的臭味，这个过程就是细菌腐败，也是鱼类腐败的直接原因。常见于水产品中的致病菌包括肉毒杆菌、弧菌、单增李斯特菌、沙门氏菌、志贺氏菌和金黄色葡萄球菌等。水产品自身携带的致病菌数量较少，大部分致病菌来源于加工、贮藏和运输等过程中水产品内微生物的繁殖以及外界带菌加工者的违规操作。

(2) 病毒影响因素主要来自水产品生活水域污染以及加工贮藏过程中与病毒携带者的接触污染。水产品病毒性危害，如甲型肝炎病毒、偌沃克类病毒等主要存在于双壳贝类中；常见于水产品中的天然生物毒素物质包括来源于藻类、鱼类、贝类中的河豚毒素、雪卡毒素、贝类毒素等。

（3）真菌影响因素在水产品加工过程中不多见，但其致病性极强。货架期外的水产制品，尤其是干制品容易遭到霉菌污染。

（4）寄生虫主要发生在动物性水产品当中，尤其是在非洁净水体中饲养或捕捞的水产品中存在，可在后续加工中采用加热或高压等方式除去。危害较广的水产品寄生虫有华支睾吸虫、卫氏并殖吸虫、姜片虫、广州管圆线虫、粘孢子虫、指环虫、小瓜虫等，虽然这些寄生虫可被高温杀灭，但部分消费者喜欢食用生鲜水产品，因此存在感染寄生虫病的风险。

（二）化学性因素

化学性因素是指通过环境蓄积、生物蓄积、生物转化或化学反应等方式损害人类身体健康和生命安全，或者接触对人体具有严重危害和具有潜在危险的化学品而造成的污染和危害。随着化学药品、化学试剂的广泛使用，水产品的化学污染问题也就越来越引起人们的广泛关注。水产品中化学物质的残留可以直接影响消费者身体健康和生命安全。水产品中化学物质的残留，主要包括农药残留、渔药残留、重金属等。环境污染和化学物质的不当使用均是使水产品产生化学性危害的主要原因，包括渔药、重金属、石油烃、洗涤剂、添加剂等化学物质。危害主要来源于水产品养殖、运输过程中使用非法渔药或违规使用渔药，养殖水域受生活、工业及农业用水污染，水产品加工生产中违规使用化学添加剂等。

1. 环境污染物因素

（1）农药残留。农药主要通过污染水体以及加工过程中的违规添加物转移至水产品中。有机磷、有机氯农药以及氨基甲酸酯农药，依然是水产品中主要的农药残留。由于我国已对加工水产品进行限制或禁止使用农药，目前水产品农药残留问题已逐渐好转。

（2）重金属污染。工业污染中的铅、镉、汞、砷、铜、钡、钒等重金属及化合物，通过污染土壤和水域影响水产品质量安全。随着含重金属农药的施用，煤炭、石油的燃烧以及含重金属工业废水的无节制处理，金属对海洋环境的污染越来越严重，形势十分严峻。数据显示，水产贝类产品重金属合格率不足50%，最高检测值甚至达到国家安全标准的10倍以上，而且沿海经济发达地区尤为严重，且具有普遍性，尤其在珠三角和渤海湾地区。此外，除了低值的双壳贝类，重金属在海螺、鲍鱼等高值软体动物中也普遍存在重金属超标情况。值得注意的是，重金属超标的水产品在后续的加工过程中难以去除产品内的重金属物质。然而，水产品中的重金属以结合态和自由态两种形态存在，以结合态形式存在的重金属一般要比自由态的毒性小得多，甚至无毒。此外，对于那些容易重金属超标的贝类产品，消费者的食用量在整个膳食中所占比例极小，尤其是内陆地区的居民，人体自身的代谢系统也能将其代谢掉。根据近年来风险评估的数据，虽然水产品中重金属超标的问题普遍存在，但其对人体造成的影响很小，不必恐慌。

2. 生产化学物质因素

渔用药物。渔药是为预防、控制和治疗水产动植物的病虫害，促进养殖品种健康生长，并增强机体抗病能力，改善养殖水体质量以及提高增养殖渔业产量所使用的物质。研究表明，水产品在接触或使用渔药后，其代谢过程不能将药物本体或其代谢产物完全除去，因而会使药物在水产品组织器官中积蓄和保留，这些药物累积到一定量，对食用者会造成生理危害。根据农业标准《无公害食品水产品中渔药残留限量》（NY 5070—2002）和农业农村部相关公告的要求，水产品中不得检出氯霉素类、硝基呋喃类和己烯雌酚等药物。渔药的使用必须参照《无公害食品渔用药物使用准则》（NY 5071—2002）进行。

食品添加剂。食品添加剂是食品工业中不可或缺的辅料，对食品工业发展具有重要意义。但是近年来由于食品添加剂的违法、违规添加以及非法使用非食品添加剂物质导致食品质量安全问题频发，为其带来了负面影响，引起了社会的广泛关注。在水产品生产过程中，由于国内外食品添加剂法规标准存在差异以及国内各标准较为混乱，导致了水产品技术性贸易壁垒以及国内消费者的恐慌。对市场上的水产品进行抽查发现，食品添加剂的超标和滥用是导致水产品质量问题的主要原因之一，且问题主要集中在色素添加量过多和二氧化硫残留量超标上。

3. 有害添加剂因素

水产品加工过程中也会产生一些化学性的有害物质，这些有害化学物质一般可以通过限制或者改善加工方式降低其在产品中的含量。甲醛超标是水产食品安全的关注焦点，除了一些不法商贩在极难保鲜的水产品中添加甲醛，以追求产品感官性状和延长货架期，水产品自身也会产生甲醛。水产品自身存在氧化三甲胺，和微生物作用产生甲醛，也可通过非酶途径在加热的条件下直接分解产生甲醛。不同类型的水产品以及不同的存活和加工状态，其甲醛含量各不相同。这些甲醛可以通过对水产品进行合适的加工处理、包装等手段得到改善。在腌制和焙烤类水产品中，如何消减苯并芘和亚硝胺等有害物质一直是食品工业研究的重点，这两类物质已被证实为具有遗传毒性的间接致癌物。

（三）物理性因素

水产品中存在的物理性危害一方面来源于捕捞工具、加工器具、辅助设备的金属物质、玻璃碎片等有害外来物质；另一方面由于自身的特殊结构，鱼刺、鱼鳞、鱼骨、甲壳等也可能成为水产品质量安全的危害因素。另外，温度对腐败有促进作用，一般鱼贝类栖息的环境温度较低，当它们被捕获后往往被放置在温度较高的环境中，因此酶促反应大大提高，加快了腐败。

（四）生产性因素

1. 生产行为不规范

水产养殖业中的部分从业者法律意识薄弱，导致其在工作中会出现许多不规范行为，包括对环境的影响、对水环境的污染及化学产品的滥用和违规使用。随着水产养殖业的迅猛发展，许多养殖场通过增加放养量以期获得高产和高效益。由于放养密度和投食量大，养殖水体中排泄物和残饵的累积使得水质极易恶化。养殖环境恶化为病原体和致病微生物提供了基础条件，致使水产养殖物的病毒病、细菌病、寄生虫病和营养病频繁发生。

2. 养殖投入品质量安全

养殖投入品是影响水产品质量安全的主要因素之一，主要包括饲料与饲料添加剂、渔药（禁用药物、可用药物、限用药物、非药品等）、养殖水质与水质污染等。而苗种、饲料和渔药三大投入品与养殖水产品的质量安全关系最为密切。

饲料质量是影响养殖生态系统、养殖对象抗病力、产品质量安全和养殖效益的关键因素，如果饲料中含有有毒有害物质或违禁药物，养殖对象进食摄入后，有毒有害物质积聚或残留体内，将导致养殖水产品出现质量安全问题。

3. 水产苗种质量下降

优良强壮的苗种是增产增效的基础和物质保障，由苗种引起的水产品质量安全问题主要是由于放养了携带疫病病毒或致病菌的“病苗”、苗种培育过程中使用禁用药物并终生残留的“毒苗”等，不合格的水产苗种将直接导致病害的发生，严重危害水产品质量安全。

此外，苗种质量下降不可避免地要增加用药。随着环境的变化，从前在养殖过程中即使不用药，苗种也能快速生长，而现在在相同环境下疾病却发生得更为频繁，这种现象与苗种质量下降有一定的关系。如 20 世纪 90 年代初期的中国对虾病害大面积爆发、90 年代末的海湾扇贝大面积死亡，均是由品种退化、苗种质量下降引起的。海水养殖、集约化养殖鱼类均为高值鱼类，市场价格昂贵，当发生病害时养殖户损失惨重，为减少损失极有可能使用违禁药物。

4. 加工运销过程污染

在加工、贮存、运输、销售的各个环节，均有影响水产品质量安全的因素存在。例如，部分不良商家为了提高产品的外观和卖相，使用染料给鱼上色，发色和上色技术处理不当，易造成有害物质残留；还有部分不良商家为了提高水产品存活率、保鲜率，加上某些非法牟利，投放了大量有毒和超标的药物、添加剂，给人们身体健康带来不良影响。

第二节 水产品储运条件

一、鲜活水产品储运条件

在消费市场上，水产品可分为鲜活水产品、冷冻水产品与干制品，其中鲜活水产品的价格往往比同等冷冻水产品高出许多，部分可达十几倍。随着水产品保活贮运技术的发展，水产品市场上鲜活水产品的供应量与消费量均呈直线上升趋势，消费类水产品中鲜活水产品所占比例已接近90%，生猛海鲜、游虾活鱼被越来越多的消费者青睐，水产品保活处理的目的是使其不死亡或减少死亡，因此水产品储存必须维持或营造出接近其赖以生存的自然环境的环境，或者通过一系列的措施降低其新陈代谢活动。

（一）活体运输方式

目前采用的活体运输方式主要包括低温运输、充氧运输、麻醉运输三种运输方式。

1. 低温运输

水产品新陈代谢速度随温度的降低而降低，因此，低温环境有利于延长水产动物的存活时间。低温的保持是低温运输的关键，水产品低温运输技术是在制冷技术商业化和大众化的基础上发展起来的。目前，维持运输工具和运输过程低温恒定的方法主要有机械制冷法和保温法。机械制冷法是在运输工具上装备合适的制冷机械及温度检测和控制装置，并通过制冷机械的正常运行来维持环境温度的恒定。该方法受外界环境条件的影响小，但所需设备投资大，运行费用高；保温法是在保温箱内放置一定数量的冰袋来维持局部环境温度恒定低温，该方法操作简单，投资少，使用灵活，但是保温的时间受限，只适用于短途或中短途运输。保温法的运输距离与保温箱的保温效果密切相关，通常采用聚乙烯塑料泡沫箱。

2. 充氧运输

运输中导致溶氧不足的原因：①温度：氧气在水中的溶解度随温度升高而降低。此外，水产动物和其他生物在高温时耗氧多也是一个重要原因；②养殖密度：养殖池中放养密度越大，生物的呼吸作用就越大，生物耗氧量也随之增大，池塘中就容易出现缺氧现象；③有机物的分解耗氧，池中有机物越多，细菌就越活跃，这种过程通常要消耗大量的氧气才能进行，因此容易造成运输箱中缺氧；④无机物的氧化作用：水中存在低氧态无机物时，会发生氧化作用，消耗大量溶解氧。水产动物在轻度缺氧时，鱼、虾会出现烦躁不安的现象，鱼会浮头，虾会趋边，蟹会上岸，呼吸加快，少摄食或停止摄食；重度缺氧时，鱼、虾、蟹会死亡，造成损失。若池塘中水长期处于溶氧不足的状态，所养水生动物生长会停止。研究表明：溶氧与其他有毒物质有关。保持水中足够的溶解氧，可抑制生成有毒物质的化学反应，转化降低有毒物质（如氨、亚硝酸盐和硫化物）的含量。例如：水中有机物分解后产生氨和硫化氢，在有充足氧存在的条件下，经微生物的氨、氧分解作用，氨会转化成亚硝酸再转化成硝酸，硫化氢则被转化成硫酸盐，生成无毒的最终产物。因此养殖水体中保持足够的溶氧对水产养殖非常重要。如果缺氧，这些有毒物质极易迅速达到危害的程度。增氧最好的、最方便的办法是注入新水，有条件的可使用增氧机增氧。条件不具备或紧急情况下可使用增氧剂，使用增氧剂增氧对水体底层可起到增氧作用，同时也可起净化水质的作用。

3. 麻醉运输

麻醉运输是采用麻醉剂抑制中枢神经，使水产动物失去反射功能，从而降低呼吸和代谢强度并提高存活率的一种运输方式。麻醉药物用于活鱼运输有存活率高、运输密度大、运输时间长、操作方便、途中管理简便等许多优点，退出运输后，将鱼类放入清水中可很快复苏，因而近年来日益受到重视。国际上已利用麻醉类药物进行大规格的活鱼运输，我国应用此法的时间不太长，但发展很快。当前已应用此法时间类麻醉剂主要有MS－222、盐酸普鲁卡因、盐酸苯佐卡因、碳酸和二氧化碳、乙醚、喹呐丁、尿烷、三氯乙酸等。在已经用于活鱼麻醉运输的药物中，性能最好的是MS－222，MS－222的化学名称为烷基磺酸盐同位氨基苯甲酸乙酯，白色结晶粉末状，分子量261.3，易溶于水，呈无色澄清液体。目前已被各国广泛应用于鱼类、蛙类的运输、孵化、称量、标志等过程中的麻醉和镇静，取得了良好的效果。MS－222在水溶液中可经鳃、皮肤等部位传导至鱼脑感受中枢，抑制鱼的反射和活动能力，使鱼行动迟缓、呼吸减慢、代谢降低、减少耗氧。使用MS－222时，对鱼一般采用浸浴。大型鱼类可采取药液喷洒鳃部的方法。先把MS－222溶于水中，其浓度为1：1000～1：3000（最有效的为1：2000～1：3000），诱导期1～15秒，麻醉时间可达12～40小时。麻醉后放入清水，鱼可在5～30分钟苏醒。MS－222进入鱼体后，主要聚积于脾脏、肝脏，肌肉中含量甚微。试验证明，MS－222麻醉时间短，对鱼、人较安全，因而被广泛应用于多种鱼类的运输。其他一些麻醉药物还没有被广泛运用，其在鱼体内的作用机理、代谢途径研究尚且不足，诸如诱导期、麻醉时间、肌肉内药物残留量、安全范围、毒性、对人体的危害等还没有可信的评判依据。因此，选择诱导期短、麻醉时间长、肌肉内残留量少、安全范围大、麻醉过深后易于急救、反复使用对人和鱼的危害小、价格低的新型麻醉剂是推广应用的关键，也是科研工作的方向。

鱼、虾、贝等冷血动物都存在一个区分生死的生态冰温零点，或叫临界温度，冷水性鱼类的临界温度在0℃左右。从生态冰温零点到冻结点的温度范围叫生态冰温区。生态冰温零点在很大程度上受环境温度的影响，把生态冰温零点降低或接近冰点是活体长时间保存的关键。对不耐寒、临界温度在0℃以上的种类，驯化其耐寒性，使其在生态冰温范围内也能存活，这样，经过低温驯化的水产动物，即使环境温度低于生态冰温零点也能保持休眠状态而不死亡。此时，动物呼吸和新陈代谢非常缓慢，为无水活体运输提供了条件。

鱼、虾、贝类当改变其原有生活环境时会产生应激反应，导致鱼、虾、贝类死亡，因此，宜采用缓慢降温的方式，降温梯度一般每小时不超过5℃，这样可减少鱼的应激反应，提高成活率，可采用加冰降温和冷冻机降温两种方法。

无水活体运输器一般为封闭控温式，当活鱼处于休眠状态时，应保持容器内的湿度不变，并考虑氧气的供应。不用水并将鱼暴露在空气中直接运输时，鱼体不能叠压。包装用的木屑，应是树脂含量低、未经处理和不含杀虫剂的材料，使用时须预先冷却。采用现代冰温技术，在从0℃到冻结点的冰渔区域进行以活体或活体细胞为中心的保藏、干燥、浓缩，使活体长期保存或干燥活体的复原、活细胞的浓缩等成为可能。

（二）活体储运的影响因素

在保活过程中，必须注意水产品的状况、生活温度和湿度、操作方法、氧气的供应、毒性代谢产物的积累和排泄等重要因素的影响。

1. 温度的影响

在鱼类适宜的生存水温范围内，水温的升高可以导致鱼类呼吸频率的加快和耗氧量的增加，据测定，温度每升 10℃，鱼类的耗氧量就会增加 2～3 倍。降低温度可有效降低鱼的新陈代谢速度，减少二氧化碳、氨、乳酸等的生成量，同时可抑制微生物的生长。在接近生存水温的最低限度时，其代谢强度最弱，耗氧率最低。因此运输温度控制在接近该水温点时运输效果最佳。如运输刀鱼、鲜对虾，水温控制在 6℃～8℃效果最好。

2. 溶氧的影响

呼吸是维持生命的基本特征之一，新陈代谢更是生命所必需的，它们都需要氧气。由于水产动物利用的是溶解水中的氧气，并非空气中的氧气，而溶解于水中的氧气是有限的，一般只有 3～6mg/L，而空气中的氧气含量比水中高 30 倍，又因运输箱的体积小、密度很高，水中溶氧很快就会消耗殆尽，所以运输途中必须增氧。水产动物的常规耗氧量为 12～1200mg/（kg·h），一般鱼、虾、蟹的溶氧窒息点在 0.5～2.5mg/L，而且它们的排泄物与分泌物也需溶氧来氧化，因而运输箱水中溶氧必须保持在 3mg/L 以上。此外，鱼类对纯氧的利用效率比空气要高很多，相同运输条件下用纯氧代替空气，可使淡水鱼的运输存活时间延长 20～72h。

3. 水质酸碱度（pH 值）的影响

pH 值是测量水质的重要指标，鱼、虾、蟹都有各自的 pH 值适应范围，而且 pH 值决定着水体中的很多化学和生物过程。如氨和硫化氢等有毒物质，由于 pH 值的不同，表现形式也不同，其毒性程度亦不同，因此说 pH 值是水质的晴雨表。水中生物光合、呼吸作用和各类化学变化均能引起 pH 值的变化，而它的变化对鱼、虾、蟹和水质均有很大的影响，淡水养殖的 pH 值一般应保持在 7～9。pH 值过高或过低对水产动物都有直接损害，甚至致死。酸性水（pH 值$<$6.5）可使其血液的 pH 值下降，削弱其载氧能力，造成生理缺氧症，尽管水中不缺氧但仍使其表现出缺氧症状；同时由于耗氧降低，代谢急剧下降，尽管食物丰富，也仍处于饥饿状态。pH 值过高的水会腐蚀鳃组织，引起鱼、虾、蟹大批死亡。pH 值在低于 4 或高于 10.6 时，鱼、虾、蟹都不能存活。

过高或过低的 pH 值，均会使水中微生物活动受到抑制，有机物不易分解。pH 值高于 8，大量的氨会转化成有毒的氨；pH 值在低于 6 时，水中 60%以上的硫化物以硫化氢的形式存在，增大硫化物的毒性。总之，过高或过低的 pH 值均会增大水中有毒物质的毒性。调节水中的 pH 值有以下两种方法：①如果水质偏酸（pH 值$<$6.5），可加入生石灰等碱性水质调节剂进行调节；②如果水质偏碱（pH 值$>$9.5），最好换水或注入新水，也可加入一些酸性物质进行调节，降低水的 pH 值。

4. 氨的影响

水中的氨由水产动物排泄物和底层有机物经氨化作用而产生。养殖池中养殖密度越大，氨的浓度越高。氨是水产动物的隐形杀手，氨对水产动物的毒害依其浓度不同而不同：①在 0.01～0.02g/L 的低浓度下，动物会慢性中毒，干扰鱼、虾、蟹渗透压调节系统，破坏鱼鳃的黏膜层，降低血红素携带氧的能力，鱼、虾、蟹长期处于此浓度的水中，其生长会受到抑制；②在 0.02～0.05g/L 的次低浓度下，氨会和其他造成疾病的病因共同起加成作用，加速病体死亡；③在 0.05～0.2g/L 的次致死浓度下，会破坏鱼虾皮、胃、肠道的黏膜，造成体表和内部器官出血；④在 0.2～0.5g/L 的致死浓度之下，鱼、虾、蟹会急性中毒死亡。发生氨急性中毒时，鱼、虾、蟹表现为严重不安，由于碱性水质具有较强的刺激性，使鱼、虾、蟹体表黏液增多，体表充血，鳃部及鳍条基部出血明显，鱼在水体表面流动，死亡前眼球突出，会张大口挣扎。在养殖生产中，要定期检测和控制水中的氨、氮指标，池塘中的氨、氮含量一般要控制在基准值以下。具体应采取以下措施：①及时排污，尤其是虾、蟹等育苗时最好采用集约化设施养殖，及时将池底污泥、剩饵彻底排掉；②选用高质量的饲料，即以投喂颗粒饲料为主，尽量减少残饵；③定期使用水质、底质改良剂或有益微生物改善水质及底质；④养殖水体中使用铵态氮肥时，应避免 pH 值过高。

5. 亚硝酸盐的影响

亚硝酸盐是氨转化成硝酸过程中的中间产物，在这一过程中，一旦硝化过程受阻，亚硝酸盐就会在水体内累积。这种情况在虾、蟹育苗过程中经常发生，它是水产动物的致病根源。根据现有资料表明，亚硝酸盐的毒性依鱼、虾、蟹种类和个体不同而不同。因此，各种水产动物的安全浓度差异很大。为确保鱼、虾、蟹等水产动物的安全，尤其在苗种培育阶段，建议将亚硝酸盐含量控制在 0.21g/L 以下，当养殖水体中存在亚硝酸盐时，鱼、虾类的亚铁血红蛋白被其氧化为高铁血红蛋白，从而抑制血液的载氧能力。鱼类长期处于高浓度亚硝酸盐的水中，会发生黄血病。亚硝酸盐在水产养殖中是诱发暴发性疾病的重要环境因子。当水中亚硝酸盐达到 0.1g/L 时，鱼、虾红细胞数量和血红蛋白数量逐渐减少，血液载氧能力逐渐丧失，会造成鱼、虾慢性中毒，此时鱼、虾摄食量降低，鳃组织出现疾病，呼吸困难，躁动不安；当水中亚硝酸盐达到 0.5g/L 时，鱼、虾、蟹某些代谢器官的功能失常，体力衰退，此时很容易患病。很多情况下会全池暴发疾病而死亡，这就是亚硝酸盐过高造成的。

6. 硫化氢的影响

硫化氢是一种可溶性的毒性气体，带有臭鸡蛋气味。存在于养殖池底中的硫酸盐还原菌在厌氧条件下分解硫酸盐，异氧菌分解残饵或粪便中的有机硫化物都可以导致水中硫化氢的产生。硫化氢与泥土中的金属盐结合形成金属硫化物，致使池底变黑，这是硫化氢存在的重要标志。养殖（特别是苗种培育）生产中，水体中硫化氢的浓度应严格控制在 0.1g/L 以下。硫化氢对于水产动物而言是剧毒物质，大约 0.5g/L 的硫化氢就可使健康鱼类急性中毒死亡。当水中的硫化氢浓度升高时，其生长速度、体力和抗病能力都会减弱，严重时会损坏鱼、虾的中枢神经。硫化氢与水生动物血液中的铁离子结合使血红蛋白减少，降低血液载氧功能，导致鱼、虾呼吸困难，造成死亡。

7. 运输密度的影响

长途运输的目的就是节约运输成本，尽量提高运输密度，获得更大的经济效益。然而，鲜活水产动物必须有一定的空间与良好的环境才能维持生命，因此，运输密度不能太高，应根据路途远近、不同品种、气候条件、耗氧量等具体情况而定。

8. 外界刺激的影响

当水产品受到强烈的外界刺激时会产生剧烈运动，造成供氧不足，增大水生物运输放养后的迟发型死亡概率。安静的环境可增加水产生物的安全感，减少体能消耗。尽管轻微的震动可增加水中溶氧，但噪声与震动会刺激鱼、虾、蟹的运动，并增加其代谢强度，体力损耗增大，严重的会引起其代谢紊乱，影响成活率。尤其是有些鱼类，应急反应明显，极易引起死亡。

（三）活体储运的条件

鲜活水产品在运输之前需要进行暂养以适应低温运输，进而在一定的温度、水质和水中溶解氧量下完成储运。

1. 暂养

暂养亦称蓄养，是指人们将捕获于天然水域或人工养殖中的水产生物转移至人工条件下进行停饵驯化保活，是鱼进行活体储运前的必备环节，直接影响其运输时间的长短。暂养环境条件应因种类品种的基本生活习性、生理特征、运输方式不同而不同。暂养的目的一方面是使水产生物肠道排空，防止运输途中所产生的有毒排泄物累积污染水质；另一方面是对其进行驯冷化，使其新陈代谢降低，从而适应低温运输。

就低温活体运输而言，在暂养过程中不仅对暂养设施、密度、时间、水质等有严格的要求，而且更重要的是对温度要进行精密的调节控制。暂养设施一般可用普通的水池、水族箱、水槽等，但若要进行低温活体运输，则需采用可控温暂养设备。暂养密度一般不能过大，可根据运输设备及时间确定，对鱼类而言，暂养时间最好在 48 小时以上。

2. 温度

低温活体运输过程中对温度的控制要求非常严格，主要包括 3 个温度调控期：暂养期、运输期及恢复期（唤醒期）。当温度降至某一温度区使水生生物处于半休眠或完全休眠时，再捞出进行处理运输。运输期间只需要将温度控制在临界温度不变即可，而恢复期则需要对温度进行精确调控，使其梯度升温，以减少对水生生物的刺激从而延长保活时间，最终保证销售时间及产品质量。

3. 氧气

水中溶氧量是影响水产品生存的重要因素之一，其耗氧量也是重要的生理参数。当水中溶氧充足时，既可以减少水产品因疲累、缺氧等引起的死亡，又可以大大降低水体氨氮等还原性物质的含量。当水中溶解氧降低到一定数值时，鱼类就要加快呼吸频率来弥补氧的不足，当低于临界氧浓度时，会引起血碳酸增多，从而导致呼吸性酸中毒及呼吸作用受阻使血液溶氧量大大降低，直接致使组织缺氧，最终窒息而死。因此，高密度、长时间、远距离的活体运输过程中要有充足的氧供给，才能保证较高的存活率。

水中溶解氧的量至少要保持在 3～5$\mu g/ml$ 以上，CO_2 的含量要保持在可接受的水平（20～30mg/L）以内。因此，鱼类活体储运的过程中应提供足够的氧。不仅需要在暂养期提供充足的氧，更重要的是在运输期提供足够的氧，只有保证充足的供氧，才能提高保活率。

4. 水质

在低温活运过程中，对水质的要求主要包括两个方面。一方面，是运输用水的来源。通常澄清河流、湖泊、水库等的水质较适宜作为运输用水，但实际生产中较难实现。饲养池的水较肥，井水中氧的含量较低，自来水含氯量较高，都不宜采用，然而，现代水产养殖业不经过任何处理而直接采用其作为运输用水的做法，会直接降低运输的成活率和时间。若采用井水或自来水作为运输用水，需要对其进行处理后方可使用，常用的方法是将其放入池中暂放几天。另一方面，是运输过程中水质的保持。虽然低温活体运输法可以有效地抑制水产品的新陈代谢及降低其废物的排放，但是由于运输密度较大及环境较差不可避免地会导致水体中积累一些排泄废物，如二氧化碳、氨氮、有机物废物等，其中氨氮会对水产品起到一定的毒害作用。可以通过采用加入pH缓冲盐、杀菌剂、循环水过滤除污、活性炭吸附等方法来净化水质。

二、冷冻水产品储运条件

（一）储运处理过程

1. 加工处理

必须在低温、清洁的环境下迅速、妥善地进行。各种鱼产品的冻前处理都不一样。通常，冻前处理包括原料鱼捕获后的清洗、分类、冷却保存、速杀、放血、去鳞、去内脏、漂洗、挑选分级、称量、装盘等操作。在实际加工操作过程中，有的海水鱼不需进行放血、去鳞、去鳃、去内脏等工序，淡水鱼则必须进行这些工序。一些鱼类加工还必须去头、去尾，合起来统称“三去”或“四去”。

2. 冻结处理

摆好盘后，应立即将鱼货送进冻结间（或冻结装置）进行冻结。鱼货进行冻结时，随着冻结时间的推移，其温度下降，当鱼体的中心温度降到－15℃以下时，便可停止冻结。在鱼货冻结操作进程中，缩短冻结时间不仅可以充分发挥冻结设备的生产能力，而且有助于提高产品的冻结质量。鱼货的冻结时间与鱼货的初温、终温、几何形状和制冷蒸发温度都有密切的关系。值得注意的是：冻结时，鱼货的装盘不能过厚，否则会严重影响冻结时间。

（1）空气自然对流冻结法。此冻结法是最传统的一种方法。在冻结库的顶部和边上装有冷却排管，库内装置一定高度的冷却管架作为蒸发器。冻结时，将水产品装盘后放置在管架上，经制冷机制冷，使库内温度降至－30℃～－25℃，形成自然对流空气，从而冻结水产品。此方法冻结时间长，冻品干耗大，质量差，但设备简单，适用于小型冷库。为加快冻结速度，库内可增加风机，以1～2m/s的风速加强冷空气循环流动，达到缩短冻结时间的目的，此方法称为半吹风冻结法。

(2) 吹风冻结法。为了克服静止空气冻结速度慢的缺点，采用冷风机使空气强制循环。冷风机由蒸发器和风机组成，安装在冻结室的一侧。在冷风机的作用下冷空气以3～4m/s的速度吹向被冻结鱼货，这样可大大缩短冻结时间。一些中小型冷冻加工厂中普遍采用吹风冻结法。

(3) 隧道式冻结法。隧道式冻结装置的吹风冻结装置及围护结构的制作由制冷设备厂按标准制作完成，是一种成套的冻结装置，可安装于室内。由于按标准制作，冷冻的气流可均匀地吹向被冻鱼货，送风温度可达－45℃～－35℃，风速为3～5m/s，从而加快了冻结时间。且冻品是由机械化程度较高的小车或吊车来运送的，减轻了操作劳动强度。隧道式冻结装置在大中型冷冻加工厂中使用较多。

(4) 单体冻结法又称连续冻结法，是近十年来非常流行的一种新型的冻结方法，它以连续式输送带传输冻品，冻品多是个体较小的包装或单体鱼、虾、蟹、贝类等原料。单体冻结法装置及其围护结构是由制冷设备厂按标准制作的一种成套的冻结装置。按结构的分类还可分为螺旋带式连续冻结装置、水平输送式连续冻结装置等。这种冻结方式的特点是冻品在冻结过程中的路程长且回转多，冷风与冻品呈逆向对流换热。厚2.5cm的冻品在40分钟就能冻结到－18℃，因此可获得均匀的冻结效果，冻结速度快，冻结质量好，且操作简便，劳动强度相对较小。目前，对于经济价值高和初级产品的冻结多采用这种方式。

(5) 接触式冻结法。接触式冻结装置包括立式平板冻结装置和卧式平板冻结装置等，接触式冻结法是目前应用较广泛的冻结方式之一。冻结时，在各平板之间放入被冻品，以油压装置使平板和鱼货紧贴，以提高平板与鱼货间的表面传热。由于鱼货由两面进行冻结，故冻结速度极快。6～8cm厚的鱼货用2～4h就能冻结好。

3. 包装处理

冻后处理主要指鱼货冻结后所进行的脱盘、镀冰衣和包装等操作工序。冻后处理也必须在低温、清洁的环境下迅速仔细地进行，这些工序直接影响冻品的质量，尤其是镀冰衣。冻鱼制品对包装材料和包装技术有一定的要求，包装材料除满足一般食品包装的清洁卫生、无毒、不串味和防止细菌污染要求外，还应具有耐低温、气密性好、透湿低和透光性好等性能。水产冻品的包装都应在4℃以下的环境中进行，包装材料在使用前必须预冷到0℃以下，以防止冻品的温度回升。

4. 冷藏处理

冻结后的水产品想要长期保持鲜度，还要在较低的温度下贮藏，即冻藏。在冻藏过程中受温度、氧气、冰晶、湿度等影响，鱼货还会发生氧化干耗等变化，影响冻结品质。

（二）冷冻储运条件

1. 低温储运条件

冻藏温度对冻品品质的影响极大，温度越低，品质越好，贮藏时间越长，但考虑到设备的耐受性和经济性以及冻品所要求的保鲜期限，一般冷库的冻藏温度会设置在

－30℃～－18℃。我国的水产冷库库温一般保持在－18℃以下，有些发达的国家则为－30℃。冻藏温度的高低是影响冻品品质的主要因素之一，除此之外还有温度的波动幅度、包装材料、湿度、堆放方式等。在冻藏过程中如果不注意这些细节，将会给冻品品质造成极大的危害。因此，要严格控制库房温度，防止波动，但在－18℃以下冻藏时允许有3℃的波动。

2. 气调储运条件

气调保鲜即是用某种惰性气体（如CO_2和N_2）充入装有食品的包装袋内，替换包装袋内空气，使细菌及真菌的生长得以控制，从而达到食品防腐保鲜目的的一种保鲜方法。气调保鲜有抑制细菌腐败、保持水产品新鲜色泽和隔绝氧气的三大优点。日本东京大学对各种海洋鱼类、鲜鱼类进行气调保鲜，试验表明，$40\%CO_2+60\%N_2$的混合气体配以低温流通，对鲜鱼片保鲜的效果良好。在0℃～4℃贮藏条件下，梅童鱼在$60\%CO_2+20\%O_2+20\%N_2$及$60\%CO_2+40\%N_2$低温混合气体中保鲜，效果明显优于空气对照组，且以$60\%CO_2+20\%O_2+20\%N_2$配气比例的保鲜效果最佳，其保质期高达20天。气调包装与超冷却组合保鲜是较为瞩目的新技术之一。相关研究表明，气调包装与超冷却组合技术能有效延长大西洋鲭鱼鱼片、烟熏蓝鳕、大西洋鲑鱼鱼片、新鲜鳕鱼脊肉等水产品的货架期。在运输过程应注意水产品包装的气密性安全，防止碰撞造成包装袋破漏，导致保鲜气体泄漏。

3. 保鲜剂储运条件

保鲜剂储运是指在水产品中添加对人体无害的保险剂来延长其保鲜时间的一种储运方式。鉴于化学物质种类繁多，抑制细菌生长繁殖和保持食品品质的机理也多不相同，根据化学物质在保鲜中所起的作用，保鲜剂一般分为化学保鲜剂和生物保鲜剂。在涂抹保鲜剂的过程中，应选择适合的包装材料进行包装，并在低温环境下进行储运作业，效果更为明显。

4. 辐射保鲜

水产品的辐射保鲜技术诞生于20世纪中叶。辐射加工属于冷加工，不会引起其内部温度的明显增加，易于保持水产品的色、香、味和外观品质；辐射保鲜处理可杀灭水产食品中的沙门氏菌、大肠杆菌等肠道病原菌及其他寄生虫，从而提高水产食品卫生质量，而且成本低，产品附加值高。

第三节　水产品冷链质量风险管理

一、水产品冷链质量风险因素

水产品冷链的环节数量越多，存在风险的发生概率就越高，累积的风险就越多。一般可以将水产品冷链风险分为两大类：内部风险与外部风险。内部风险主要存在于企业运营管控内部，主要包括质量风险、物流风险、流通时间风险、技术风险、温度风险、环境风险等；外部风险主要存在于整条冷链以外和在企业运营管控范围以外，主要包括信息风险、市场供需风险、供应链结构风险、合作风险等。

（一）内部风险

1. 质量风险

质量风险包括很多方面：水产品的品质和感官指标直接决定水产品的食用特性以及对环境的适应性；采购的饲料的质量安全和饲料使用水平直接关系水产品的质量安全；用水水质的水活度、pH 值、药残量、有害物质含量的多少直接影响水产品的质量安全；疫病防治水平的高低将直接影响鱼苗的存活率；滥用药也会影响到水产品产品的质量安全水平；检疫是控制病鱼、死鱼流入市场的重要手段，如果没有进行检疫或者检疫不规范，会大大增加水产品质量安全的风险；加工过程中使用的食品添加剂分量过高会直接影响水产品的食品安全；屠宰加工后，需要对水产品品质进行检验，如果没有检验或检验不符合规范，就会使不合格水产品流入市场，造成安全隐患；水产品配送前后的品质可能会有所不同，配送前和配送后的品质检测，有利于降低不安全水产品流入市场的风险；销售商向供应商索取品质相关的证书，并检查“三证”（商品检疫合格证、来自非疫区证明、运载工具消毒证明），是保证采购水产品品质安全的前提，同时需要对销售端新入水产品进行品质抽检，保证所销售水产品的安全。

2. 物流风险

水产品在物流过程中保护不周，容易受到物理性或化学性的变质损坏，存在着贮存损失、加工损失、包装破损、运输配送损失、搬运装卸损失、销售损失等可能性；加工过程中加工工艺流程是否合理直接影响水产品加工的快速作业效率。配送车辆中水产品如何装载，是影响车内水产品温度的关键因素之一，若装载密度过高，会造成车厢各个部位水产品温度不均，若装载密度过低则又会造成浪费。

3. 流通时间风险

加工时间若不能控制在合理的范围内，会使水产品加快腐烂变质；是否能按时配送至目的地，是配送过程中需要注意的问题，若配送时间过长会增加水产品的安全风险。水产品的保质期短，销售商需要制定严格的保质期监督规范，防止销售过期水产品。

4. 技术风险

技术风险存在于水产品供应链的养殖、加工、配送、销售各个环节之中。养殖池、网箱是用来养殖鱼苗、提供鱼苗养殖空间的设备，若设备出现问题，将会影响正常的养殖；养殖技术的合理与否，决定着鱼苗是否健康、水产品是否安全。屠宰设备出现故障会增加水产品被污染或产品达不到要求的风险；冷藏设备一旦出现故障，会造成水产品腐败菌的大量繁殖生长；如果搬运设备出现故障或者受到污染，就会造成被搬运水产品的二次污染；检测设备若出现故障，会影响检测结果的真实性；若消毒设备出现故障，会影响设备和环境的消毒效果；运输工具出现故障，则会拖延配送时间；贮存间若缺乏卫生控制设施，可能会使贮存水产品受微生物或化学污染物污染；温度记录仪若出现故障，就不能准确监控水产品配送过程的温度变化；如车辆制冷系统的控温设备出现故障，则运输的水产品会因为升温而达不到质量要求；若消毒设备出现故障，则会影响车厢环境的消毒效果。

若销售点的冷藏库设备出现故障，势必会增加水产品的安全风险。由于冷藏柜是敞开的，并与消费者直接接触，贮藏时间越长，微生物在冷藏柜中的累积也越多，容易造成冷藏柜对水产品的微生物污染；若冷藏柜设备出现故障，会使温度上升，大大增加安全风险。搬运车若是被大量腐败菌污染，则水产品在搬运过程中也容易受到污染；检测设备若出现故障，则会降低检测结果的可靠性；消毒设施若出现故障，也会带来安全隐患。

5. 温度风险

温度、湿度、微生物数量没有达到相关标准都会产生安全风险。冷藏温度的控制，除了对设备有要求外，对控制的技术也有一定的要求，若控制的技术不合理，会增加水产品的安全风险；运输配送过程中多次开门卸货，会造成货物温度波动，水产品会因升温产生安全风险；销售过程中，水产品经历了冷藏、搬运、分割、陈列等过程，这些过程，尤其是各个过程的接口，都需要冷藏库、冷藏柜等设备来控制温度，任何一个环节失控都会增加安全风险。

6. 环境风险

环境风险包括了养殖加工环境风险、自然环境风险和政治社会环境。养殖池、网箱等养殖设施的清洁和消毒管理是否到位，关系鱼苗是否健康；屠宰过程中的空气质量对水产品染菌程度有一定的影响。屠宰加工过程中如果水源受微生物或化学污染物的污染，势必会增加水产品的安全风险；屠宰加工过程中，如果不认真执行消毒计划，车间的屠宰操作卫生控制措施以及污染物处理不合理都会使水产品受污染；对冷藏库、冷藏车的消毒是保证水产品配送过程免受污染的必要条件；销售商多个环节的操作都需要用水清洗，若水源被污染，势必影响水产品的安全性；包装水产品的塑料袋必须符合食品卫生要求；与水产品接触的设备、器具都需要清洗消毒，有助于水产品销售过程的污染控制。疫病流行将对鱼苗的健康产生毁灭性的影响；仓库和配送车辆若遇到水灾、地震等灾害，会带来很大的损失；若配送车辆遇到交通事故，或车辆本身发生交通事故，都会延误产品配送。政府的监管力度会影响鱼苗的质量，若政府监管力度不够将会影响水产品的产品安全。现行政策法规是否能有效地规范养殖，是决定水产品质量安全的重要因素。

（二）外部风险

1. 信息风险

随着水产品供应链的规模扩大，信息传递有延迟，不准确性也随之增加。信息风险是指由信息在供应链上的传递过程中失真或不及时而引起的风险。它包括信息不对称、牛鞭效应、技术失败等风险。另外，上下游企业对市场信息、技术信息的获取能力以及信息共享程度也会影响管理水平。养殖、加工、配送、销售过程的信息记录和共享有助于水产品的全程监控、追溯查证、统计总结和管理水平的提高。若供应链过程中不记录或记录不全，就不能保证水产品的安全。

2. 市场供需风险

水产品市场上存在着需求不确定风险，企业订单履行失败风险、价格波动风险、竞争道德风险等导致水产品行业发展在复杂的市场环境中受到影响，从而使得水产品存在质量安全风险。

3. 供应链结构风险

供应链结构风险是指因水产品供应链网络结构缺乏柔性对供应链的正常运作造成影响，导致产品积压或缺货，间接造成水产品存在安全风险，主要包括内耗风险、约束风险、柔性风险等。内耗风险是指各节点企业大多从自身利益出发，很少能着眼于整个系统的高度，难免出现内耗现象，主要表现在争夺资源，使有限资源得不到优化配置；隐藏或歪曲信息，无法真实认清合作伙伴的实力和市场情况。约束风险是指水产品供应链网络结构的功效能否有效发挥取决于其中最弱的环节，最弱环节一旦跟不上供应链发展的节奏，将影响整个网络结构的利益。柔性风险是指企业为了追求精益的管理，集中优势于少数的一两家合作者，以期提高效率，降低成本，但这种合作关系一旦破裂就会产生中断风险。而选择多个合作伙伴，不仅可以避免受制于人，而且可以在他们之间形成竞争态势，得到价格上的主动权，但必然需要分散资源去获取多方的信息，分散精力去维护关系。

4. 合作风险

合作风险是指由于合作伙伴因利益问题不合作而引发的风险。水产品供应链上各节点是相对独立的利益主体，它们有选择合作和退出合作的自由，即便有合同的存在，但由于道德和利益的原因，合作关系破裂导致资金、信息、物流失衡的可能性也存在，使安全监管的资源流失，从而影响水产品的质量安全风险。另外，合作中还存在管理组织风险。管理组织风险是指供应链上各个企业的内部和企业之间的管理出现各种资源调配和组织方面的风险；管理及技术人员的管理理念、管理水平、专业水平、风险意识和安全意识直接影响水产品的质量安全。

二、水产品冷链质量风险管理流程

（一）一般企业质量风险管理程序

企业质量风险管理的程序一般分为四个阶段：一是风险识别，即对企业面临的各种潜在风险进行归类分析，从而加以认识和辨别；二是风险衡量，即运用定量分析法对特定风险发生的可能性和损失范围及程度进行估计与度量；三是风险控制，即根据风险管理目标，选择恰当的风险管理工具，优化组合，规避、预警、转移、降低风险；四是风险管理实施与评价，即协调配合使用各种风险管理工具，不断反馈、检查、调整、修正，使之更接近目标。

（二）水产品冷链质量风险管理一般流程

根据一般企业质量风险管理的程序，水产品冷链质量安全风险管理采用以下步骤。

一是风险识别。按照企业水产品冷链的各个环节，从造成水产品冷链内部、外部质量风险的因素中进行风险识别，找出相应的评价因素，为风险管理做好基础准备。

二是指标选取。对每个评价因素进行选取，依据专家的咨询和实际调研，根据选取的原则，全方位地考虑问题，防止遗漏重要指标。

三是问卷调查。通过问卷设计和调查问卷评价企业水产品冷链各指标对冷链质量风险的影响程度，获取相关数据，为下一步风险评价提供依据。

四是风险评价。通过供应链风险评价方法，对风险指标数据进行评价并分析，得出评价的结果。

五是风险预警控制。按照风险控制的管理办法，给出一套科学可行的主动型风险预警控制方案，包括预警体系的运作和预警决策系统的研究，为企业风险控制管理提供决策支持。

六是风险管理措施。根据前面的风险评价和预警控制过程，结合多方位的法律法规和政府监管部门的管理措施，从宏观的角度提出水产品冷链质量安全风险管理措施。

三、水产品冷链质量风险管理措施

水产品冷链质量风险管理是根据水产品冷链质量风险识别和评价而实施的管理措施。政府和企业对水产品冷链质量风险管理侧重点各有不同，政府层面的水产品冷链质量风险管理策略主要侧重于水产品冷链质量安全监管功能设立、标准体系建设、技术设备应用、预警与监控机制、信息共享合作等方面；企业层面的水产品冷链质量风险管理主要侧重于企业采购、加工、储运等作业环节。

（一）政府层面的水产品冷链质量风险管理策略

1. 加强对水产品冷链质量安全监管功能

地方政府通过健全法律、法规和技术标准，结合市场经济杠杆的调节作用，逐步建立起适应市场经济规律的、有序的市场经济良性运作体系；政府要加强对水产品质量的安全监管功能，各级渔业行政主管部门要加大对水产品质量安全的执法力度，切实履行对水产质量安全的管理和监督。另外，由于水产品生长环境和加工污染是引起质量安全问题的重要原因，政府应投入资金整治水环境，加强废水排放监管，加大水产品用水水质安全检测力度，做好养殖设施的卫生管理，减少加工场所的水源和空气污染，从源头防止水产品的污染。

2. 制定和完善渔业标准化体系及产品质量安全标准

政府和相关水产品行业部门要制定和完善渔业标准化体系以及产品质量安全标准，加强水产品质量安全基础性研究和质量安全危险性分析，加强水产品质量安全基础性研究，完善监管质量安全的技术依据，从法律上约束和引导生产者按质量安全要求规范生产出安全卫生的产品。

3. 推进冷链物流技术与设备的升级

构建水产品冷链物流体系，开发冷藏技术，加快先进技术引进的步伐，开发和应用保鲜储藏新技术，不断升级在运输和储存水产品过程中所使用的冷藏物流设备，不断提高水产品的保鲜和储藏能力。

4. 建立水产品冷链质量安全风险评价、预警和应急机制

针对水产品企业冷链全过程环节建立科学、高效、合理的安全风险评价机制，建立快速预警体系和应急机制，为企业做出质量安全决策和政府制定法律法规提供科学依据。

5. 加强水产品冷链质量安全监测监控体系的建设

加大建立水产品质检中心的力度，鼓励地方政府建设市级质检中心，发挥各级水产品质检中心的质量安全监控作用，做到能随时随地有效检查及管理水产品质量安全状况。

6. 加强水产品冷链上下游企业信息共享和合作机制

通过多种渠道来加强水产品冷链上下游企业信息共享和合作机制，如通过建立可追溯的信息平台等进行信息共享并提供技术支持；对合作伙伴实行冷链物流信息共享或建立长期伙伴关系等激励措施；突出核心企业的协调作用、简化冷链结构并优化合作伙伴的选择；签订具有法律效力的协议或合同来完善约束机制；建立并完善合理的利益分配机制。

（二）企业层面的水产品冷链质量风险管理策略

1. 采购风险管理措施

对采购质量进行管理，就是对水产品冷链质量进行控制，尤其是对供应商供货质量体系的建设。对相关企业主体的采购部门来说，采购质量风险的管理是要建立相关的质量检测、评估体系，对采购品质量进行合理控制，产品出库或者入库要求做到严格把控。

2. 加工风险管理措施

对于水产品冷链加工风险来说，加工技术风险是最重要的一个因素，要不断加快加工技术的改进，积极采用新技术。例如，在加工车间中加强温控技术，减少因温度原因造成的加工损耗，另外在加工过程中要不断改进加工流程，减少因加工流程造成的损毁。对于采取自动化加工的企业，应不断改进信息化方面的加工技术，建立生产加工的一体化技术开发体系，此外，要积极地引进和学习先进技术，不断提高本身的加工技术水平。

3. 储运风险管理措施

由于水产品本身的脆弱性和鲜活性，对于水产品的储运必须建立在先进的物流技术和运输技术的基础上，对此，需要建立一套完整的运输配送体系与冷链物流体系，以先进的科学技术为支撑，配备先进的物流基础设施和运输装备，充分发挥物流技术的作用。要加强各个环节之间的衔接，避免中间过程的损耗。例如，加强运输过程中冷链车辆的配置建设、冷库温控装置建设以及销售过程中冷柜设施的建设。此外，还需依靠信息化平台，对运输过程进行实时动态监测，对水产品储存质量以及运输中车

辆情况、温控装置情况等进行实时反馈，减少运输过程水产品的损害，降低水产品储运风险水平。

案例分析

我国水产品市场现状及发展趋势分析

第20届中国国际海事会展在上海召开。会上宣布我国将建300个“海上移动牧场”，形成包括鱼养殖、收获、加工等在内的深远海养殖产业链。近几年，我国居民对水产品的消费需求上升，加速了我国水产品市场的成长。而冷链运输行业的迅猛发展，则为水产品市场发展打下了坚实的基础。

近几年，我国水产品市场稳步发展，水产品供给量持续上升。根据《2018中国渔业统计年鉴》数据显示，2017年我国渔业工业和建筑业产值为5666.62亿元，其中水产品加工行业总产值达到4305.1亿元，同比增长5.3%。

众所周知，对于水产品而言，其新鲜度非常重要。为了让水产品在运输过程中保持良好的品质，冷链运输成为水产品产业链中的关键一环。冷链运输是指使水产品在生产、贮藏、运输、销售等各个环节始终处于规定的低温环境下，以保证水产品质量，减少因腐坏而产生的损耗。

近年来，我国冷链运输市场不断壮大。根据前瞻产业研究院发布的统计数据显示，2012—2017年，我国冷链物流行业市场规模逐年增长。截至2017年我国冷链运输市场规模达到了2550亿元，同比增长13.33%。

与此同时，冷链运输的基础设施也在持续完善。例如冷藏车，它作为冷链运输中的关键一环，其产量正在逐年增加。数据显示，2012—2017年，我国冷藏车产量从0.85万辆增加到3.38万辆，预计到2022年中国冷藏车产量将突破10万辆。

又如，国内水产冷库的数量和质量也在不断提升。据了解，2018年，我国水产冷库数量达到7957座，在水产冷藏技术方面也有了极大的进步。目前，国内冷库的制冰水平、冷藏水平、冷冻水平都较高，能够较好地保障水产品原料以及加工产品的质量。

虽然近两年我国冷链运输行业发展迅速，但不可否认的是，与发达国家相比，我国的冷链运输行业仍然存在着基础设施缺乏、设备分布不均、设备的种类及质量良莠不齐、信息技术水平低等问题。

对此，相关企业在建设冷链物流时要进行合理规划，让基础设施分布更均匀，减少运输成本，提高运输效率。同时，企业不仅要建设大型贮藏型冷库，也要注重中小型冷库、加工类冷库的建设，并完善冷库、冷藏车等设备的贮存、运输功能，使其温度控制能更精确，提高设备质量，从而提升冷链物流的整体运输水平。

除此之外，企业也要提升设备的信息化水平。缺乏对于冷链环节的监管和追溯是目前冷链产品出现质量问题的主要原因之一，现今消费者对于食品安全的重视度越来越高，而信息技术能提高对冷链运输的监管水平，实现产品运输流程的标准化、透明化，减少食物腐坏率，在防范食品安全问题的同时也降低了企业的损失。

如今，我国已成为水产品的主要生产国之一。据统计，当前我国水产品冷链流通率达到23%，冷藏运输率达到40%，发展迅猛。但目前水产品市场的不断壮大，冷链运输相关企业还需优化基础设施建设，提升设备信息化水平，进一步加强水产品冷链流通效率。

思考：

我国的水产品冷链产业发展得如火如荼，如何管控水产品冷链质量显得至关重要，请问在水产品冷链质量风险管控中我们应该注意哪些问题？

练习与思考

1. 影响水产品质量的主要因素有哪些？
2. 水产品具有哪些特性，这些特性对水产品的质量有哪些影响？
3. 水产品受化学性因素影响具体包括哪些？
4. 鲜活水产品的运输方式有哪些？
5. 影响鲜活水产品的储运因素有哪些？
6. 鲜活水产品储运条件有哪些？
7. 冷冻水产品储运条件有哪些？
8. 水产品冷链风险质量因素包括哪些？
9. 水产品冷链质量风险管理流程如何设计？
10. 企业如何进行水产品冷链质量风险管理？

参考文献

[1] 郑建明，郑久华．中美水产品质量安全可追溯政府治理机制比较分析［J］．中国农业资源与区划，2016，37 (5)：35—40.

[2] 任飞宇．水产品冷链质量评估系统构建［J］．商业时代，2013 (15)：49—50.

[3] 穆迎春，马兵，宋怿，等．国内外养殖水产品质量安全管理体系建设现状及比较分析［J］．渔业现代化，2010，38 (4)：57—62.

[4] 张聪，姜启军．我国水产品质量安全问题与对策建议［J］．山西农业科学，2010，38 (3)：61—64.

[5] 李建春．农产品冷链物流［M］．北京：北京交通大学出版社，2014.

[6] 傅泽田，张小栓，张领先，等．生鲜农产品质量安全可追溯系统研究［M］．北京：中国农业大学出版社，2012.

第十章　蛋类商品冷链管理

学习目标

1. 了解影响蛋类商品的质量的主要因素
2. 掌握蛋类商品的储运条件和方法
3. 掌握蛋类商品冷链质量风险因素和管理措施

第一节　影响蛋类商品质量的主要因素

禽蛋是一种营养丰富且易被人体消化吸收的食品，它与肉、乳、蔬菜一样，是人们日常生活中的重要营养食品之一。我国是世界上蛋品产出最多的国家，蛋和蛋制品在国民经济中占有重要的地位。

禽蛋是人类已知的最完善的天然食品之一。禽蛋提供极为均衡的蛋白质、脂类、糖类、矿物质和维生素。一枚受精的鸡蛋，在适当温、湿度条件下孵化，鸡蛋就会发育成小鸡，而这段时间的营养全来自鸡蛋本身，可见其营养价值之高。

禽蛋含有较高的蛋白质，且是全价蛋白质，其蛋白质含量（11%～15%）、蛋白质消化率（98%）、蛋白质的生物价（全蛋为94，蛋黄为96，蛋白为83）和必需氨基酸的含量及其构成比例，与人体的需要比较接近和相适宜（全蛋氨基酸构成比例评分为100）。禽蛋内脂肪含量为11%～16%，含有丰富的磷脂类和固醇等特别重要的营养素。除此外，蛋黄中铁、磷含量较多，且易被人体吸收利用，可作为婴幼儿及贫血患者补充铁的良好食品。禽蛋也是维生素（除维生素C外）的主要来源。因此，禽蛋是婴幼儿生长发育和成年、老年人保持身体强壮，病人恢复健康所不可缺少的营养食品，被人们誉为“理想的滋补食品”。

禽蛋及蛋制品既能改善食品的结构和风味，又能提高食品的营养价值，除供人直接食用外，也是工业的重要原料，它被广泛应用于造纸、制革、纺织、医药、化工、陶瓷、塑料、涂料等工业中。鲜蛋以及我国品种繁多的传统蛋制品，又是我国外贸大宗出口商品，在我国对外贸易中占有重要的位置，在国际市场上也享有声誉，松花蛋和咸蛋已成为我国新兴的独立而完整的特种食品，在经济建设中发挥重要作用。

一、禽蛋变质的原因

影响禽蛋品质的原因有三个，即微生物、环境因素和禽蛋本身的特性。禽蛋变质是以上三个原因互为条件、相互影响、发生综合作用的结果。

（一）微生物

微生物在禽蛋变质过程中起着主要作用。引起禽蛋腐败变质的微生物主要是非致病性细菌和霉菌。禽蛋含有丰富的有机物质，无机物质和维生素，当微生物侵入蛋内后，在适当的环境因素下迅速生长和繁殖，把禽蛋中复杂的有机物分解为简单的有机物和无机物。在这一过程中，禽蛋发生腐败并变质。

（二）环境

微生物的生长、繁殖与环境因素（如温、湿度等）有密切的关系。因此，环境越有利于微生物生长、繁殖，禽蛋则越易腐败变质；环境越不利于微生物生长、繁殖，禽蛋则越不易腐败变质，有利于保鲜。

（三）禽蛋的特性

禽蛋中含有丰富的水分（70%～73%）、蛋白质（13.5%）、脂肪（11%～14%）、无机盐（1%）和维生素。蛋白的pH值为6.0～7.7，蛋黄的pH值为6.0～6.4。这些因素都能满足微生物生命活动的需要，是微生物天然的“培养基”。因此，微生物侵入蛋内后，在适宜的环境条件下就能大量繁殖，分解营养物质，使禽蛋腐败变质。

二、禽蛋中微生物的来源

健康母禽产的蛋，其内容物里是没有微生物的。禽蛋中微生物的来源有以下两个。

（一）蛋形成过程中会污染微生物

母禽不健康，生殖器官的杀菌作用减弱，来自肠道或肛门中的微生物可以侵入输卵管，使蛋液有可能被各种微生物污染。母禽患有传染病时，卵巢和输卵管等器官中往往有病原菌侵入，那么禽蛋便有可能被病原菌污染。母禽病愈后，体内的病原菌在一定时间内尚未消灭或排出，一般称其为带菌者，其所产的蛋，也可能含有病原菌。

（二）蛋贮存过程中会污染微生物

禽蛋经过泄殖腔排出体外时（特别是泄殖腔受粪便污染时）和排出体外后均能受到微生物的污染。但这些微生物在一定条件下可通过蛋壳上无数的气孔进入蛋内。禽蛋对防止蛋壳上的微生物入侵具有一定的自卫能力，外蛋壳膜、内蛋壳膜和蛋白膜均具有这种功能。蛋白中的溶菌醇能杀灭侵入蛋液里的各种微生物。但是这些功能随着贮存时间的延长而逐渐下降，而微生物则因易于侵入而得到繁殖。

三、禽蛋腐败变质的种类

禽蛋的腐败变质，大致可分为细菌性腐败变质和霉菌性腐败变质两类。

（一）细菌性腐败变质

细菌性腐败变质是指以细菌为主的微生物引起的腐败变质。由于细菌种类的不同，蛋的变质情况也有所变化。细菌作用于蛋液后，首先使蛋白液化，表面产生不正常的色泽，一般多为灰绿色，并产生硫化氢，具有强烈刺激性的臭味，有的蛋白、蛋黄相混合并产生具有人粪味的红、黄色物质，这种腐败变质主要是由荧光菌和变形杆菌引起的，有的产生绿色样物，这是由绿胀杆菌引起的，其他如大肠杆菌、副大肠杆菌、产气杆菌、产碱杆菌、葡萄球菌、链球菌等，均能使禽蛋腐败变质。细菌侵入蛋内后，一般蛋白先开始变质，然后波及蛋黄。蛋白腐败初期，一小部分呈淡灰绿色，而后这种颜色扩大到全部蛋白，并变成稀薄状且具有腐败气味。蛋黄上浮，黏附于蛋壳并逐渐干结，蛋黄膜失去弹性而破裂形成散黄蛋，这种蛋液混浊不清，腐败的进程非常迅速，产生大量的硫化氢并快速变黑，简称为黑腐蛋。这种蛋的蛋壳呈灰色，并从蛋壳气孔向外逸出恶臭。这种蛋由于气体的积聚，蛋壳受到内部气体的压迫而爆破，内容物流出，发出强烈的臭味，黑腐蛋是蛋腐败的最高阶段。

（二）霉菌性腐败变质

霉菌性腐败变质是指以霉菌为主的微生物引起的腐败变质。蛋中常出现褐色或其他色的丝状物，这主要是由腊叶芽孢霉菌和褐霉菌引起的。其他如青霉菌、曲霉菌和白霉菌，均能引起禽蛋的腐败变质。生长在蛋壳上的霉菌，通常肉眼能看到。经蛋壳气孔侵入的霉菌菌丝体，首先在内蛋壳膜上生长起来，靠近气室部分，霉菌的繁殖最快，之后霉菌破坏内蛋壳膜和蛋白膜，进入蛋白，进一步发育繁殖，霉菌繁殖的部分形成一个十分微小的菌落，光照透视检查时，有时呈淡色小斑点的形状，有时蛋壳里好像撒满了细微的小斑点，这是蛋被霉菌侵害的初步变化，这时称为“小斑点蛋”；霉菌菌落继续繁殖与相近菌落的汇合，使霉斑扩大，这时蛋的变质又进了一步，称为“斑点蛋”；最后，由于霉菌不断发育和霉斑的集合，当整个蛋的内部为密集的霉菌覆盖时，这种蛋在灯光下透视时已不透明，内部呈混黑一团，称为“霉菌腐败蛋”，意味着蛋受霉菌侵害后腐败变质发展到了严重的程度。受霉菌侵害腐败变质的蛋，有一种特有的霉味以及其他的酸败气味。

同一个腐败变质的蛋，绝不是仅因为一种微生物的侵入而引起的。据报道，从腐败变质蛋中分离出的微生物是多样的。具体如表 10 - 1 所示。

表 10 - 1　腐败变质蛋中分离出的微生物

蛋别	混腐蛋		黑腐蛋		霉腐蛋	
	枚数	检出率（%）	枚数	检出率（%）	枚数	检出率（%）
变形杆菌	8	72.7	8	66.7	—	—
大肠杆菌	11	100	9	75.0	7	46.6
副大肠杆菌	7	63.6	9	75.0	4	26.7

续 表

蛋别	混腐蛋		黑腐蛋		霉腐蛋	
	枚数	检出率（%）	枚数	检出率（%）	枚数	检出率（%）
产气杆菌	10	90.9	7	58.3	2	13.3
产碱杆菌	6	54.5	7	58.3	—	—
荧光杆菌	2	18.1	3	25.0	—	—
灵菌	1	9.1	1	8.3	1	6.7
绿脓杆菌	2	18.1	1	8.3	—	—
枯草杆菌	5	45.5	7	58.3	—	—
葡萄球菌	4	36.4	4	33.3	—	—
链球菌	1	9.1	3	25.0	—	—
青霉菌	2	18.1	—	—	15	100
腊叶芽孢霉菌	—	—	—	—	10	66.7
白霉菌	1	9.1	1	8.3	8	53.3
褐霉菌	—	—	1	8.3	6	40.0
总检蛋数	11		12		15	

如表10－1所示，细菌性腐败变质蛋中的微生物以变形杆菌、副大肠杆菌、产气杆菌、产碱杆菌检出率最高，霉菌性腐败变质蛋中的微生物以青霉菌、腊叶芽孢霉菌检出率最高。在细菌性腐败变质蛋（混腐蛋和黑腐蛋）中也检出了霉菌，在霉腐蛋中也检出了细菌，但是，细菌性腐败变质中检出的微生物中以细菌为主，霉菌性腐败变质中检出的微生物中以霉菌为主。

四、影响禽蛋品质的因素

（一）环境清洁度

母鸡产蛋及存放鲜蛋的场所较为清洁，则鲜蛋被微生物污染的机会减少，有利于禽蛋的保鲜。否则，容易变质。

（二）环境温度

温度是影响禽蛋腐败变质的一个极为重要的环境因素。鲜蛋在较高气温下容易腐败变质，原因有以下几点。

（1）蛋壳内、外的细菌大部分属于嗜温菌，其生长适宜温度为10℃～45℃（最适温度为20℃～40℃）。因此，较高的温度适宜细菌生长繁殖。所以，在炎热的夏季最易出现腐败蛋。

（2）蛋内的水分从蛋壳气孔向外蒸发的速度加快。蛋白水分向蛋黄渗入加快，使蛋黄膜过度紧张失去弹性，进而崩裂形成散黄蛋。

（3）蛋内酶的活动加强，加速了蛋中营养物质的分解，促进了蛋的腐败变质。

（三）环境湿度

禽蛋在高湿度环境下，容易腐败变质。因为微生物的生长和繁殖，除需要适宜的温度外，还必须有一定的湿度。例如，大肠杆菌在适宜的温、湿度下，每 20 分钟繁殖一代，经过 24 小时就可以繁殖亿万个后代。如果微生物只有适宜的温度，而没有适宜的湿度，则微生物的生长和繁殖就要停止，甚至死亡。因此，禽蛋在适合微生物活动的温、湿度环境中，蛋壳上的微生物活跃，繁殖力增强，必然更加容易侵入蛋内，并在蛋内大量繁殖，使蛋迅速腐败变质。霉菌的生长、繁殖与湿度的关系最密切。只要湿度适宜，即使在低温下，甚至在 0℃以下也能生长繁殖。因此，在湿度较高的环境下，禽蛋最易发生霉菌性腐败变质。

（四）壳外膜的情况

壳外膜的作用主要是保护禽蛋不受细菌和霉菌等微生物侵入，所以壳外膜是禽蛋防止生物入侵的第一道防线。壳外膜性质不稳定，能溶于水，也易受磨损。因此，蛋被洗涤、雨淋或受擦损及长期贮存等，壳外膜很容易消失或脱落。壳外膜消失或脱落后，外界的细菌、霉菌等微生物便通过气孔侵入蛋内，加速蛋的腐败变质。鸡蛋经水洗和雨淋后微生物侵入情况如表 10－2 所示。

表 10－2　鸡蛋经水洗和雨淋后微生物侵入情况

项目蛋质	实验份数	处理情况	贮存温度（℃）	贮存时间（d）	蛋液内检出的微生物	
					枚数（个）	百分率（%）
新鲜	14	雨淋	20～30	15	6	42.9
新鲜	14	水洗	20～30	15	4	28.6
新鲜	14	对照	20～30	15	1	7.1
新鲜	10	雨淋	22～28	30	10	100
新鲜	10	水洗	22～28	30	10	100
新鲜	10	对照	22～28	30	1	10.0

从表 10－2 可知，同样品质的鸡蛋因处理方法不同，在同一贮存条件下，蛋液里侵入的微生物也各不相同。由此可知，禽蛋受雨淋或经水洗后，是造成微生物侵入的重要因素。

另外还可以看出，破壳蛋比未破壳蛋更容易腐败变质，开始腐败变质所需的时间随气温升高而减少。

（五）禽蛋的品质情况

禽蛋的腐败变质与禽蛋的品质、微生物污染的程度有直接关系。新鲜蛋里微生物污染很少，甚至无菌。陈旧蛋和变质蛋的微生物污染严重，极易腐败变质。根据试验，不同品质的鸡蛋与微生物污染的关系，如表 10－3 所示。

表 10-3　　不同品质的鸡蛋与微生物污染的关系

项目	检验枚数	每克蛋液内杂菌总数	每克蛋液内大肠杆菌数
新鲜蛋	15	—	—
陈旧蛋	5	4	—
孵化蛋	4	4	—
破壳蛋	4	1101	10
轻黏壳蛋	3	48	10
重黏壳蛋	2	481	100
霉蛋	3	58	100
腐败蛋	1	无法计数	10000 以上

五、腐败变质蛋的危害

腐败变质蛋首先是带有一定程度使人难以接受的感官性状，如具有刺激性的气味、异常的颜色、酸臭味道、组织结构破坏、污秽感等。化学组成方面，蛋白质、脂肪、碳水化合物被微生物分解利用，它的分解和代谢产物已经完全成为没有利用价值，甚至对人体有害的物质。因此，腐败变质蛋已失去了营养价值。

腐败变质蛋由于微生物污染严重，菌相复杂，菌量增多，因而增加了致病菌和产毒霉菌等存在的机会。由于菌量增多，沙门氏菌和某些致病性微弱的细菌可能会引起人体的不良反应，甚至使人中毒。因此，为了保障人体健康，严重腐败变质蛋只能废弃或作肥料用。

第二节　蛋类商品储运条件

一、蛋的保鲜贮藏原理

（一）鲜蛋在贮藏中的变化

禽蛋在贮藏过程中，由于贮藏方法、环境条件不同，会使禽蛋发生一系列物理、化学、生物变化，这些变化会影响禽蛋的品质和加工、食用价值。为了做好禽蛋的贮藏保鲜工作，必须了解禽蛋在贮藏保鲜中的各种变化，以便掌握规律，使变化降低到最小限度。

1. 物理变化

（1）质量的变化。由于蛋壳上有气孔，蛋在贮藏过程中，蛋内水分不断蒸发，同时外界空气进入，使蛋的质量逐渐减轻。蛋质量的减轻程度同贮藏中的温度、湿度、蛋壳气孔大小、空气流通及贮藏方法等因素有关，如表 10-4、表 10-5 所示。

因此，蛋在贮存中，要选择合适的贮存方法，尤其要注意贮藏中的温度和湿度。

表 10-4 不同温度下贮存的鸡蛋的质量变化

保藏时的温度（℃）	9	18	22	37
每枚蛋每昼夜的质量变化（g）	0.001	0.001	0.04	0.05

表 10-5 不同湿度下贮存的鸡蛋的质量变化

相对湿度（%）	90	70	50
每枚蛋每昼夜的质量变化（g）	0.0075	0.0183	0.0258

（2）气室的变化。蛋气室的变化与质量的损失有明显的关系。随着蛋重的减轻，气室也随之增大。存放时间越长，蛋重损失越大，气室也越大。气室的变化伴随着质量的变化而变化，同样与贮存温度、湿度、贮存时间、贮存方法、蛋壳气孔密度等因素有直接关系。根据气室的大小，可以判断蛋的新鲜度，如表 10-6 所示。

表 10-6 不同贮存时间气室的变化

保存天数	第 5 天	第 25 天	第 50 天	第 75 天	第 100 天
气室高度（cm）	0.46	0.60	0.90	1.15	1.35

（3）蛋内水分的变化。贮藏期间蛋失重主要是水分蒸发的结果，而蒸发的水分主要是蛋白内的水分。因此，蛋白内的水分一方面向外蒸发，而另一方面因渗透压的缘故向蛋黄内渗透，使蛋黄内水分增加。随着贮藏时间的延长，蛋黄体积逐渐增大，蛋黄膜强度降低，最后使蛋黄膜破裂而形成散黄蛋。蛋内水分的变化主要同贮存时间和温度有关。

（4）蛋白层的变化。鲜蛋的蛋白层变化是较明显的。在贮存过程中，浓厚蛋白逐渐变稀，蛋白层的组成比例发生显著的变化，最后使蛋黄膜变薄、破裂，蛋白、蛋黄相混。随着浓厚蛋白的减少，溶菌酶的杀菌作用降低，蛋的耐贮性也大为降低。蛋白层的变化主要同温度有关，因此，降低温度是防止浓厚蛋白变稀的有效措施。

（5）蛋黄的变化。鲜蛋在贮存过程中，由于蛋白内水分向蛋黄内渗透，蛋黄逐渐变稀，同时蛋黄膜强度降低，使蛋黄的高度明显降低，蛋黄指数减小。正常鲜蛋的蛋黄指数在 0.35 以上，当蛋黄指数在 0.25 以下时，蛋黄膜就会破裂。蛋黄指数的下降主要与贮存时间及温度有关。

2. 化学变化

化学变化主要是指鲜蛋在贮存期间 pH 值、含氨量、可溶性磷酸、脂肪酸等的变化。

（1）pH 值的变化。蛋在贮存期间，pH 值不断发生变化，尤其是蛋白 pH 值变化较大。一般情况下，鲜蛋白的 pH 值呈碱性，为 8 左右。随着贮存时间的延长，pH 值可降低到7左右。鲜蛋黄的pH值为6左右，由于蛋内化学成分的变化及CO_2少量蒸发，pH值会缓慢增高，可达到7左右。当蛋黄和蛋白的pH值均接近于7时，说明蛋已相当陈旧，但尚可食用。当蛋腐败后，CO_2难以排出，加上腐败后蛋内有机物分解产生酸类，pH值下降到中性或酸性，这种蛋不能食用。

（2）含氨量的变化。蛋在贮存期间，由于酶和微生物的作用，蛋中蛋白质发生分解，从而使蛋内含氨量增加。

（3）脂肪酸的变化。贮存期间，蛋黄中的脂类逐渐氧化，使游离脂肪酸的量逐步增加。

（4）可溶性磷酸的变化。由于蛋黄中含有卵黄磷蛋白、磷脂类及甘油磷酸等，蛋在贮存期间，由于贮存时间的延长，使这些物质分解出可溶性无机态磷酸，尤其是腐败的蛋，可溶性磷酸量增加更多。

3. 生理变化

蛋若是在较高的温度下贮藏，将引起胚胎（胚珠）的生理变化。若是受精蛋，则使胚胎周围形成血丝，以致发育形成雏禽；若是未受精蛋，则使胚珠出现膨大现象。这种变化最易降低蛋的质量，而且大大影响蛋的贮藏期。防止出现这种生理变化的有效措施是降低温度。

4. 微生物变化

贮存期间蛋内微生物变化，主要是感染了微生物所致。蛋感染微生物的途径有两种：一是母禽体内感染，由于产蛋家禽本身带菌，蛋在形成和产出过程中发生感染；二是蛋在贮存过程中受到微生物的侵入而感染。新鲜蛋的外蛋壳膜能够防止微生物的侵入，蛋内含溶菌酶能杀死侵入的微生物。但外蛋壳膜极易脱落，溶菌酶也极易失活，微生物容易从蛋壳气孔侵入。感染的微生物通过蛋壳气孔和壳内膜纤维间隙侵入蛋内，在蛋内大量繁殖，使蛋变质。蛋内微生物生长繁殖的适宜温度是20℃～40℃，低温能减缓微生物的侵入速度和繁殖速度。干燥的空气能使蛋壳表面微生物的活动能力大大减弱。高湿度条件下，霉菌和细菌能很快侵入蛋内。此外，微生物的侵入与蛋壳的裂纹、产蛋时卫生条件、鲜蛋包装的填充料等有关。蛋腐败变质的主要原因是微生物的侵入。蛋变质的最初阶段是蛋白变稀，呈淡绿色，并逐渐扩大到全部蛋白，系带变细，蛋黄贴近蛋壳，蛋黄膜破裂，蛋白和蛋黄相混，以致逐渐开始变质，蛋白变蓝或变绿，产生腐臭味，蛋黄变成褐色。

（二）禽蛋的保鲜基本原则

为了保持鲜蛋品质，禽蛋在贮藏时须掌握以下基本原则。

（1）保证禽蛋具有高度的清洁状态，防止微生物污染。

（2）设法闭塞蛋壳气孔，防止微生物进入蛋内，并增加蛋内CO_2的浓度，减弱禽蛋生理活动。

（3）把禽蛋放在气温较低的场所，以减弱微生物的生长繁殖能力并降低蛋内酶的活性，延缓蛋内容物的化学变化。

(4) 贮藏的禽蛋，一定要新鲜，其理化性状必须符合新鲜蛋的要求。

(5) 贮藏鲜蛋所用的药剂对人体不得有毒、有害。

二、禽蛋保鲜的方法

禽蛋保鲜常用的方法有冷藏法、液浸法（包括石灰水贮藏法、水玻璃贮藏法）、涂膜法（包括用石蜡、矿物油、树脂、合成树脂等涂膜）、消毒法、气调法（包括 CO_2、氮气、臭氧及化学保鲜剂等）以及民间简易的干藏法（包括用谷糠、小米、豆类、草木灰等）等来贮藏鲜蛋。这些方法中，前两种方法在我国各地被广泛采用，气调法中的 CO_2 贮藏法也较为常见。

（一）冷藏法

冷藏法是利用冷藏库中的低温抑制微生物的生长繁殖并抑制蛋内酶的活性，延缓蛋内容物的分解，使鲜蛋在较长时间内能较好地保持原有的品质。

禽蛋的冷藏法在国内外被广泛应用。该方法的优点包括：操作简单、管理方便、贮藏效果较好，一般贮藏半年以上仍能保持新鲜蛋的品质。但该法由于冷库造价较高，还不能普遍应用。利用冷藏法贮藏蛋必须使用得当，管理合理，才能真正达到冷藏的效果，否则，易使鲜蛋变质，造成经济损失。

1. 做好入库前的准备

(1) 冷库消毒。鲜蛋入库前，冷藏库首先要进行打扫、消毒和通风换气。消毒可采用漂白粉溶液或石灰水溶液，方法简单，成本低廉。通过消毒，可消灭库内残存的微生物和昆虫。

(2) 严格选蛋。冷藏的鲜蛋，必须经过严格的感官检验和灯光透视，选择符合质量要求的鲜蛋入库。剔除破碎、裂纹、雨淋、孵化、异形等劣次蛋和破损蛋，并把新鲜蛋、陈蛋按鲜腐程度分类堆放。

(3) 合理包装。入库蛋的包装要完整、结实、清洁、干燥且没有异味，以防鲜蛋受污染发霉。

(4) 鲜蛋预冷。选好的鲜蛋在冷藏前必须经过预冷。鲜蛋的预冷可在专用的冷却间进行，或利用冷库外的过道、穿堂进行。冷却间的温度一般控制在 0℃～2℃，相对湿度 75%～85%，预冷 20～40h，待蛋温逐渐下降至 2℃～3℃，再入库贮藏。

2. 加强入库后的技术管理

(1) 合理设置码垛间隔。鲜蛋在库内的堆垛，应顺冷空气循流方向堆码，整齐排列，垛与垛、垛与墙、垛与风道之间应留有一定的间隔，以维持必需的空气流通。地面上要有垫木。在冷风入口处的蛋面上覆盖一层干净的纸，以防冻裂。

(2) 恒定温、湿度。库内温、湿度的控制是影响冷藏效果的关键。冷藏的适宜温度为－2℃～－1℃，温度低于－3.5℃，鲜蛋容易冻裂，库内温度要防止忽高忽低，昼夜内温度变化幅度不超过±0.5℃。库内的相对湿度以 85%～90%为宜。湿度过高，霉菌易于繁殖；湿度过低，会加速蛋的水分蒸发，增加蛋的自然损耗。因此，必须每天上午和下午各检查一次库内温、湿度，并做好记录。为了防止库内不良气体影响蛋的品质，要定时换入新鲜空气，换气量一般是每昼夜 2～4 个库室的容积。换气量不能过大，否则会增加蛋的干耗量。

(3) 定期检查鲜蛋质量。检查鲜蛋质量要求在 0～1.5℃下，每月翻箱 1 次。在－2℃～－2.5℃以下，每隔 2～3 个月翻箱 1 次。翻箱是为了防止产生泻黄、靠黄等次蛋。每隔 20 天用照蛋器抽检一定数量的鲜蛋，以鉴定其质量，确定以后贮存的时间。

(4) 出库时的升温。经冷藏的鲜蛋出库时首先应进行升温，将蛋放在比库温高而比外界气温低的房间内，使蛋温逐渐升高，以防止在蛋壳面凝结水珠。这种现象俗称"出汗"，会使壳外膜破坏，气孔暴露，为微生物的侵入创造了条件，导致蛋的腐败变质。

(5) 禁止同时冷藏其他物品。鲜蛋冷藏期间，禁止同时冷藏其他物品，切忌同蔬菜、水果、水产品和有异味的物质放在同一冷库内。一是防止蛋吸收异味，影响品质；二是这些物品对冷藏的要求不同，相互影响冷藏效果。

(二) 液浸法

液浸法就是选用适宜的溶液，将蛋浸在其中，使蛋间空气隔绝，阻止蛋中的水分向外蒸发，避免细菌污染，抑制蛋内 CO_2 逸出，达到鲜蛋保鲜保质的目的。此法应用的溶液有石灰水、泡花碱、萘酚盐、萘酚盐苯甲酸合剂等。

1. 石灰水贮藏法

(1) 原理。生石灰加水后产生氢氧化钙，氢氧化钙吸收蛋内散发出来的二氧化碳，变成不溶性碳酸钙微粒，凝积在蛋壳表面，封闭气孔，使微生物不易侵入蛋内，蛋内水分也不易蒸发，蛋内积聚残余的 CO_2，抑制蛋白变稀，蛋白 pH 值下降，延缓鲜蛋发生变化，达到延长鲜蛋贮存时间的目的。

(2) 方法。取洁净、大而轻的生石灰块 3kg，投入装有 100kg 清水的缸内，用木棒搅拌，使其充分溶解，静置、澄清、冷却（因生石灰与水作用，会产生一定的热量），然后，取出澄清液盛于另一个清洁的缸内，备用。

石灰水溶液配好后，将检验合格的鲜蛋轻轻地放入盛有石灰水的缸中，使其慢慢下沉，以免破碎。每缸装蛋应低于液面约 10cm。经 2～3 天，液面上将形成硬质薄膜，不应触动薄膜，以免薄膜破裂影响贮蛋质量。用石灰水贮蛋，操作简便，费用较低，适宜大批量贮存，也适合于农村乡镇企业、家庭等贮存鲜蛋。但石灰水贮存过的鲜蛋，蛋壳色泽较差（发暗）。

由于有少部分水分渗入蛋内，长期贮存的鲜蛋，蛋白变稀，蛋黄扩大，颜色变绿，同时因蛋壳的气孔被封闭，蛋壳易破，煮时需在蛋的大头穿一小孔，以免煮时蛋壳破裂。

(3) 注意事项。①蛋源要新鲜，严格剔去破损蛋和次劣蛋，否则，易使石灰水发混变臭，影响蛋的品质。②溶液温度应保持在 10℃～15℃。夏季炎热，库温最高不超过 23℃，水温不应超过 21℃，如果超过此温度，应设法降温；冬季库温应保持在

3℃～4℃左右，水温以1℃～2℃为宜。③定期检查。贮藏期间应该每日早、中、晚三次检查库温和水质情况，当发现溶液发混、发绿、有臭味时，应尽快处理，液面上有漂浮蛋、破壳蛋、臭蛋等，应及时捞出。液体表面的碳酸钙薄膜应保持完整，有助于防止微生物侵入。④经贮存的蛋，蛋壳松脆，必须轻拿轻放。⑤当用其他容器贮蛋时，不要剧烈震动，以免震破液面的碳酸钙薄膜。

2. 水玻璃贮藏法

（1）原理。水玻璃又叫泡花碱，是硅酸钠和硅酸钾的混合溶液。通常为白色，溶液黏稠、透明，易溶于水，反应呈碱性。水玻璃遇水后生成偏硅酸或多聚硅酸胶体物质，能附在蛋壳表面上，闭塞气孔，减弱蛋内呼吸作用和生化变化，并阻止微生物侵入，从而达到保存鲜蛋的目的。

（2）方法。我国多采用3.5～4.0波美度水玻璃溶液贮藏鲜蛋。目前市销水玻璃浓度有56、52、45、40波美度等九种。因此，原溶液必须稀释，配成符合要求的浓度后才能使用。

（3）注意事项。水玻璃贮蛋半个月左右，溶液会出现白色絮状物质贴在蛋的外表，水呈白灰色，略有混浊，这属正常现象。若溶液呈粉红色，形成一层浓厚浆糊状并同水分开，这属不正常现象，是温度偏高所致，此时应将蛋捞出洗净，剔除坏蛋，重新配制溶液再贮存。

水玻璃贮蛋时，只要水不结冰，溶液温度越低越好。经水玻璃贮藏的鲜蛋，销售前，应用15℃～20℃的温水将蛋壳表面水玻璃洗净晾干，否则会导致蛋壳黏结，易破裂。

此法贮藏的蛋，色泽较差，气孔闭塞，煮时应穿孔。

3. 混合液体贮藏保鲜法

混合液体贮藏保鲜法是比较经济可行的保鲜方法之一。目前已在一些城乡推广应用，效果较好，贮存保鲜8～10个月，其品质仍不变。混合液体的主要组成是石灰、石膏、白矾（即“二石一白”），因此，也被人称为“三合一”保鲜剂。

（1）保鲜原理。石灰、石膏、白矾（即明矾）三种原料均能同水发生化学反应，生成主要物质碳酸钙，碳酸钙能闭塞蛋壳气孔，同时溶液内的氢氧化钙同液面上的CO_2接触，形成一层碳酸钙覆盖物，使液体里的蛋同空气隔绝，处于“真空无菌”的环境中，从而达到贮存保鲜的目的。

（2）操作方法。首先配制三合一混合溶液。方法是每50kg清水加生石灰1.5kg、石膏0.2kg、白矾0.15kg，配制成的50kg左右，混合液体可贮存鲜蛋50kg。配制时，由于白矾、石膏质地较硬，不易溶解，应先将它们碾成粉末，过筛后称量，混合均匀备用，并将石灰打碎去渣后溶入10～15kg水中，经12小时左右溶解后，再用35～40kg的水将已乳化的石灰水隔筛冲滤到缸内，除去杂质，边搅拌边加入白矾石膏混合粉，直到粉末全部溶化为止（见水中旋涡冒出泡沫即止）。一刻钟后，水溶液自然澄清，即可放蛋。放蛋不可太满，应低于水面10～15cm，并在缸（池）上加盖，防止灰尘杂质进入，保持缸（池）内清洁。

(3) 注意事项。①严格选蛋。用于贮存的鲜蛋必须确保质量良好，对蛋源不明的蛋，尤其是市场上采购的鲜蛋，要通过照验后方可贮存。②蛋浸入后要捞出水面上的全部杂质及剔除上浮的蛋。③蛋浸入后1～2天，液面上慢慢形成一层薄膜，具有密封作用，能够隔绝外界空气和微生物侵入。若未结成薄冰状膜，要检查原因，重新配制混合液；若液面薄冰膜凝结不牢或有小洞不凝结，并闻到石灰气味，说明溶液有可能已变质，处理措施是按每50kg液体补加2.5kg左右的石膏和白矾溶液放进容器内，如仍不能改变上述情况，应及时把蛋捞出，重新配制混合溶液。④贮满蛋的容器应放置在空气流通且凉爽的房子里，避免阳光照射。⑤注意室内温度。贮藏期间，1个月左右将蛋翻动一次，防止蛋贴壳。翻蛋时手要干净，轻拿轻放。⑥蛋出缸（池等容器）时，应将蛋散开晾干。在容器底部带有沉淀石灰的蛋，可利用缸或池内混合液体清洗干净后，再取出晾干。晾干后的蛋表面洁净光亮，即使暂不出售或加工，再放置1个月左右仍不变质。

(三) 涂膜法

涂膜贮藏法的原理是在鲜蛋表面均匀地涂上一层有效薄膜，以堵塞蛋壳气孔，阻止微生物的侵入，减少蛋内水分和二氧化碳的挥发，延缓鲜蛋内的生化反应速度，达到较长时间保持鲜蛋品质和营养价值的目的。一般鲜蛋涂膜剂有水溶性涂料、乳化剂涂料和油质性涂料等。涂膜剂有石蜡、植物油、矿物油、凡士林等，还有聚乙烯醇、聚苯乙烯，聚乙酸甘油一酯、白油、虫胶、聚乙烯等。据试验研究，将石蜡或凡士林加热熔化后，涂在蛋壳表面，室温下可存放6个月。鲜蛋涂膜的方法有浸渍法、喷雾法和手搓法3种。但无论哪种方法，涂膜前都必须对鲜蛋进行消毒，消除蛋壳上已存在的微生物。此外要注意鲜蛋的质量，涂膜贮存的效果同鲜蛋的质量有密切的关系。蛋越新鲜，涂膜保鲜效果越好。现以液体石蜡涂膜为例，介绍具体涂膜保鲜技术。

1. 选蛋

采用涂膜保鲜的蛋必须新鲜，并经光照检验，剔去次劣蛋。夏季最好是产后1周以内的蛋，春秋最好是产后10天以内的蛋。

2. 涂膜

先将少量液态石蜡油放在碗或盆中，用右手蘸取少许于左手心中，双手相搓，黏满双手，然后把蛋在手心中，两手相搓，快速旋转，使液蜡均匀微量涂满蛋壳。涂抹时，不必涂得太多，也不可涂得太少。

3. 入库管理

将涂膜后的蛋放入蛋箱和蛋篓内贮存。放蛋装箱时，要放平放稳，以防贮存时移位破损。把码好蛋的箱或篓放入库房内，保持库房内通风良好。库温控制在25℃以下，相对湿度70%～80%。如遇气温过高或阴雨潮湿的天气，可用塑料膜制成帐子覆盖，帐中的涂膜蛋箱（篓）可以叠几层，但层间要有间隔，排列整齐，并留有人行通道，以便定期抽查。如果在最上一层蛋箱上放置吸潮剂则贮存效果更好。入库管理时注意温湿度，定期观察，不要轻易翻动蛋箱。一般每20天左右检查1次。

4. 注意事项

涂膜保存鲜蛋除严格按以上环节操作外，还应注意以下几个问题：一是放置的吸潮剂若有结块、潮湿现象，应搅拌碾碎后，烘干再用，或者更换吸潮剂；二是需将气温控制在25℃以下进行保鲜，炎热的夏季气温在32℃以上时，要密切注意蛋的变化，防止变质；三是鲜蛋涂膜前要进行杀菌消毒；四是注意及时出库，保证涂膜的效果。

（四）CO_2贮藏法

CO_2贮藏法就是把鲜蛋贮存在一定浓度的CO_2气体中，让蛋内自身所含的CO_2不易散发，并渗入蛋内，使蛋内CO_2含量增加，从而减缓鲜蛋内酶的活性及代谢速度，抑制微生物生长，从而达到保持蛋的新鲜度的目的。适宜的CO_2浓度是20%～30%。采用此法在0℃冷库内贮存半年的蛋，新鲜度好，蛋白清晰，浓稀蛋白分明，蛋黄指数高，气室小，无异味。该法贮藏的蛋比冷藏法贮藏的蛋，平均降低干耗2%～7%，且温湿度要求不严格，费用较低。

三、禽蛋的消毒方法

实践工作中经常需要对禽蛋进行消毒处理，例如，禽蛋涂膜贮藏、全蛋饮料生产、全蛋制品加工等，都要经过消毒工序。禽蛋消毒（有时有贮藏或清洗作用）方法较多，较好的方法主要有以下几种。

（一）过氧乙酸消毒法

过氧乙酸消毒包括蒸熏和浸泡两种方法。其效果以蒸熏较为理想，且简便易行，效率较高。

1. 蒸熏法

蒸熏法操作容易，成本低，灭菌速度快，无残毒，效果好，是理想的速效杀菌法。据研究表明，采用过氧乙酸蒸熏消毒，可杀灭蛋壳表面92.5%～99.7%的自然菌落。具体方法是按每立方米空间用1g纯过氧乙酸（按浓度计算），在室温20℃～30℃、相对湿度70%～90%的密闭条件下蒸熏20～30min。

2. 浸泡法

此法也比较简单，效果可靠。具体方法是将过氧乙酸配制成1%的溶液，再将需要保鲜的禽蛋，浸泡3～5min，待自然沥干后即可进行保鲜。

（二）高温消毒法

高温消毒的原理是鲜蛋经瞬间高温处理后，靠近蛋壳的一层蛋白凝固，能防止蛋内水分、CO_2的流失及外界微生物的侵入，并能立即杀死蛋壳表面大部分细菌，达到贮藏的目的。经高温消毒后，鲜蛋能贮藏1～3个月。此法经济、简便，适用于偏僻山区和多雨潮湿地区。

具体方法是将鲜蛋放入特制的铁丝筐内，每筐放蛋100～200枚为宜，然后将蛋筐浸在95℃～100℃的沸水中，浸泡5～7s后，立即提出。待蛋壳表面的水分沥干且蛋温降低后，便可贮藏。

（三）辐射消毒法

辐射消毒是利用辐射的原理，用一定剂量射线照射鲜蛋，杀死鲜蛋中微生物，延缓蛋的新陈代谢，达到消毒、保鲜、防腐的目的。目前主要采用原子能射线，即放射源为钴 60 或铯 137 的 γ 射线，或采用电子加速器产生的电子束流进行辐射消毒。

第三节　蛋类商品冷链质量风险管理

风险管理是指在风险环境中把风险损失减至最低的管理过程，其目的是消除、最小化或减少危害或损失。完整的风险管理体系包括对风险的量度、评估和应变策略这一整个过程。整个食品行业必须引入风险管理，以保护客户和品牌。

温度管理是维护食品质量的关键，但其他重要因素也不容忽视。在管理实践中，这些重要因素被称为“供应链中食品质量安全的四个关键因素”。供应链中蛋类质量与安全的四个关键因素分别为温度、清洁、兼容和控制。

（1）温度：以最佳的温度处理、加工、储存、运输食品。

（2）清洁：维持设施、设备和人员高标准的清洁度。

（3）兼容：在处理、加工、储存和运输过程中，尽可能将食品与环境或其他产品隔离，以免造成由于湿度、温度、重量或其他因素产生的损害。

（4）控制：对实施系统和流程加以控制，以确保产品供销全过程遵循食品安全和质量标准。

一、温度要素

在影响蛋类质量的要素中，温度是最重要的。对温度敏感的产品都有其自身理想的、必须遵循的温度，以保证其质量和最大化货架期。如果不能遵循其本身特定的温度，蛋类的质量就会受到影响。

二、清洁要素

从农场到餐桌的过程中遵循清洁卫生惯例对于保持食品安全和降低食品携带疾病或污染来说至关重要。根据美国疾病预防和控制中心的报告，美国每年大约发生七千六百万次食品携带疾病事件。据美国食品药品监督管理局和美国农业部估计，每年数千万次的食品携带疾病事件已造成了 70 亿～230 亿美元的损失。这些事件中 80％是由人员卫生清洁问题引起的，而其中 98％的事件是可以预防的。

食品安全的隐患存在于供应链的所有环节，供应链中的各个组织、实体都对防止货物的损伤、腐烂和污染负有不可推卸的责任。食品安全流程只是确保食品没有受到致病性污染。这些措施必须确保食品在收割、加工、运输和食用前得到合适的处理。

建立食品安全流程需考虑三方面的因素：食品本身；接触食品的人员；处理食品

的设施和设备的卫生状况。

（一）食品

为避免将蛋类携带的污染体或生物体带入食品供应链，必须严格监控蛋类处理过程，去除可能携带并传播给其他食品的任何污染体以及有潜在危害的生物体。

（二）人员

在食品安全中，冷链从业人员的卫生健康非常重要。为了预防污染物的传播，工作人员必须穿戴保护服并进行严格消毒。工作人员可能是常见疾病携带者，通过处理、接触食品将这些疾病带给消费者。所以必须坚持并严格执行与健康有关的各项员工政策，将污染的风险降到最低。

工作中直接接触蛋类、蛋类包装材料的人员必须进行食品健康操作培训。培训工作人员在操作前和操作过程中，都要自觉主动地利用工厂提供的消毒杀菌剂在合理设计、建造的清洗槽里洗手。此外，人员在进入食品加工场所前，要取下项链等有可能落入食品、设备或集装箱的个人饰品。如果食品加工、处理过程中容许操作人员佩戴手套，这些手套须由防渗透的材料制作并始终保持清洁。从事加工食品或食品包装材料的人员需使用（头）发罩、束头带、帽子、口罩等包覆好自己的头发、胡子等；为了避免污染，严禁携带化妆品、香烟、药品等其他物品进入食品加工和食品包装区域。

（三）设施设备

在食品有关的环境和设施设备卫生领域有几个方面需要注意。

（1）空气及水中携带的污染体可从环境进入食品链。

（2）不恰当的或不完全的清洗和消毒会导致污染体的传播。如果没有得到完全的、正确的清洗、消毒，有害的生物体和污染体会在地面、器具、清洗工具和运输车辆中生存很长时间。

（3）设施设备的维护保养也是食品安全的重要组成部分。如果不对设备进行正确的、定期的维护保养，可能会造成食品的二次污染与传播。

三、兼容要素

蛋类在储运时要考虑兼容性，并建立一套流程确保不兼容的食品分开存放。确保同一区域的所有产品，其所要求的产品温度和相对湿度属于同一区间；将产生气味的食品与吸收气味的食品分开放置；所有经化学处理的食品统一存放在指定设施内。

四、控制要素

在整个食品供应链中进行食品安全风险管理的最佳途径，就是在日常工作中理解、发展和实施 HACCP 项目。HACCP 是一种在危害识别、评价和控制方面十分科学、合理和系统的方法，其作用是识别食品生产过程中可能发生的环节并采取适当的控制措施，防止危害的发生。在美国，所有与食品有关联的行业多采用 HACCP，并将其作为一种有效的食品安全管理体系。因此，蛋类冷链的质量风险管理使用 HACCP 也非常合适。

案例分析

案例一：这些鸡蛋一“睡”500年

日前，四川省广安市文物部门工作人员在广安协兴生态文化旅游园区展开考古挖掘时，发现了“穿越”500年的鸡蛋和稻谷。

据广安市博物馆馆长唐云梅介绍，这两样文物是广安市开展全民水库规范化建设及西溪河流域综合整治工程时，在协兴园区葫芦岛西侧的两座明代古墓中发现的。

从墓地出土的墓志铭可知，墓葬为明代广安人杨铭（1435—1501）及妻郑氏、范氏等人之墓。墓地共出土各类文物17件，有釉陶谷仓罐、瓷碗、青铜簪、铜镜、墓志铭等。最为特别的是M1二号内龛中放置的谷仓罐，罐内尚存的稻谷中包裹着外形完好的鸡蛋，鸡蛋数量暂不详。

唐云梅说，石室墓做工精细，墓室封闭性好。所有的木棺内底铺满2～5cm的石灰层，并枕以石灰枕，防潮防腐性好。装有稻谷和鸡蛋的谷仓罐有罐盖保护，免受淤泥的侵蚀，“营造出了一个恒温恒湿的密闭空间”。

据介绍，目前我国考古出土了鸡蛋并见诸报端的案例仅两起：一是贵州习水黄金湾遗址发现的2000多年前的汉代的被泥土包裹的鸡蛋壳；二是江苏溧阳上兴镇土坑墓发现的2500年前春秋时期一罐已钙化的鸡蛋壳。国内考古出土鸡蛋的案例极少，在四川更是首次出现。

（资料来源：新华社成都2019年12月9日电）

思考：

请问陪葬的稻谷及鸡蛋如何得以完整保存至今？

案例二：真是浪费！2018年，英国人扔掉了7.2亿颗鸡蛋

来自英国的一项调查表明，因为太过依赖赏味期，英国人2018年丢弃7.2亿颗鸡蛋，是10年前的3倍之多，价值高达1.39亿英镑。

报道称，根据英国蛋商协会统计，英国2018年售出72亿颗鸡蛋，较前一年增加4%。不过，9日发布的一项调查显示，英国人2018年把其中7.2亿颗鸡蛋丢进了垃圾桶，而2008年，英国人则丢弃了2.41亿颗鸡蛋。

调查显示，有29%英国人丢弃鸡蛋的理由，只是因为其超过了赏味期。欧盟规定，鸡蛋的赏味期必须定在鸡蛋产出后28天。但事实上，如果保存适当，一般鸡蛋在超过赏味期后一段时间内也不会变质。

报道指出，赏味期与食品保质期有很大差异，赏味期表示在这个日期之前，食物能保持最佳质量，而保质期则是若过期食用可能会有安全风险。

应用程序 Too Good To Go 的共同创办人克拉米表示："如果你曾经因为盒子上的日期标示就把蛋丢掉，你可能浪费了好的食物。食物浪费是一项相当严重的问题。全世界产出的食物，有 1/3 被浪费掉，只要一点儿小改变，可以带来很大的不同。"

调查还发现，只有 23％英国人知道要怎么用水测量鸡蛋是否变质，还有 20％的人不知道鸡蛋可以放入冷冻室保存。

据悉，这种测量方法是：如果把蛋放进一碗冷水中，鸡蛋沉在水里躺平，就代表新鲜；若是一端朝下，但仍在水中，表示不怎么新鲜，但仍可以吃；但若漂浮在水面上，就最好不要吃。

（资料来源：中新网 2019 年 4 月 10 日电）

思考：

为什么能用水测量鸡蛋是否变质呢？

练习与思考

1. 影响蛋类商品质量的主要因素有哪些？
2. 禽蛋腐败变质有哪些类别？
3. 禽蛋保鲜的方法有哪些？
4. 禽蛋冷藏保鲜法如何操作？
5. 禽蛋的消毒方法有哪些？
6. 蛋类供应链中质量与安全控制的关键因素有哪些？

第十一章　乳类商品冷链管理

学习目标

1. 了解乳制品供应链的基本状况以及管理标准现状
2. 理解影响牛乳质量安全的主要因素
3. 掌握液态奶的流通模式、贮运条件
4. 熟悉冰淇淋、黄油、发酵乳、含乳饮料的冷链管理过程和标准
5. 掌握乳制品各环节质量安全风险因素和控制措施

引例

新希望乳业为应对2020年春节期间的突发状况，积极落实国家市场监督管理总局“保价格、保质量、保供应”的号召，保障市场供应稳定。另外，新希望乳业为了提升产品品质和24小时鲜奶的活性营养物质保留率，决定在最短时间内对生产线实现升级，将低温杀菌温度从80℃降低到75℃，以确保活性营养物质的留存达到更高标准，更好地满足市场需求。

春节复工期间恰逢疫情，人力缺乏，物流受阻，要保证供应确实是件难事。这一决定则意味着，从生态牧场、智慧车间、检验中心到冷链车队的每一环节、每个人员，在这一特殊时期都要做到争分夺秒、万众一心。最终，他们交出的成绩单是，在全体系推进75℃/15s的低温巴氏杀菌工艺以后，24小时鲜奶的免疫球蛋白含量是普通鲜牛乳的10倍，乳铁蛋白含量是普通鲜牛乳的5倍。通过技术攻关，实现了活性营养物质留存的最优化，新希望乳业再一次树立起乳业营养的新标杆。

早在2011年，这家鲜奶巨头就推出了“24小时巴氏鲜牛乳”，即产品从上架到下架的时间不超过24小时，只卖当天。多年来，新希望乳业持之以恒地坚持创新。

事实上，在2019年，“新鲜”就已成为乳制品行业的关键词，各大乳企纷纷推出了鲜奶产品。除了新希望、三元、光明等一些区域乳企外，伊利、蒙牛等巨头也加速进入，以期扩大自己的市场版图。而新冠肺炎疫情，对于鲜奶产业的发展来说，无疑是一剂催化剂。

第一节 乳类商品冷链物流概述

一、乳制品供应链概况

乳制品是指以牛乳、羊乳等乳液为主要原料制作而成的各种产品。乳制品种类繁多，包括液态奶类、炼乳类、干酪类、乳粉类、乳脂肪类以及其他乳制品类。不同种类的乳制品对物流的要求有较大的区别，按照不同乳制品在物流过程中对温度的不同要求，可以将乳制品大致分为三类：第一类是常温液态奶和奶粉等，它们在常温下即可进行贮藏和运输；第二类是巴氏杀菌奶和酸奶等，这类乳制品需要进行冷藏运输和保鲜；第三类是冰淇淋、干酪等，它们需要进行冷冻贮藏和运输。

乳类食品不但是人类能量的主要来源，而且对于人体疾病风险控制具有积极作用。世界卫生组织将人均乳制品消费量作为衡量一个国家人民生活水平的主要指标之一。据联合国粮食及农业组织统计，2014 年世界牛乳产量（脱脂）超过 1.25 亿吨。近年来，随着我国经济快速增长，人民经济收入水平的不断提高带动了乳制品行业迅速发展。截至 2019 年年底，我国牛乳产量已达到 3201 万吨。然而，我国乳制品自给率仅为 70%，人均乳制品消费量仅为世界平均水平的 1/3、亚洲国家的 1/2，不足发达国家的 1/7，因此我国人均乳制品消费量仍有很大的提升空间。2018 年 12 月，农业农村部等九部委联合印发了《关于进一步促进奶业振兴的若干意见》。其中提出：力争到 2025 年全国奶类产量达到 4500 万吨，切实提升奶业发展质量、效率和竞争力。从实现途径来看，该意见包括多项措施，如：①加快确立奶农规模化养殖的基础性地位，包括支持农户适度规模养殖发展，积极发展奶牛家庭牧场，强化养殖保险和贷款等支持；②降低奶牛饲养成本，包括大力发展优质饲草业，将粮改饲政策实施范围扩大到所有奶牛养殖大县，支持内蒙古、甘肃、宁夏等优势产区大规模种植苜蓿等；③做强做优乳制品加工业，包括发展适销对路的低温乳制品，支持和引导奶酪、黄油等干乳制品生产，提升国产婴幼儿配方乳粉的品质、竞争力和美誉度等。

乳制品供应链包括上游养殖环节、中游加工环节和下游流通环节三个主要环节，如图 11-1 所示。上游养殖环节是指奶牛的放牧养殖以及饲料生产；中游加工环节包括生乳加工和乳品制造，如液态奶、酸奶、奶粉、炼乳、奶油等的生产；下游流通环节包括与乳制品流通相关的贮存、运输和销售。

二、冷链物流对乳制品流通的作用

冷链物流在乳制品流通中的作用主要包括以下两个方面。

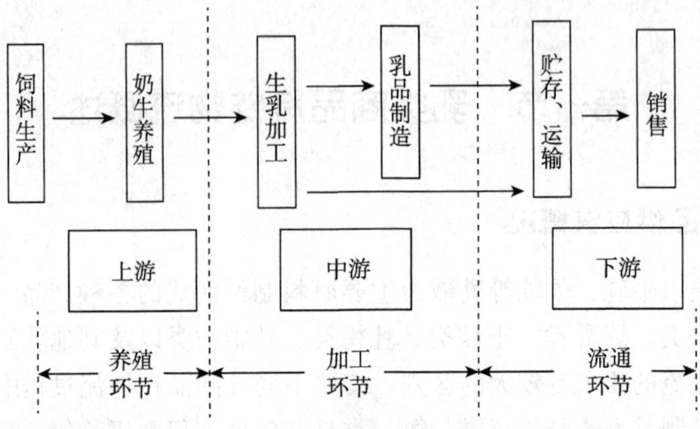

图 11-1　乳制品供应链示意

(一) 保证乳制品质量安全

生乳挤出以后由于其温度接近动物的体温，非常有利于细菌繁殖。因此，生乳在收集后，应该在短时间内将其快速冷却至 0℃～4℃，从而抑制细菌繁殖，再使用低温奶槽车将其运至乳品企业进行加工。可以说，乳制品的冷链物流从收集生乳后就开始了。另外，乳制品的保质期一般都比较短，例如，巴氏杀菌乳中虽然大部分细菌被杀死了，但仍有小部分耐热性菌和细菌芽孢存活，一旦温度上升到一定程度，细菌就会大量繁殖，从而影响产品的质量安全。而冰淇淋则需要更低的温度，贮存温度一般在 -18℃以下，一旦温度上升，就会融化，即使重新冻结，口感也会变差；在温度上升过程中，冰淇淋还可能因滋生细菌而影响食用安全。因此，应用冷链可以保证乳制品的质量安全，延长乳制品保质期。

(二) 扩大乳制品销售范围

我国地域宽广，但奶源主要集中在北方地区，南方的奶源较少。而乳制品是一种易腐食品，巴氏杀菌乳、酸奶、冰淇淋等乳制品不在低温环境下贮藏就会变质。因此，要把乳制品从集中生产地区运往其他消费市场，就必须利用冷链物流进行运输和配送。对于乳制品企业来说，客户在收货时会检测乳制品的温度，如果温度达不到客户的标准，将会被拒收，从而造成乳制品企业的利润损失，因此通过冷链物流，使乳制品安全、快速运往消费市场，可以达到扩大乳制品销售范围、延长货架期的目的。

三、我国乳制品冷链物流需求特点

(一) 实现全程冷链运输难度高

目前生乳从奶牛养殖场、奶站到乳制品加工企业的过程中，大部分为常温运输，难以实现完全的冷链运输。其主要原因是目前我国奶牛养殖没有实现工业化，大多养殖企业依然实行奶牛分散养殖，养殖场数量多、分布广，对于养殖户而言，冷链运输成本过高。但随着奶牛养殖专业合作社的逐渐普及，奶源的冷链运输也逐渐被重视起来。另外，各大鲜奶厂鲜乳运输车辆大部分是以奶罐车和普通货车为主，冷藏车的数量严重不足。冷链配送中心等发展严重滞后，落后的鲜乳物流配送设施使鲜乳的损失率居高不下，严重影响了鲜乳物流配送的发展。

（二）乳品冷链具有区域性

鲜乳生产的区域性以及低温乳制品严格的冷链物流配送期限、半径限制以及保质期限制，使得乳制品加工业具有一定的区域性特征。我国乳制品工业分为东北和内蒙古产业区、华北产业区、西北产业区、南方产业区、大城市周边产业区，各产业的产品布局规划如表 11－1 所示。

表 11－1　　我国乳制品工业布局

产区	区域范围	基本情况	产品
东北和内蒙古产业区	黑龙江、吉林、辽宁、内蒙古	全国重要的奶源基地和主要的乳制品工业基地，奶牛存栏量大，饲草饲料资源丰富，分散饲养比重大，与主销区运输距离远	重点发展乳粉、干酪、奶油、超高温灭菌乳等，适当发展巴氏杀菌乳、酸乳等
华北产业区	河北、山西、山东、河南	新兴的奶牛优势产区和奶源生产基地，地理位置优越，饲草、饲料资源丰富，加工基础好，是都市与基地结合性乳业产区；但奶牛品种杂，单产水平低	重点发展乳粉、干酪、奶油、超高温灭菌乳、巴氏杀菌乳、酸乳等
西北产业区	西藏、陕西、甘肃、青海、宁夏、新疆	奶牛养殖和牛乳消费历史悠久，牛乳商品率偏低，奶牛品种杂，单产水平低	主要发展便于贮藏和长途运输的乳粉、干酪、奶油、干酪素等乳制品，适度发展超高温灭菌乳、巴氏杀菌乳、酸乳，鼓励发展具有地方特色的乳制品
南方产业区	江苏、浙江、安徽、福建、江西、湖北、湖南、广东、广西、海南、四川、贵州、云南	奶牛存栏量较小，水牛存栏量大，经济发展程度相对较高，人口密度大，是牛乳的主要消费区	主要发展巴氏杀菌乳、干酪、酸乳，适当发展炼乳、超高温灭菌乳、乳粉等，鼓励开发水牛乳加工等具有地方特色的乳制品
大城市周边产业区	北京、天津、上海、重庆	奶牛养殖现代化水平高，牛群良种化程度高，奶牛单产水平高，人口集中，消费市场大，加工能力强，都市型乳业产区	主要发展巴氏杀菌乳、酸乳等低温产品，适当发展干酪、奶油、功能性乳制品

资料来源：工业和信息化部、国家发展和改革委员会。

（三）冷链运输制约巴氏杀菌乳的普及

目前国内巴氏杀菌乳的产量仅占液态奶产量的 30%，未来发展空间巨大。但巴氏杀菌乳需要全程 2℃～6℃冷藏，保质期较短。由于上述限制，其销售半径只有 300～500km。一般巴氏杀菌乳主要来自较近的规模牧场，且需要每日配送保证新鲜及营养。目前乳制品企业一般采用的冷链方式有“乳制品企业＋第三方冷链物流企业”和“乳制品企业＋自营冷链物流”两种。

（四）配送频率高，时间较为固定

一般情况下，生产的鲜乳都需要运至乳品厂进行加工，属于对鲜度要求严格的商品，天天都要配送。如果运输不当，会导致鲜乳变质。为保证质量，鲜乳运输有特殊的要求，例如，为防止鲜乳在运输中温度升高，尤其是夏季，运输一般选择在早晚或夜间进行。

（五）运输标准严格，外包意愿低

鲜乳的运输工具一般都是专用的奶罐车，对卫生和操作要求很高。为了保证质量安全，专业乳类企业大都是自己运输，外包物流的意愿不是很高。即使外包，也大多是部分区域短途配送和路线运输外包。

（六）对企业组织协调性要求高

由于乳制品保质期通常都比较短，更加注重时效性，因此很难进行远距离运输，这就要求在乳制品的生产、运输乃至销售等整个过程，更要具有组织的协调性。

四、乳制品管理标准现状

我国乳业标准现状是国家标准、行业标准、地方规定和企业标准多头并存。相对而言，国家标准、强制性标准偏少，推荐性标准偏多。现行的乳业标准共有 129 项（其中国家标准 65 项），包括奶牛饲养标准、乳制品厂标准、乳制品标准和乳业机械标准。乳制品标准 79 项，包括乳制品通用标准、乳制品卫生标准和乳制品分析方法标准三类。部分乳制品标准及主要内容如表 11－2 所示。

表 11－2　我国部分乳制品生产管理标准

标准名称	标准号	主要内容
食品安全国家标准 乳制品良好生产规范	GB 12693—2010	本标准规定了乳制品企业在原料采购、加工、包装及储运等过程中，关于人员、建筑、设施、设备的设置以及卫生、生产及品质等管理应达到的条件和要求；本标准适用于乳粉、消毒乳、灭菌乳、发酵乳、炼乳、干酪、再制乳、奶油、花色乳等乳制品生产企业
食品安全国家标准 生乳	GB 19301—2010	本标准规定了生乳的感官要求、污染物限量、真菌毒素限量、微生物限量、农药残留限量和兽药残留限量等
食品安全国家标准 巴氏杀菌乳	GB 19645—2010	本标准规定了巴氏杀菌乳的原料要求、污染物限量、真菌毒素限量、微生物限量等

续　表

标准名称	标准号	主要内容
冷冻饮品 冰淇淋	GB/T 31114—2014	本标准规定了冰淇淋的术语和定义、产品分类、原辅材料、技术要求、生产过程控制、检验方法、检验规则、标签、包装、运输、贮存、销售和召回的要求
绿色食品 乳制品	NY/T 657—2012	本标准规定了绿色食品乳制品的要求、检验规则、标志和标签、包装、运输和贮存； 本标准适用于绿色食品乳制品，包括液态奶、发酵乳、炼乳、乳粉、干酪、再制干酪和奶油，不适用于乳清制品、婴幼儿配方奶粉和人造奶油
乳制品加工 HACCP 准则	NY/T 1570—2007	本标准规定了乳制品生产企业建立 HACCP 体系的指导原则； 本标准适用于牛、羊乳等为主要原料的巴氏杀菌乳、灭菌乳、酸牛乳、炼乳、奶油、干酪和奶粉等生产企业
无公害农产品生产质量安全控制技术规范第 9 部分：生鲜乳	NY/T 2798.9—2015	本部分规定了无公害生鲜乳生产过程中产地环境、奶牛引进、饮用水、饲料、兽药、饲养管理、疫病防控、挤奶操作、贮存运输、无害化处理和记录等质量安全控制技术及要求； 本部分适用于无公害生鲜乳的生产、管理和认证

第二节　影响牛乳质量安全的主要因素

一、生乳质量安全的影响因素

生乳是从符合国家有关要求的健康奶畜乳房中挤出的无任何成分改变的常乳。生乳的质量安全问题是困扰我国乳业健康发展的关键问题，影响生乳质量安全的因素有以下几个方面。

（一）微生物污染或超标

生乳营养丰富，适合细菌、酵母菌、霉菌以及病毒生存和繁殖。微生物污染或超标，会严重影响生乳质量。一般生乳中存在的微生物包括腐败微生菌和致病性菌，如大肠杆菌、霉菌、金黄色葡萄球菌、溶血性链球菌等，可能与奶牛饲养卫生环境较差、挤奶操作不规范有关。目前，全世界大多数国家的巴氏杀菌乳菌落总数限量为 5×10^3～5×10^5CFU/mL。我国现有的生乳质量与国外发达国家相比还有较大差距。在微生物数量限制方面，我国标准规定生乳中的微生物菌落总数不大于 200 万 CFU/mL，且对于体细胞的标准要求未作规定，明显区别于欧盟和美国标准（见表 11 - 3）。

表 11-3　主要国家生乳中细菌和体细胞的标准要求

<table>
<tr><th>国家/地区</th><th>品类</th><th>用途</th><th>菌落总数
(CFU/mL)</th><th>体细胞
(CFU/mL)</th></tr>
<tr><td>中国</td><td>生乳</td><td>—</td><td>2000000</td><td>—</td></tr>
<tr><td rowspan="7">欧盟</td><td rowspan="3">生牛乳</td><td>用于热处理饮用乳、发酵乳、乳酪、调味乳、奶油</td><td>100000</td><td>400000</td></tr>
<tr><td>用于以牛乳为基础的产品</td><td>100000</td><td>400000</td></tr>
<tr><td>直接用于人类消费的产品</td><td>100000</td><td>400000</td></tr>
<tr><td rowspan="2">生水牛乳</td><td>用于以牛乳为基础的产品</td><td>1000000</td><td>500000</td></tr>
<tr><td>直接用于人类消费的产品</td><td>500000</td><td>400000</td></tr>
<tr><td rowspan="2">生山羊乳和绵羊乳</td><td>用于热处理饮用乳及热处理奶制品</td><td>1500000</td><td>—</td></tr>
<tr><td>直接用于人类消费的产品</td><td>500000</td><td>—</td></tr>
<tr><td rowspan="2">美国</td><td>生牛乳</td><td>—</td><td>100000</td><td>750000</td></tr>
<tr><td>生山羊乳</td><td>—</td><td>100000</td><td>1000000</td></tr>
</table>

造成生乳微生物污染的因素有以下三个方面。

1. 挤奶前的微生物污染

挤奶前的微生物污染主要是奶牛的乳头管侵入细菌，以及从皮肤外伤部分的毛细血管中侵入细菌。健康奶牛的乳房内，牛乳中的细菌数比较少，一般仅 200～600CFU/mL。挤奶最初流出的乳中含细菌较多，随着挤奶的进行而逐渐减少。挤奶过程的开始阶段、中间阶段、最后阶段的细菌数大致为 600CFU/mL、550CFU/ml 和 400CFU/mL。

2. 挤奶当中的微生物污染

如果奶牛场卫生条件不佳，在挤奶阶段最容易受细菌污染。牛体、空气、蝇、挤奶桶、挤奶员以及挤奶器等，都可能成为污染源。例如 1 克牛体附着的尘埃中可能含几亿个到几十亿个细菌。不新鲜的空气中含有附着大量细菌的尘埃，因此，空气也会成为严重的污染源。如果平时对挤奶桶的洗涤、消毒、杀菌不严格，则会对牛乳造成严重的污染。挤奶员的手不清洁或者衣服不卫生，也会污染牛乳；而如果使用机器挤奶，则平时必须对挤奶器进行严格洗涤、消毒、杀菌，否则也会造成严重污染。另外，蝇也是微生物污染的传播者。

3. 挤奶后的微生物污染

牛乳挤出后，由于与过滤器、冷却器、奶桶、贮乳槽、奶槽车直接接触，仍然可能受到细菌的污染。此外，车间内外的环境卫生条件，与牛乳中的微生物数量也有密切关系。

（二）兽药残留

受到技术水平低、专业技术人员缺乏等因素影响，奶牛养殖过程中存在兽药以及各种违禁药物滥用现象，尤其是在农户散养以及一些小规模牧场中比较多见。目前抗生素残留是乳品质量安全与检测的重点，其中青霉素、四环素类药物比较常见。残留在生乳中的抗生素即使经过加工也不能完全降解掉，若消费者食用，可能会有产生抗药性的风险。

（三）体细胞和亚硝酸盐过高

在生乳检测中，体细胞和亚硝酸盐是必检项目。体细胞数量是反映乳牛是否患有隐性乳房炎的一个重要依据，也是衡量乳房是否健康的标志，直接关系奶牛的生产性能和牛乳质量。牛乳中硝酸盐和亚硝酸盐水平可反映饲料和饮用水体的硝酸盐及亚硝酸盐水平。

（四）人为添加或掺假

目前乳制品行业中除有生鲜牛乳的收购和卫生标准外，还存在乳品收购奖励机制，如根据牛乳蛋白、脂肪含量适当提高生鲜牛乳收购价格，这就导致当生鲜牛乳不符合收购标准和卫生标准时，会出现人为添加或掺假的现象。

二、乳制品质量安全的影响因素

（一）贮存时间和温度

乳制品在贮存过程中品质变化符合 T. T. T 理论，贮存温度越高，品质下降越快，贮存时间越长，品质越低。研究表明，不同的贮存条件下生牛乳理化指标变化情况如表 11－4 所示，随着时间和温度的变化，生牛乳的脂肪、蛋白质、乳糖、全乳固体、非乳脂固体的质量分数都发生着变化，不过这种变化很小。

表 11－4　　不同的贮存条件下生牛乳理化指标变化情况

时间（小时）	温度（℃）	脂肪	蛋白质	乳糖	全乳固体	非乳脂固体
0	—	3.70	2.97	5.12	12.15	8.51
6	20	3.69	2.97	5.15	12.22	8.51
6	25	3.69	2.96	5.16	12.24	8.52
6	30	3.63	2.99	5.22	12.27	8.61
6	37	3.66	2.98	5.17	12.24	8.54

但是，当牛乳贮存在不同的时间和温度下，其微生物指标变化则十分显著。实验表明，当初始菌落总数为 20CFU/mL 的纸瓶装巴氏杀菌乳，分别贮存在温度 10℃和 12℃环境中，48 小时后菌落总数分别为 60CFU/mL、300CFU/mL，而如果在温度 15℃环境中，24 小时后的菌落总数即达到 1200CFU/mL，微生物随着温度升高加速增长。另外，乳制品中微生物繁殖非常快。在 25℃的条件下，巴氏杀菌乳经过 6 小时、12 小时、24 小时后菌落总数差异非常显著，6 小时后试纸上仅有几个菌落总数，12 小时后试纸上已经布满了菌落总数，24 小时后试纸上的菌落总数必须将巴氏杀菌乳稀释

10 万倍才能分辨出来，如图 11－2 所示。

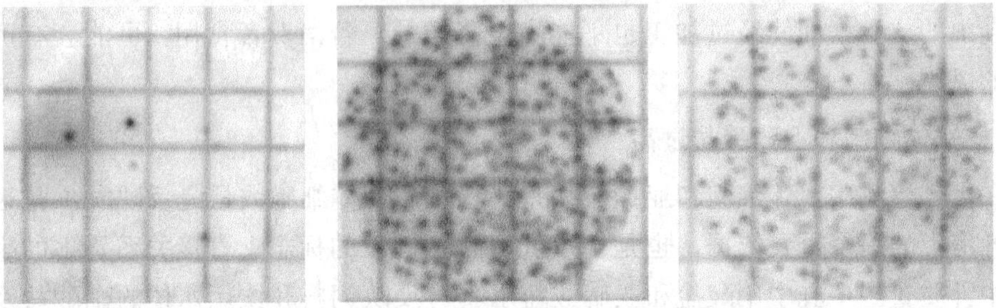

6小时（a） 12小时（b） 24小时（稀释10万倍）（c）

图 11－2 试纸上的菌落总数（25℃）

（二）灭菌工艺

根据温度和时间等工艺参数的不同，目前常见的液态奶消毒工艺主要分为巴氏灭菌法和超高温灭菌法，主要技术指标如表 11－5 所示。

表 11－5 不同灭菌方法的比较

灭菌方法	温度	维持时间	保质期
低温巴氏灭菌法	62℃～65℃	30min	冷链 3～7 天
高温巴氏灭菌法	72℃～75℃（或 82℃～85℃）	15～40s	
超高温灭菌法	135℃～140℃	2～6s	常温保存 6 个月

尽管超高温灭菌法和巴氏灭菌法均可以达到对人体无害的灭菌要求，但从灭菌程度而言，超高温灭菌法要远远好于巴氏灭菌法。低温巴氏灭菌法可杀死牛乳中大部分结核杆菌和生长型致病菌，灭菌效率可达 97.3%～99.9%，残留的只是部分嗜热菌及耐热性菌以及芽孢等；超高温灭菌法则基本上可以达到无菌。但是，超高温灭菌法对牛乳的风味、蛋白质和脂肪等会产生较大影响。

1. 风味

低温巴氏杀菌法基本上不产生异味，高温巴氏杀菌法因生成巯基化合物而产生蒸煮味，而如果使用超高温灭菌法，则会使乳糖轻微褐化而生成焦煳味。

2. 蛋白质

乳清蛋白是牛乳中最重要的一种蛋白质，其在乳蛋白中的比例约为 20%。乳清蛋白对热不稳定，其临界变性温度为 74℃。从表 11－6 可以看出，巴氏灭菌法可使 15.4%的乳清蛋白发生变性，而采用超高温灭菌法乳清蛋白变性率则高达 71.1%；巴氏灭菌乳中胱氨酸/半胱氨酸、蛋氨酸、赖氨酸的损失率分别为 4.6%、10.0%、1.8%，而超高温灭菌乳的损失率分别为 34.0%、34.0%、3.8%。而对于乳中免疫球蛋白和 β—乳球蛋白，超高温灭菌法的破坏也明显高于巴氏灭菌法。

表 11－6　乳制品蛋白质在不同热处理下的损失率

种类	乳清蛋白变性率（%）	胱氨酸/半胱氨酸损失率（%）	蛋氨酸损失率（%）	赖氨酸损失率（%）	免疫球蛋白含量（mg/L）	β一乳球蛋白含量（mg/L）
巴氏灭菌乳	15.4	4.6	10.0	1.8	—	2900
超高温灭菌乳	71.1	34.0	34.0	3.8	0	200～400

3. 维生素

牛乳中富含多种维生素。维生素 A、D、E 及核黄素、泛酸、烟酸、生物素相对稳定，维生素 C、B1、B6、B12 和叶酸等容易被高温破坏。研究表明：经巴氏灭菌，维生素 B1、B6、B12、C 和叶酸的损失率分别为 5.0%、5.0%、10.0%、13%和 7.3%，而经超高温灭菌法灭菌后，上述物质的损失率分别为 35.2%、10.0%、17.8%、20%和 35.2%，具体如图 11－3 所示。

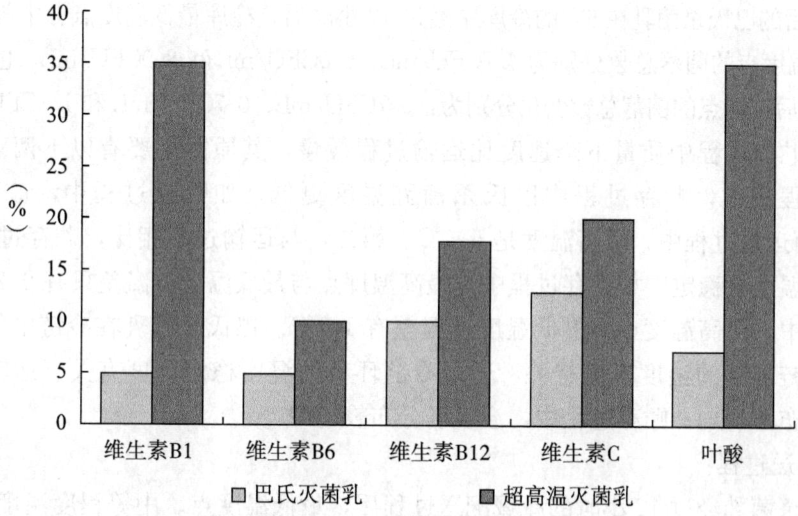

图 11－3　牛乳中维生素在不同热处理中的损失率

4. 脂肪

加热会使脂肪发生物理变化。65℃～70℃加热条件会破坏稀奶油分离性能；高温加热会使乳脂肪球融化在一起且上浮至液面。当加热温度低于 135℃时，随着温度升高，乳脂肪球膜由于吸附了变性的乳清蛋白，其直径会增大；但当加热温度超过 135℃时，会导致乳脂肪球膜破裂和乳脂肪球变形。乳脂肪球膜破裂还会引起游离脂肪的形成，出现“析油”和“奶油塞”现象，导致产品品质劣变。

此外，牛乳中钙离子、镁离子、柠檬酸盐、磷酸盐等无机离子受热对其溶解状态有一定的影响，但其过程可逆。随着加热温度的升高，钙离子会产生可逆性沉淀，但对人体的吸收无显著影响。

（三）冷链环节

在牛乳冷链物流中，由于各环节的设备条件及操作管理不同，牛乳品质也会受到不同影响。有关研究表明：在生乳生产、奶站收集、冷藏加工和饭店消费环节，牛乳中的微生物数量存在较大区别。例如，在生乳生产环节，大肠杆菌超过100CFU/mL的牛乳样本占11%，而在奶站收集、冷藏加工和饭店消费环节，大肠杆菌超过100CFU/mL的牛乳样本所占比例分别为40%、67%和100%。

即使在设置温度相同的物流过程中，牛乳的质量变化也会因环节和位置的不同而不同。以下是某实验中巴氏杀菌乳在运输、贮存和配送过程中微生物菌落总数变化情况。

1. 运输过程

巴氏杀菌乳在设置温度6℃的冷藏车中经过24小时后，车厢内最低温度点、中等程度温度点和最高温度点的菌落总数分别为4.0CFU/mL、5.3CFU/mL和6.7CFU/mL，原因是最高温度点的平均温度为5.6℃，而最低温度点仅有4.5℃。

2. 贮存过程

运输后的巴氏杀菌乳在6℃的冷库中经过12小时后，冷库最低温度点、中等程度温度点和最高温度点的菌落总数分别为4.7CFU/mL、6.0CFU/mL和8.0CFU/mL，也就是说贮存12小时后，各点的菌落总数变化分别为：0.7CFU/mL、0.7CFU/mL和1.3CFU/mL。巴氏杀菌乳贮存过程中质量下降速度比运输过程缓慢，其原因主要有以下两点。第一，与运输过程相比，贮存过程中巴氏杀菌乳温度更低。如贮存过程中，最高温度是4.5℃，而运输过程中，最高温度是5.6℃。第二，与运输过程相比，贮存过程中巴氏杀菌乳的温度更稳定。如贮存过程中，最高温度点与最低温度点温差只有0.2℃；而在运输过程中，最高温度点与最低温度点温差有1.1℃。巴氏杀菌乳在冷链中的安全性，不但与冷链环节的温度程度有关，还与冷链环节的温度稳定程度有关。运输过程中，温度场分布不均匀；贮存过程中，温度场分布较均匀。

3. 配送过程

巴氏杀菌乳经过12小时的冷藏配送过程后，最低温度点、中等程度温度点和最高温度点的菌落总数分别为5.0CFU/mL、7.7CFU/mL和9.0CFU/mL，如表11-7所示，相对贮存过程变化量分别为0.3CFU/mL、1.7CFU/mL和1.0CFU/mL，原因是配送过程中车厢内温度场比运输过程中的温度场更加不均匀，各点的巴氏杀菌乳质量差异也更大。

表11-7 巴氏杀菌乳物流过程中的温度和微生物数量

物流环节	最低温度点		中等程度温度点		最高温度点	
	平均温度（℃）	菌落总数（CFU/mL）	平均温度（℃）	菌落总数（CFU/mL）	平均温度（℃）	菌落总数（CFU/mL）
运输	4.5	4.0	5.1	5.3	5.6	6.7

续　表

物流环节	最低温度点		中等程度温度点		最高温度点	
	平均温度（℃）	菌落总数（CFU/mL）	平均温度（℃）	菌落总数（CFU/mL）	平均温度（℃）	菌落总数（CFU/mL）
贮存	4.3	4.7	4.4	6.0	4.5	8.0
配送	4.3	5.0	5.6	7.7	5.9	9.0

第三节　液态奶的冷链管理

一、液态奶流通模式

液态奶产品分为“复原乳”“鲜牛奶/乳”与“纯牛奶/乳”，其中，以生鲜牛乳为原料，不添加辅料，经瞬时高温灭菌处理的超高温灭菌乳标注“纯牛奶/乳”；以生鲜牛乳为原料，经巴氏灭菌处理的巴氏杀菌乳标注“鲜牛奶/乳”，也称为低温奶或巴氏杀菌乳。目前，液态奶市场已转变为以鲜乳为主的多品种、多口味的局面。与传统液态奶相比，具有科技含量的乳制品已开始出现，如添加各种维生素、钙磷等矿物质、双歧杆菌增殖因子的强化乳及符合绿色食品标准的绿色乳等，以及适合乳糖不耐症患者饮用的舒化液态奶。我国地域广、城乡经济差别大、商业结构不平衡，所以液态奶的流通渠道复杂，主要流通模式如下。

（一）厂家直销

厂家直销的优点是渠道最短、反应最迅速、服务最及时、价格最稳定、促销最到位、控制最有效；缺点是局限于交通便利、消费集中的城市，会出现很多盲区，以及人力、物力投入大，费用高，管理难度大。

（二）平台式销售

平台式销售的优点是责任区域明确、服务半径小、送货及时、服务周到、网络稳定、受窜货影响小、深度分销；缺点是受区域市场的条件限制性较大、需要更多的人员配合。

（三）网络销售

网络销售的优点是节省人力物力、销售面广、渗透力强、各级权利义务分明；缺点是易产生价格混乱与冲货现象，在竞争激烈时反应迟缓。

（四）农贸市场辐射式

该模式的优点是不受行政区域限制、经营灵活、薄利多销、品种繁多、配货方便、辐射力强；缺点是以松散形式关系为主体，没有固定网络和客户，易相互压价、冲货，服务意识较差。

（五）零售终端

超市、卖场、便利店、食杂店（属于分销渠道）是主要销售通道。

二、液态奶生产过程中的冷链管理

液态奶的制造工艺流程如图 11－4 所示。将挤出的生乳集中到设在生产者或奶站的散装牛乳冷却器中，冷却后，用罐车运到加工厂。厂方接收牛乳时，按标准进行检验。通常，检验项目包括密度、酸度、细菌数、乳脂率、无脂乳固形物含量和有无抗生素等。接收的牛乳用离心式澄清器净化后，进行冷却并贮藏在贮乳罐中。杀菌时，可采用低温长时间杀菌（62℃～65℃，30 分钟）、高温短时间杀菌（72℃～85℃，15 秒）、超高温瞬间杀菌（120℃～130℃，2～5 秒）等方法。通常在杀菌前，会为防止脂肪球上浮形成奶油层而进行均质。加热杀菌后的牛乳，经冷却填充到牛乳瓶或纸容器中，装箱后搬入冷藏库，准备发货。

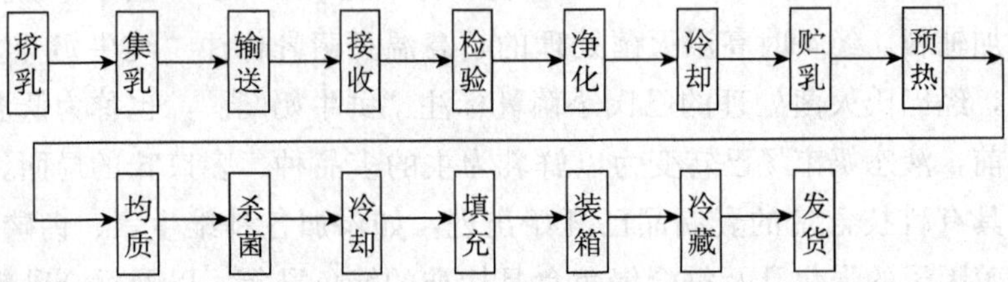

图 11－4　液态奶的生产工艺流程

（一）牧场中生乳的冷却

挤出的牛乳在 1～2 小时内应冷却到 10℃以下，如果 5 小时内不能送到收乳站或者乳品厂，则将生乳冷却到 4℃左右是最理想的。在牧场冷却生乳可用冷水冷却和人工制冷冷却。

冷水冷却法是将收集的乳桶（或乳罐）浸没在冷水槽中或用冷水喷淋使生乳快速冷却，也可将盛有冷水的容器放入乳桶中。此方法的优点是可以节省制冷费用，缺点是冷却设备换热效率低。

人工制冷冷却有两种不同的冷却设备：管式喷淋式冷却器和板式冷却器。管式喷淋式冷却器由上下布置的多层横管组成，载冷剂在冷却器的管内通过，生乳沿管的外表面从上向下流动。管式喷淋式冷却器的缺点是生乳在冷却过程中可能会被污染，而且生乳中的水分有一部分被蒸发。板式冷却器能保证在不接触空气的情况下冷却生乳，达到了工业卫生要求，因此被广泛应用。板式冷却器的优点是配套性强，热力学指标高且应用性强。自动化板式冷却器由同一种型号的多块换热板连接在一起，在自动设备的控制下，生乳在冷却器内流动。

（二）乳品厂中乳的冷却

在乳品厂里进行加工的乳，大部分用于生产各种高级乳制品。在这些乳制品的生产工艺中，冷却是主要工序之一，各乳制品冷却温度不同。例如，饮用乳冷却温度应为4℃～6℃，奶油不超过6℃，酸乳制品不超过8℃，炼乳为6℃～8℃，酸奶油为5℃～8℃。

冷却乳的主要设备是杀菌冷却器、乳桶和贮乳槽。杀菌冷却器中应用最广泛的是板式冷却器，它由加热（杀菌）部分和冷却部分组成。载热剂或载冷剂与乳通常是逆向换热，它们沿着板面和板相对流动。自动化板式杀菌冷却器是专门用于在74℃～78℃时对乳进行杀菌的，杀菌时间为20分钟，杀菌结束后将乳冷却到4℃。

贮藏液态乳的设备为乳桶和贮乳槽，它们由内部容器和两层外围护层组成，内部容器和外围护层之间充满冷水，容器内部装有螺旋搅拌器。

三、液态奶贮运条件

（一）生乳的运输和贮存

运输和贮存生乳的容器，应符合相关国家安全标准。牛奶运输车又称鲜奶运输车、奶罐车，罐体用食品级不锈钢板制作，罐体外部需设保温层防止鲜乳变质，罐体内部要求光洁、无锐角，一般需要在每个奶舱内加上清洗装置。奶罐车罐顶设置通气阀，开启自动调整，减少液体的蒸发损耗，防止罐内产生正负压导致罐体变形。生乳在挤奶后2小时内应降温至0℃～4℃，并采用保温奶罐车运输。运输车辆应具备完善的证明和记录。

生乳到厂后应及时进行加工，如果不能及时处理，应使用冷藏贮存设施进行暂存，并进行温度及相关指标的监测，做好记录。

（二）产品的运输和贮存

（1）应根据产品的种类和性质选择贮存和运输的方式，并符合产品标签所标识的贮存条件。

（2）贮存和运输过程中应避免日光直射、雨淋、剧烈的温湿度变化和撞击等，以防止乳制品的成分、品质等受到不良的影响；不应将产品与有异味、有毒、有害物品一同贮存和运输。

（3）用于贮存、运输和装卸的容器、工具和设备应清洁、安全，处于良好状态，防止产品受到污染。

（4）仓库中的产品应定期检查，必要时应有温度记录和湿度记录，如有异常应及时处理。

（5）经检验后的产品应标识其质量状态。

（6）产品的贮存和运输应有相应的记录，产品出厂有出货记录，以便发现问题时可迅速召回。

四、巴氏杀菌乳配送期间的温度和品质变化

巴氏杀菌乳采用低温杀菌技术，能最大限度保证牛乳的营养成分不流失，所以越来越受到消费者的喜爱。但是由于巴氏杀菌不能杀死芽孢，因此牛乳在贮存、运输和销售过程中必须采用冷链技术。如果不能保持低温，牛乳中的芽孢就会恢复繁殖，可能产生有毒物质，增加消费者食物中毒的风险。配送环节衔接牛乳的生产和销售，是冷链过程中的重要环节。配送过程中，外部环境变化较大，且车门不断地开关，导致车厢内的温度很难准确控制，增加了牛乳品质变化的风险；此外，车厢内的温度分布和配送时间也可能影响牛乳的品质。

配送温度的跟踪：跟随某大型乳品生产企业的冷藏配送车辆进行检测（市区 19 个配送点），使用 6 个温度记录仪，其中 3 个测车厢内空气温度变化，3 个测乳温变化（分别位于车厢前端、车厢中部和车厢门口）。测量前，温度记录仪用冰水混合物进行误差校正，测量时间间隔为 1 分钟。

温度变化模拟：随机抽取 5 盒乳样测定初始菌落总数、酸度和蛋白质含量，并将剩余乳样分别放置到 3 个不同温度（对照组温度设定为 2℃，其余两个实验组温度根据实地跟踪结果设定）的恒温箱中部，分别在 4 小时、8 小时、12 小时、16 小时、20 小时、24 小时后从每个恒温箱中随机抽取 5 个乳样，检测菌落总数、酸度和蛋白质含量。

（一）温度变化

按产品的保质要求，需在 2℃～6℃下配送，但在实际配送过程中，配送人员通常都会考虑配送时间、外界环境温度、能耗等因素。根据市区配送的特点，该企业配送人员设定配送温度为 8℃。外界温度在 25℃～32℃时，测得配送期间车厢内的空气温度一时间曲线如图 11－5 所示，车厢门口的空气和巴氏杀菌乳的温度-时间曲线如图 11－6所示，车厢前端和车厢中部巴氏杀菌乳温度-时间曲线如图 11－7 所示。

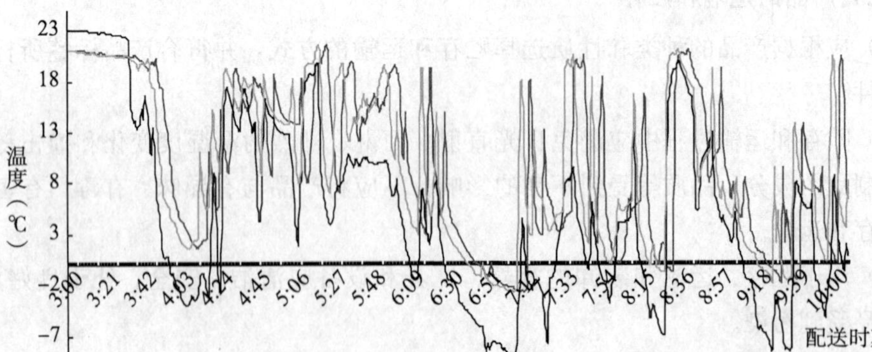

图 11－5　车厢内部的空气温度-时间曲线

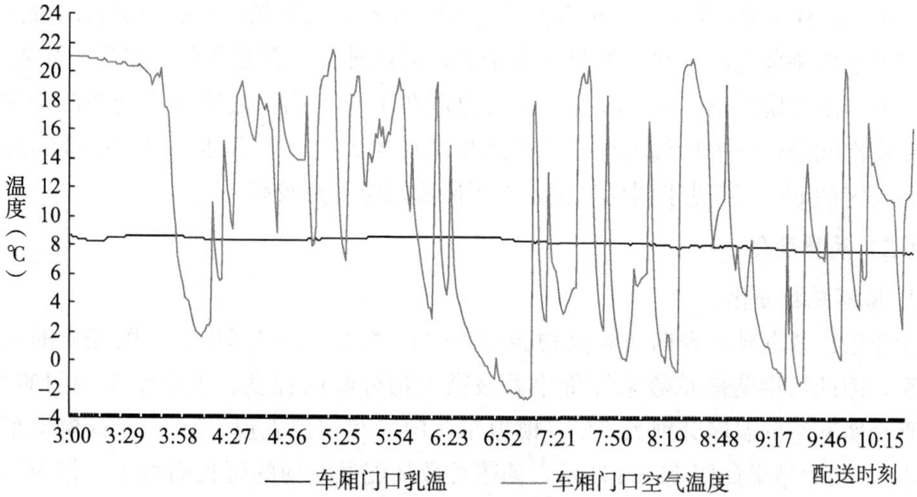

图 11－6　车厢门口的空气和巴氏杀菌乳的温度-时间曲线

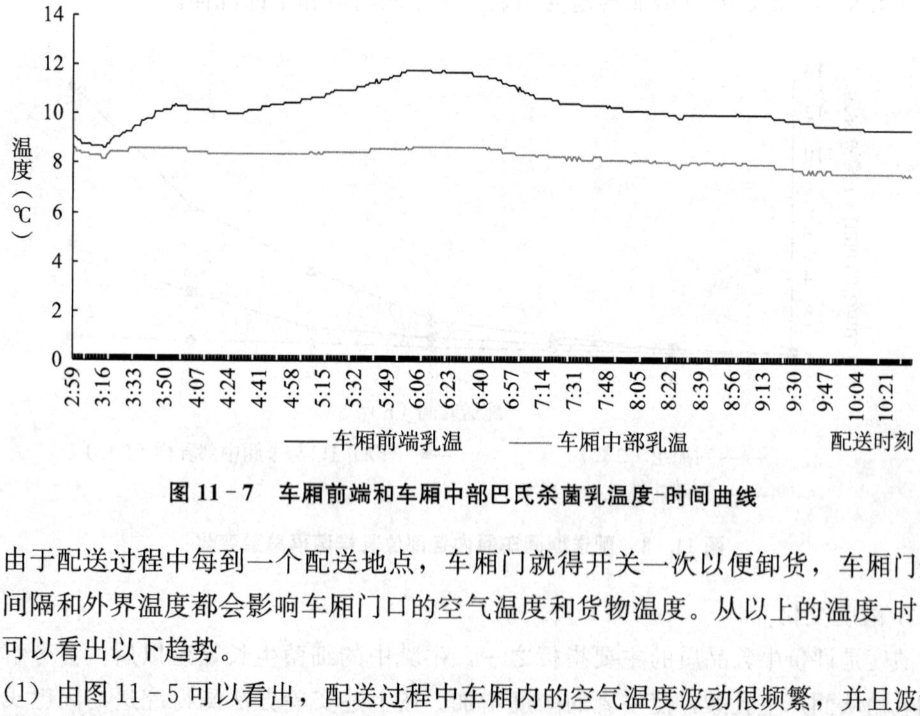

图 11－7　车厢前端和车厢中部巴氏杀菌乳温度-时间曲线

由于配送过程中每到一个配送地点，车厢门就得开关一次以便卸货，车厢门开关时间间隔和外界温度都会影响车厢门口的空气温度和货物温度。从以上的温度-时间曲线，可以看出以下趋势。

（1）由图 11－5 可以看出，配送过程中车厢内的空气温度波动很频繁，并且波动的幅度很大，波峰对应开门时刻。其中车厢前端的空气温度波动最大，波动范围达到 30℃以上（－12℃～23℃）。

（2）由于配送的卸货时间较短（平均 5 分钟左右），虽然车厢内空气温度波动大，但牛乳温度变化相对平缓，波动幅度不大。如从图 11－6 可以看出，车厢门口的空气温度波动范围为－4℃～21℃，而乳温基本保持在 8℃左右。另外，从图 11－7 可以看出，配送过程中车厢中部的乳温也基本保持在 8℃左右。

（3）车厢前端乳温波动较大。随着卸货作业的进行，车门频繁打开，车厢前端乳温从 8.5℃左右开始上升，3 小时后上升到 12℃左右。之后随着车厢内货物的减少，车厢前端的巴氏杀菌乳与冷空气的热交换增加，因此乳温又开始下降，最后稳定在 10℃左右，整个配送阶段车厢前端乳温的平均温度在 10℃左右。之所以出现如此变化可能是由于本次配送过程中冷藏车车厢内采用顶端送风的方式，车厢门口和中部的温度比较接近设定的 8℃，而处于回风口位置的车厢前端温度则较高。

（二）品质变化

1. 菌落总数变化

由于巴氏杀菌乳冷藏期间微生物会继续生长繁殖，而引起牛乳腐败变质的大部分是细菌，因此可用菌落总数来评价牛乳被微生物分解的程度。根据跟车检测的结果，设定两个实验组的温度分别为 8℃（模拟车厢门口和中部乳温）和 10℃（模拟车厢前端乳温）。实验结果如图 11 - 8 所示，菌落总数随配送时间的延长而增多。作为对照组（2℃）的乳样，其菌落总数随配送时间的延长变化很小；而车厢门口和车厢中部乳样的菌落总数在配送 16 小时后开始大幅增加；车厢前端乳样的菌落总数则在配送 12 小时后开始大幅增加，并且增加的速度明显高于车厢门口和中部乳样。

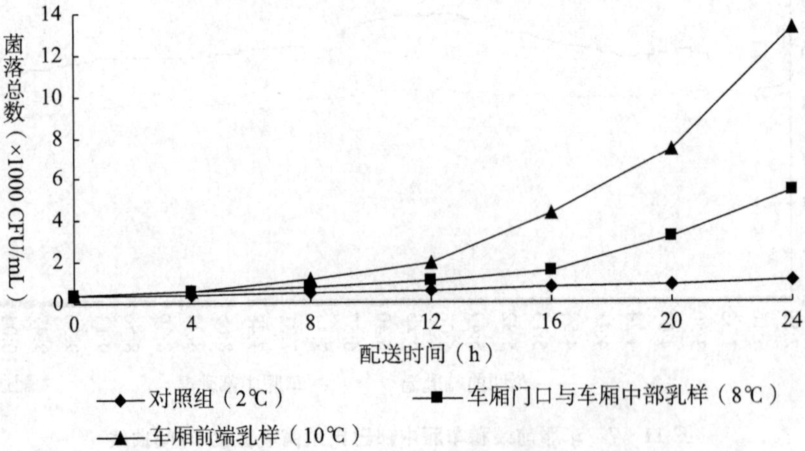

图 11 - 8　配送期间车厢内各部位乳样菌落总数变化

2. 酸度变化

酸度是评价牛乳品质的主要指标之一，牛乳中的细菌生长繁殖以后，会分解牛乳中的乳糖从而产生乳酸，使牛乳的酸度增加。按上述实验方法测得配送期间巴氏杀菌乳酸度变化如图 11 - 9 所示，酸度随配送时间的延长而稍有增多。作为对照组（2℃）的样品，其酸度变化很小；而车厢门口和车厢中部乳样的酸度在配送 16 小时后增加较快；车厢前端乳样的菌落总数则在配送 12 小时后增幅加大，并且增加的速度高于车厢门口和车厢中部乳样。

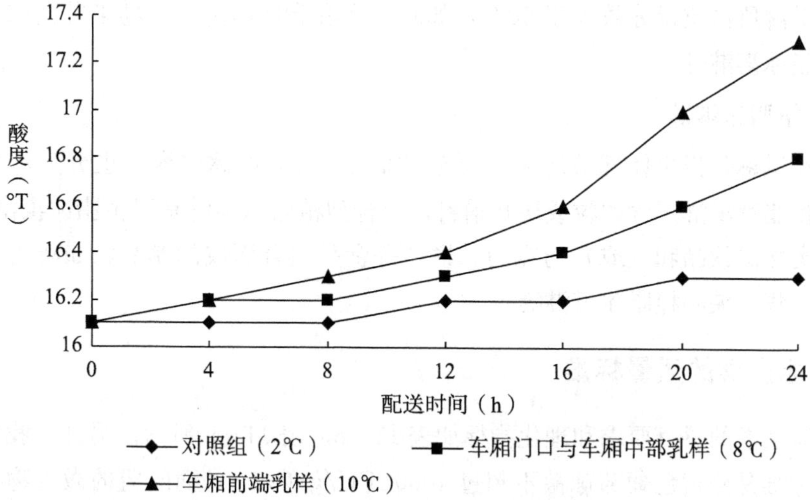

图 11－9 配送期间车厢内各部位乳样酸度变化

3. 蛋白质含量变化

经测定，对照组、车厢前端乳样、车厢门口和车厢中部乳样的蛋白质含量在上述实验条件下 24 小时内变化都不大，均保持在 2.95%左右，说明在此配送条件下，巴氏杀菌乳的蛋白质含量稳定。

第四节 冰淇淋和黄油的冷链管理

一、冰淇淋的种类

冰淇淋以饮用水、乳和（或）乳制品、蛋制品、水果制品、豆制品、食糖、食用植物油等为原辅料，添加或不添加食品添加剂和（或）食品营养强化剂，经混合、灭菌、均质、冷却、老化、冻结、硬化等工艺制成的体积膨胀的冷冻饮品。冰淇淋分全乳脂冰淇淋、半乳脂冰淇淋和植脂冰淇淋。

（一）全乳脂冰淇淋

全乳脂冰淇淋是主体部分乳脂质量分数为 8%以上的冰淇淋，分为清型和组合型。清型全乳脂冰淇淋不含颗粒或块状辅料；组合型全乳脂冰淇淋是以全乳脂冰淇淋为主体，与其他种类冷冻饮品和（或）巧克力、饼坯等食品组合而成的制品，其中全乳脂冰淇淋所占质量分数大于 50%，如巧克力奶油冰淇淋、蛋卷奶油冰淇淋等。

（二）半乳脂冰淇淋

半乳脂冰淇淋是指主体部分乳脂质量分数大于等于 2.2%的冰淇淋，分为清型和组合型。清型半乳脂冰淇淋不含颗粒或块状辅料；组合型半乳脂冰淇淋是以半乳脂冰淇淋为主体，与其他种类冷冻饮品和（或）巧克力、饼坯等食品组合而成的制品，其中半乳脂冰淇淋所占质量分数大于50%，如脆皮半乳脂冰淇淋、蛋卷半乳脂冰淇淋、三明治半乳脂冰淇淋等。

（三）植脂冰淇淋

植脂冰淇淋是指主体部分乳脂质量分数低于2.2%的冰淇淋，也分为清型和组合型。清型植脂冰淇淋不含颗粒或块状辅料；组合型植脂冰淇淋是以植脂冰淇淋为主体，与其他种类冷冻饮品和（或）巧克力、饼坯等食品组合而成的制品，如巧克力脆皮植脂冰淇淋、华夫夹心植脂冰淇淋等。

二、冰淇淋的质量标准

我国冰淇淋的感官要求和理化指标如表11-8、表11-9所示。另外，我国冰淇淋的微生物标准是金黄色葡萄球菌不超过1000CFU/g（mL），而欧盟的微生物标准是大肠杆菌不超过100CFU/g（mL）。

表11-8 冰淇淋感官要求

项目	要求					
	全乳脂		半乳脂		植脂	
	清型	组合型	清型	组合型	清型	组合型
色泽	主体色泽均匀，具有品种应有的色泽					
形态	形态完整，大小一致，不变形，不软塌，不收缩					
组织	细腻滑润，无气孔，具有该品种应有的组织特征					
滋味气味	柔和乳脂香味，无异味		柔和淡乳香味，无异味		柔和植脂香味，无异味	
杂质	无正常视力可见外来杂质					

表11-9 冰淇淋理化指标

项　目	指　标					
	全乳脂		半乳脂		植脂	
	清型	组合型	清型	组合型	清型	组合型
非脂乳固体/（g/100g）　≥	6.0					
总固形物/（g/100g）　≥	30.0					
脂肪/（g/100g）　≥	8.0		6.0	5.0	6.0	5.0
蛋白质/（g/100g）　≥	2.5	2.2	2.5	2.2	2.5	2.2

注：组合型产品的各项指标均指冰淇淋主体部分；非脂乳固体含量按原始配料计算。

三、冰淇淋生产工艺

冰淇淋的生产工艺流程如图11-10所示，要经过多次冷却，最后贮藏温度为-25℃左右。先将脱脂乳、鲜乳、鲜奶油、黄油、砂糖、鸡蛋、乳化稳定剂等原料，按制品的种类要求调制成混合料，并将混合料均质。均质后进行杀菌、冷却。为使蛋白质、稳定剂完全水合，冷却后的混合料应保持1℃～5℃的低温，放置一定时期，直至成熟。成熟后冰淇淋的形体和口感有明显变化。冷冻是冰淇淋生产工艺流程中最重要的工序，将混合料迅速冷却至冻结温度，同时使空气以微小的气泡状态均匀分布于混合料中，形成基本的气泡结构，使其体积增加。这种体积增加现象叫作增容。如果增容过度，会导致冰淇淋的形体脆弱；如果增容不充分，则会导致冰淇淋的形体湿而沉重。从冰淇淋冷冻机中排出的冰淇淋为软质冰淇淋，具有流动性，装入规定的容器后冰淇淋会冷冻硬化。

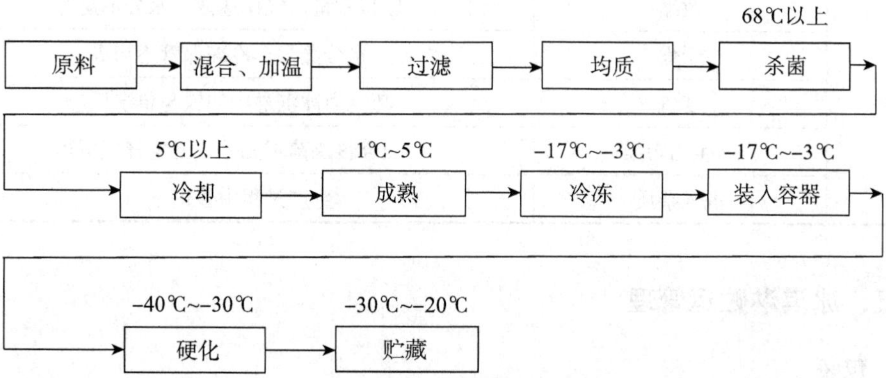

图11－10　冰淇淋的生产工艺流程

四、冰淇淋主要质量缺陷

冰淇淋的质量缺陷分为五类：风味、组织状态、形体、融化状态和其他，其缺陷表现和原因如表11－10所示。

表11－10　冰淇淋的主要质量缺陷与原因

种类	缺陷	原因
风味	产生脂肪分解臭、饲料臭、牛舍臭、金属臭、苦味、酸味等，甜味和香味不足	使用了劣质牛乳、乳制品及混合料，杀菌不充分，污染，添加的甜味料、香料不适当
组织状态	砂状	非脂乳固形物过多，温度高，乳糖结晶粗大
	雪片状	膨胀率过高
	粗糙，有冰碴	冻结缓慢，贮藏中变温，气泡大，总固形物少
	奶油状	脂肪球结块，乳化剂不适合，均质不佳

续 表

种类	缺陷	原因
形体	轻飘	乳化剂、稳定剂少，气泡粗大，膨胀率过高
	湿而沉重	膨胀率过低，蔗糖用量高，乳化剂、稳定剂使用不当
	易碎	脂肪球未充分凝聚，总固形物含量低
	胶状	稳定剂用量过多
融化状态	泡沫状，乳清分离，凝固，布丁状，黏质状	原料混合不当，蛋白质与矿物质不均衡，酸度高，均值不良，膨胀率不当
其他	收缩	体积减量、气体逸散、水分不足等
	干燥	水分蒸发、冷冻保管不当等
	变色	巧克力冰淇淋中的铁与单宁反应
	微生物污染	混合料杀菌不充分，卫生管理不当
	混入杂质	生产过程中管理不当

五、冰淇淋贮运管理

1. 包装

(1) 冰淇淋包装材料应符合相关国家标准或行业标准的规定。

(2) 单件包装应完整，封口严密，无破损。

(3) 包装箱应牢固、整齐、完整、无破损，且外表清洁，与所装内容物相符合，箱外胶封。

2. 运输

(1) 运输车辆应符合卫生要求，短途运输应使用冷藏车，长途运输冷藏车温度应小于－15℃。

(2) 不应与有毒、有污染的物品混装、混运，防止挤压。

(3) 搬运时应轻拿轻放，不应摔、撞击、挤压。

3. 贮存

(1) 冰淇淋应贮存在低于－18℃的专用冷库内，冷库应定期清扫、消毒。

(2) 应使用垛垫堆码，离地、离墙应大于10cm。

(3) 不应与有毒、有害、有异味、易挥发的物品或其他杂物一起混贮。

4. 销售

冰淇淋应放在低温陈列柜内销售，低温陈列柜的温度不高于－15℃。

六、黄油冷链管理

黄油是将从牛乳中分离的脂肪粒压炼而成的乳制品，其乳脂肪含量在80%以上，水分在17%以下。根据黄油的制作方法，可把黄油分为甜性黄油和发酵黄油。此外，还有经过搅打的搅打黄油和乳脂肪含量在99%以上的精制黄油。

（一）生产工艺

使用脂肪含量在30%～40%的奶油，首先在65%～70℃下杀菌30分钟左右，然后立即冷却，在6℃左右的条件下冷藏2～8小时，直至成熟，其目的是使脂肪固化，防止其流入酪乳中；将成熟的奶油放入搅乳机中进行快速搅拌，在搅拌过程中脂肪球膜被破坏，脂肪球形成颗粒块状。搅乳结束后，排出酪乳，用水洗涤黄油颗粒，加食盐进行压炼，得到黄油制品。

（二）贮藏和包装

黄油在－10℃下冷藏，虽然能防止微生物污染，但脂肪氧化仍在进行。无盐黄油比加盐黄油更易受污染，而且为了尽量不受二次污染必须进行包装。黄油除防止微生物污染外，还应注意防止水分蒸发、表面变色、氧化和吸收异味，只有这样才能延长保鲜期。为此，应选用不透气、不透水、不透油、能遮蔽光线的包装材料，并加强贮运过程中的温度管理。

第五节　发酵乳和含乳饮料的冷链管理

一、发酵乳的质量标准

发酵乳是以生牛（羊）乳或乳粉为原料，经杀菌、发酵后制成的产品。风味发酵乳是以80%以上生牛（羊）乳或乳粉为原料，添加其他原料，经杀菌、发酵并在发酵前或后添加食品添加剂、营养强化剂、果蔬、谷物等制成的产品。发酵乳的感官要求分为色泽、滋味和气味以及组织状态要求。在色泽方面，要求发酵乳色泽均匀一致，呈乳白色或微黄色；风味发酵乳则要求具有与添加成分相符的色泽。滋味和气味方面，发酵乳要求具有发酵乳特有的滋味、气味，风味发酵乳要求具有与添加成分相符的滋味和气味。组织状态方面，要求组织细腻、均匀，允许有少量乳清析出，风味发酵乳还要求具有添加成分特有的组织状态。

根据我国食品安全标准，如表11－11所示，发酵乳的乳酸菌含量不低于100万CFU/g（mL），酸度不低于70°T，不得检出金黄色葡萄球菌，大肠菌群不得高于5CFU/g（mL）。

二、酸乳生产工艺

酸乳是以生牛（羊）乳或乳粉为原料，经杀菌、接种嗜热链球菌和保加利亚乳杆菌发酵制成的产品。风味酸乳则是以80%以上生牛（羊）乳或乳粉为原料，添加食品添加剂、营养强化剂、果蔬、谷物等制成的酸乳。酸乳的生产工艺流程如图11－11所示。首先在牛乳中加脱脂乳粉，将无脂乳固形物含量调整到15%左右，再根据商品的要求，添加砂糖、果汁、稳定剂和香料。均质、杀菌后接种。生产用菌种分别单独用牛乳培养，使用保加利亚乳杆菌和嗜热链球菌，接种量为1%～2%，充分混合后进行发酵。制造硬型酸乳时，填充到零售容器中，在37℃～42℃的条件下发酵4～6小时；制造软型酸乳时，用大容量发酵罐发酵。当酸度适度时进行冷藏并停止发酵。果品和香料一般在发酵结束后添加。

表11-11　发酵乳质量标准

分类	项目	指标	
		发酵乳	风味发酵乳
乳酸菌	乳酸菌数/［CFU/g（mL）］ ≥	1×10^6	
理化指标	脂肪（全脂）/（g/100g） ≥	3.1	2.5
	非脂乳固体/（g/100g） ≥	8.1	—
	蛋白质/（g/100g） ≥	2.9	2.3
	酸度/（°T） ≥	70	
微生物指标	大肠菌群/［CFU/g（mL）］ ≤	5	
	金黄色葡萄球菌/［CFU/g（mL）］	不得检出	
	酵母菌/［CFU/g（mL）］ ≤	100	
	霉菌/［CFU/g（mL）］ ≤	30	

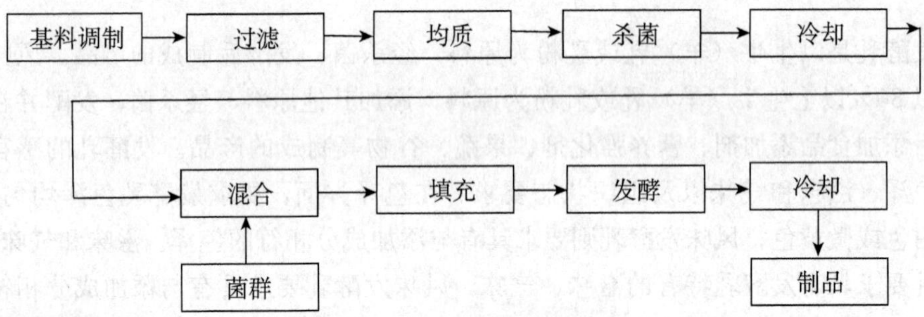

图11-11　酸乳的一般生产工艺流程

乳酸菌饮料的生产方法，可分为稀释法、杀菌填充法和添加法。稀释法是一种将发酵乳稀释到杀菌水或杀菌果汁中的方法。杀菌填充法是在发酵乳中添加糖类和香味成分，然后进行杀菌填充。添加法是一种在果汁等原料中直接添加乳酸菌菌种的方法。

三、发酵乳的贮运管理

发酵乳在生产后应尽快销售，但贮存期如果以工厂期4～6天、流通期1～10天、家庭期1～5天计算，仍可达到1～3周。发酵乳的微生物污染，大部分是由霉菌和酵母菌引起的，而由细菌引起的污染较少。霉菌和酵母菌污染影响发酵乳商品的外观，在表面出现菌落或形成皮膜；而霉菌影响发酵乳商品的风味、硬度和黏度。具体而言，酵母菌使商品产生气体，霉菌引起脂肪分解并发生酸败，使蛋白质分解产生苦味。非生物性变质主要有氧气和光引起的氧化臭和异臭。发酵乳即使在冷藏期间仍会继续产生乳酸，很容易出现酸味过度的现象。

四、含乳饮料冷链管理

含乳饮料是以乳或乳制品为原料，加入水及适量辅料经配制或发酵而成的饮料制品，分为配制型含乳饮料、发酵型含乳饮料、乳酸菌饮料。配制型含乳饮料、以乳或乳制品为原料，加入水，以及白砂糖和（或）甜味剂、酸味剂、果汁、茶、咖啡、植物提取液等其中的一种或几种调制而成的饮料。发酵型含乳饮料是以乳或乳制品为原料，在经乳酸菌等有益菌培养发酵制得的乳液中加入水，以及白砂糖和（或）甜味剂、酸味剂、果汁、茶、咖啡、植物提取液等其中的一种或几种调制而成的饮料。根据其是否经过杀菌处理而区分为杀菌（非活菌）型和未杀菌（活菌）型。乳酸菌饮料是以乳或乳制品为原料，经乳酸菌发酵制得的乳液中加入水，以及白砂糖和（或）甜味剂、酸味剂、果汁、茶、咖啡、植物提取液等其中的一种或几种调制而成的饮料，也可分为杀菌（非活菌）型和未杀菌（活菌）型。

未杀菌的发酵型含乳酸菌饮料出厂时其乳酸菌活菌数不低于1×10^6CFU/g（mL），应在2℃～10℃的低温条件下运输和贮存，而且在运输过程中，应避免日晒、雨淋，不得与有毒、有异味、易挥发、易腐蚀的物品混装运输。

第六节　乳制品的质量安全风险管理

乳类商品的质量安全风险管理涉及乳制品生产流通的全过程，各环节的风险因素及控制措施如下。

一、生乳收购环节

挤奶厅对生乳的质量有着重要的作用，影响生乳质量的挤奶厅因素是：挤奶厅的卫生、挤奶设备和储奶罐等。通过对挤奶厅因素的检测与监管，可以保证生乳的质量。

（一）设备卫生

挤奶厅的机器设备主要包括挤奶设备和储奶罐。挤奶设备和储奶罐对生乳质量有重要的影响，加强对挤奶设备和储奶罐的检测与清洁可以保证生乳的质量。挤奶设备的检修以及挤奶设备部件的更换对生乳的质量有着重要的影响。挤奶设备影响生乳质量的关键点分别是：挤奶设备奶衬、滤膜、脉动管和脉动器、挤奶设备工作时的真空压水平、挤奶设备的清洗及清洗后的洁净度。加强对挤奶设备这些关键点的检测，就能保证生乳的质量安全。

（二）挤奶次数

从健康乳牛的乳房中挤出的鲜乳并不是无菌的，一些小球菌属、链球菌属、棒状杆菌属和乳杆菌属等细菌可以从乳头端部侵入乳头管，并在乳头管及其分支处形成菌块栓塞。因此最先挤出的少数乳液中微生物的数量最多，超过了103CFU/mL。在先挤出的牛乳中微生物总数约为3280CFU/mL，而在中间和最后阶段降低到85～100CFU/mL，这是由于先挤出的乳包含很多的细菌。因此，为了提高生乳的品质，需要将前三把菌数较高的乳弃去。随着挤奶的进行，乳中的微生物数量逐渐减少，最后挤出的乳中，菌落总数降低至10～102CFU/mL。因此，挤奶时是否挤掉前三把奶对生乳微生物质量起决定作用。

（三）员工卫生

挤奶员应认真仔细地做好挤奶前的准备工作。洗净双手，在挤奶前应剪短指甲，摘下套在手上的首饰、戒指，以免操作时损伤乳头及乳房或影响工作；穿好工作服，备好消毒药水及用具，剪去乳房上的长毛，保证牛体卫生和环境卫生，清洗挤奶用具，并保证安全。

二、生乳贮存环节

（一）贮存设备

贮存生乳的设备，要有良好的绝热保温措施，并配有适当的搅拌设施，定时搅拌乳液以防止乳脂肪上浮而造成分布不均匀。挤奶结束后1～2个小时就要冷却到4℃以下。若贮奶过程制冷效果差，不能使奶尽快降低到4℃以下，微生物繁殖速度就会加快。因此，贮存温度是影响生乳微生物数量增殖的最主要因素之一。贮乳罐要求保温性能良好，一般乳经过24小时贮存后，乳温上升不得超过2℃～3℃。贮乳罐的容量应根据各厂每天牛乳总收纳量、收乳时间、运输时间及能力等因素决定。贮乳罐使用前应彻底清洗、杀菌，待冷却后贮入牛乳。每罐须放满，并加盖密封，如果装半罐，会加快奶温上升，不利于生乳的贮存。

对储奶罐的检测主要从两个方面着手：一是冷冻设备要保证生乳挤出后2小时内温度降低到4℃以下，制冷温度为3℃～4℃，对储奶罐的冷冻设备检测，可以通过温度计测量来确定。二是储奶罐要有自动清洗装置，清洗方法和挤奶设备相同；没有自动清洗装置的，必须进行人工清洗，清洗原则是罐内外必须洁净无残留物和死角，卫生死角需进行人工刷洗，要求储奶罐内清洗后无异味、无奶垢、无水、无酸碱及消毒液残留。

（二）运输状况

乳制品从生产出来到运送至最终消费者手中，中间需要经过运输、贮存和销售等流通环节。贮存条件是流通过程对乳制品的最主要影响因素，包括温度、时间、湿度和光线四个方面。

1. 温度

乳制品若在贮存时温度过高，既会加速一些成分的氧化变质，又会加速微生物的生长繁殖，因此在乳制品贮存时要掌握好温度。如消毒牛乳和硬质干酪贮藏温度为

2℃～10℃，酸牛乳贮藏温度为2℃～8℃，乳粉和炼乳的贮藏温度在20℃以下。

2. 时间

乳制品贮存时间过长容易变质。因此乳制品在销售时要注意贮新售旧，超过保存期的不得出售。奶油在4℃～6℃的温度条件下存放时间不得超过7天。

3. 湿度

对于固体、半固体的乳制品，贮存环境湿度不能过大，因为这些乳制品受潮后易使微生物繁殖生长或结块。炼乳、乳粉的贮存环境应通风良好，保持干燥；硬质干酪要求贮存在相对湿度为80%～85%的环境里。

4. 光线

光线照射可加速乳制品中一些成分的变质，如脂肪、维生素等的氧化。因此，乳制品在运输、贮存、销售等过程中均应尽量避免光线照射。

三、乳制品加工环节

乳制品变质的重要原因之一是微生物的污染，一些小规模乳品生产企业为节约成本未能对乳制品容器、设备、管道、人员、包装材料等进行彻底灭菌，从而影响了乳制品的质量。还有一些乳制品加工厂由于缺乏资金、技术、人才，在水源、包装材料卫生、职工健康、害虫控制等方面均不能完全符合卫生标准操作程序，近几年我国在乳制品质量抽查时发现主要的质量问题是微生物超标严重和食品添加剂过量。乳制品行业应该改善加工条件，加强卫生管理，进一步提高产品包装质量，着手进行从加工生产到运输再到销售环节的建设，保障乳品的质量。如果在加工过程中，存在不合理使用原料和辅料、滥用食品添加剂以及未对加工设备、包装材料和工作人员进行严格消毒的现象，可能导致乳制品感染致病微生物。

（一）加工环境

乳制品在生产加工、运输及贮存过程中，使用或接触不清洁的乳桶、过滤纱布、过滤器、冷却器、储乳槽、乳槽车、离心机等加工设备和包装材料，会造成病原微生物污染。生产用水不干净、清洁器具用的清洗剂和消毒剂不合格以及蟑螂和苍蝇等昆虫的滋生，也都会使乳制品感染病原微生物。

在乳制品的加工过程中，要严格遵循卫生制度，并定期对工作人员进行体检，杜绝工作人员带来的污染，同时要及时处理加工过程中的残余物以及生产垃圾，杜绝安全隐患。

目前我国一些小型乳制品加工企业还未实行HACCP或者采用其他质量管理措施，缺乏卫生管理和乳制品质量控制的意识，再加上生产控制管理的行政执法人员监管不到位，这些问题的存在为乳制品的质量安全问题带来了隐患。

（二）加工工艺

加工工艺是对产品进行加工，将其由原料或半成品制成产成品的过程。加工工艺是否合格对产品质量安全有很大影响。乳制品加工环节因涉及的流程较为复杂，一旦出现问题，会影响乳制品质量安全，阻碍乳制品的销售甚至影响整个乳制品供应链的发展。在乳制品加工过程中，工艺设计、设备布局、杀菌方式、技术参数等都可能影响乳制品质量。乳制品生产中使用的食品添加剂和营养强化剂等辅料也会对乳制品的安全性产生影响。为使乳制品在其包装内实现保质保量的技术性要求，乳制品包装材料应满足无毒、密封性良好、耐挤压、避光等条件。

为了提高乳制品加工质量，需要强化对乳制品生产加工的管控，从生产加工环节中的一些关键步骤和控制点入手，与相应的指导性文件相结合，以此来规范生产。在乳制品生产过程中，生产设备对生产质量具有较大的影响，因此需要通过创设一个良好的环境，来保证设备正常运转，确保生产出更为优质和安全的产品。在实际乳制品生产过程中，需要明确每道工序的工艺参数和特性，并在生产环节将工艺参数和特性相结合，通过加大监控力度，对乳制品生产过程进行检测监督，以此来保证整个生产过程的质量。

（三）加工设备状态

在乳制品加工过程中，设备设施的清洁性将会对乳制品质量产生影响。比如，在对设备进行消毒时，没有严格按照相应的消毒流程展开，这会造成设备设施消毒不到位，导致设备中存在细菌等，这不仅会对乳制品口感产生影响，而且在乳制品产品当中会滋生微生物或者出现褐变物。为使乳制品质量得到保障，需要及时做好设备设施消毒工作，同时要保证在消毒时，能够严格按照相应的消毒流程展开。在对生产设备进行清洗时，需要将清洗液的浓度控制在有效范围内，因为清洗液的浓度不同，对设备清洗的影响也不同。基于此，需要根据设备实际情况，选择最适合的清洗液浓度。如果使用碱液对设备进行清洗，需要根据设备对浓度的适应情况进行合理调配；如果使用酸液对设备进行清洗，需要尽量选择酸度较低的清洗液。与此同时，在展开设备清洗工作时，需要对清洗液流量与速度进行控制，因为流量与速度也会对设备的清洗质量产生影响。在清洗过程中，清洗液流量过大，设备将会承受较大压力，容易造成设备的损坏；清洗液流量较小，设备将无法清洗干净，达不到应有的清洗效果。除此之外，设备的清洗时间需要进行有效把控，因为清洗时间会对设备的清洗效果与质量产生直接影响。在设备清洗过程中，如果清洗时间较长，将会造成设备的损坏；清洗时间较短则达不到清洗效果。设备在使用过程中，还需要加强监督与管理，保证设备能够安全稳定运行，充分发挥自身最大价值与作用，为乳制品加工生产工作提供便利，尽量避免由于设备的原因造成的乳制品质量问题。

（四）添加剂剂量

食品添加剂一方面可以提升食品的品质，改善其色、香、味；另一方面可以满足加工工艺的需要以实现食品的防腐和保鲜。《食品安全国家标准　食品添加剂使用标准》（GB 2760—2014）中明确规定了在食品加工中可食用的食品添加剂的种类、用量以及产品中的允许残留限量，如果食品中添加剂含量超标，就可能对人体造成不良影响。

目前，我国可食用的食品添加剂（含食品香料）种类繁多，已批准使用的超过2500种。我国很多中小乳制品加工企业中都存在着为了延长乳制品保质期，超标、超量使用食品添加剂、滥用添加物的现象，这对乳制品的质量安全产生了极大的影响，严重危害人们的生命健康。

（五）加工人员

乳制品的生产工作与实际的操作者素质之间存在着重要关系，如果操作人员的态度不端正或者不注意个人卫生，就会使乳制品受到污染。乳制品生产加工人员应定期进行体检，取得健康证，持证上岗，在进入车间前必须穿戴工作服，为乳制品生产营造健康卫生的环境。

四、乳制品运输和销售环节

（一）运输和销售环境

1. 冷链利用率低

乳制品具有易变质的特性，对运输和贮存的温度要求较严格。乳制品在运输过程中需要冷链运输，全程运输温度应控制在0℃～4℃。目前，我国乳制品企业大多规模较小，且主要采用第三方物流，冷链运输利用率较低，仅为发达国家的80%左右。

2. 贮存不规范

乳制品的贮存受温度、时间、湿度和光线的影响，贮存时应根据不同种类对温度的要求选择适宜的温度。乳制品的保质期较短，销售过程中应注意售旧贮新，但过期乳制品不可销售。类似于硬质干酪和乳粉这样的固体或半固体乳制品受潮后易结块或促使微生物繁殖，贮存时应注意湿度。光线照射易使乳制品中的脂肪维生素等变质，影响乳制品质量，因此乳制品应存放于阴凉干燥处。

3. 销售环境有待改善

乳制品销售环节要求售卖场所应配备相应的冷藏设备，但目前除了大中型超市具有比较完善的冷链系统外，大部分小型超市，尤其是学校周边或农村的小型超市，没有配备相应的冷柜，导致需冷藏的乳制品只能在常温下存放，影响了乳制品的质量。

（二）包装方法和包装材料

包装作为乳制品的一个重要组成部分，质量控制是不容忽视的。包装材料直接与产品接触，必须安全卫生。乳制品包装按照价值体系分为高档包装（如屋脊包、ESL包装、塑杯、利乐包）、物有所值包装（如无菌塑料袋、利乐枕）和大众化包装（如可周转的玻璃瓶、瓷瓶、塑料袋）。包装的过程如果处理不当很容易造成二次污染。应采用无菌包装，以保证乳制品在包装时不受杂菌污染。包装后要对其气密性进行检查，做到全方位监控。

案例分析

新西兰乳制品质量安全风险管理

截至2014年，新西兰拥有牧场约11735个，奶牛存栏量为481万头，牧场平均养殖规模为410头。新西兰充分发挥本国的食品研发体系优势，实现了牛乳采集、生产和加工过程的标准化运行。

新西兰拥有全面的乳制品产业链风险管理框架，风险管理计划明确指出生鲜乳的贮存和运输温度应低于6℃，要求乳制品加工企业负责开发风险管理项目，并管理相关的生产、加工、运输和贮存过程中产品可能存在的风险。新西兰于1981年就颁布了《食品法》，对食品的生产标准进行了规定。1999年颁布了《动物产品法》，在乳制品加工、仓储和运输等方面作了明确的规定。《动物制品（乳制品）条例（2005）》对生鲜乳贮存、乳制品加工以及贮存的标准进行了详细规定。此外，新西兰政府要求乳制品企业遵守良好的操作实践以及HACCP标准。

新西兰对生鲜乳收购环节进行严格管控，从挤奶到进行生产加工的时限不能超过4个小时。各牧场每天定时采集生鲜乳，把采集的生鲜乳及时冷却到13℃并通过密闭管道贮存在奶罐中进行冷藏保存，由恒天然的奶罐车采取密封罐装冷藏的运输方式在48小时内运送至乳制品加工企业。恒天然的奶罐车规模达400多辆，其运输能力基本实现了对国内牧场的全覆盖。生乳被分别运输到分布在全国的24家主要的乳制品加工企业之后，通过冷冻干燥、巴氏灭菌等高效环保的生产环节将其转化为乳制品。生产车间配备了专门的空气过滤系统，以全球最先进的技术及完善的自动控制系统为支撑，实现了高度的自动化、无菌化生产，最大限度地保证了产品的质量。

新西兰约95%的乳制品用于出口。新西兰建立了SAP系统，对乳制品输入国的年度需求进行管理，以确定乳制品生产计划，实现对库存、物流等环节进行实时管理。同时，新西兰采用“互联网+乳制品冷链物流”模式，利用先进的冷藏车将客户订单运送到国际机场。目前新西兰新鲜乳制品恒温环境（0℃～4℃）下的冷链物流配送已在中国上海等较发达城市实施，逐步建立起了新西兰新鲜乳制品“海外直运”的配送通道，使得新西兰迈出了在全球范围内进行鲜乳配送的重要一步，同时也实现了中国消费者对于“海外新鲜乳制品”的线上购买。新西兰天然乳品采用“互联网+专卖店”的销售模式，利用专卖店进行乳制品销售，而且各专卖店配备了专门的冷藏服务车，极大地满足了社区居民对乳制品的需求（见图11-12）。

新西兰以严格的溯源系统为依托，建立了一套十分严格的产品检测和风险控制体系。目前，新西兰国内销售和出口乳制品均已使用RFID、条码等技术对乳制品进行监测和追溯。负责运输和配送的冷藏车也广泛配备车载GPS与GIS，便于实时追踪冷藏车的位置、运行状态和路线。另外，新西兰还建立了风险管理程序，用来管理动物原材料和产品的风险、效用和标签，从牧场生产生鲜乳到生鲜乳的生产加工、运输以及销售各个环节都需要具备风险管理认证资质，新西兰初级产业部对乳制品供应链中的各个节点进行检查，对储奶罐、运输车辆和冷藏仓库等设备和设施进行监管，确保了国内和出口乳制品的优质安全。

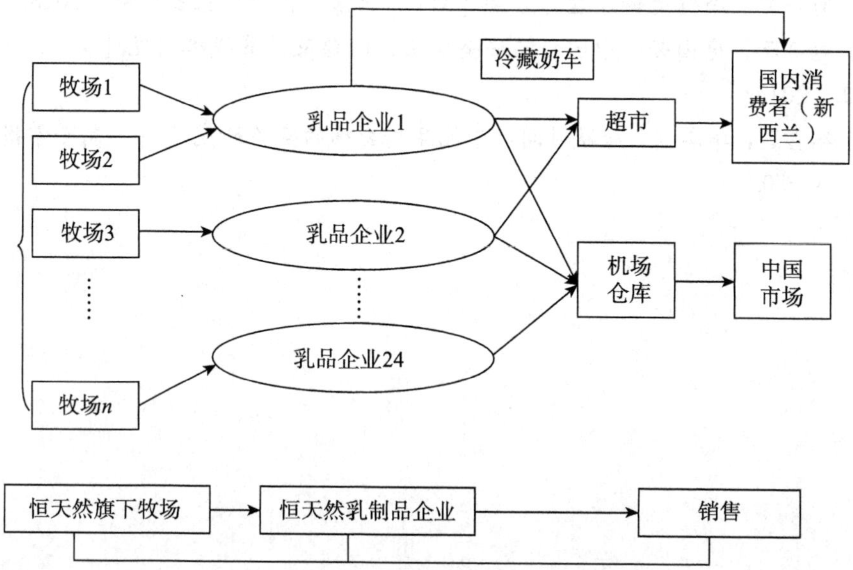

图 11－12　新西兰乳制品冷链运行

思考：

1. 新西兰乳制品采取了哪些质量安全风险管理措施？
2. 新西兰的乳制品风险控制体系对我国的乳制品风险控制有什么启示？

练习与思考

1. 简述冷链物流在乳制品流通中的作用。
2. 我国乳制品冷链物流需求特点有哪些？请举例说明。
3. 生乳、乳制品质量安全的影响因素主要有哪些？
4. 举例说明液态奶的分类。目前我国液态奶的主要流通模式有哪些？
5. 简述液态奶生产过程冷链管理要求。
6. 液态奶的贮运条件有哪些？
7. 冰淇淋砂状、粗糙、有冰碴的原因分别是什么？
8. 什么是发酵乳和含乳饮料？我国发酵乳的质量标准有哪些？
9. 简述生乳采购和加工过程中的风险因素及控制措施。
10. 简述乳制品贮存和运输过程中的风险因素及控制措施。

参考文献

[1] 谢如鹤，刘广海．冷链物流 [M]．武汉：华中科技大学出版社，2017.

[2] 谢如鹤．冷链运输原理与方法 [M]．北京：化学工业出版社，2013.

[3] 旭日干，庞国芳．中国食品安全现状、问题及对策战略研究 [M]．北京：科学出版社，2015.

[4] 谷雪莲，华泽钊．冷藏时间对牛乳品质影响的实验研究 [J]．制冷学报．2005，26 (4)：48—50.

第十二章　医药冷链物流管理

学习目标

1. 了解医药冷链物流的基本概念
2. 了解温度对药物贮存的重要性
3. 掌握医药冷链物流的特点
4. 掌握医药冷链运输与配送的基本要求
5. 掌握医院药品冷链管理的基本要求和工作流程

第一节　医药冷链物流概述

医药冷链指的是运送胰岛素等温度敏感性药品，从生产企业成品库到使用结束的整个储存、流通、使用过程都必须在规定的温度环境下，以保证药品质量的特殊供应链管理系统。冷藏药品冷链物流作为物流的一个分支，特指为满足人们疾病预防、诊断和治疗而进行的冷藏药品实体从生产者运输至使用者之间的一项系统工程，包括生产、运输、储存、使用等一系列环节。医药冷链物流流程如图 12－1 所示。

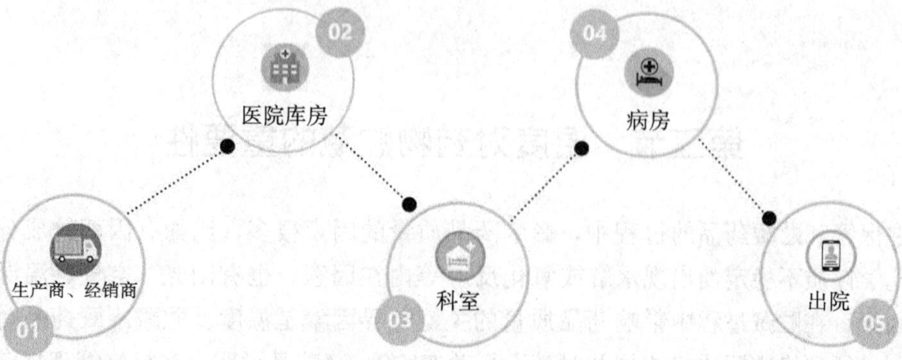

图 12－1　医药冷链物流流程

药品供应系统是药品质量的重要保障。在日常医疗工作中，医用药品、检验标本、试剂、血液等必须保存于稳定且特定的温度下，如胰岛素、干扰素、破伤风抗毒素以及鲑降钙素等应储藏在 2℃～8℃的环境中，且不能冷冻；双醋瑞因胶囊的保存温度应在 15℃～25℃；丝裂霉素、缩宫素、头孢呋辛等需在温度低于 20℃的环境中保存，方能保证药品的长期安全。因此医药储存要在冷库，运输要靠专用医用蓄冷板，使用也要有专门装置。

冷链物流的运输成本相对较高，节约成本很重要，冷链物流在药品流通上的应用对医疗药品的供给非常重要，这种特别的物流形式需要更为完整的物流体系。我国的冷链物流虽然已经具备一定的功能，但对于药品运输尚不能够形成针对性的药品冷链体系，冷链运输整体上也缺乏对交接环节的规划。并且，由于冷藏运输过程中常出现操作不当或冷藏运输装备性能低下等问题，致使运行能耗居高不下，直接经济损失巨大，并由此带来一系列的安全隐患，让本已紧张的医患关系雪上加霜，药品运输成为冷链物流中最为薄弱也是亟须加强的环节。院内医药冷链系统存在的问题如图 12－2 所示。

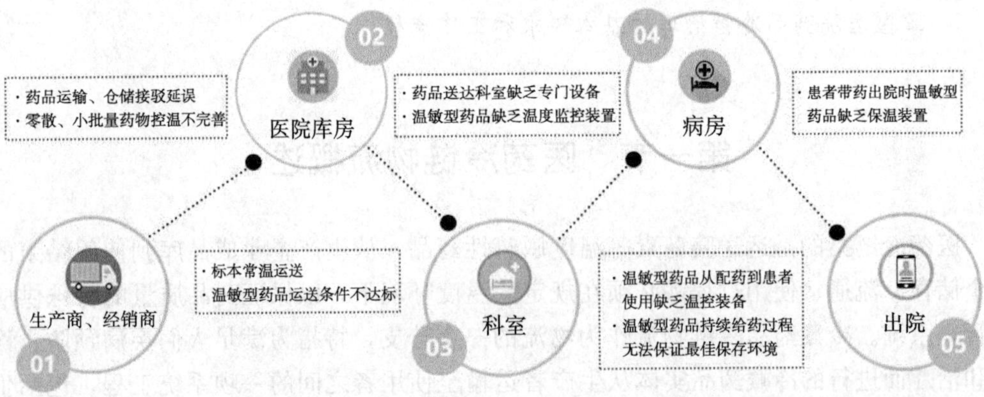

图 12－2　院内医药冷链系统存在的问题

第二节　温度对药物贮藏的重要性

在保管和贮藏药品的过程中，影响药品质量的因素很多，比如有因药物成分的物理、化学性质不稳定而出现水解或氧化反应等内在因素，也有阳光、空气、温湿度等外在因素。在贮藏过程中影响药品质量的关键外界因素是温度。贮藏冷藏药品时温度的控制必须严格遵照法律法规并对其进行动态监管。《药品说明书和标签管理规定》中标明，药品说明书必须标注贮藏条件，写明存放温度要求。总体来说，随着贮藏温度的升高，药品的物化反应速度也随之加快，每升高 10℃，化学反应速度提高大约 2～4 倍。如果药品的实际贮藏温度比规定温度高 10℃，那么该药品的实际有效期将比严格执行贮藏温度的药品有效期缩短25％～50％。在不同剂型的药品贮藏过程中，在保持其他条件不变的情况下，温度对药品质量起到了至关重要的作用。

一、温度过高

（一）药品组分发生氧化、水解等化学反应的速度加快

抗生素所在环境的温度升高后，其药品会加速分解使药效降低或失效。以注射用青霉素为例，其在30℃环境中放置24小时后，效价将下降56%，而其分解产物青霉烯酸含量将增加200倍，会大大提高产生过敏反应的可能性。ATP（三磷酸腺苷）注射液贮藏温度一般在10℃～20℃，其水溶液稳定性差，极易降解成ADP（二磷酸腺苷）、AMP（单磷酸腺苷），并失去活性，同时增大了副作用（其分解产物有降压作用）。制霉菌素粉末在冷冻条件下稳定，但会随着温度的升高而分解，在100℃环境中放置3小时后，制霉菌素的抗菌活力会下降75%。生物制品麻风腮疫苗、狂犬病疫苗、支气管炎疫苗等在室温下失效加快。英国一组数据显示，以0.5%的氯霉素滴眼液为例，将其置于100℃的环境中进行30分钟的灭菌处理，再置于20℃的环境中贮藏133天后取样进行检测，发现其效价降低了10.72%；而将灭菌后的药品置于4℃的环境中，其效价降低10%，使用时长是31个月。所以即使有些滴眼剂的说明书中没有明确标注贮藏条件或有效期，将滴眼剂在室温中放置的时间也不宜过长。以另一种滴眼液磺胺醋酰钠为例，该药品的氧化反应速度随温度变化较为明显，贮藏温度升高，氧化反应加剧，从而使药效降低，药品稳定性遭到破坏。

温度过高对于中药的影响也不容忽视。以糖浆剂为例，在贮藏糖浆剂的过程中如果环境温度过高，此类药品中的水分被持续蒸发，水蒸气遇冷凝结形成的水滴聚集在糖浆剂的表面，使药品的浓度降低，细菌得以繁殖，从而引起药品变质；或者由于贮藏温度过高而引发持续发酵从而使药品变质。同样，含油脂较多的软膏长时间放置于温度过高的环境下易发生酸败。随着温度的升高，过氧化氢溶液的分解速度也随之加快，释放出的二氧化碳气体易使密闭容器爆裂。

（二）药效降低

含有挥发性成分的药品和沸点低的药物，长期放置于温度过高的环境中可增强其挥发性，从而使药效降低，如薄荷脑、乙醇等挥发性药品，遇高温后有效成分会大量挥发。当药品中含有结晶水时，环境温度过高会加快其风化速度，造成药品含量发生变化，影响药物疗效。

（三）破坏药品的剂型

温度过高会使药品的剂型发生变化。以妇科栓剂为例，在高温环境（≥25℃）中连续放置7天后，栓剂融化，无法正常使用。而片剂包裹的糖衣层遇热易融化粘连，含油脂较多的软膏剂在环境温度较高的情况下易出现分层现象。多种外部原因，如环境温度过高、环境湿度过大以及强力挤压等，会使颗粒冲剂出现酸败或结块现象，对药品的安全使用造成影响。西药注射剂，如抗生素，贮藏温度过高时容易发生氧化、霉变等物化反应，不仅会导致药效降低，更有产生毒副作用的可能性，所以这类药品

要严格按照说明书的贮藏条件，在温度适合、湿度和光照控制在规定范围内的环境中放置。内部成分已经发生水解、氧化及霉变的药品，即使该药品仍在有效期内，因为有可能已经产生了具有毒性的降解物，出于用药安全的考虑也不能再被使用。

二、温度过低

（一）遇冷变质

温度过低可引起一些药品变质。以乳剂为例，低温会使乳剂冻结，继而破坏其乳化能力，即使温度上升后乳化功能也无法恢复，反而会导致药品分层，无法继续使用。我国关于药品冷冻过度的文献很少，但冷冻过度这个问题近年来已经成为国外学者追踪的一个热点。比如，蛋肽类药物冷冻过度后会出现效价降低的情况，无法达到预期的治疗效果；疫苗冷冻过度的现象更是普遍存在于热带地区发展中国家，被冷冻过度的疫苗不但会失活，还有可能产生有毒物质，严重影响了用药安全。冷藏药品在运输和贮藏时，若环境温度低于标准温度范围甚至低于0℃后又回升至标准范围内，药品会产生冻结和融化，这一物理现象被称为冻融循环，在此过程中，药物的性状发生改变，从而导致效价降低或药品变质。

（二）冻裂容器

有些注射液和水溶液类药物在贮藏时若环境温度降于0℃以下，则有可能出现冻裂承载药品容器的情况。

综上所述，温度对药品有效期和药品质量的影响是显著的，会导致药效降低或失活，而这些失活的药品不但会引起患者的抗药性，引发菌株变异，增加治疗难度，而且还会延长治愈时间，患者不但要长期忍受病痛的折磨，还要负担后续治疗费用，疾病和经济的双重压力会动摇患者对于国家医疗卫生体系的信心。因此药品在生产—运输—销售—临床使用的每一个环节都应处于温湿度符合规定、通风良好的区域，为保证药品质量，应该建立设施完善的冷库，配备实时监测温湿度的医用冰箱、冷藏药品柜和保温转运箱等配套设备。

第三节　医药冷链物流特点

由于物流服务业具有高度的专业化特点，药品物流与其他行业物流（如家电物流、煤炭物流等）相比，具有其特殊性。作为药品物流所处理的特殊商品，药品在生产、加工、流通和使用过程中都有严格的法律标准和相关规定，但是在利益的驱使下，劣质药、假药、失效药问题屡见不鲜，而且很多问题是出现在药品冷链物流领域的，所以药品冷链物流比一般物流的要求更高，也更加复杂。与一般物流相比，药品冷链物流主要具有以下特点。

一、药品冷链物流的安全首要性

药品在人们的生活中扮演着重要的角色，药品质量直接影响人的身体健康，甚至是生命安全，因此药品安全就显得尤为重要。药品是特殊的商品，国家规定药品的仓储、运输，都必须按照药品说明书规定的低温、冷藏条件进行操作，药品冷链物流的运行不能一味追求经济效益，必须首先考虑药品质量，然后在物流服务水平与成本之间寻求平衡点，提供最佳的物流服务。也就是说，必须首先考虑药品在物流过程中的安全问题，这是药品冷链物流运营的底线。除此之外，药品冷链物流还要运用先进的技术来保持药品的稳定性、安全性等，以满足消费者的需求。

二、药品冷链物流时效性要求高

药品冷链物流的时效性包括以下两个方面：一是在药品冷链物流过程中要保证药品的保质期，与其他商品不同，药品在超出保质期后只能选择报废，将会给企业带来巨大损失；二是药品冷链物流强调运输的及时性，生物制剂和血液制品往往有效期较短，而在采用冷藏箱、保温箱进行冷藏药品运输时，由于不能进行主动制冷，因此必须严格遵守运输时限要求，例如，一些疫苗在使用冷藏箱进行运输时，只能保证 48 小时的质量安全，在长距离运输或者遇到恶劣的交通环境时，药品面临着较大的安全风险。

三、药品冷链物流技术复杂程度高

药品冷链物流的顺利实现依赖于高效的管理水平和技术水平，药品冷链物流包括从验收、入库、储存、分拣、出库、运输直至客户验收收货的整个过程。冷藏药品对储存环境具有严格的要求，这就决定了药品冷链物流运作的高度复杂性。例如，冷库要具有温湿度自动监控设备，冷库温度探头需要经过检验，冷藏车应具备温度自动监控设备、温度记录仪，要能记录实时温度情况，冷藏箱、冷藏车及各种冷链物流设备都要经过严格认证，药品温度记录需要长久保存，同时药品冷链物流需要配备完善的信息系统以实现药品可追溯等。这些要求都是其他物流活动所不能比拟的，充分体现了药品冷链物流的技术复杂性。

四、药品冷链物流社会效应巨大

冷藏药品的重要组成部分包括紧急或贵重的特殊药品，此类药品通常具有挽回生命的重要作用，例如，在“非典”时期、甲型 H1N1 流感时期，经常需要冷藏药品的调拨。因此，做好药品冷链物流具有巨大的社会效应，尤其是疫苗类药品冷链物流，这也是一般物流活动所不能相提并论的。

第四节　医院药品冷链管理基本要求及工作流程

一、冷藏药品的验收入库

医院要求对冷藏药品的验收入库要优先办理。入库前认真做好验收工作，冷藏药品的检验需在冷库中进行且时间不能超过 30 分钟，冷冻药品不能超过 10 分钟。验收时，验收人员要核对药品名称、规格、数量等关键信息是否和发票一致。对于生物制品，由于其对储存温度要求很高，验收人员除必须仔细查看运输人员打印出的冷链车路程温度监测数据外，还要用红外线测温仪对药品进行实际温度测量，并做好记录。所有信息确认无误后，双方在冷链车温度记录表上签字，一式两份，经营企业和医院各自留存。对于不符合上述要求的药品拒绝签收。冷藏药品的收货、验收记录保留至少 5 年。阴凉库和常温库的药品也要严格按照发票信息一一核对。需在阴凉库放置的药品检验优先级要高于常温药品。

二、冷藏药品的储存

按照说明书上规定的贮藏温度来对冷藏药品进行管理。医院通过运用冷库以及相关配套的温湿度测试终端、温湿度自动监测软件、制冷机组电气控制箱、监控云平台及报警装置等一系列现代化软件、硬件，使冷藏药品的质量得到最大限度的保障。对于冷库、阴凉库药品及常温药品，医院要严格按照其种类要求，分类、分批号、分库放置。药库和各处药房及所有临床科室每天对温湿度进行两次记录，及时发现问题并干预，将温湿度可能对药品质量产生的不良影响降至最低。

三、冷藏药品温度的控制

医院冷库要建设具有报警管理功能的温湿度自动监测系统，此外，为在异常断电时能够快速采取应急措施，还要有专门的停电应急预案，并建立冷藏药品冷链管理相关文档以备查验。

四、冷藏药品的院内流通

冷藏药品从药库发放至各处药房，这个环节的冷链管理也不容忽视。医院冷藏药品在院内运输时，要求选择不同规格大小的冷藏箱，并配备合理的冰排数量，依据药品数量、运输距离、运输时间、环境温度等实际情况进行选择。这些移动的保温设施能够有效避免冷藏药品暴露在异常温度中，保证药品质量安全。

冷藏药品在出库时由专项管理员用红外线测温仪测量药品实际温度，记录在药房领药单上，核对领药单上所写的数量、有效期、批号等信息后发药，发药要准确迅速，将所发药品放置于冷藏箱或冷藏包内，交与专人负责运送。冷藏药品到达药房后，药房专项验收人员用红外线测温仪测得收到时药品的实际温度并记录在药品请领单上，确认药品温度、数量、有效期、批号等信息准确无误后，快速将药品放置于冰箱中进行冷藏，并在请领单上签字，一式两份，其中一份随冷藏箱或冷藏包一起交与专业运送人员带回药库，药库和药房各自留存请领单及出入库的温度数据记录。

五、药品发放至患者

医院介于药品厂家和病患中间，是冷藏药品冷链管理的末端，在药品发放到病患手中之前担负着保证药品质量的重任，对临床用药的安全性和有效性起着决定性作用。院内冷藏药品到达患者手中有两条路径：一是住院药房—临床科室—住院患者。由临床医师对患者进行诊断并开具电子领药单发放至住院药房，药房药剂师打印出领药单后参照其发药，再由值班护士将该病区请领的药品取回科室。如不是立刻使用的药品，应按照冷藏药品标注的储存温度进行管理，将其放置在药品配置室的专用冰箱中，每天对温湿度进行测试和记录，当需要使用时不要过早从冰箱中拿出，并按照医嘱对患者用药。二是门诊药房—门诊患者。由门诊医师对患者进行诊断，填写电子处方发放至门诊药房，患者取药时，门诊药师按电子处方调剂药品，冷藏药品的发放采用随来随取的形式，不允许提前准备，发放冷藏药品时药师应交代患者用药方式及贮藏方法。

六、冷藏药品的退回

医院明确规定：根据《医疗机构药事管理规定》第二十八条的要求，冷藏药品在医院药房一经发出，不得退换。

七、日常管理和维护

从经营企业购进的冷藏药品，在药库做验收入库这个步骤时，要求经办人做好各种记录工作，比如，记录收到药品时的实际温度，针对冷藏车提供的运送路途中的温湿度测量数据建立相应的文档，记录下每天冷藏药品运送过程中的温湿度变化，以便更好地起到监管作用。对于已经验收入库的药品，按照医院规定每天做好温湿度的测量和记录，建立文档。各处药房和临床科室由各级管理工作人员每天两次监测和记录冰箱的温湿度。药库、药房、临床病区要求应按照医院规定，定期对其所管辖区域的制冷设备，如冰箱、空调、排风系统等，进行维修和保养，并记录在册。在平时的管理中如发现异常应及时登记并联系相关厂家进行设备维修，等待维修人员到来的期间，将冷藏药品快速转移到备用冰箱中，尽可能使药品处于恒定低温状态下，对于维修好的冰箱，对其制冷的稳定性观察 48 小时后，方可将药品转移回来，整个事件要全程做文字记录。在管理过程中各种文档的建立可以为之后的资料追溯提供有力依据。

案例分析

2020年中国医药物流行业市场现状及发展趋势分析

医药物流市场规模巨大。《中国医药物流发展报告（2020）》显示，2019年，我国医药物流总费用为677.71亿元，同比增长10.39%。顺丰2014年3月便单独成立了医药物流事业部，两年后，顺丰正式成立了“冷运事业部”，分离医药冷链和生鲜冷链资源。长期以来，顺丰医药一直致力于成为中国最有价值和最有影响力的医药健康供应链服务提供商。针对医药行业的特殊监管要求，顺丰医药取得了GSP（《药品经营质量管理规范》）认证及第三方物流许可。顺丰医药具备强大的物流基础设施和物流网络，其中医药运输网络覆盖全国132个地级市，基本覆盖了全国大部分重点地区。在管理体系方面，顺丰控股制定了多项医药冷链物流的质量管控制度和标准操作流程，包括订单管理、收件、运输、中转和派件等各环节，并按GSP要求，针对涉及医药物流的操作人员、质量人员、营运人员等进行相关的质量培训和考核，提升全程冷链物流管理和溯源管理能力。顺丰医药拥有五大闭环物流供应链服务能力，包括且不限于干线运输、城市配送、医药仓储、C端派送、医药临检等。依托强大的信息技术和顺丰控股各板块的资源联动能力，面对医药流通两票制的改革，顺丰医药和行业标杆客户共同探索出仓网布局、库存及物流管理、流通渠道及分销等一系列综合解决方案。据顺丰控股年报数据，2016年冷运营业收入金额为14.37亿元，占营业收入比重的2.50%，2017年冷运营业收入22.95亿元，占营业收入的3.23%，同比增长59.70%。其在医药行业服务的客户包括：哈药集团、华润三九、赛诺菲制药、广药集团等。顺丰控股将继续完善医药物流底盘，通过多仓协同＋干线运输调度＋航空运力补充，逐步建立起全国“T＋3”医药物流网络；优化仓干配全链条业务模式和运作流程，进一步提升－40℃～25℃多温段精确温控能力，提高资源使用效率和营运质量；继续加强医药冷链设备设施验证管理技术和信息系统管理模式研发和创新；提高以医药工业、疫苗及生物制药企业为核心的行业客户的整体解决方案能力，打造顺丰医药供应链服务平台2.0。顺丰深知要做好医药供应链，只在物流方面下功夫是不行的，更应与医疗相关的电商平台、医院等进行合作。2018年1月，三甲医院天津中医药大学第一附属医院与顺丰速运展开合作，开展药物速递业务。2018年2月，康怡医药携手顺丰集团共同成立“第三方医药供应链（西北）物流中心”，旨在开拓西北医药市场。从以上布局来看，顺丰在医药行业不仅仅是想做第三方物流，更是想打造出一条以自身为核心节点的供应链，并为上下游企业提出解决方案。一方面，这将极大提高医药物流效率；但另一方面，顺丰这一举动也将威胁传统医疗物流企业，迫使他们用改革谋求发展。

思考：

医药冷链物流未来的发展模式会是怎么样的？

练习与思考

1. 医药冷链物流的基本概念是什么？
2. 医药冷链物流的特点有哪些？
3. 医院药品冷链管理的基本流程是什么？